Sicher im

Abi

Oberstufen-Wissen

Mathematik

Heike Homrighausen

Klett Lerntraining

Bibliografische Information der Deutschen Nationalbibliothek
Die Deutsche Nationalbibliothek verzeichnet diese Publikation in der Deutschen Nationalbibliografie; detaillierte bibliografische Daten sind im Internet über http://dnb.dnb.de abrufbar.

1. Auflage 2017

www.klett-lerntraining.de
Teamleitung Lernhilfen Sekundarstufe II: Christine Sämann
Redaktion: Herbert Rauck, Stuttgart
Innengestaltung: Annette Siegel, Stuttgart
Umschlaggestaltung: Sabine Kaufmann, Stuttgart
Umschlagfoto: Peter Law, New York
Satz: DTP-studio Andrea Eckhardt, Göppingen
Druck: Gebr. Geiselberger GmbH, Altötting
Printed in Germany
ISBN 978-3-12-949476-9

Funktionen und Gleichungen

Rechnen und Modellieren mit Matrizen

Differenzialrechnung

Stammfunktionen und Integralrechnung

4

Analytische Geometrie

5

Stochastik

6

Liebe Abiturientin, lieber Abiturient,

dieses Buch erklärt Ihnen **ausführlich** den **kompletten** Abiturstoff. Es ist der **ideale Begleiter** für die gesamte Oberstufenzeit und bestens geeignet für eine gründliche Wiederholung des Prüfungswissens. Schaffen Sie mit diesem Buch die Basis für eine **gute Note** und gehen Sie **sicher** durch jede Klausur und die Abiturprüfung!

Hilfreiche **Elemente** strukturieren den Lernstoff. Sie machen das Lernen mit diesem Buch komfortabel und sorgen für einen **optimalen**, **nachhaltigen Lernerfolg**.

KURZINFO	Jedes Kapitel beginnt mit der Auflistung der behandelten Kompetenzen. Diese grundlegenden mathematischen Fertigkeiten sollten Sie für ein erfolgreiches Abitur beherrschen.
KAPITEL-TEXTE	Sie enthalten das umfassende und detaillierte Prüfungswissen. Dieses ist so aufbereitet und gegliedert, dass das Wissen anhand zahlreicher vorgerechneter Beispiele auch in prüfungstechnischer Form bei Klausuren und im Abitur angewendet werden kann.
RANDSPALTENTEXTE	Sie enthalten wichtige Tipps und Erläuterungen in komprimierter Form. Im Zusammenhang mit durchgerechneten Beispielen geben sie Hinweise auf typische Fehler und Stolperfallen und weisen auf hilfreiche Lösungsstrategien hin.
ZUSAMMENFASSUNGEN	bringen am Kapitel-Ende das Grundwissen auf den Punkt.

Zusätzlich können Sie sich kostenlos passende Lernvideos ansehen. Sie stützen den nachhaltigen Lernerfolg durch die visuelle Aufbereitung. Zum Ansehen der Videos scannen Sie einfach mit einer QR-Code-App den Code. Sie gelangen dann zur Video-Übersicht.
Alternativ können Sie auch die Seite www.abitur.klett-lerntraining.de aufrufen und in der Reihe „Oberstufen-Wissen" Ihr Buch anklicken.
Sie sehen die Video-Übersicht und können dann per Klick ein Video starten.

Viel Erfolg im Abitur wünscht Ihnen
Ihr Team von Klett Lerntraining!

KURZINFO

1 Funktionen und Gleichungen

1.1 Grundlagen und Fachsprache

- Wichtige Begriffe und die Fachsprache kennen
- Den Funktionswert berechnen

Was ist eine Funktion? – Grundlagen und wichtige Begriffe

Folgende Funktionstypen und daraus zusammengesetzte Funktionen spielen im Abitur eine wichtige Rolle:
- ganzrationale Funktionen
- gebrochenrationale Funktionen
- trigonometrische Funktionen
- Exponentialfunktionen

Achtung:
Nicht jede Funktion kann auf alle drei Arten dargestellt werden.

Hinweis:
Die Variable muss nicht immer x sein. Häufig findet man in Anwendungsaufgaben als Variable auch t (für die Zeit).

Eine Zuordnung, die einer variablen, vorgegebenen Größe oder Zahl (oft x, also jedem x-Wert) **genau eine** abhängige Größe oder Zahl (Funktionswert) zuordnet, nennt man Funktion.
Funktionen werden mit Kleinbuchstaben bezeichnet, z. B. f, g oder h.
Eine Funktion kann verschieden dargestellt werden, mithilfe einer **Funktionsgleichung**, einer **Wertetabelle** oder **grafisch** in einem Koordinatensystem durch ihren Graphen (Schaubild). Manchmal haben die Graphen bestimmter Funktionen einen eigenen Namen, z. B. Gerade (Graph einer linearen Funktion) oder Parabel (Graph einer quadratischen Funktion).
Alle Werte, die man für die Variable einsetzen darf, bilden die **Definitionsmenge** D. Alle Funktionswerte bilden die **Wertemenge** W.

<table>
<tr><td>Funktionsgleichung</td><td>Name der Funktion → f; Variable → x
$f(x) = 2x - 1$
Funktionsterm (hier werden für x Werte eingesetzt) → $2x - 1$
Funktionswert (sprich: „f von x ist …“): Wert, der herauskommt, wenn man in f für x einen Wert einsetzt. → $f(x)$</td></tr>
<tr><td>Definitionsmenge</td><td>Definitionsmenge: $D = \mathbb{R}$, d. h., man darf für x alle reellen Zahlen einsetzen.</td></tr>
<tr><td>Wertemenge</td><td>Wertemenge: $W = \mathbb{R}$, d. h., Funktionswerte sind alle reellen Zahlen.</td></tr>
<tr><td>Wertetabelle</td><td>Eine Wertetabelle erhält man, indem man für x in den Funktionsterm verschiedene Werte einsetzt und den zugehörigen Funktionswert berechnet.
$f(x) = 2x - 1$
$f(-1) = 2\cdot(-1) - 1 = -3$
$f\left(\frac{1}{4}\right) = 2\cdot\frac{1}{4} - 1 = -\frac{1}{2}$
<table><tr><td>x</td><td>-1</td><td>0</td><td>$\frac{1}{4}$</td><td>$\frac{1}{2}$</td></tr><tr><td>f(x)</td><td>-3</td><td>-1</td><td>$-\frac{1}{2}$</td><td>0</td></tr></table>Der x-Wert und der zugehörige Funktionswert bilden zusammen ein Wertepaar (x; f(x)).</td></tr>
</table>

Graph	Ein Koordinatensystem besteht aus einer x-Achse und einer y-Achse. Trägt man die Wertepaare in das Koordinatensystem ein, erhält man Punkte P(x | y). 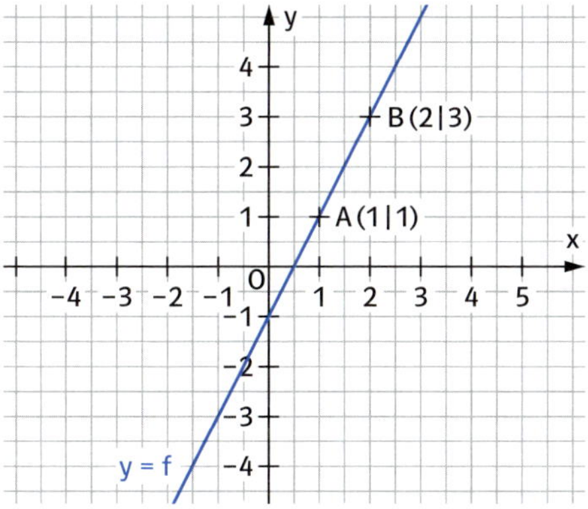 Funktionsgleichung des Graphen: $y = 2x - 1$

Ein Graph besteht aus Punkten P(x | y), eine Funktion aus Stellen (x-Werten) und Funktionswerten (f(x)). Obwohl der y-Wert und der Funktionswert f(x) gleich sind, werden sie je nach Kontext anders verwendet:
f(x) im Zusammenhang mit der Funktion,
y im Zusammenhang mit dem Graphen.

Grundaufgaben – Punktprobe und Funktionswert bestimmen

Muss man überprüfen, ob ein Punkt auf einem Graphen liegt, dann setzt man den x-Wert des Punktes in den Funktionsterm ein und berechnet den zugehörigen Wert des Terms. Stimmen der y-Wert des Punktes und der berechnete Funktionswert überein, liegt der Punkt auf dem Graphen der zugehörigen Funktion.
Beim Modellieren oder in Anwendungsaufgaben entspricht diese Grundaufgabe z.B. Fragestellungen wie

- Welches Kapital ist nach 10 Jahren vorhanden?
- Wie viele Fische sind nach 3 Jahren im Teich?
- Wie hoch ist der Baum nach 5 Jahren?
- Mit welcher CO_2-Emission muss man im Jahr 2021 rechnen?

Beispiel 1: Funktionswert bestimmen

Gegeben ist die Funktion f mit $f(x) = 3x^2 + x - 2$. Bestimmen Sie den Funktionswert an der Stelle $x_0 = 2$.

Bestimmen Sie f(2), indem Sie $x_0 = 2$ in den Funktionsterm einsetzen.	$f(2) = 3 \cdot (2^2) + 2 - 2$
	$= 3 \cdot 4$
Berechnen Sie den Wert des Terms.	$= 12$

KURZINFO

1.2 Gleichungen

- Lineare, quadratische, biquadratische, einfache Potenz-, Exponential- und Wurzelgleichungen lösen

Die Lösungsmenge einer Gleichung wird mathematisch in geschweifte Klammern geschrieben.

In vielen Aufgaben müssen Sie mit unterschiedlichen Gleichungen umgehen und diese lösen können, z. B. bei der Bestimmung charakteristischer Eigenschaften von Funktionen wie Nullstellen oder Extremstellen, bei der Berechnung von Schnittpunkten oder in Anwendungsaufgaben zur Bestimmung von Funktionswerten.

Lineare Gleichungen

Äquivalenzumformungen verändern die Lösungsmenge einer Gleichung nicht. Erlaubte Äquivalenzumformungen sind
- Addieren und Subtrahieren der gleichen Zahl bzw. des gleichen Terms auf beiden Seiten
- Multiplizieren oder Dividieren mit der gleichen Zahl bzw. dem gleichen Term ungleich null auf beiden Seiten

Eine Gleichung, in der x höchstens in der ersten Potenz vorkommt, nennt man lineare Gleichung. Eine lineare Gleichung kann mithilfe von Äquivalenzumformungen auf die Form $\mathbf{ax + b = 0}$ umgeformt werden.
Eine lineare Gleichung kann keine, genau eine oder unendlich viele Lösungen haben. Geometrisch entspricht das Lösen einer linearen Gleichung der Bestimmung des Schnittpunktes von zwei Geraden. Dabei entspricht jede Seite der Gleichung einer Geraden.

$2x - 1 = 5$

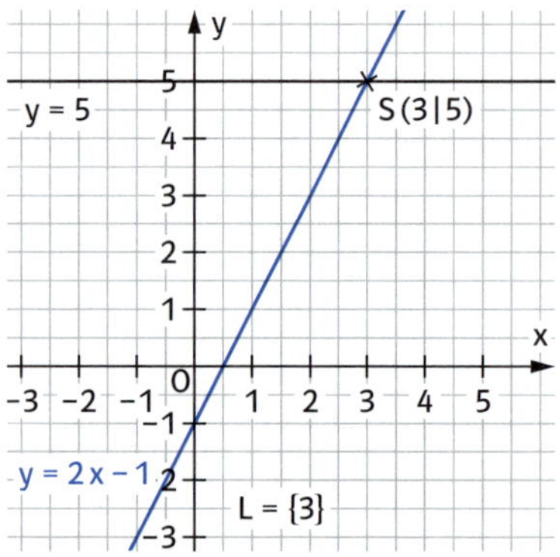

Quadratische Gleichungen

Einfacher formuliert kann man auch sagen: Eine Gleichung, in der höchstens x^2, x und Zahlen vorkommen, heißt quadratische Gleichung.

Eine Gleichung, in der x höchstens in der zweiten Potenz, also als x^2 vorkommt, nennt man quadratische Gleichung. Eine quadratische Gleichung kann mithilfe von Äquivalenzumformungen auf die Form
$\mathbf{ax^2 + bx + c = 0}$ $(a \neq 0)$ bzw.
$\mathbf{x^2 + px + q = 0}$ umgeformt werden. Die Lösungen einer allgemeinen quadratischen Gleichung kann man mit der so genannten „Mitternachtsformel" oder der „p-q-Formel" bestimmen.

$2x^2 - 3x - 2 = 0$

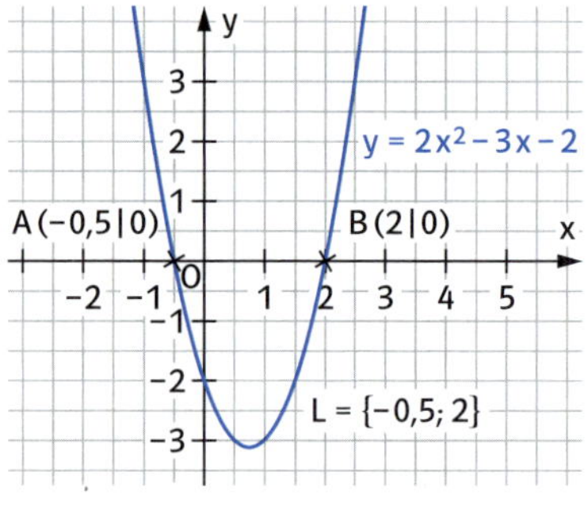

Eine quadratische Gleichung kann keine, eine oder zwei Lösungen haben.
Geometrisch entspricht das Lösen einer quadratischen Gleichung der Bestimmung des Schnittpunktes von einer Parabel und einer Geraden. Dabei entspricht eine Seite der Gleichung einer Parabel, die andere einer Geraden, oft $y = 0$.

$$2x^2 - 3x - 2 = 0$$
$$x_{1,2} = \frac{3 \pm \sqrt{9+16}}{4}$$
$$= \frac{3 \pm 5}{4}$$
$$x_1 = 2;\ x_2 = -\frac{1}{2}$$
$$L = \left\{-\frac{1}{2}; 2\right\}$$

Die Lösungen der Gleichung $ax^2 + bx + c = 0$ sind:
$x_{1,2} = \frac{-b \pm \sqrt{b^2 - 4ac}}{2a}$
(sogenannte Mitternachtsformel).
Die Lösungen der Gleichung $x^2 + px + q = 0$ sind:
$x_{1,2} = -\frac{p}{2} \pm \sqrt{\left(\frac{p}{2}\right)^2 - q}$
(sogenannte p-q-Formel)

Beispiel 1: Eine biquadratische Gleichung mithilfe der Substitution lösen

Lösen Sie die Gleichung $2x^4 - 14x^2 + 24 = 0$.

1. Ersetzen Sie das Quadrat der Variablen durch eine neue Variable, z.B. durch u (Substitution).
   $2x^4 - 14x^2 + 24 = 0$
   Substitution: $x^2 = u$
   $2u^2 - 14u + 24 = 0$
2. Lösen Sie die entstandene quadratische Gleichung mithilfe der Lösungsformel.
   $u_{1,2} = \frac{14 \pm \sqrt{196 - 192}}{4} = \frac{14 \pm 2}{4}$
   $u_1 = 4;\ u_2 = 3$
3. Ersetzen Sie die neue Variable wieder durch das Quadrat der ursprünglichen Variablen (Rücksubstitution).
   Rücksubstitution:
   $x^2 = u_1 = 4 \quad | \pm\sqrt{\ }$ $\qquad x^2 = u_2 = 3 \quad | \pm\sqrt{\ }$
   $x_1 = -2;\ x_2 = 2$ $\qquad x_3 = -\sqrt{3};\ x_4 = \sqrt{3}$
4. Notieren Sie die Lösungsmenge.
   $L = \{-2; -\sqrt{3}; \sqrt{3}; 2\}$

Tipp:
Manchmal kann eine Gleichung durch Einführung einer neuen Variablen und Ersetzen der alten Variablen in eine quadratische Gleichung, die dann mithilfe der Lösungsformel gelöst werden kann, umgeformt werden.
Dieses Verfahren nennt man **Substitution**.

Potenzgleichungen

Eine Gleichung der Form $\mathbf{x^n = a}$ $(n \in \mathbb{N} \setminus \{0\})$ heißt Potenzgleichung.
Lösungen einer Potenzgleichung sind abhängig von dem Koeffizienten und dem Exponenten.

Hier ist die Funktion f mit $f(x) = x^n$ eine Potenzfunktion.

a > 0
n gerade
→ 2 Lösungen
$x_{1,2} = \pm\sqrt[n]{a}$

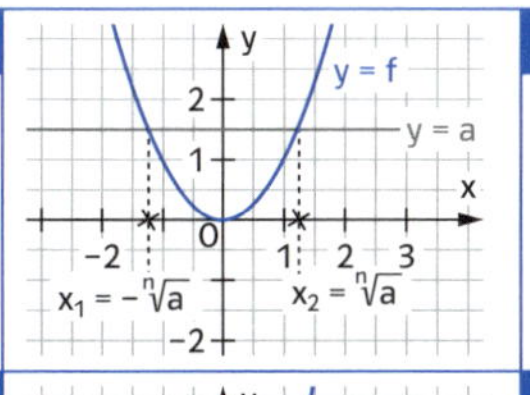

a < 0
n gerade
→ keine Lösung

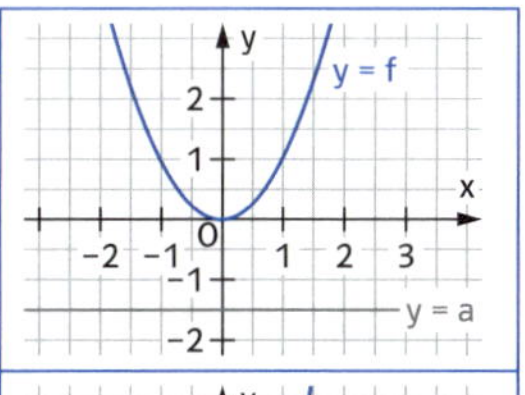

a > 0
n ungerade
→ 1 Lösung
$x_1 = \sqrt[n]{a}$

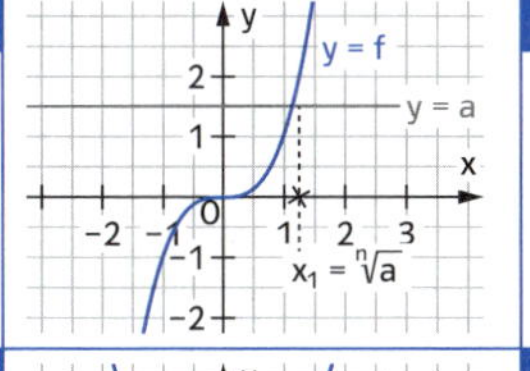

a < 0
n ungerade
→ 1 Lösung
$x_1 = -\sqrt[n]{a}$

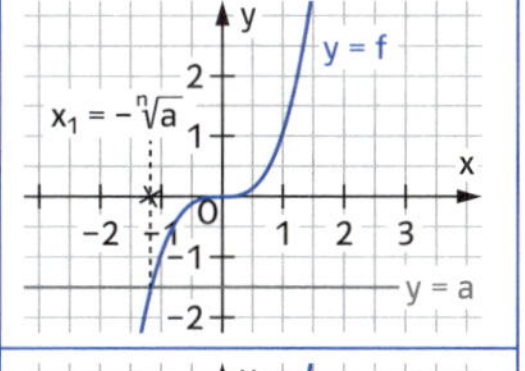

a = 0
n gerade
1 Lösung
$x_1 = 0$

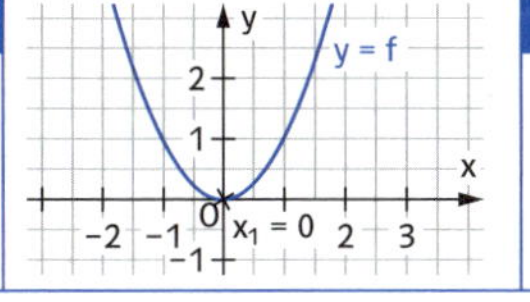

a = 0
n ungerade
1 Lösung
$x_1 = 0$

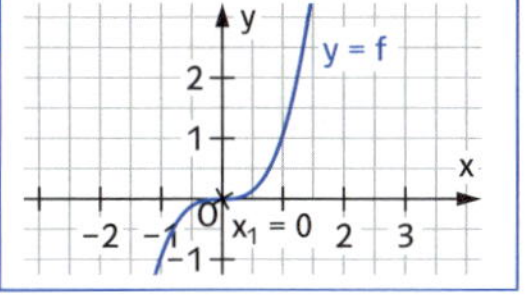

Exponentialgleichungen

Eine Gleichung der Form $a^x = b$, in der die **Variable im Exponenten** steht, nennt man Exponentialgleichung. Die Lösungen dieser Gleichung können durch **Logarithmieren** bestimmt werden.

Beispiel 2: Eine Exponentialgleichung lösen

Lösen Sie die Gleichung $(4x^2 - 16) \cdot (e^{2x} - 1) = 0$.

1. Analysieren Sie, um was für eine Gleichung es sich handelt und welches Verfahren Sie anwenden können.

   $(4x^2 - 16) \cdot (e^{2x} - 1)$ ist ein Produkt, also den Satz vom Nullprodukt anwenden:
   $4x^2 - 16 = 0$ oder $e^{2x} - 1 = 0$

2. Lösen Sie die Gleichungen mithilfe bekannter Verfahren.

   $4x^2 = 16 \quad | :4$
   $x^2 = 4 \quad | \pm\sqrt{\ }$
   $x_1 = 2;\ x_2 = -2$

   $e^{2x} = 1 \quad | \ln(\ )$
   $2x = \ln(1) = 0$
   $x_3 = 0$

3. Notieren Sie die Lösungsmenge.

   $L = \{-2; 0; 2\}$

Wurzelgleichungen

Eine Gleichung, in der die **Variable unter der Wurzel** steht, nennt man Wurzelgleichung. Einfache Wurzelgleichungen haben die Form $\sqrt{\text{Term}} = a$.
Ist $a < 0$, dann hat die Wurzelgleichung keine Lösung. Ist $a \geq 0$, dann können beide Seiten quadriert werden; die Gleichung $\text{Term} = a^2$ kann mithilfe eines bekannten Verfahrens gelöst werden.

Ein Punkt $P(x\,|\,y)$ auf dem Graphen einer Funktion f hat vom Ursprung den Abstand $d = \sqrt{x^2 + f(x)^2}$.

Beispiel 3: Abstand berechnen

Berechnen Sie, welche Punkte der Funktion f mit $f(x) = x^2$ vom Ursprung den Abstand $\sqrt{2}$ haben.

1. Schreiben Sie die allgemeine Abstandsformel $d = \sqrt{(x_2 - x_1)^2 + (y_2 - y_1)^2}$ auf und setzen Sie die gegebenen Werte ein.

   Gegeben ist ein allgemeiner Punkt P mit $P(x\,|\,x^2)$.
   $\sqrt{x^2 + x^4} = \sqrt{2} \quad |$ quadrieren
   $x^2 + x^4 = 2 \quad | -2$
   $x^4 + x^2 - 2 = 0 \quad |$ Substitution: $x^2 = u$
   $u^2 + u - 2 = 0 \quad |$ Mitternachtsformel oder p-q-Formel

2. Lösen Sie die Gleichung nach der Variablen auf und bestimmen Sie die Lösung.

   $u_{1,2} = \frac{-1 \pm \sqrt{1+8}}{2} = \frac{-1 \pm \sqrt{9}}{2}$
   $= \frac{-1 \pm 3}{2}$, also $u_1 = -2$ und $u_2 = 1$

   Rücksubstitution: $x^2 = u$
   Keine Lösung für $u_1 = -2$;
   für u_2 sind die Lösungen $x_{1,2} = \pm 1$
   Die Punkte $P(1\,|\,1)$ und $Q(-1\,|\,1)$ haben vom Ursprung den Abstand $\sqrt{2}$.

Die y-Werte der Punkte erhalten Sie, indem Sie die x-Werte in f(x) einsetzen.

1.3 Elemente der Funktionsuntersuchung

- Eine Funktion auf globale Eigenschaften untersuchen
- Eine Funktion auf lokale Eigenschaften untersuchen

KURZINFO

Häufig müssen Aufgaben bearbeitet werden, in denen Sie eine Funktion auf bestimmte Eigenschaften untersuchen müssen. Dazu gehören **globale** Eigenschaften, die sich auf einen Bereich (Intervall) und **lokale** Eigenschaften, die sich auf Stellen beziehen. Solche Aufgaben gehören zum Themenbereich der **Funktionsuntersuchung**, auch **Kurvendiskussion** genannt.

Globale Elemente einer Funktionsuntersuchung

Definitionsbereich
Untersuchen Sie die Funktion auf Bereiche oder Stellen, für die der Funktionsterm **nicht** definiert ist. Dies ist beispielsweise der Fall, wenn im Funktionsterm eine Wurzel auftaucht oder x im Nenner steht. Dann setzen Sie den Radikand oder den Nenner gleich null.

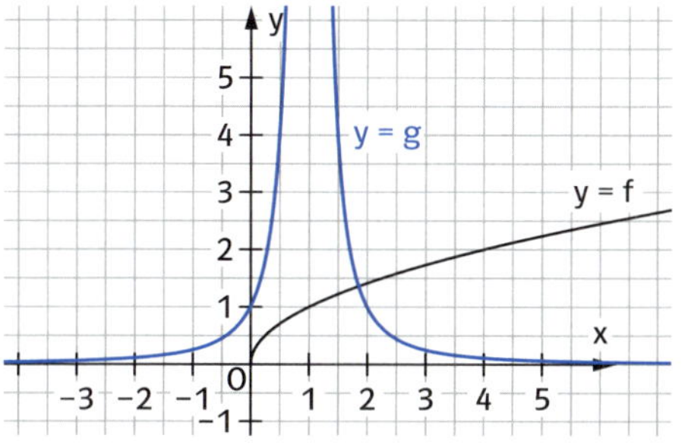

$f(x) = \sqrt{x}$; $D = \{x \in \mathbb{R} \mid x \geq 0\}$
$g(x) = \frac{1}{x-1}$; $D = \mathbb{R} \setminus \{1\}$

Statt $D = \{x \in \mathbb{R} \mid x \geq 0\}$ kann man auch $D = \mathbb{R}^+$ schreiben. Das bedeutet „alle postitiven reellen Zahlen inkl. der Null".

Globalverlauf
Das Verhalten von $x \to \pm\infty$ bestimmt den Globalverlauf.
Bei ganzrationalen Funktionen bestimmt der Summand mit dem höchsten Exponenten den Globalverlauf.
e^x geht schneller gegen $+\infty$ als jede Potenzfunktion.

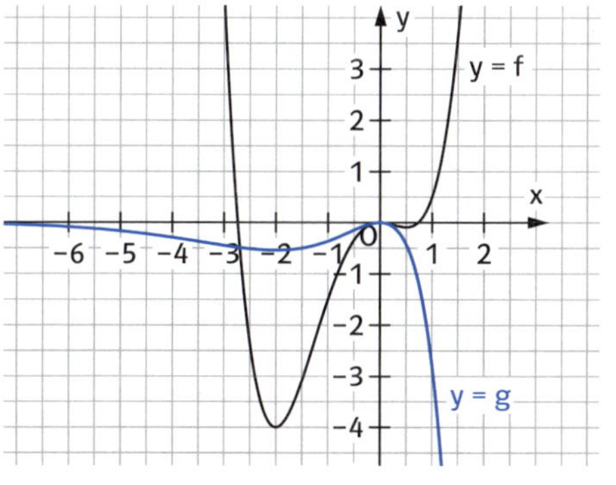

$f(x) = \frac{1}{2}x^4 + x^3 - x^2$
für $x \to -\infty$ gilt: $f(x) \to +\infty$
für $x \to +\infty$ gilt: $f(x) \to +\infty$

$g(x) = -e^x \cdot x^2$
für $x \to -\infty$ gilt: $f(x) \to 0$
für $x \to +\infty$ gilt: $f(x) \to -\infty$

Symmetrie

Der Graph einer Funktion f ist **achsensymmetrisch zur y-Achse**, wenn gilt:
$f(-x) = f(x)$.

Der Graph einer Funktion f ist **punktsymmetrisch zum Ursprung**, wenn gilt:
$f(-x) = -f(x)$.

Der Graph einer ganzrationalen Funktion ist
- **achsensymmetrisch zur y-Achse**, wenn der Funktionsterm nur Potenzen von x mit geraden Exponenten enthält.
- **punktsymmetrisch zum Ursprung**, wenn der Funktionsterm nur Potenzen von x mit ungeraden Exponenten enthält.

Eine Zahl c kann man auch schreiben als $c \cdot x^0$. Der Exponent 0 zählt als gerade.

$g(x) = e^{x^2} \cdot x$
$g(-x) = e^{(-x)^2} \cdot (-x)$
$= -e^{x^2} \cdot x = -g(x)$

Der Graph von g ist also punktsymmetrisch zum Ursprung.

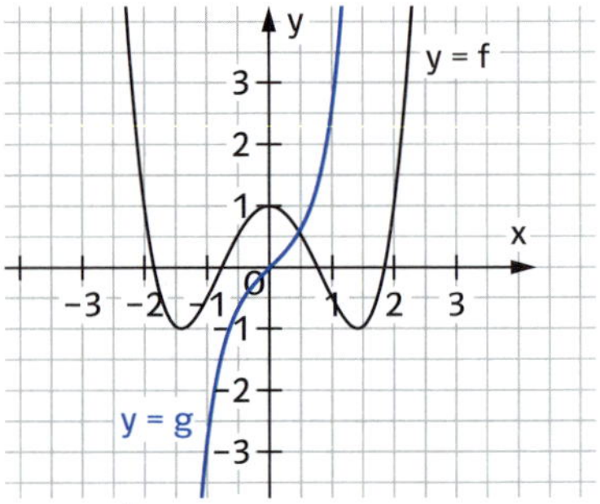

$f(x) = \frac{1}{2}x^4 - 2x^2 + 1$

Der Graph von f ist achsensymmetrisch zur y-Achse.

Monotonie

Eine Funktion f ist **streng monoton steigend** auf einem Intervall I, wenn für alle $x_1 < x_2$ aus I gilt: $f(x_1) < f(x_2)$.

Ist $f'(x) > 0$ für alle x aus I, dann ist f streng monoton steigend in I.

Eine Funktion f ist **streng monoton fallend** auf einem Intervall I, wenn für alle $x_1 < x_2$ aus I gilt: $f(x_1) > f(x_2)$.

Ist $f'(x) < 0$ für alle x aus I, dann ist f streng monoton fallend in I.

Statt monoton steigend sagt man auch monoton zunehmend oder wachsend.

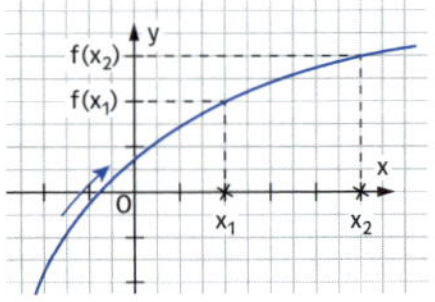

Statt monoton fallend sagt man auch monoton abnehmend oder sinkend.

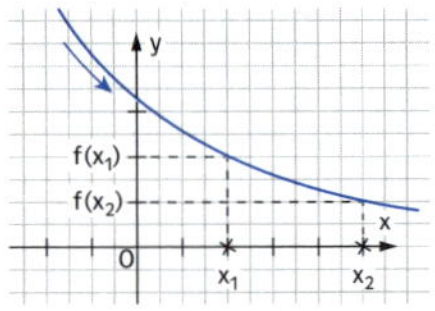

Beispiel 1: Eine Funktion auf globale Eigenschaften untersuchen

Gegeben ist die Funktion f mit $f(x) = \sqrt{x} \cdot \frac{1}{2}x^{\frac{3}{2}}$.
Bestimmen Sie den Definitionsbereich und den Globalverlauf, und untersuchen Sie den Graphen von f auf Symmetrie und Monotonie.

Definitionsbereich:	Für $x < 0$ ist $\sqrt{x}$ nicht definiert, also gilt: $D = \{x \in \mathbb{R} \mid x \geq 0\}$
Symmetrie:	Da die Funktion nur für alle $x \geq 0$ definiert ist, kann der Graph weder achsensymmetrisch zur y-Achse noch punktsymmetrisch zum Ursprung sein.
Globalverlauf:	Ausmultiplizieren: $\sqrt{x} \cdot \frac{1}{2}x^{\frac{3}{2}} = \frac{1}{2}x^2$ Für $x \to +\infty$ gilt $f(x) \to +\infty$ (da $x \geq 0$)
Monotonie:	$f'(x) = x \quad (x \geq 0)$ $f'(x) = 0$ für $x = 0$ $f'(1) = 1 > 0$, also ist f für $x \geq 0$ monoton steigend im gesamten Definitionsbereich.

Lokale Elemente einer Funktionsuntersuchung

Nullstellen

Nullstellen sind die Stellen (x-Werte), in denen der Graph die x-Achse schneidet, für die also **$f(x) = 0$** gilt.

Mögliche Strategien zum Lösen der Gleichung $f(x) = 0$:
- Ausklammern und Satz vom Nullprodukt
- Binomische Formeln
- Substitution
- „Mitternachtsformel" oder p-q-Formel

Die Nullstellen sind also die Lösungen der Gleichung $f(x) = 0$.

Extrempunkte

In Extrempunkten hat der Graph die **Steigung null**, und das Steigungsverhalten ändert sich von steigend zu fallend (Hochpunkt) oder von fallend zu steigend (Tiefpunkt), kurz:
- Der Graph von f hat einen **Hochpunkt $H(x_0 \mid f(x_0))$**, wenn gilt:
  $f'(x_0) = 0$ und $f''(x_0) < 0$.
- Der Graph von f hat einen **Tiefpunkt $T(x_0 \mid f(x_0))$**, wenn gilt:
  $f'(x_0) = 0$ und $f''(x_0) > 0$.

Achtung:
Nur den y-Wert eines Hochpunktes nennt man **(lokales) Maximum**.
Den y-Wert eines Tiefpunktes nennt man **(lokales) Minimum**.

Wendepunkte

In einem Wendepunkt ändert sich das **Krümmungsverhalten**, d.h., der Graph geht von einer Linkskurve in eine Rechtskurve über oder umgekehrt. Die Steigung von f hat in einem Wendepunkt also ein (lokales) Minimum oder ein (lokales) Maximum. Wendestellen von f sind also Extremstellen von f′.
Der Graph von f hat einen **Wendepunkt**, wenn gilt:
$f''(x_0) = 0$ und **$f'''(x_0) \neq 0$.**

Ein besonderer Wendepunkt ist der **Sattelpunkt**. Er hat eine waagrechte Tangente.

Beispiel 2: Eine Funktion auf lokale Eigenschaften untersuchen

Gegeben ist eine Funktion f mit $f(x) = \frac{1}{4}x^4 - \frac{4}{3}x^3 + 2x^2$.

a) Berechnen Sie die Nullstellen von f.

b) Untersuchen Sie den Graphen von f auf Extrem- und Wendepunkte.

a) Setzen Sie $f(x) = 0$. Bringen Sie die linke Seite der Gleichung z.B. durch Ausklammern auf eine Form, die Sie lösen können.

$\frac{1}{4}x^4 - \frac{4}{3}x^3 + 2x^2 = 0$ | ausklammern

$x^2\left(\frac{1}{4}x^2 - \frac{4}{3}x + 2\right) = 0$ | Satz vom Nullprodukt

$x_1 = 0$ (doppelte Nullstelle)

oder $\frac{1}{4}x^2 - \frac{4}{3}x + 2 = 0$

$$x_{2,3} = \frac{\frac{4}{3} \pm \sqrt{\frac{16}{9} - 2}}{\frac{1}{2}} = \frac{\frac{4}{3} \pm \sqrt{-\frac{2}{9}}}{\frac{1}{2}}$$

keine Lösung, da der Radikand negativ ist.
Die Funktion hat eine (doppelte) Nullstelle bei $x_1 = 0$, also dort auch eine Extremstelle.

Achtung:
Ein Sattelpunkt ist ein Wendepunkt und kein Extrempunkt.

b) Kriterium für Extremstellen:
$f'(x) = 0$ und
$f''(x) < 0$ (Hochpunkt)
oder
$f''(x) > 0$ (Tiefpunkt)

$f'(x) = x^3 - 4x^2 + 4x$
$x^3 - 4x^2 + 4x = 0$ | ausklammern
$x(x^2 - 4x + 4) = 0$
$x_1 = 0$ oder $x^2 - 4x + 4 = 0$
$x_{2,3} = \frac{4 \pm \sqrt{16-16}}{2}$
$= \frac{4}{2} = 2$ (doppelte Nullstelle),
also hat der Graph von f einen Sattelpunkt $S(2\,|\,f(2))$.
$f(2) = \frac{1}{4} \cdot 16 - \frac{4}{3} \cdot 8 + 8 = \frac{4}{3}$.
Der Graph von f hat den Sattelpunkt $S\left(2\,\middle|\,\frac{4}{3}\right)$.
Überprüfen von $x_1 = 0$:
$f''(x) = 3x^2 - 8x + 4$
$f''(0) = 4 > 0$, also hat der Graph von f den Tiefpunkt $T(0\,|\,0)$.

Kriterium für Wendestellen:
$f''(x) = 0$ und $f'''(x) \neq 0$

$f''(x) = 3x^2 - 8x + 4$
$3x^2 - 8x + 4 = 0$
$x_{1,2} = \frac{8 \pm \sqrt{64-48}}{6}$
$= \frac{8 \pm \sqrt{16}}{6}$
$x_1 = \frac{8+4}{6} = 2$ (Stelle des Sattelpunktes)
$x_2 = \frac{8-4}{6} = \frac{2}{3}$
$f\left(\frac{2}{3}\right) = \frac{1}{4} \cdot \frac{16}{81} - \frac{4}{3} \cdot \frac{8}{27} + 2 \cdot \frac{4}{9} = \frac{44}{81} \approx 0{,}54$
Der Graph von f hat einen Sattelpunkt $S\left(2\,\middle|\,\frac{4}{3}\right)$ und einen weiteren Wendepunkt $W\left(\frac{2}{3}\,\middle|\,0{,}54\right)$.

Beispiel 3: Eine Funktion mit Parameter auf lokale Eigenschaften untersuchen

Für jedes $t > 0$ ist eine Funktion f_t gegeben mit $f_t(x) = -4x^3 + t^2x$.
Bestimmen Sie die Nullstellen von f.

Setzen Sie $f_t(x) = 0$ und lösen Sie die Gleichung nach x auf.

$-4x^3 + t^2x = 0$ | x ausklammern
$x(-4x^2 + t^2) = 0$
$x_1 = 0$ oder $-4x^2 + t^2 = 0$
$4x^2 = t^2$ | : 4
$x^2 = \frac{1}{4}t^2$ | $\pm\sqrt{\ }$
$x_{2,3} = \pm\frac{1}{2}t$
Die Funktion f hat die drei Nullstellen
$x_1 = 0$, $x_2 = \frac{1}{2}t$ und $x_3 = -\frac{1}{2}t$.

1.4 Ganzrationale Funktionen

- Den Globalverlauf einer ganzrationalen Funktion angeben
- Das Symmetrieverhalten einer ganzrationalen Funktion beschreiben

Was ist eine ganzrationale Funktion?

Eine Funktion f, die als Summe von Potenzfunktionen mit natürlichen Exponenten geschrieben werden kann, nennt man **ganzrationale Funktion** f mit

$$f(x) = a_n x^n + a_{n-1} x^{n-1} + \ldots + a_2 x^2 + a_1 x + a_0.$$

Dabei sind die Koeffizienten $a_n, a_{n-1}, \ldots, a_0$ reelle Zahlen mit $a_n \neq 0$.
Der Summand mit dem höchsten Exponenten $a_n x^n$ gibt den **Grad** der ganzrationalen Funktion an; man sagt, die ganzrationale Funktion hat den Grad n.

Eigenschaften von ganzrationalen Funktionen

Globalverlauf

Der Summand mit dem höchsten Exponenten gibt an, wie sich der Graph für $x \to \pm\infty$ verhält.

Ändert sich das Vorzeichen des Koeffizienten des höchsten Exponenten a_n, so „dreht" sich das Verhalten für $x \to \pm\infty$ um.

n ungerade

Für $x \to -\infty$ gilt:
$f(x) \to -\infty$ für $a_n > 0$ und $f(x) \to +\infty$ für $a_n < 0$
Für $x \to +\infty$ gilt:
$f(x) \to +\infty$ für $a_n > 0$ und $f(x) \to -\infty$ für $a_n < 0$

$a_n > 0$

$a_n < 0$

n gerade

Für $x \to \pm\infty$ gilt: $f(x) \to +\infty$ für $a_n > 0$
Für $x \to \pm\infty$ gilt: $f(x) \to -\infty$ für $a_n < 0$

$a_n > 0$

$a_n < 0$

Symmetrie

Der Graph von f ist **achsensymmetrisch zur y-Achse**, wenn der Funktionsterm nur Potenzen mit **geraden Exponenten** enthält.
Der Graph von g ist **punktsymmetrisch zum Ursprung**, wenn der Funktionsterm nur Potenzen mit ungeraden Exponenten enthält.

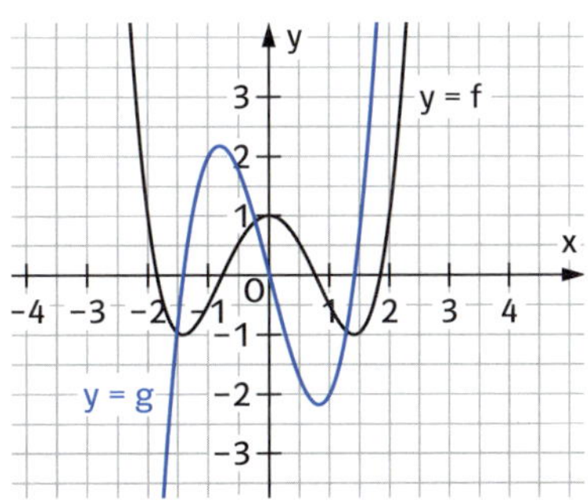

$f(x) = \frac{1}{2}x^4 - 2x^2 + 1$

$g(x) = 2x^3 - 4x$

Eine Zahl c kann man auch schreiben als $c \cdot x^0$. Der Exponent 0 zählt als gerade.

$f(x) = \frac{1}{2}x^4 - 2x^2 + 1$
f hat nur gerade Exponenten, also ist der Graph von f achsensymmetrisch zur y-Achse.

$g(x) = 2x^3 - 4x$
g hat nur ungerade Exponenten, also ist der Graph von g punktsymmetrisch zum Ursprung.

Nullstellen

Eine ganzrationale Funktion vom Grad n hat höchstens n Nullstellen. Ist der Grad ungerade, so hat die Funktion mindestens eine Nullstelle.
Diese Nullstellen von ganzrationalen Funktionen können nur in wenigen Fällen direkt berechnet werden.

- **Ausklammern**
  Überprüfen Sie, ob Sie einen (gemeinsamen) Faktor, am besten einen Term mit der Variablen ausklammern können. Danach können Sie den Satz vom Nullprodukt und ein weiteres bekanntes Verfahren zur Nullstellenbestimmung anwenden.
- **Satz vom Nullprodukt**
  Ein Produkt ist genau dann null, wenn einer der Faktoren null ist, kurz:
  $T_1 \cdot T_2 = 0$, wenn $T_1 = 0$ oder $T_2 = 0$.
  Bei ganzrationalen Funktionen können die Nullstellen direkt abgelesen werden, wenn der Funktionsterm als Produkt von **Linearfaktoren** angegeben ist.
  $f(x) = (x-1)(x+2)^2(x-3)^3$
  $f(x) = (x-1) \quad \cdot \quad (x+2)^2 \quad \cdot \quad (x-3)^3$

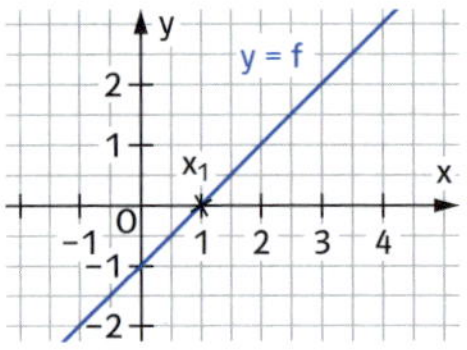

$x_1 = 1$ ist eine einfache Nullstelle.

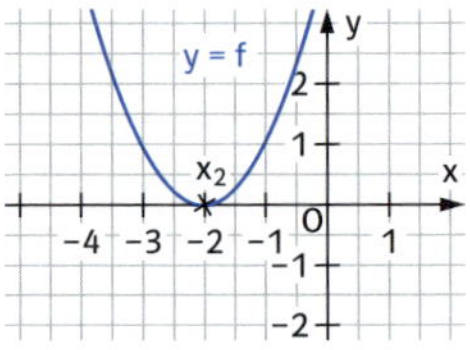

$x_2 = -2$ ist eine doppelte Nullstelle

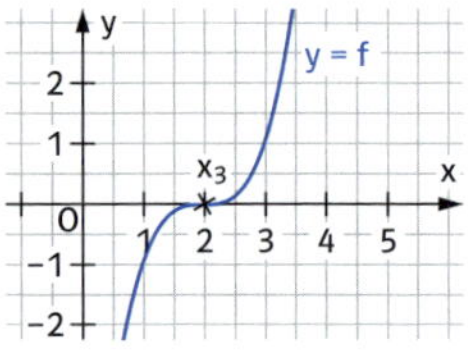

$x_3 = 3$ ist eine dreifache Nullstelle.

Im Bereich der Nullstelle verhält sich der Graph wie die entsprechende Potenzfunktion.

- **Substitution** bei biquadratischen Gleichungen, wenn der Funktionsterm die Form $f(x) = ax^4 + bx^2 + c$ hat.
  Eine Substitution von $x^2 = u$ liefert eine quadratische Gleichung der Form $au^2 + bu + c = 0$. Diese können Sie lösen und dann die Substitution wieder rückgängig machen.
- **Lösen eines bekannten Gleichungstyps**
  lineare Gleichung, quadratische Gleichung, Wurzelgleichung, Exponentialgleichung, logarithmische Gleichung, trigonometrische Gleichung

Beispiel 1: Graphen den passenden Funktionsgleichungen mithilfe von Eigenschaften zuordnen

Gegeben sind drei ganzrationale Funktionen f, g und h mit
$f(x) = 0{,}8x^3 + 3x^2 - 3$, $g(x) = -2x^4 + 5x^2 - 2$ und $h(x) = 0{,}1x^5 + 3x^3 - 5x$.
Bestimmen Sie den Globalverlauf und die Symmetrieeigenschaften und ordnen Sie dann den Funktionen die entsprechenden Graphen zu.

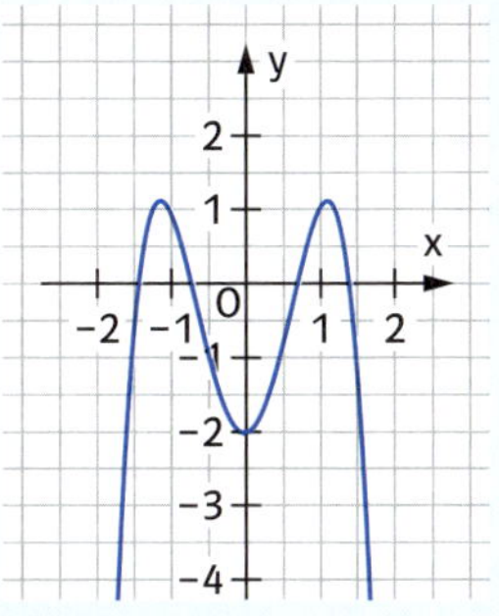

Abb. 1

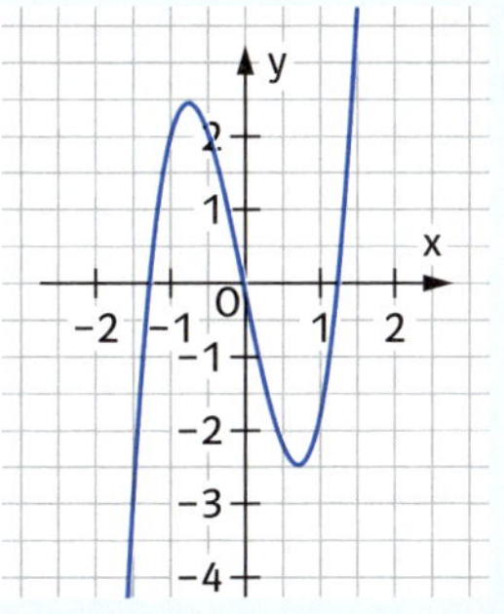

Abb. 2

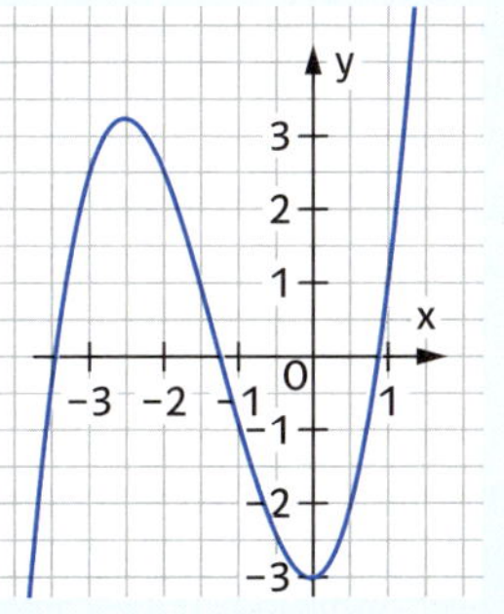

Abb. 3

Globalverlauf:
Betrachten Sie den Summanden mit dem höchsten Exponenten.

Symmetrie:
Betrachten Sie alle Hochzahlen; sind diese gerade, dann ist der Graph achsensymmetrisch zur y-Achse, sind alle ungerade, ist der Graph punktsymmetrisch zum Ursprung.

$f(x) = 0{,}8x^3 + 3x^2 - 3$
Form: x^3
Der Graph von f verläuft vom III. ins I. Feld.
Für $x \to -\infty$ gilt: $f(x) \to -\infty$ und
für $x \to +\infty$ gilt: $f(x) \to +\infty$.
Keine Symmetrie erkennbar, also gehört Abb. 3 zum Graphen von f.

x^3

$g(x) = -2x^4 + 5x^2 - 2$
Form: $-x^4$
Der Graph von g verläuft vom III. ins IV. Feld.
Für $x \to -\infty$ gilt: $f(x) \to -\infty$ und
für $x \to +\infty$ gilt: $f(x) \to -\infty$.
Nur gerade Exponenten; der Graph ist somit achsensymmetrisch zur y-Achse.
Abb. 1 gehört also zum Graphen von g.

$-x^4$

$h(x) = 0{,}1x^5 + 3x^3 - 5x$
Form: x^5
Der Graph von h verläuft vom III. ins I. Feld.
Für $x \to -\infty$ gilt: $f(x) \to -\infty$ und
für $x \to +\infty$ gilt: $f(x) \to +\infty$.
Nur ungerade Exponenten; der Graph ist somit punktsymmetrisch zum Ursprung.
Abb. 2 gehört also zum Graphen von h.

x^5

KURZINFO

1.5 Gebrochenrationale Funktionen

- Die Definitionslücken einer gebrochenrationalen Funktion angeben
- Die Asymptoten einer gebrochenrationalen Funktion angeben

Was ist eine gebrochenrationale Funktion?

Eine Funktion f, die als Quotient von zwei ganzrationalen Funktionen geschrieben werden kann, nennt man **gebrochenrationale Funktion** f mit

$$f(x) = \frac{a_n x^n + a_{n-1} x^{n-1} + \ldots + a_2 x^2 + a_1 x + a_0}{b_m x^m + b_{m-1} x^{m-1} + \ldots + b_2 x^2 + b_1 x + b_0}.$$

Dabei sind alle Koeffizienten reelle Zahlen mit $a_n, b_m \neq 0$.
n gibt den Zählergrad, m den Nennergrad an.

Eigenschaften von gebrochenrationalen Funktionen

Definitionsbereich und senkrechte Asymptote

Da durch null nicht geteilt werden darf, sind die Nullstellen des Nenners nicht in der Definitionsmenge enthalten. Sie werden **Definitionslücken** genannt.
Ist die Nullstelle x_0 des Nenners keine Nullstelle des Zählers, dann ist die Gerade $x = x_0$ **senkrechte Asymptote**.

Ist die Nullstelle x_0 des Nenners auch Nullstelle des Zählers, dann nennt man x_0 hebbare Definitionslücke.

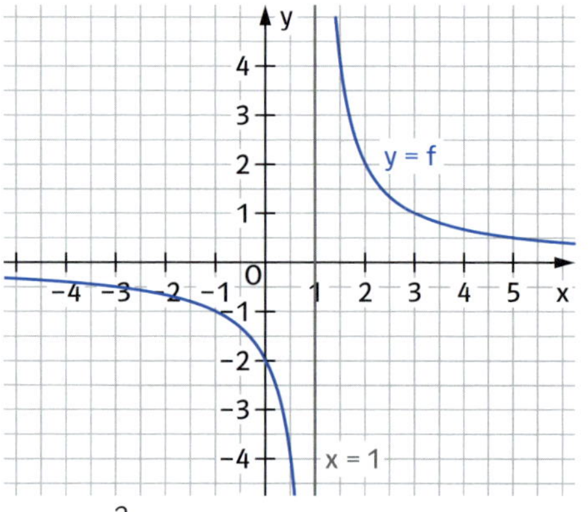

$f(x) = \frac{2}{x-1}$; $x - 1 = 0$, also $x = 1$ senkrechte Asymptote

Globalverhalten – waagrechte Asymptote, schiefe Asymptote

Mithilfe des Zählergrades n und des Nennergrades m kann man Aussagen über das Verhalten des Graphen der gebrochenrationalen Funktion für $x \to \pm\infty$ machen:
Gilt $n < m$, dann ist die x-Achse mit $y = 0$ **waagrechte Asymptote**, d.h. für $x \to \pm\infty$ gilt: $f(x) \to 0$.
Gilt $n = m$, dann ist die Gerade mit $y = \frac{a_n}{b_m}$ **waagrechte Asymptote**, d.h. für $x \to \pm\infty$ gilt: $f(x) \to \frac{a_n}{b_m}$.
Gilt $n = m + 1$, dann gibt es eine **schiefe Asymptote**, die man mithilfe der Polynomdivision bestimmen kann.

Gilt $n > m + 1$, dann gibt es eine **Näherungskurve**, die man mithilfe der Polynomdivision bestimmen kann.

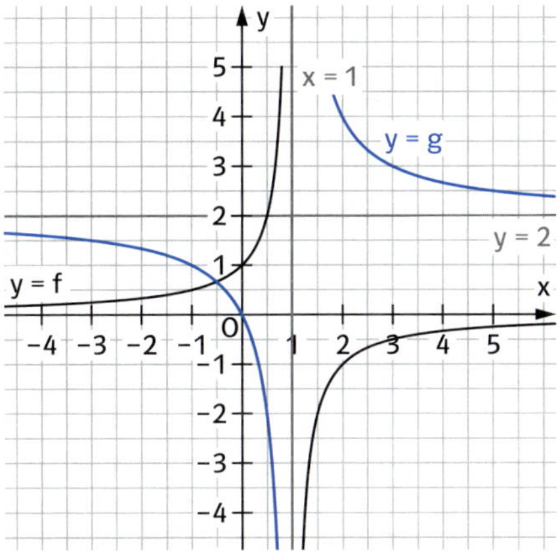

$f(x) = -\frac{1}{x-1}$

Zählergrad < Nennergrad, also ist $y = 0$ waagrechte Asymptote.

$g(x) = \frac{2x}{x-1}$

Zählergrad = Nennergrad, also ist $y = \frac{2}{1} = 2$ waagrechte Asymptote.

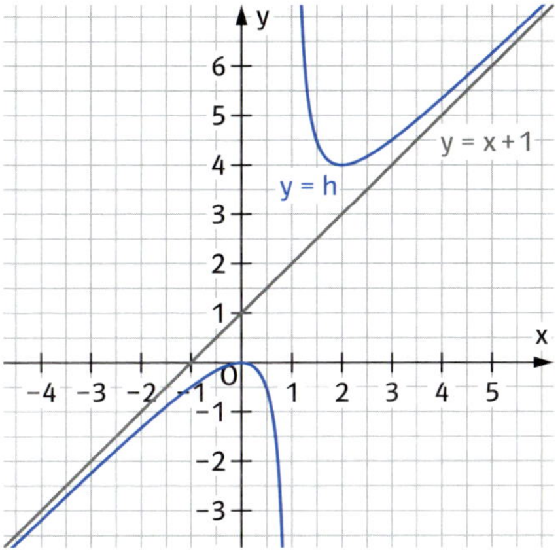

$h(x) = \frac{x^2}{x-1}$

schiefe Asymptote $y = x + 1$

Einfache Grundtypen von gebrochenrationalen Funktionen

Einfache Grundtypen sind gebrochenrationale Funktionen, bei denen der Zähler 1 ist und im Nenner eine einfache Potenzfunktion steht wie z.B. $f(x) = \frac{1}{x}$ oder $f(x) = \frac{1}{x^2}$.

Durch Veränderung mithilfe von Parametern erhält man gebrochenrationale Funktionen g mit $\mathbf{g(x) = \frac{a}{f(x-c)} + d}$, die sich auf die Grundtypen zurückführen lassen. Alle Graphen von g haben folgende Eigenschaften:

- Die Gerade x mit $f(x - c) = 0$ ist senkrechte Asymptote.
- Die Gerade $y = d$ ist waagrechte Asymptote.

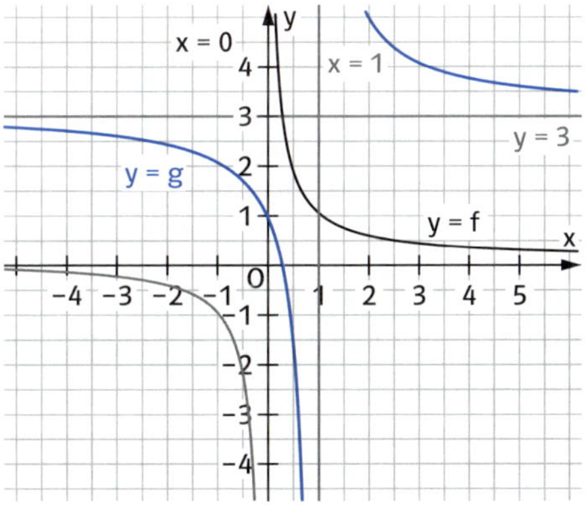

$f(x) = \frac{1}{x}$; $g(x) = \frac{2}{x-1} + 3$

KURZINFO

1.6 Parameter verändern Graphen – Verschieben und Strecken in x- und y-Richtung

- Auswirkungen von Parametern beschreiben
- Beschreiben, wie der Graph der Funktion g aus dem Graphen der Funktion f hervorgeht
- Veränderte Graphen einer Funktionsgleichung zuordnen

Gegeben sind eine Funktion f und der zugehörige Graph. Man kann den Graphen verändern, indem man den Graphen verschiebt und/oder streckt. Dabei verändert man bei der Funktionsgleichung der Ausgangsfunktion den x-Wert und/oder den y-Wert. In der Regel beschreiben vier Parameter a, b, c und d, wie genau die Funktion bzw. der Graph verändert wird.

Wird der Graph einer Funktion **verschoben**, dann ändert sich seine **Lage**, aber nicht seine Form.
Wird ein Graph **gestreckt**, dann ändert sich seine **Form**.

Folgende Aufgabentypen können damit beantwortet werden:
- Beschreiben, wie der Graph der Funktion g aus dem Graphen der Funktion f hervorgeht
- Veränderte Graphen einer Funktionsgleichung zuordnen

Verschieben in y-Richtung

Verschiebt man den Graphen einer Funktion f in y-Richtung, dann addiert man zu jedem y-Wert den gleichen Wert d.
Es gilt für die Funktionsgleichung g des verschobenen Graphen $\mathbf{g(x) = f(x) + d}$ mit einer **Verschiebung nach oben** für $\mathbf{d > 0}$ und einer **Verschiebung nach unten** für $\mathbf{d < 0}$.

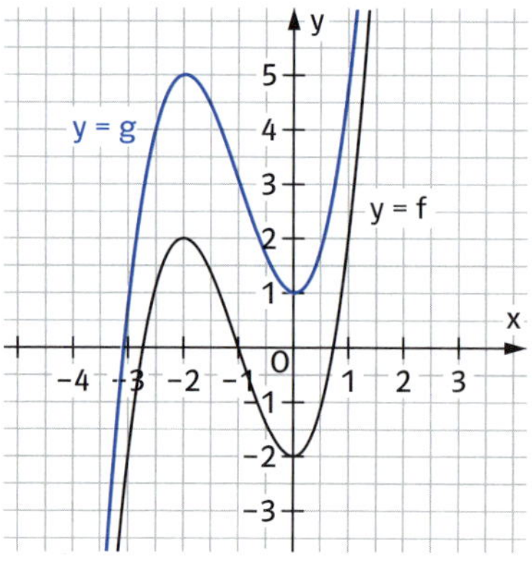

Der Graph von f wurde um 3 Einheiten nach oben verschoben, also $g(x) = f(x) + 3$.

Verschieben in x-Richtung

Verschiebt man den Graphen einer Funktion f in x-Richtung, dann subtrahiert man von jedem x-Wert den gleichen Wert c.
Es gilt für die Funktionsgleichung g des verschobenen Graphen **$g(x) = f(x - c)$** mit einer **Verschiebung nach rechts** für **$c > 0$** und einer **Verschiebung nach links** für **$c < 0$.**

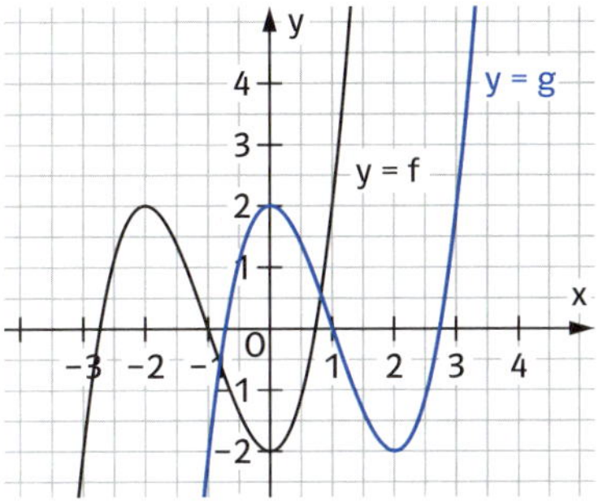

Der Graph von f wurde um 2 Einheiten nach rechts verschoben, also $g(x) = f(x - 2)$.

$f(x - c)$ bedeutet also eine Verschiebung in positive x-Richtung.

Strecken in y-Richtung

Streckt man den Graphen einer Funktion f in y-Richtung, dann multipliziert man jeden Funktionswert bzw. jeden y-Wert mit dem gleichen Faktor a. Es gilt für die Funktionsgleichung g des verschobenen Graphen **$g(x) = a \cdot f(x)$** mit einer **Streckung** für **$a > 1$** und einer **Stauchung** für **$0 < a < 1$.**
Ist $a < 0$, dann wird der Graph zusätzlich an der **x-Achse gespiegelt**.

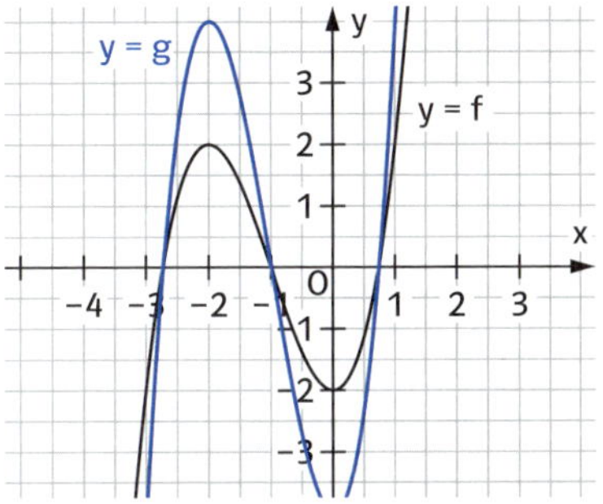

Der Graph von f wurde mit dem Faktor 2 in y-Richtung gestreckt, also $g(x) = 2 \cdot f(x)$.

Häufig spricht man allgemein von einer Streckung, auch wenn der Graph gestaucht wird.

Strecken in x-Richtung

Streckt man den Graphen einer Funktion f in x-Richtung, dann multipliziert man jeden x-Wert mit dem gleichen Faktor b.
Es gilt für die Funktionsgleichung g des verschobenen Graphen **$g(x) = f(b \cdot x)$.**
Der zugehörige **Streckfaktor** ist $\frac{1}{b}$.
Für $1 < b$ wird der Graph in x-Richtung „zusammengedrückt", für $0 < b < 1$ wird der Graph „auseinandergezogen".
Ist $b < 0$, so bedeutet dies zusätzlich eine Spiegelung an der y-Achse.

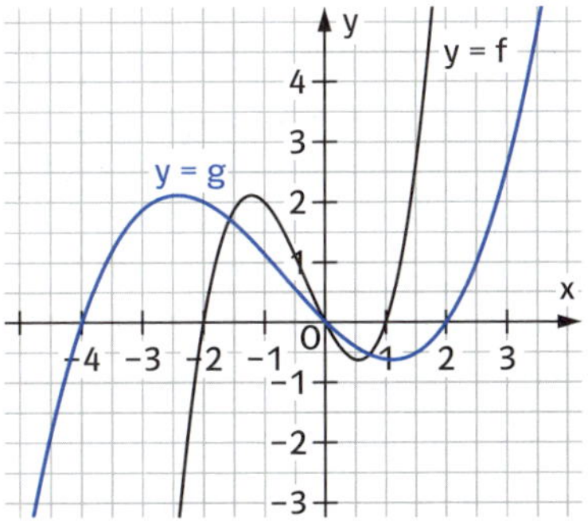

Der Graph von f wurde mit dem Faktor $\frac{1}{b} = \frac{1}{\frac{1}{2}} = 2$ in x-Richtung gestreckt, also $g(x) = f(0{,}5x)$.

Beispiel 1: Beschreiben, wie der Graph einer Funktion g aus dem einer Funktion f hervorgeht

Eine der folgenden Abbildungen gehört zum Graphen der Funktion f mit $f(x) = x^3 - 3x^2 + 2$.

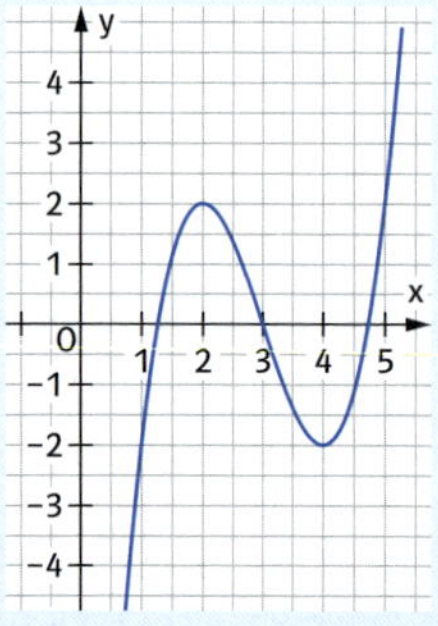
Abb. 1

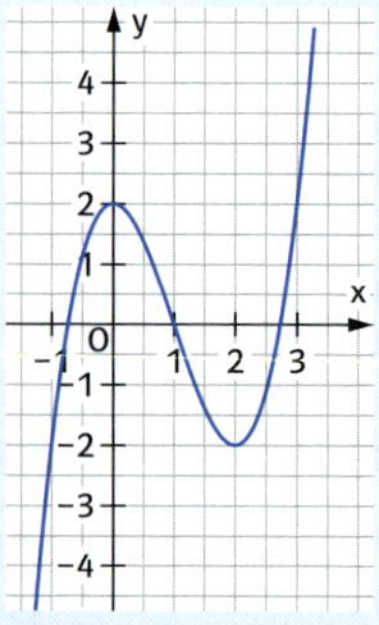
Abb. 2

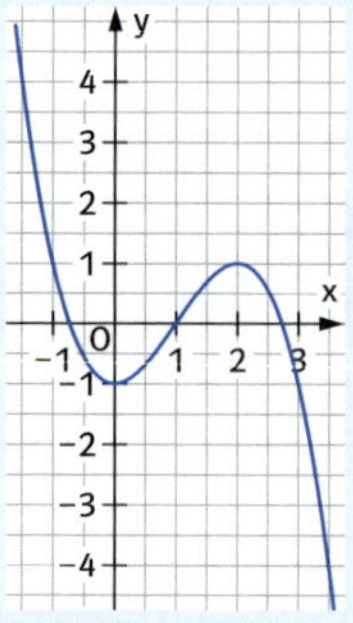
Abb. 3

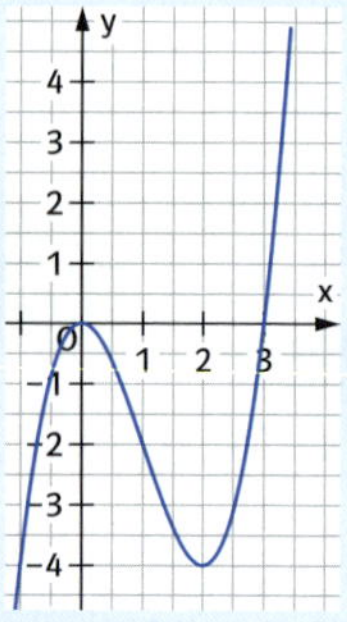
Abb. 4

a) Begründen Sie, dass Abb. 2 den Graphen von f zeigt.

b) Eine Abbildung gehört zum Graphen der Funktion g mit $g(x) = a \cdot f(x)$ und eine gehört zum Graphen der Funktion h mit $h(x) = f(x - c)$. Ordnen Sie diesen beiden Funktionen die zugehörigen Abbildungen zu und geben Sie a und c an.

c) Die Abbildung, die keiner der drei Funktionen zugeordnet werden kann, gehört zu einer Funktion k. Geben Sie ohne Rechnung einen Funktionsterm für k an.

a) Begründen Sie mithilfe von charakteristischen Punkten bzw. Eigenschaften.

Der Punkt $P(0\,|\,2)$ liegt auf dem Graphen der Funktion f. Das ist nur bei Abb. 2 der Fall.

Tipp:
Bei Streckung in y-Richtung bleiben die Nullstellen gleich.

b) Der Graph der Funktion g geht aus dem der Funktion f durch Streckung in y-Richtung hervor. Suchen Sie jeweils einen markanten Punkt und bestimmen Sie a.

Der Graph der Funktion g geht aus dem der Funktion f durch Streckung in y-Richtung hervor. Das ist nur bei Abb. 3 der Fall. Der Graph ist an der x-Achse gespiegelt, also muss $a < 0$ sein. Der y-Achsenabschnitt ist $y = -1$, beim Graphen von f ist der y-Achsenabschnitt $y = 2$, also ist $a = -\frac{1}{2}$.

Der Graph der Funktion h geht aus dem der Funktion f durch Verschiebung in x-Richtung hervor.
Suchen Sie jeweils einen markanten Punkt und bestimmen Sie c.

Der Graph der Funktion h geht aus dem der Funktion f durch Verschiebung in x-Richtung hervor, dabei bleibt die „Form" gleich. Das ist nur bei Abb. 1 der Fall. Es ist $c = 2$.

c) Der Graph von Abb. 4 ist in y-Richtung verschoben. Lesen Sie den y-Achsenabschnitt ab.

y-Achsenabschnitt: $y = 0$, also muss man den Graphen von f um 2 Einheiten nach unten schieben.
Also ist $k(x) = f(x) - 2$.

1.7 Funktionenscharen

- Eine Funktion mit Parametern untersuchen
- Ortskurven bestimmen

KURZINFO

Was ist eine Funktionenschar?

Enthält ein Funktionsterm neben der Funktionsvariablen x noch einen Parameter t, dann gehört zu jeder (zulässigen) Wahl des Parameters t genau eine Funktion f_t mit $f_t(x)$.

Setzt man für t verschiedene Werte ein, erhält man verschiedene Graphen von f_t.

Die Menge aller Funktionen f_t nennt man **Funktionenschar**, alle zugehörigen Graphen bilden die **Kurvenschar**.

Die Graphen der Kurvenschar sind zwar verschieden, haben aber gemeinsame Eigenschaften. Müssen Sie diese Eigenschaften bestimmen, nutzen Sie die Kriterien der globalen und lokalen Eigenschaften von Funktionen.

Ein Parameter heißt auch Formvariable. Im Unterschied zur (Funktions-) Variablen ist der Parameter zwar beliebig, aber fest, d. h. ist der Parameter einmal gewählt, bleibt er fest. Den Parameter einer Kurvenschar nennt man auch **Scharparameter**.

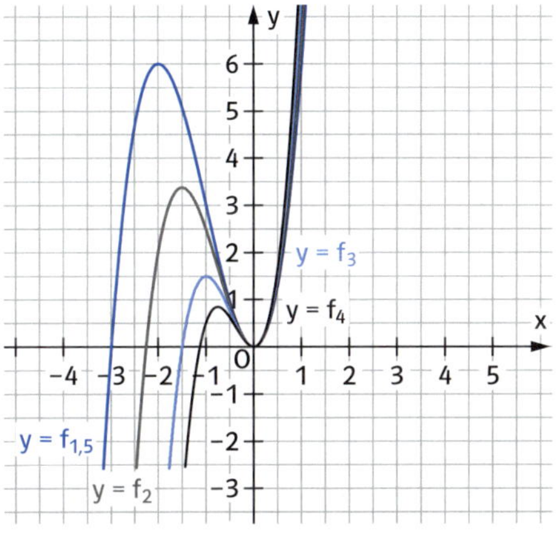

$f_t(x) = tx^3 + 4{,}5x^2$
$f_{1,5}(x) = 1{,}5x^3 + 4{,}5x^2$
$f_2(x) = 2x^3 + 4{,}5x^2$
$f_3(x) = 3x^3 + 4{,}5x^2$
$f_4(x) = 4x^3 + 4{,}5x^2$

Beim Rechnen oder Ableiten einer Funktionenschar wird der Parameter wie eine (beliebige) Zahl behandelt.

Beispiel 1: Eine Funktionenschar auf Eigenschaften untersuchen

Für jedes $t > 0$ ist eine Funktion f_t gegeben mit $f_t(x) = tx^3 + 4{,}5x^2$.
Bestimmen Sie
a) den Globalverlauf,
b) die Nullstellen und
c) die Extrempunkte
der zugehörigen Kurvenschar.

a) Analysieren Sie, um welchen Funktionstypen es sich handelt und bestimmen Sie den Globalverlauf.

Bei der Funktion f_t handelt es sich um eine ganzrationale Funktion dritten Grades. Der Summand tx^3 bestimmt den Globalverlauf.
Da $t > 0$ gilt: $f_t(x) \to +\infty$ für $x \to +\infty$
und $f_t(x) \to -\infty$ für $x \to -\infty$

b) Setzen Sie $f_t(x) = 0$ und lösen Sie die Gleichung nach x auf.

$tx^3 + 4{,}5x^2 = 0 \quad | \; x^2$ ausklammern
$x^2(tx + 4{,}5) = 0$
$x_1 = 0$ (doppelte Nullstelle) und
$tx + 4{,}5 = 0 \quad | -4{,}5$
$tx = -4{,}5 \quad | : t$
$x_2 = -\frac{4{,}5}{t}$

f_t hat also eine einfache Nullstelle bei $x = -\frac{4{,}5}{t}$ und eine doppelte Nullstelle bei $x = 0$. Wegen des Globalverlaufs von f_t hat der Graph von f_t dort auch einen Tiefpunkt.

c) Kriterien für einen Extrempunkt:
$f_t'(x) = 0$ und $f_t''(x) < 0$ (Hochpunkt)
oder
$f_t'(x) = 0$ und $f_t''(x) > 0$ (Tiefpunkt)

$f_t'(x) = 3tx^2 + 9x$
$f_t''(x) = 6tx + 9$
$f_t'(x) = 0$:
$3tx^2 + 9x = 0 \quad | \; x$ ausklammern
$x(3tx + 9) = 0$
$x_1 = 0$ und $3tx + 9 = 0 \quad | -9$
$3tx = -9 \quad | : 3t$
$x_2 = -\frac{3}{t}$
$f_t''(0) = 9 > 0$, $f_t(0) = 0$, also hat jeder Graph von f_t den Tiefpunkt $T(0 \,|\, 0)$.

$f_t''\left(-\frac{3}{t}\right) = 6t \cdot \left(-\frac{3}{t}\right) + 9 = -9 < 0,$

$f_t\left(-\frac{3}{t}\right) = t \cdot \left(-\frac{3}{t}\right)^3 + 4{,}5 \cdot \left(-\frac{3}{t}\right)^2$
$= -\frac{27}{t^2} + \frac{40{,}5}{t^2}$
$= \frac{13{,}5}{t^2}$

Jeder Graph der Kurvenschar hat also den Hochpunkt $H\left(-\frac{3}{t} \,\middle|\, \frac{13{,}5}{t^2}\right)$.

Was ist eine Ortskurve?

Hängen die Koordinaten von besonderen markanten Punkten wie z. B. Hoch-, Tief- oder Wendepunkten einer Kurvenschar von dem Scharparameter t ab, liegen diese Punkte P_t auf einer Kurve, der sogenannten **Ortskurve** (auch Ortslinie genannt).

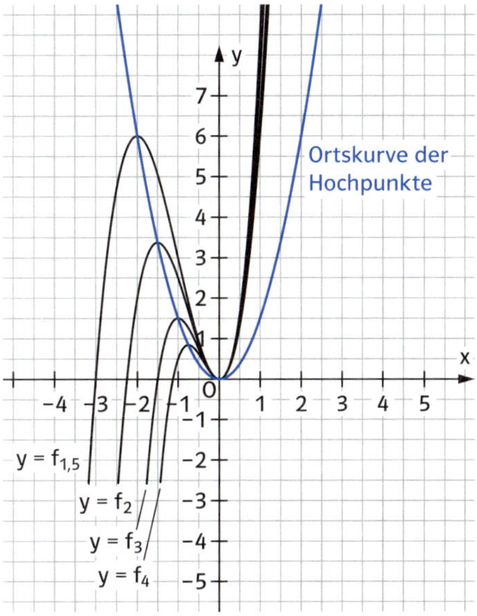

Alle Hochpunkte der Kurvenschar liegen auf einer Ortskurve.

Für diese Ortskurve kann man meist eine Funktionsgleichung aufstellen:

1. Bestimmung der Koordinaten des markanten Punktes in Abhängigkeit des Parameters
2. Auflösen der x-Koordinate des Punktes nach dem Parameter
3. Einsetzen der Wertes für den Parameter in die y-Koordinate (entspricht der Funktionsgleichung der Ortskurve).

Beispiel 2: Eine Ortskurve bestimmen

Für jedes $t > 0$ ist eine Funktion f_t gegeben mit $f_t(x) = tx^3 + 4{,}5x^2$. Alle Hochpunkte liegen auf einer Kurve.
Bestimmen Sie eine Funktionsgleichung der Ortskurve aller Hochpunkte.

1. Bestimmen Sie die Koordinaten aller Hochpunkte in Abhängigkeit von t.
   Hochpunkte: $H\left(-\frac{3}{t}\middle|\frac{13{,}5}{t^2}\right)$; (siehe Beispiel 1)
   $x = -\frac{3}{t}$; $y = \frac{13{,}5}{t^2}$
2. Lösen Sie die x-Koordinate nach t auf, also die Gleichung $x = -\frac{3}{t}$.
   $x = -\frac{3}{t}$, also $t = -\frac{3}{x}$ ($x < 0$, da $t > 0$)
3. Setzen Sie den Wert für t anstelle von t in die y-Koordinate ein.
   $y = \frac{13{,}5}{t^2} = \frac{13{,}5}{\left(-\frac{3}{x}\right)^2} = \frac{13{,}5}{9}x^2 = \frac{3}{2}x^2 = 1{,}5x^2$
   Die Ortskurve aller Hochpunkte hat also die Gleichung $y = 1{,}5x^2$.

Tipp:
Notieren Sie die Koordinaten in der Form $x = \ldots$ und $y = \ldots$

KURZINFO

1.8 Aufstellen von Funktionsgleichungen ganzrationaler Funktionen – der Gauß-Algorithmus

- Ein lineares Gleichungssystem mit dem Gauß-Algorithmus lösen
- Ganzrationale Funktionen aus vorgegebenen Bedingungen bestimmen

Beachten Sie:
Zur Bestimmung einer ganzrationalen Funktion n-ten Grades braucht man (mindestens) n + 1 Bedingungen.

Ein Element der Funktionenuntersuchung ist auch der umgekehrte Weg der Kurvendiskussion, die **Bestimmung von ganzrationalen Funktionen mit vorgegebenen Eigenschaften** in einfachen Fällen. Solche vorgegebenen Eigenschaften könnten globale Eigenschaften wie z. B. Achsensymmetrie oder lokale Eigenschaften, wie bestimmte Punkte oder Steigungen, sein. Aus diesen Vorgaben müssen dann Bedingungen mithilfe von f, f′ oder f″ formuliert werden. Das aus den Bedingungen entstandene lineare Gleichungssystem (LGS) besteht aus den Koeffizienten als unbekannte Größen und kann z. B. mithilfe des Gauß-Algorithmus gelöst werden.

Beispiel 1: Eigenschaften in Bedingungen übersetzen

Vorgegebene globale Eigenschaften	Mathematische Bedingungen
Ganzrationale Funktion 3-ten Grades	$f(x) = ax^3 + bx^2 + cx + d$
achsensymmetrisch zur y-Achse	nur gerade Hochzahlen, z. B. $f(x) = ax^2 + b$
punktsymmetrisch zum Ursprung	nur ungerade Hochzahlen, kein Absolutglied, z. B. $f(x) = ax^3 + bx$
Vorgegebene lokale Eigenschaften	**Mathematische Bedingungen**
Der Graph geht durch Punkt P(1 | 2).	x- und y-Wert in die Funktionsgleichung einsetzen: $f(1) = 2$
Der Graph hat an der Stelle $x = 1$ die Steigung 3.	Steigung wird durch die Ableitung f′ angegeben: $f'(1) = 3$
Der Graph hat an der Stelle $x = 2$ eine waagrechte Tangente.	waagrechte Tangente bedeutet Steigung 0: $f'(2) = 0$
Der Graph hat im Punkt P(0 | 1) einen Extrempunkt.	Zwei Bedingungen: $f(0) = 1$ (Punkt) und $f'(0) = 0$ (Extrempunkt)

Was ist der Gauß-Algorithmus?

Mit dem Gauß-Algorithmus kann jedes lineare Gleichungssystem (LGS) systematisch gelöst werden. Ziel ist es, das LGS mithilfe des Additionsverfahrens so umzuformen bis eine Stufenform entsteht.
Erlaubte Rechenoperationen gelten immer für ganze Zeilen, also beide Seiten einer Gleichung. Man darf Zeilen vertauschen, mit einer Zahl (ungleich null) multiplizieren und addieren bzw. subtrahieren.

Ein Algorithmus ist eine eindeutige, endliche Abfolge von Einzelschritten zur Lösung eines Problems.

Beispiel 2: Ein LGS mit dem Gauß-Algorithmus lösen

Bestimmen Sie die Lösung des linearen Gleichungssystems mithilfe des Gauß-Algorithmus.

$$\begin{array}{rl} 3x_1 - x_2 + 2x_3 &= 7 \\ x_1 + 2x_2 + \frac{11}{3}x_3 &= 14 \\ x_1 - 5x_2 - 4x_3 &= -21 \end{array}$$

Multiplizieren Sie Zeile 1 oder Zeile 2 so mit einer Zahl, dass bei Zeile 1 plus Zeile 2 die erste Variable (x_1) eliminiert wird.
Schreiben Sie Zeile 1 und 3 ab, in der neuen Zeile 2 steht die Summe der ersten beiden Zeilen.

$$\begin{array}{rll} 3x_1 - x_2 + 2x_3 &= 7 & \\ x_1 + 2x_2 + \frac{11}{3}x_3 &= 14 & |\cdot(-3) \\ x_1 - 5x_2 - 4x_3 &= -21 & \end{array} \quad \text{(Zeile 1 + Zeile 2)}$$

Multiplizieren Sie Zeile 1 oder 3 so mit einer Zahl, dass bei Zeile 1 plus Zeile 3 die erste Variable (x_1) eliminiert wird.
Schreiben Sie Zeile 1 und 2 ab, in der neuen Zeile 3 steht die Summe von Zeile 1 und 3.

$$\begin{array}{rll} 3x_1 - x_2 + 2x_3 &= 7 & \\ -7x_2 - 9x_3 &= -35 & \\ x_1 - 5x_2 - 4x_3 &= -21 & |\cdot(-3) \end{array} \quad \text{(Zeile 1 + Zeile 3)}$$

Multiplizieren Sie Zeile 3 oder 2 so mit einer Zahl, dass bei Zeile 2 plus Zeile 3 die zweite Variable (x_2) eliminiert wird.

$$\begin{array}{rll} 3x_1 - x_2 + 2x_3 &= 7 & \\ -7x_2 - 9x_3 &= -35 & |\cdot 2 \\ 14x_2 + 14x_3 &= 70 & \end{array} \quad \text{(Zeile 2 + Zeile 3)}$$

$$\begin{array}{rl} 3x_1 - x_2 + 2x_3 &= 7 \\ -7x_2 - 9x_3 &= -35 \\ -4x_3 &= 0, \end{array}$$

also $x_3 = 0$

Berechnen Sie den Wert für die dritte Variable und bestimmen Sie die anderen Variablen durch Einsetzen.

$-7x_2 - 9 \cdot 0 = -35$, also $x_2 = 5$
$3x_1 - 5 + 0 = 7$, also $x_1 = 4$

Schreiben Sie die Lösungsmenge auf.

$L = \{(4; 5; 0)\}$

Hinweis:
Für eine ganzrationale Funktion zweiten Grades benötigt man $2 + 1 = 3$ Bedingungen.

Beispiel 3: Eine Funktion zu vorgegebenen Eigenschaften bestimmen

Der Graph einer ganzrationalen Funktion zweiten Grades geht durch den Punkt P(0 | 4) und hat im Punkt Q(1 | 6) die Steigung 7.
Bestimmen Sie einen zugehörigen Funktionsterm.

Notieren Sie die vorgegebenen Eigenschaften und übersetzen Sie diese in mathematische Bedingungen.

Mathematische Bedingungen:
ganzrationale Funktion zweiten Grades
$f(x) = ax^2 + bx + c$
$f'(x) = 2ax^2 + b$

(1) Punkt P(0 | 4):
$a \cdot 0 + b \cdot 0 + c = 4$, also $c = 4$

(2) Punkt Q(1 | 6):
$a \cdot 1 + b \cdot 1 + c = 6 \quad |$ c einsetzen
$a + b + 4 = 6$, also $a + b = 2$

(3) in Q(1 | 6) Steigung 7:
$2a \cdot 1 + b \cdot 1 = 7$

Stellen Sie aus den Bedingungen das zugehörige LGS auf und bestimmen Sie die Lösung.

LGS:
$a + b = 2 \quad | \cdot (-2)$ ↲ +
$2a + b = 7$

$a + b = 2$
$-b = 3$

$a - 3 = 2$, also $a = 5$ und $b = -3$

Schreiben Sie den Funktionsterm auf.

$f(x) = 5x^2 - 3x + 4$

KURZINFO

1.9 Trigonometrische Funktionen

- Eigenschaften der allgemeinen Sinusfunktion kennen
- Beschreiben, wie der Graph der Funktion g aus dem Graphen der Sinusfunktion f hervorgeht

Jedem Winkel α im Einheitskreis ist ein Sinus- und Kosinuswert zugeordnet. Gibt man den Winkel im Bogenmaß an und lässt den Einheitskreis mehrfach und auch in umgekehrter Richtung drehen, erhält man alle Werte für x auf dem Zahlenstrahl, also $x \in \mathbb{R}$.

Was ist die Sinus- und Kosinusfunktion?

Die Funktion f, die jeder reellen Zahl x den Sinus von x zuordnet, heißt **Sinusfunktion** f mit **$f(x) = \sin(x)$**. Ihr Graph heißt auch **Sinuskurve**.

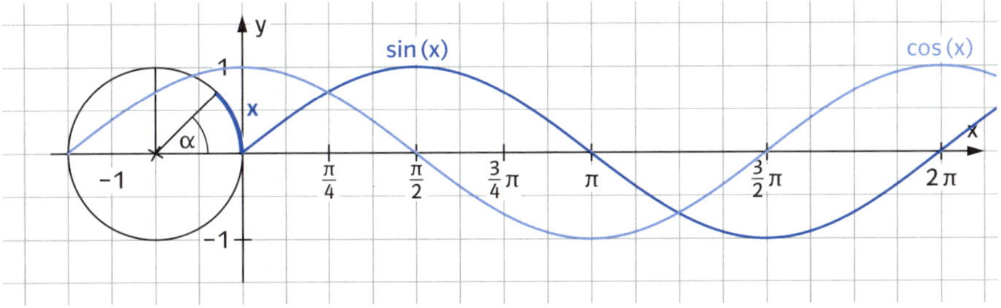

Die Funktion f, die jeder reellen Zahl x den Kosinus von x zuordnet, heißt **Kosinusfunktion** f mit **$f(x) = \cos(x)$**. Ihr Graph heißt auch **Kosinuskurve**.

Eigenschaften der Sinusfunktion f mit $f(x) = \sin(x)$

- Die Sinus- und Kosinuskurve sind **periodisch** mit der Periodenlänge (kurz: **Periode**) **$p = 2\pi$**, d.h. nach 2π wiederholt sich eine „Welle".

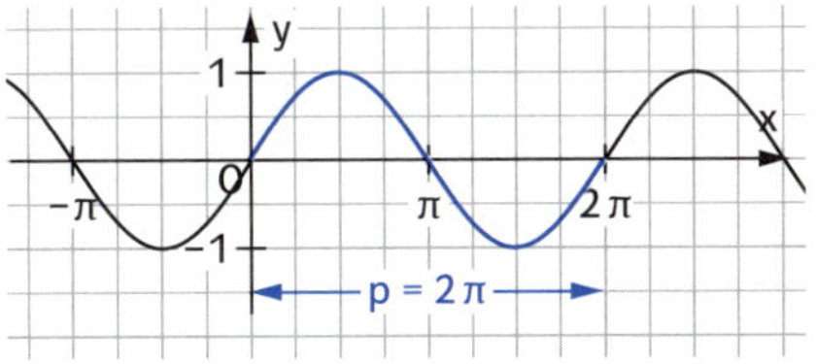

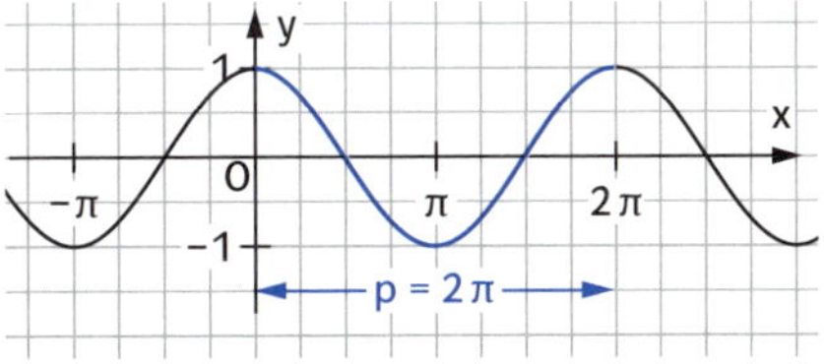

- Die Sinuskurve ist **punktsymmetrisch zum Ursprung**, die Kosinuskurve ist **achsensymmetrisch zur y-Achse**, d.h. für alle $x \in \mathbb{R}$ gilt:

  $-\sin(x) = -\sin(-x)$ und $\cos(x) = \cos(-x)$.
- Für den Wertebereich der Sinus- und Kosinuskurve gilt: $-1 \leq y \leq 1$.
  Die Abweichung von der sogenannten Nulllage, also $y = 0$, ist höchstens 1.
  Man sagt, die Sinus- und Kosinuskurve haben die **Amplitude** $a = 1$.
- Besondere Stellen der Sinus- und Kosinuskurve für $0 \leq x \leq 2\pi$ sind:

	Sinuskurve	**Kosinuskurve**
Nullstellen	$0; \pi; 2\pi$	$\frac{1}{2}\pi, \frac{3}{2}\pi$
Hochpunkte	$\frac{1}{2}\pi$	$0; 2\pi$
Tiefpunkte	$\frac{3}{2}\pi$	π

Strecken und Verschieben der Sinusfunktion

Tipp:
Die Reihenfolge der Schritte ist durch die alphabetische Benennung der Parameter gegeben.

Hinweis:
Müssen Sie den Graphen einer allgemeinen Sinusfunktion skizzieren, dann arbeiten Sie Punkte von hinten nach vorne in umgekehrter Reihenfolge ab.

Gegeben ist die Funktion g mit $g(x) = a \cdot \sin(b \cdot (x - c)) + d$.
Der Graph von g geht aus dem Graphen der Sinusfunktion f mit $f(x) = \sin(x)$ folgendermaßen hervor:

1. Der Graph von f wird mit dem **Faktor a in y-Richtung gestreckt.** Ist $a < 0$, dann wird der Graph von f an der x-Achse gespiegelt. Die **Amplitude** ist $|a|$.

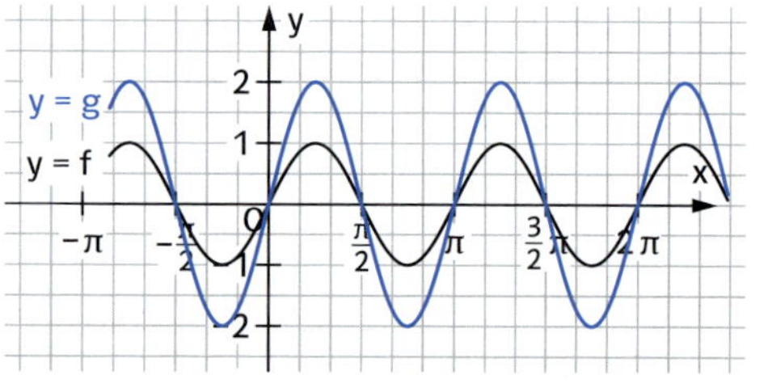

$f(x) = \sin(x)$; $g(x) = 2\sin(x)$
Die Amplitude ist $a = 2$.

2. Der Graph von f wird mit dem Faktor $\frac{1}{b}$ in x-Richtung gestreckt. Ist $b < 0$, dann wird der Graph von f an der y-Achse zusätzlich gespiegelt.
   Die neue Periode ist $\mathbf{p = \frac{2\pi}{b}}$.

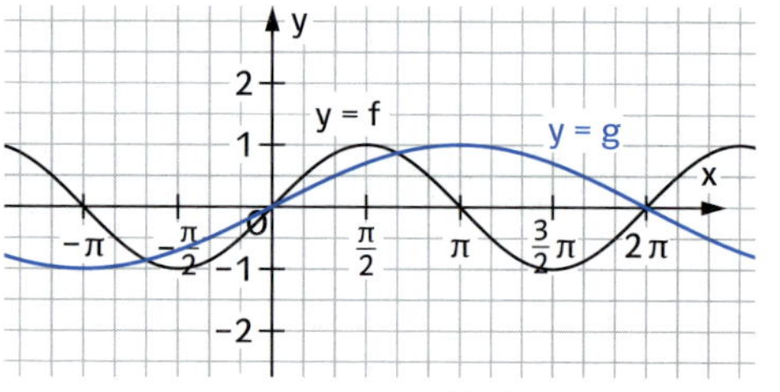

$f(x) = \sin(x)$; $g(x) = \sin\left(\frac{1}{2}x\right)$
Es ist eine halbe Welle in 2π, also ist $b = \frac{1}{2}$.
Die Periode ist also $\frac{2\pi}{\frac{1}{2}} = 2\pi \cdot 2 = 4\pi$.

3. Der Graph von f wird um c Einheiten in x-Richtung verschoben.

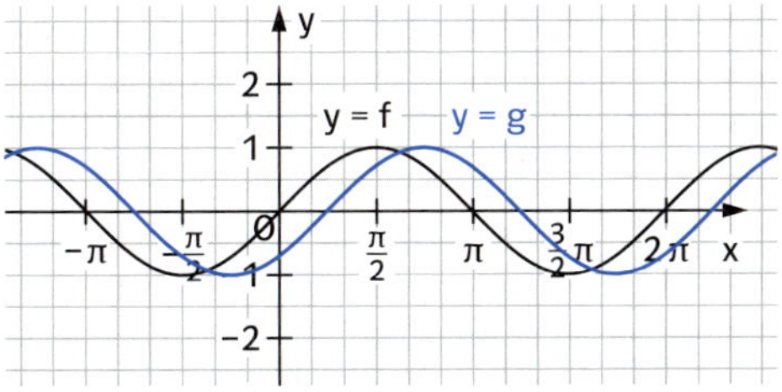

$f(x) = \sin(x)$; $g(x) = \sin\left(x - \frac{\pi}{4}\right)$

4. Der Graph von f wird um d Einheiten in y-Richtung verschoben.
Die Gerade $y = d$ markiert die Nulllage.

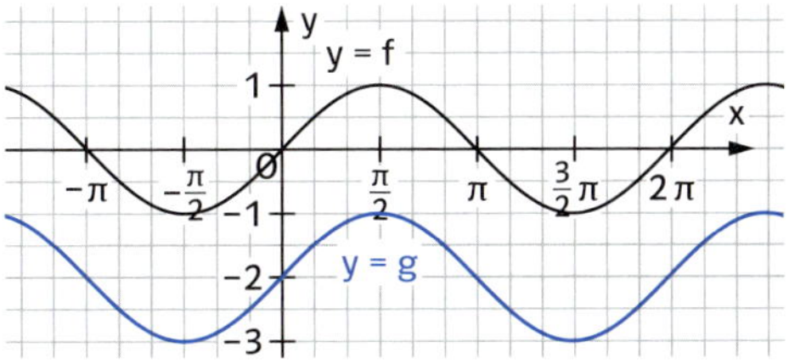

$f(x) = \sin(x)$; $g(x) = \sin(x) - 2$

Beispiel 1: Beschreiben, wie der Graph einer veränderten Sinuskurve aus dem Graphen der Sinuskurve hervorgeht

Gegeben sind die Funktionen f und g mit $f(x) = \sin(x)$ und $g(x) = -1{,}5\sin(2(x - \pi)) + 1$.
Beschreiben Sie, wie das Schaubild von g aus dem Schaubild von f entsteht.
Skizzieren Sie damit den Graphen von g.

Der Graph von f wird
- zuerst mit dem Faktor 1,5 gestreckt und dann an der x-Achse gespiegelt; die Amplitude ist 1,5,
- dann mit dem Faktor $\frac{1}{2}$ in x-Richtung gestreckt; die neue Periode ist $\frac{2\pi}{2} = \pi$,
- um π Einheiten in positive x-Richtung verschoben (Graph ändert sich nicht, da die Periode π ist),
- und um 1 Einheit in y-Richtung verschoben.

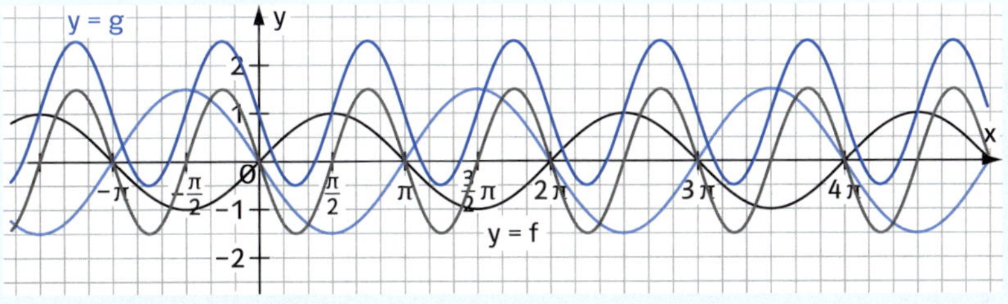

KURZINFO

1.10 Die natürliche Exponentialfunktion

- e-Funktionen ableiten und integrieren
- Graphen der e-Funktion verschieben und strecken
- Einen Funktionsterm zum Graphen einer beliebigen e-Funktion mithilfe der Eigenschaften angeben

Die (natürliche) Exponentialfunktion e^x

Tipp:
Exponent als Hochzahl → Exponentialfunktion; daher kommt auch die Bezeichnung.

Eine Funktion f mit $f(x) = a \cdot b^x$ $(a; b \in \mathbb{R}, b > 0; b \neq 1)$ heißt Exponentialfunktion. Im Gegensatz zu den Potenzfunktionen ist bei den Exponentialfunktionen die Variable der Exponent (die Hochzahl) und die Basis ist fest.

Die Zahl e mit $e \approx 2{,}71828$ heißt Eulersche Zahl. Ähnlich wie bei π bleibt e in der Regel stehen; der Taschenrechner hat einen (gerundeten) Wert für e als Konstante gespeichert.

Die Funktion f mit $f(x) = e^x$ $(x \in \mathbb{R})$ mit der Basis e ist eine besondere Exponentialfunktion. Sie heißt **natürliche Exponentialfunktion** oder **e-Funktion**.
Die e-Funktion stimmt mit ihrer Ableitung überein. Es gilt: $\mathbf{f(x) = f'(x) = e^x}$.

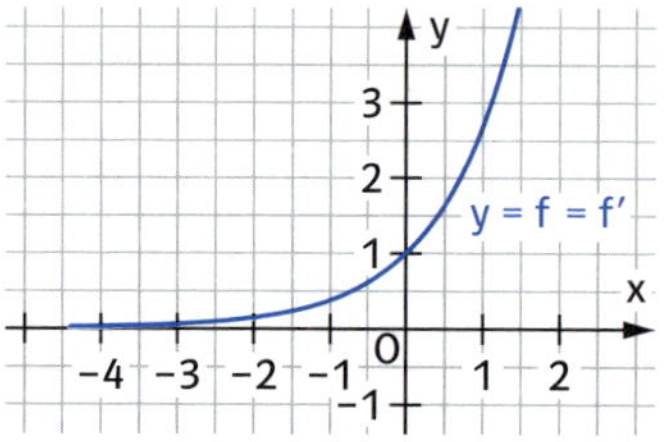

Jede Funktion F mit $F(x) = e^x + c$ ist Stammfunktion der e-Funktion.
Beachten Sie beim Ableiten bzw. Integrieren:
Obwohl die Ableitung der e-Funktion so einfach ist, kommt diese in Reinform in der Praxis kaum vor, denn in der Regel benötigt man beim Ableiten fast immer die **Kettenregel.** Steht im Exponenten einer e-Funktion die Variable nicht alleine, also z. B. e^{2x} oder e^{x^2}, dann muss man mit der Kettenregel ableiten. Für die Ableitung einer Funktion f mit $\mathbf{f(x) = e^{b \cdot x}}$ **gilt:** $\mathbf{f'(x) = b \cdot e^{b \cdot x}}$.

Beispiel 1: e-Funktionen ableiten
Bilden Sie die Ableitung der Funktion f.

a) $f(x) = e^x + 3x - 1$
Es sind mehrere x mit + verbunden, keine Verkettung, also genügt es, hier nur die Summenregel anzuwenden:
$f'(x) = e^x + 3$

b) $f(x) = e^{-3x}$
x steht nicht alleine im Exponenten, also Kettenregel anwenden:
$f'(x) = -3e^{-3x}$

c) $f(x) = x \cdot e^{x^2}$
Es sind mehrere x mit einem · verbunden, also Produktregel anwenden, zusätzlich noch mehrere x im Exponenten, also auch Kettenregel innerhalb der Produktregel anwenden:
$f(x) = \underbrace{x}_{u(x)} \cdot \underbrace{e^{x^2}}_{v(x)}$ $\qquad u(x) = x; \quad u'(x) = 1$
$\qquad v(x) = e^{x^2}; \quad v'(x) = 2x \cdot e^{x^2}$
$f'(x) = 1 \cdot e^{x^2} + x \cdot 2x \cdot e^{x^2} = e^{x^2} \cdot (1 + 2x^2)$

Beispiel 2: e-Funktionen integrieren

a) Geben Sie eine Stammfunktion der Funktion f mit $f(x) = 4e^{2x} - \frac{1}{x^2}$ an.

Die e-Funktion ist verkettet, also beim Integrieren an lineare Verkettung denken:

$F(x) = \frac{1}{2} \cdot 4 \cdot e^{2x} - 1 \cdot (-1) \cdot x^{-1}$
$= 2e^{2x} + \frac{1}{x}$

b) Berechnen Sie das Integral $\int_0^2 2e^{2x}\,dx$.

Die e-Funktion ist verkettet, also beim Integrieren an lineare Verkettung denken:

$\int_0^2 2e^{2x}\,dx = \left[\frac{1}{2} \cdot 2e^{2x}\right]_0^2 = e^4 - e^0 = e^4 - 1$

Eigenschaften der e-Funktion f mit $f(x) = e^x$

- Definitionsbereich ist $\mathbb{R}$.
- Wertebereich ist $\mathbb{R}^+ \setminus \{0\}$, d.h. die Funktionswerte sind positiv, also $\mathbf{f(x) > 0}$.
- Der Graph ist streng monoton steigend und geht durch den Punkt **P(0 | 1)**.
- Je kleiner die x-Werte werden, desto näher verläuft der Graph an der x-Achse, berührt sie aber nicht, d.h. die x-Achse mit $y = 0$ ist **waagrechte Asymptote**.

Produkte von e-Funktionen mit ganzrationalen Funktionen

Zur Beschreibung von Wachstumsprozessen werden häufig Produkte von e-Funktionen mit ganzrationalen Funktionen verwendet. Ist eine ganzrationale Funktion f und eine e-Funktion g gegeben, dann hat solch eine zusammengesetzte Funktion h mit $h(x) = f(x) \cdot g(x)$ besondere Eigenschaften.

- Nullstellen
  Da es sich bei der zusammengesetzten Funktion um ein Produkt handelt, gilt nach dem Satz vom Nullprodukt, dass jede Nullstelle einer Teilfunktion auch Nullstelle der zusammengesetzten Funktion ist.
- Globalverhalten
  Die **e-Funktion** bestimmt den Globalverlauf, da sie „schneller" wächst als die ganzrationale Funktion.

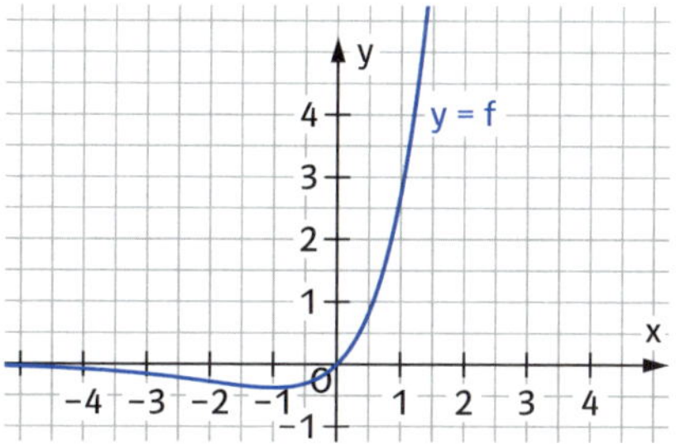

$f(x) = x \cdot e^x$

$x \cdot \underbrace{e^x}_{>0} = 0$

Nullstelle: $x_0 = 0$

für $x \to +\infty$ gilt: $f(x) \to +\infty$

für $x \to -\infty$ gilt: $f(x) \to 0$

Tipp:
Da $e^{b \cdot x}$ nie null wird, hat auch g(x) keine Nullstellen. Es müssen „nur" die Nullstellen des ganzrationalen Teils, also von f(x) bestimmt werden.

Beispiel 3: Eigenschaften von zusammengesetzten Funktionen bestimmen

Eine der folgenden Abbildungen zeigt den Graphen der Funktion f mit $f(x) = x^2 e^x$.

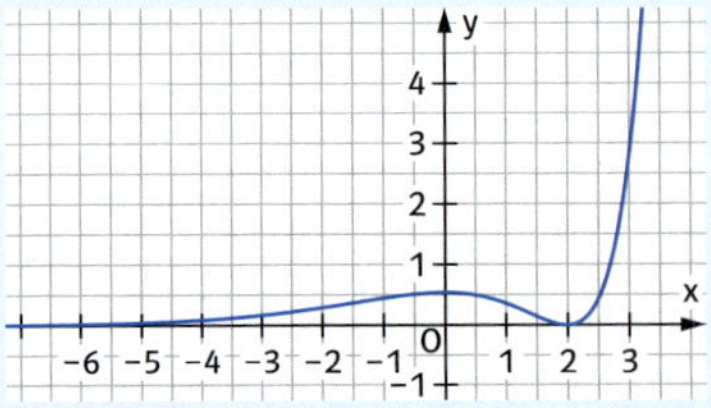

Abb. 1

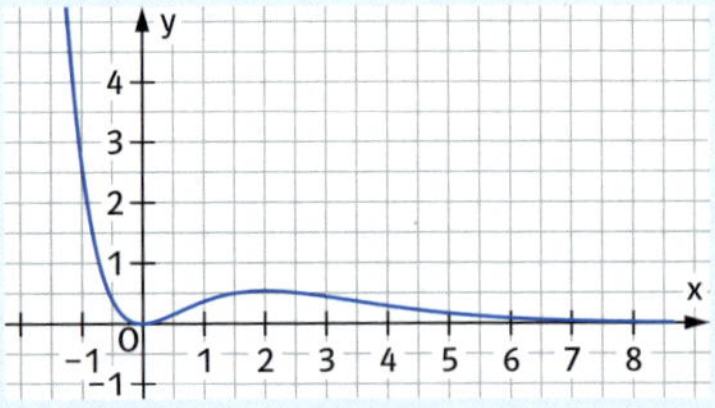

Abb. 2

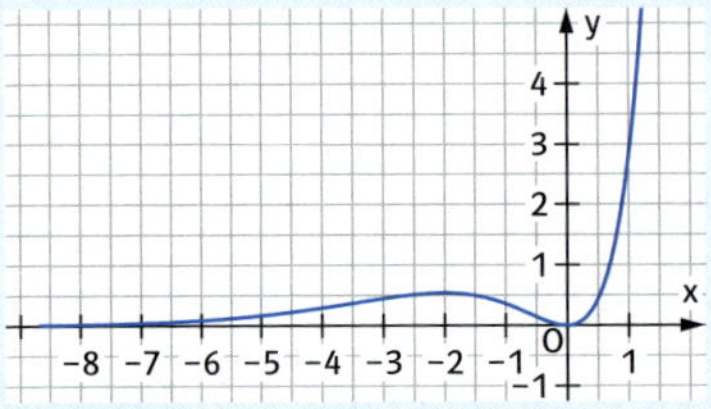

Abb. 3

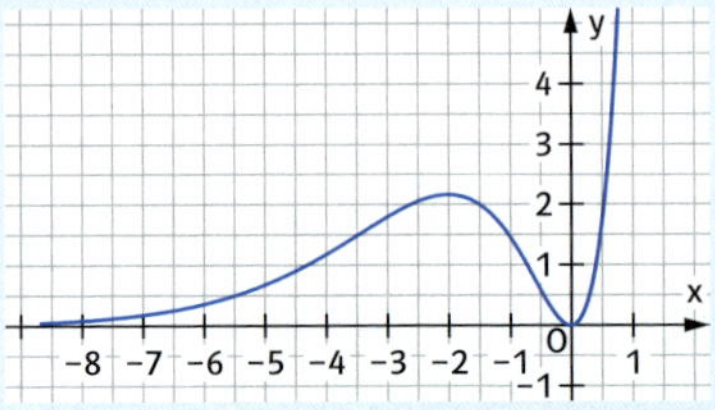

Abb. 4

a) Begründen Sie, dass Abb. 3 den Graphen von f zeigt.

b) Von den anderen drei Abbildungen gehört eine zur Funktion g mit $g(x) = f(x-a)$ und eine zur Funktion h mit $h(x) = b \cdot f(x)$.
Ordnen Sie diesen beiden Funktionen die zugehörigen Abbildungen zu und begründen Sie Ihre Entscheidung.
Geben Sie die Werte für a und b an.

c) Die bis jetzt nicht zugeordnete Abbildung zeigt den Graphen einer Funktion k.
Geben Sie ohne Rechnung einen Funktionsterm für k an.

a) Begründen Sie mithilfe von eindeutigen Punkten oder der charakteristischen Eigenschaften, also mit Nullstellen und dem Globalverhalten.

Abb. 3 zeigt den Graphen von f, da f bei $x = 0$ eine doppelte Nullstelle hat und für $x \to +\infty$ gilt: $f(x) \to +\infty$.
Außerdem geht der Graph von f durch den Punkt $P(1\,|\,e)$.

b) Argumentieren Sie hier mit den Eigenschaften der Verschiebung bzw. Streckung.

Der Graph von g geht aus dem Graphen von f durch eine Verschiebung in x-Richtung hervor.
Das ist nur bei Abb. 1 der Fall.
Da der Graph um 2 Einheiten nach rechts verschoben wurde, ist $g(x) = f(x-2)$.
Der Graph von h geht aus dem Graphen von f durch eine Streckung in y-Richtung hervor.
Das ist nur bei Abb. 4 der Fall.
Der Graph von f wurde mit dem Faktor 4 gestreckt, also ist $h(x) = 4 \cdot f(x)$.

c) Begründen Sie mithilfe von charakteristischen Eigenschaften, also mit Nullstellen und dem Globalverhalten.

Bei Abb. 2 geht $f(x) \to 0$ für $x \to +\infty$.
Außerdem geht der Graph in Abb. 2 aus dem Graphen von Abb. 3 durch eine Spiegelung an der y-Achse hervor. Also gilt: $k(x) = x^2 e^{-x}$.

Strecken und Verschieben der e-Funktion

Gegeben ist die Funktion g mit $\mathbf{g(x) = a \cdot e^{b \cdot (x-c)} + d}$.
Der Graph von g geht aus dem Graphen der e-Funktion f mit $f(x) = e^x$ folgendermaßen hervor:

1. Der Graph von f wird mit dem Faktor a in y-Richtung gestreckt.
   Ist $a < 0$, dann wird der Graph von f an der x-Achse zusätzlich gespiegelt.

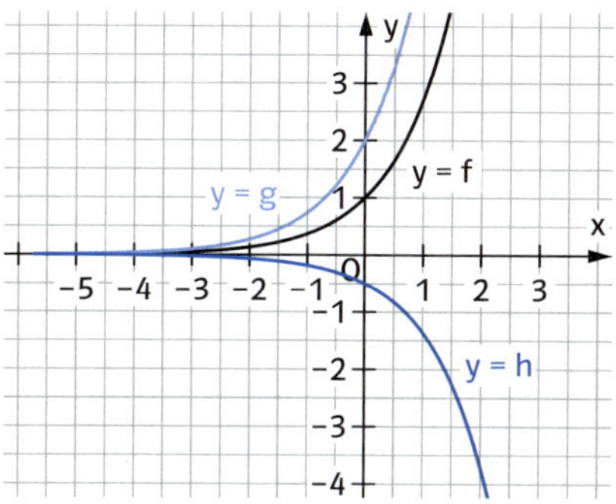

$g(x) = 2e^x$; $h(x) = -\frac{1}{2}e^x$

2. Der Graph von f wird mit dem Faktor $\frac{1}{b}$ in x-Richtung gestreckt.
   Ist $b < 0$, dann wird der Graph von f an der y-Achse zusätzlich gespiegelt.

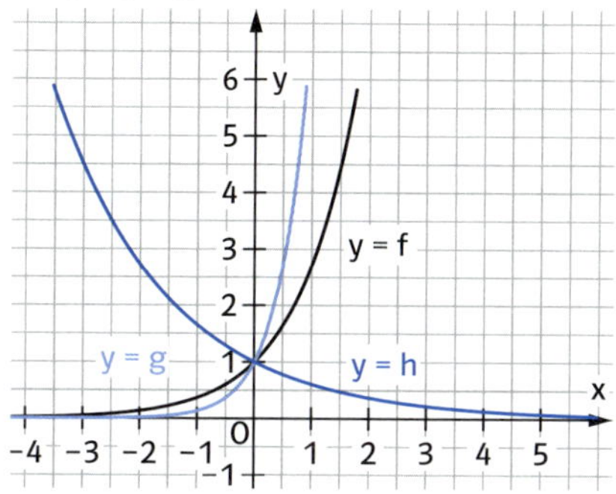

$g(x) = e^{2x}$; $h(x) = e^{-\frac{1}{2}x}$

3. Der Graph von f wird um c Einheiten in x-Richtung verschoben.

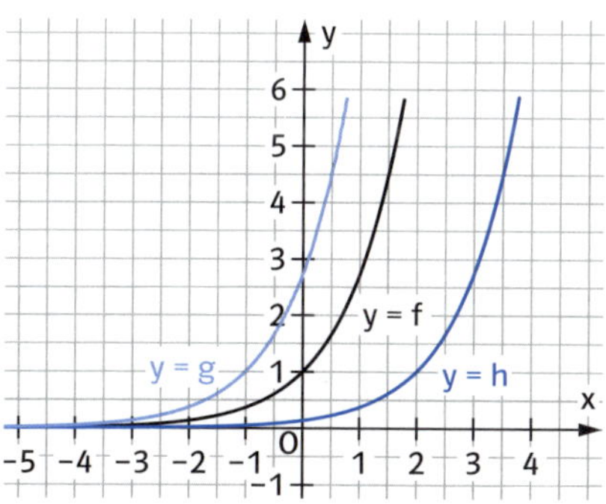

$g(x) = e^{x+1}$; $h(x) = e^{x-2}$

4. Der Graph von f wird um d Einheiten in y-Richtung verschoben.
   Die Gerade $y = d$ ist waagrechte Asymptote.

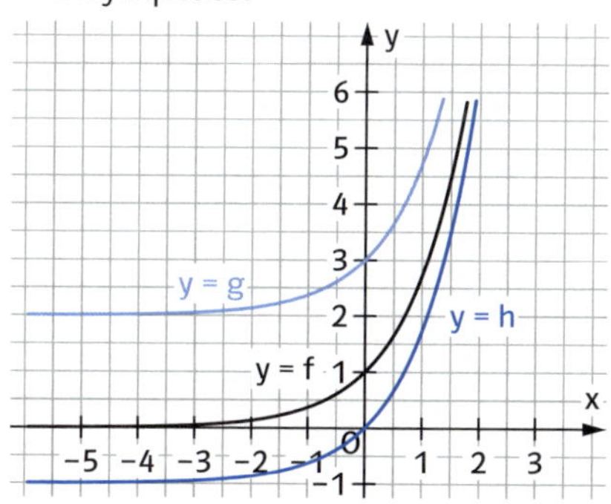

$g(x) = e^x + 2$; $h(x) = e^x - 1$

Tipp:
Die Reihenfolge der Schritte ist durch die alphabetische Benennung der Parameter gegeben.

Hinweis:
Müssen Sie den Graphen einer allgemeinen natürlichen e-Funktion skizzieren, dann arbeiten Sie die Punkte von hinten nach vorne in umgekehrter Reihenfolge ab.

Beispiel 4: Angeben, wie Funktionen auseinander hervorgehen

Gegeben sind die Funktionen f und g mit $f(x) = e^x$ und $g(x) = -2e^{-0,5(x-2)} + 1$.
Beschreiben Sie, wie das Schaubild von g aus dem Schaubild von f entsteht.
Skizzieren Sie damit den Graphen von g.

Der Graph von f wird
- zuerst mit dem Faktor 2 gestreckt und dann an der x-Achse gespiegelt,
- dann mit dem Faktor 2 in x-Richtung gestreckt und an der y-Achse gespiegelt,
- um 2 Einheiten in positive x-Richtung verschoben
- und um 1 Einheit in y-Richtung verschoben.

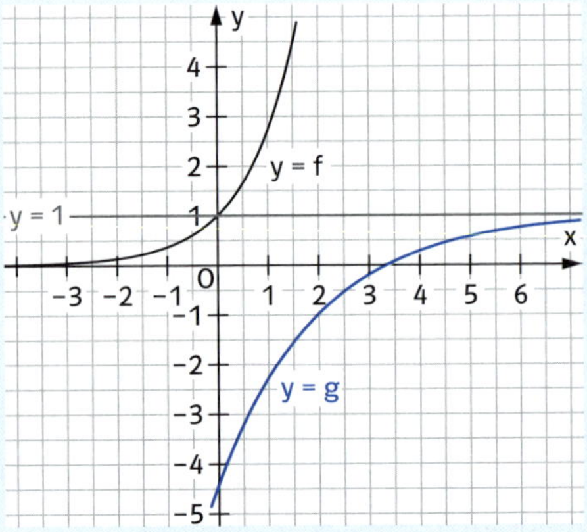

Beispiel 5: Einen Funktionsterm zu vorgegebenen Bedingungen angeben

Eine nicht lineare Funktion f hat keine Nullstelle. Der Graph von f nähert sich für $x \to -\infty$ asymptotisch der Geraden mit der Gleichung $y = -2$.
Geben Sie einen möglichen Funktionsterm von f an und zeichnen Sie den zugehörigen Graphen.

Übersetzen Sie die Bedingungen:
- Keine Nullstelle bedeutet, dass die Funktionswerte entweder nur positiv oder nur negativ sind, kurz $f(x) < 0$ oder $f(x) > 0$.
- $y = -2$ ist waagrechte Asymptote für negative x.
  Da $y = -2 < 0$, muss auch $f(x) < 0$ sein.
- Eine waagrechte Asymptote haben entweder gebrochen rationale Funktionen oder e-Funktionen.

Skizzieren Sie einen möglichen Graphen.

möglicher Funktionsterm:
$f(x) = -e^x - 2$

zugehöriger Funktionsgraph:

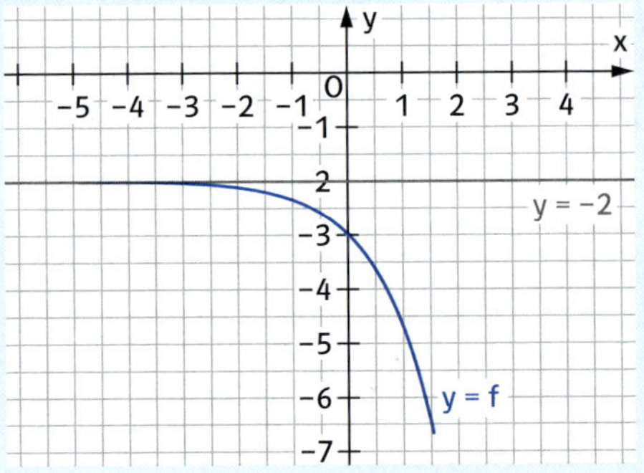

1.11 Der natürliche Logarithmus

- Die natürliche Logarithmus-Funktion ableiten und integrieren
- Exponentialgleichungen lösen

KURZINFO

Was ist der natürliche Logarithmus?

Der natürliche Logarithmus einer positiven Zahl x ist diejenige Zahl, mit der man e potenzieren muss, um x zu erhalten, kurz: $\mathbf{e^{\ln(x)} = x}$.
Es gilt: $\ln(1) = 0$, da $e^0 = 1$

Umkehrfunktion und natürliche Logarithmusfunktion

Kann man bei einer Funktion f die x-Werte mit den y-Werten vertauschen und entsteht dadurch eine neue Funktion, so nennt man diese Funktion **Umkehrfunktion f^{-1}**. Dabei wird aus dem Definitionsbereich von f der Wertebereich von f^{-1} und der Wertebereich von f ist der Definitionsbereich von f^{-1}. Geometrisch entsteht der Graph der Umkehrfunktion durch **Spiegelung** des Graphen der Funktion **an der Winkelhalbierenden y = x**.

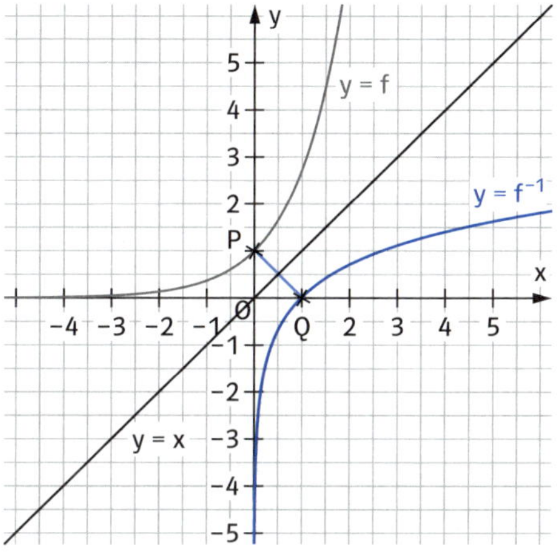

Aus P(0 | 1) wird Q(1 | 0).

Tipp:
Gibt die Funktion f den Wechselkurs € → $ an, dann beschreibt die Umkehrfunktion f^{-1} den Wechselkurs $ → €.

Die natürliche Logarithmusfunktion f mit $f(x) = \ln(x)$ ist die Umkehrfunktion der e-Funktion.

Ableitung der ln-Funktion und Stammfunktion von f mit $f(x) = \frac{1}{x}$

Die Funktion f mit $f(x) = \ln(x)$ hat die Ableitung $f'(x) = \frac{1}{x}\ (x > 0)$.

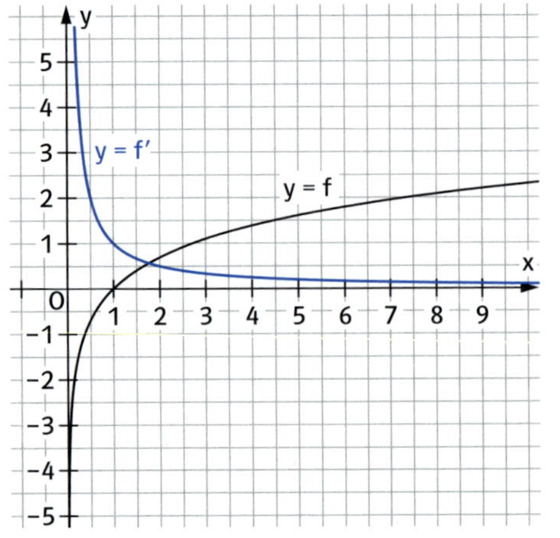

Umgekehrt ist $F(x) = \ln|x|$ die Stammfunktion von $f(x) = \frac{1}{x}$.

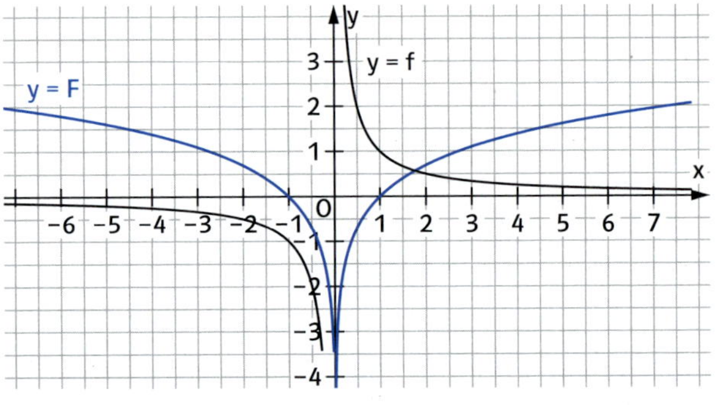

Beispiel 1: Integrale mit der ln-Funktion berechnen

Berechnen Sie das Integral.

a) $\int_0^{\ln 2} e^{4x}\,dx$

$$\int_0^{\ln 2} e^{4x}\,dx = \left[\frac{1}{4}e^{4x}\right]_0^{\ln 2} = \frac{1}{4}e^{4\cdot\ln 2} - \frac{1}{4}e^0 = \frac{1}{4}e^{\ln 2^4} - \frac{1}{4} = \frac{1}{4}\cdot 2^4 - \frac{1}{4} = 4 - \frac{1}{4} = 3{,}75$$

b) $\int_1^{e} \left(\frac{4}{x} + 2x\right)dx$

$$\int_1^{e} \left(\frac{4}{x} + 2x\right)dx = \left[4\ln|x| + x^2\right]_1^e = 4\ln|e| + e^2 - (4\ln|1| + 1^2) = 4 + e^2 - 1 = e^2 + 3$$

1.12 Wachstumsprozesse

- Wachstumsprozesse mithilfe der e-Funktion beschreiben
- Den Wachstumsfaktor bestimmen
- Probleme mit beschränktem Wachstum modellieren

KURZINFO

Wichtige Begriffe

Mit Wachstum werden Prozesse beschrieben, bei denen sich ein Bestand B im Zeitverlauf t ändert. Die zugehörige Wachstumsfunktion wird deshalb häufig statt mit f(x) mit B(t) bezeichnet. B(t) steht dann für den Bestand in Abhängigkeit von der Zeit.
Man spricht von einer **Zunahme**, wenn der Wachstumsfaktor (auch Wachstumskonstante genannt) positiv ist und von einer **Abnahme**, wenn der Wachstumsfaktor negativ ist.
Mit dem **Anfangsbestand** (auch Anfangswert genannt) bezeichnet man den Wert des Bestandes, der zu Beginn der Zeitmessung, also zum Zeitpunkt $t = 0$ vorhanden war, kurz B(0). Beim zugehörigen Funktionsgraphen entspricht der Anfangsbestand dem Schnittpunkt mit der y-Achse bzw. dem y-Achsenabschnitt.
Die Ableitung B′(t) gibt die (momentane) **Änderungsrate** an. Sie wird auch **Wachstumsgeschwindigkeit** genannt.
Mit der **Halbwertszeit** wird der Zeitpunkt t bezeichnet, zu dem sich der Anfangsbestand B(0) halbiert hat, mit **Verdopplungszeit** der Zeitpunkt t, zu dem sich der Anfangsbestand B(0) verdoppelt hat.

In der Mathematik werden meist vier Wachstumsmodelle unterschieden: das lineare, exponentielle, beschränkte und logistische Wachstum.

Was ist lineares Wachstum?

Bei einem linearen Wachstumsprozess ist die **Änderungsrate konstant**, d.h. pro Zeitschritt ändert sich der Bestand um einen (festen) Wert m. Ein linearer Wachstumsprozess kann also mithilfe einer linearen Funktion f mit $f(x) = mx + f(0)$ beschrieben werden mit der Änderungsrate m und dem Anfangsbestand f(0). Ist $m > 0$, dann handelt es sich um eine lineare Zunahme, ist $m < 0$ um eine lineare Abnahme.

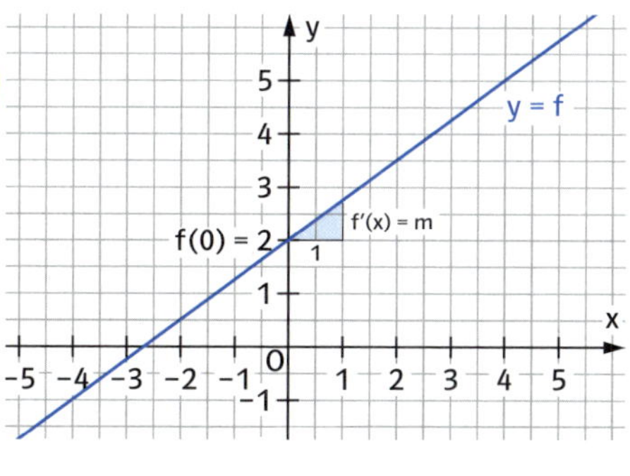

Die Variable bei Wachstumsprozessen wird in der Regel mit t bezeichnet, die Funktion auch mit B statt f. Die zugehörige Funktionsgleichung bei linearem Wachstum lautet dann $B(t) = B'(t) \cdot x + B(0)$.

Was ist exponentielles Wachstum?

Exponentielles Wachstum ist der Oberbegriff für exponentielle Abnahme und exponentielle Zunahme und kann mit einer Funktion f mit $f(x) = f(0) \cdot e^{kx}$ beschrieben werden.

Die zugehörige Änderungsrate ist $f'(x) = k \cdot f(0) \cdot e^{kx} = k \cdot f(x)$.

Für $f'(x) = k \cdot f(x)$ sagt man auch:

Die Änderungsrate | ist | proportional | zum Bestand.

Proportionalität bedeutet, dass sich der Bestand pro Zeitschritt um immer den gleichen (prozentualen) Faktor ändert.
Dies ist z. B. bei der Berechnung von Zinsen der Fall, wenn jedes Jahr 0,5 % Zinsen gezahlt werden.
Diesen Zusammenhang können Sie nutzen, wenn Sie den Wachstumsfaktor bestimmen müssen.

k < 0 k > 0

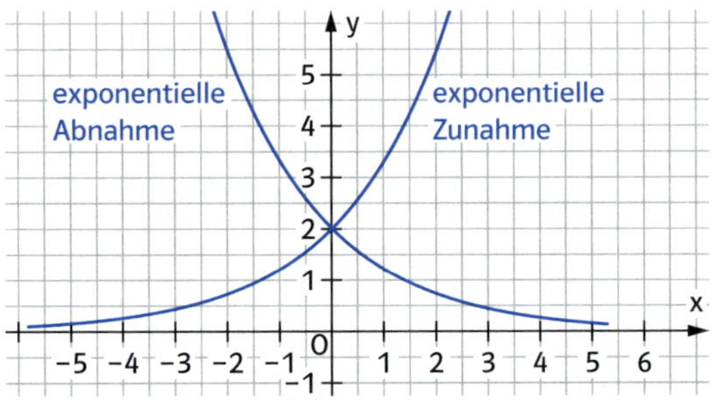

Halbwertszeit: $x_H = \frac{\ln\left(\frac{1}{2}\right)}{k}$ Verdopplungszeit: $x_D = \frac{\ln(2)}{k}$

Verdopplungszeit:
$2 \cdot f(0) = f(0) \cdot e^{k \cdot x}$ | : f(0)
$2 = e^{k \cdot x}$ | ln( )
$\ln(2) = k \cdot x$, also
$x = \frac{\ln(2)}{k}$
Für die Berechnung reicht es aus, wenn Sie sich die Formel merken.

Beispiel 1: Wachstumsfaktor bestimmen, Funktion aufstellen, Verdopplungszeit berechnen

Salmonellen sind Bakterien, die bei Menschen Krankheiten verursachen können. Häufig ist eine Ansteckung über Lebensmittel, insbesondere durch Eier oder Geflügelfleisch.
Zu Beginn einer Messung werden 120 Salmonellen gezählt, nach einer Minute etwa 123. Man geht von einem exponentiellen Wachstum aus.

a) Berechnen Sie den Wachstumsfaktor k und stellen Sie die zugehörige Wachstumsfunktion auf.
b) Berechnen Sie, nach welcher Zeit sich die Salmonellenzahl verdoppelt hat.

a) Bestimmen Sie k mithilfe des Zusammenhangs $f(x) = f(0) \cdot e^{k \cdot x}$, also $k = \frac{1}{x} \cdot \ln\left(\frac{f(x)}{f(0)}\right)$.

Bestand nach einer Minute (x = 1):
$123 = f(0) \cdot e^k = 120 \cdot e^k$;
also $k = \ln\left(\frac{123}{120}\right) \approx 0{,}025$

Notieren Sie die Funktionsgleichung, indem Sie f(0) und k in die allgemeine Wachstumsfunktion $f(x) = f(0) \cdot e^{kx}$ einsetzen.

Anfangsbestand: $f(0) = 120$
$f(x) = 120 \cdot e^{0{,}025x}$;
x in Minuten, f(x) Anzahl an Salmonellen

Achten Sie darauf, dass Sie angeben, in welchen Einheiten x und f(x) gemessen werden.

b) Berechnen Sie die Verdopplungszeit mit der Formel $x_D = \frac{\ln(2)}{k}$.

$x_D = \frac{\ln(2)}{0{,}025} \approx 27{,}7$
Nach etwa 28 Minuten hat sich die Salmonellenzahl verdoppelt.

Was ist beschränktes Wachstum?

Ein Wachstum nennt man **beschränktes (begrenztes) Wachstum**, wenn es eine **Schranke** S (Grenze) gibt, die nicht über- oder unterschritten wird. Es kann mit einer Funktion f mit $\mathbf{f(x) = S - (S - f(0)) \cdot e^{-k \cdot x} = S - c \cdot e^{-k \cdot x}}$ beschrieben werden ($c = S - f(0)$).
Die zugehörige Änderungsrate ist $\mathbf{f'(x) = k \cdot c \cdot e^{-k \cdot x} = k \cdot (S - f(x))}$.

Die Schranke S entspricht der waagrechten Asymptote der zugehörigen Funktion.

Die Differenz $S - f(x)$ beschreibt, wie viel der Bestand von der Schranke entfernt ist. Sie wird auch Sättigungsmanko genannt.

Da $f'(x) = k \cdot (S - f(x))$, ist beim beschränkten Wachstum die Änderungsrate proportional zum Sättigungsmanko.

beschränkte Abnahme:

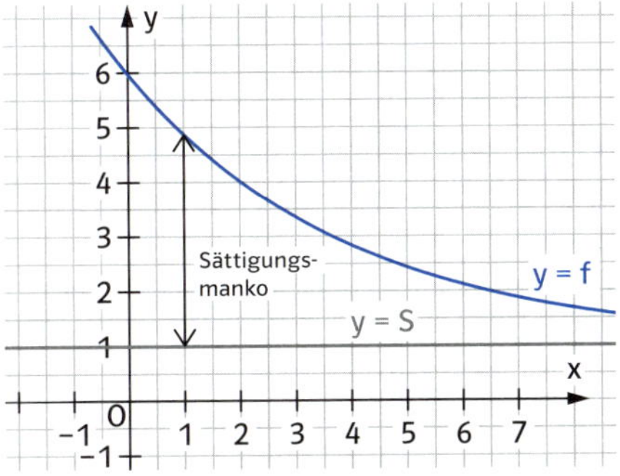

$f(x) = S - (S - f(0)) \cdot e^{-k \cdot x}$
$= S - c \cdot e^{-k \cdot x}$ mit $c < 0$

beschränkte Zunahme:

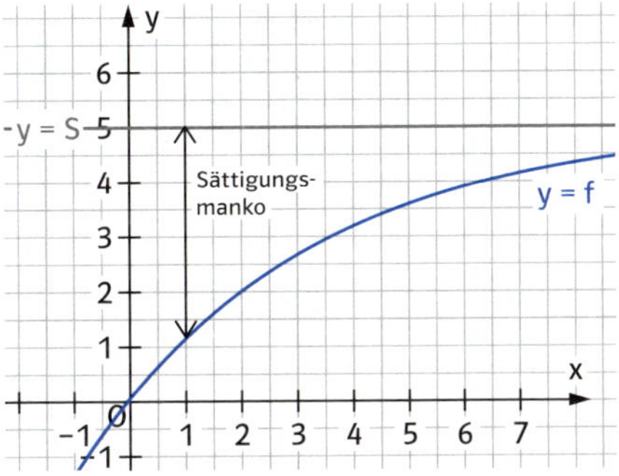

$f(x) = S - (S - f(0)) \cdot e^{-k \cdot x}$
$= S - c \cdot e^{-k \cdot x}$ mit $c > 0$

Beispiel 2: Ein Problem mit beschränktem Wachstum modellieren

Ein Patient bekommt ein Medikament durch Tropfinfusion zugeführt.
Die Wirkstoffmenge im Blut kann mit der Funktion f mit $f(x) = 100 - 95{,}5\,e^{-0{,}05x}$, x in Minuten seit Beobachtungsbeginn, f(x) in mg, beschrieben werden.

a) Geben Sie an, welche Wirkstoffmenge sich langfristig im Blut befinden wird.
b) Geben Sie an, welche Wirkstoffmenge sich zu Beobachtungsbeginn im Blut befunden hat.
c) Zeigen Sie, dass die Wirkstoffmenge im Blut ständig zunimmt.

a) „langfristig" zeigt an, dass hier die Schranke gesucht ist.

Schranke $S = 100$
Langfristig werden sich 100 mg des Wirkstoffes im Blut befinden.

b) Gesucht ist hier der Anfangswert f(0).

Zu Beginn der Beobachtung haben sich 100 mg − 95,5 mg = 4,5 mg des Wirkstoffes im Blut befunden.

c) „ständige Zunahme" bedeutet streng monoton steigend. Hier müssen Sie also die Ableitung bilden und zeigen, dass $f'(x) > 0$ für alle x.

$f(x) = 100 - 95{,}5\,e^{-0{,}05x}$
$f'(x) = -0{,}05 \cdot (-95{,}5)\,e^{-0{,}05x}$
$= \underbrace{4{,}775}_{\oplus} \cdot \underbrace{e^{-0{,}05x}}_{\oplus}$

Da $e^x > 0$ für alle $x \in \mathbb{R}$, gilt $f'(x) > 0$.
Die Wirkstoffmenge im Blut nimmt also ständig zu.

KURZINFO

2 Rechnen und Modellieren mit Matrizen

2.1 Grundlagen und besondere Matrizen

- Wichtige Begriffe kennen
- Daten in einer Matrix aufschreiben
- Besondere Matrizen kennen

Was ist eine Matrix? – Grundlagen und wichtige Begriffe

Eine **Matrix** (Plural: **Matrizen**) ist eine rechteckige, tabellarische Anordnung von Elementen (Zahlen). Die einzelnen Elemente sind waagrecht in **Zeilen**, senkrecht in **Spalten** angeordnet.

Anders als bei einer Tabelle verzichtet man bei der Darstellung einer Matrix auf Trennlinien. Den Rahmen einer Matrix bilden zwei runde oder eckige Klammern.

In einer Matrix wird immer die Zeile vor der Spalte genannt.

Bezeichnet wird eine Matrix mit einem **Großbuchstaben**. Manchmal findet man im Index durch die Angabe der Zeilen- und Spaltenzahl die Information zur Größe der Matrix. Besteht eine Matrix A aus m Zeilen und n Spalten, dann nennt man **A** eine **m × n-Matrix** (sprich: „m Kreuz n Matrix").

Ein Vektor $\vec{v}$ ist also ein Spezialfall einer Matrix.

Der Vektor $\vec{v} = \begin{pmatrix} 2 \\ 4 \\ -1 \end{pmatrix}$ entspricht einer 3 × 1-Matrix.

Eine ganze Zeile nennt man auch **Zeilenvektor**, eine ganze Spalte auch **Spaltenvektor**.

Die einzelnen Elemente einer Matrix (auch **Komponenten** genannt) werden mit einem Kleinbuchstaben und der Angabe der Position im Index bezeichnet. a_{24} bedeutet, dass das Elemente a in der Matrix A in Zeile 2 und Spalte 4 steht.

Tabelle:

a_{11}	a_{12}	a_{13}	…	a_{1n}
a_{21}	a_{22}	a_{23}	…	a_{2n}
a_{31}	a_{32}	a_{33}	…	a_{3n}
…	…	…	…	…
a_{m1}	a_{m2}	a_{m3}	…	a_{mn}

Matrix:

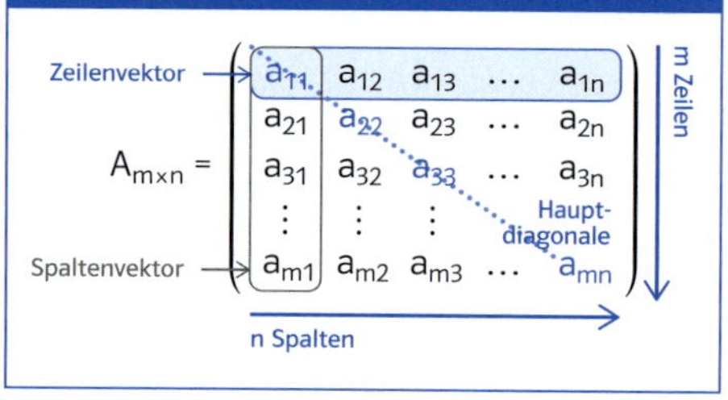

Wozu braucht man Matrizen?

Matrizen erleichtern die Darstellung, den Vergleich oder die Berechnung linearer Zusammenhänge und können damit helfen, (lineare) Anwendungen und Probleme effizient zu bearbeiten und zu lösen.
Typische Anwendungsbereiche von Matrizen sind z. B. in der Wirtschaft Marktanalysen oder Kaufverhalten, in der Informatik die Beschreibung von Drehungen von Objekten bei 3D-Grafiken; allgemein dienen Matrizen zur Beschreibung von (Produktions-)Prozessen oder in der Mathematik zur Beschreibung und Lösung von linearen Gleichungssystemen (LGS).

Beispiel 1: Einen Sachverhalt in eine Matrix übersetzen

Die Schulmensa und der Hausmeister verkaufen Getränke, und zwar Kakao, Mineralwasser und Apfelsaftschorle.

Montag:	Mensa:	8 Kakao, 24 Mineralwasser, 5 Apfelsaftschorle
	Hausmeister:	18 Kakao, 10 Mineralwasser, 12 Apfelsaftschorle
Dienstag:	Mensa:	10 Kakao, 32 Mineralwasser, 12 Apfelsaftschorle
	Hausmeister:	20 Kakao, 15 Mineralwasser, 18 Apfelsaftschorle
Mittwoch:	Mensa:	5 Kakao, 18 Mineralwasser, 4 Apfelsaftschorle
	Hausmeister:	13 Kakao, 10 Mineralwasser, 8 Apfelsaftschorle
Donnerstag:	Mensa:	15 Kakao, 32 Mineralwasser, 9 Apfelsaftschorle
	Hausmeister:	22 Kakao, 19 Mineralwasser, 28 Apfelsaftschorle
Freitag:	Mensa:	6 Kakao, 16 Mineralwasser, 9 Apfelsaftschorle
	Hausmeister:	10 Kakao, 9 Mineralwasser, 16 Apfelsaftschorle

Stellen Sie den Verkauf von Mensa und Hausmeister jeweils in einer Matrix dar.

Notieren Sie die Zahlen in einer Matrix. Dabei bilden die Tage die Zeilen und die Getränke die Spalten.

$$M_{5\times 3} = \begin{pmatrix} 8 & 24 & 5 \\ 10 & 32 & 12 \\ 5 & 18 & 4 \\ 15 & 32 & 9 \\ 6 & 16 & 9 \end{pmatrix}$$

$$H_{5\times 3} = \begin{pmatrix} 18 & 10 & 12 \\ 20 & 15 & 18 \\ 13 & 10 & 8 \\ 22 & 19 & 28 \\ 10 & 9 & 16 \end{pmatrix}$$

Da es 5 Tage und 3 Getränke gibt, handelt es sich hier um eine 5×3-Matrix.

Besondere Matrizen

Quadratische Matrix

Eine Matrix nennt man **quadratisch**, wenn die Zeilenanzahl gleich der Spaltenanzahl ist. Die Spaltenzahl n nennt man auch **Ordnung der Matrix**.

$$\begin{pmatrix} 2 & 5 & -1 \\ 4 & 0 & 2 \\ -2 & 9 & 1 \end{pmatrix}$$

3 × 3-Matrix

Transponierte Matrix

Beim Transponieren werden die Elemente einer quadratischen Matrix an der Diagonalen gespiegelt.

Eine Matrix nennt man **transponierte Matrix**, wenn die Zeilen und Spalten vertauscht sind. Die transponierte Matrix wird mit einem hochgestellten T bezeichnet.

$$A = \begin{pmatrix} 2 & 5 & -1 \\ 4 & 0 & 2 \end{pmatrix} \qquad A^T = \begin{pmatrix} 2 & 4 \\ 5 & 0 \\ -1 & 2 \end{pmatrix}$$

2 × 3-Matrix 3 × 2-Matrix

Symmetrische Matrix

Eine quadratische Matrix nennt man **symmetrisch**, wenn die Elemente an der Diagonale gespiegelt sind.

$$\begin{pmatrix} 2 & 5 & -1 & 4 \\ 5 & 0 & 3 & -8 \\ -1 & 3 & 9 & 1 \\ 4 & -8 & 1 & 7 \end{pmatrix}$$

symmetrische 4 × 4-Matrix

Dreiecksmatrix

Die Elemente auf der Diagonalen können einen beliebigen Wert, also auch null haben.

Eine quadratische Matrix nennt man obere **Dreiecksmatrix**, wenn alle Elemente unterhalb der Diagonalen null sind. Dreiecksmatrizen spielen eine wichtige Rolle beim Lösen eines LGS mithilfe des Gauß-Verfahrens. Dies entspricht dem Umformen einer Matrix in eine Dreiecksmatrix.

$$\begin{pmatrix} 2 & 5 & -1 & 4 \\ 0 & 0 & 3 & -8 \\ 0 & 0 & 9 & 1 \\ 0 & 0 & 0 & 7 \end{pmatrix}$$

Einheitsmatrix

Eine quadratische Matrix nennt man **Einheitsmatrix**, wenn alle Elemente auf der Diagonalen Eins und alle anderen Elemente null sind.

$$\begin{pmatrix} 1 & 0 & 0 & 0 \\ 0 & 1 & 0 & 0 \\ 0 & 0 & 1 & 0 \\ 0 & 0 & 0 & 1 \end{pmatrix}$$

Nullmatrix

Eine Matrix nennt man **Nullmatrix**, wenn alle Elemente null sind.

$$\begin{pmatrix} 0 & 0 & 0 & 0 \\ 0 & 0 & 0 & 0 \\ 0 & 0 & 0 & 0 \\ 0 & 0 & 0 & 0 \end{pmatrix}$$

2.2 Rechnen mit Matrizen

- Matrizen addieren und subtrahieren
- Eine Matrix mit einem Skalar multiplizieren
- Eine Matrix mit einem Vektor multiplizieren
- Zwei Matrizen multiplizieren

KURZINFO

Wie addiert bzw. subtrahiert man zwei Matrizen?

Man kann zwei Matrizen nur dann addieren bzw. subtrahieren, wenn sie über dieselbe Anzahl an Zeilen und Spalten verfügen, wenn sie also gleich groß sind. Zwei Matrizen werden addiert bzw. subtrahiert, indem man entsprechende Elemente, d.h. die Elemente mit dem gleichen Index, addiert bzw. subtrahiert.

$$A = \begin{pmatrix} 2 & 5 & -1 \\ 4 & 0 & 2 \end{pmatrix} \quad B = \begin{pmatrix} -1 & 0 & 7 \\ 9 & -9 & 3 \end{pmatrix}$$

$$A + B = \begin{pmatrix} 2-1 & 5+0 & -1+7 \\ 4+9 & 0-9 & 2+3 \end{pmatrix} = \begin{pmatrix} 1 & 5 & 6 \\ 13 & -9 & 5 \end{pmatrix}$$

$$A - B = \begin{pmatrix} 2-(-1) & 5-0 & -1-7 \\ 4-9 & 0-(-9) & 2-3 \end{pmatrix} = \begin{pmatrix} 3 & 5 & -8 \\ -5 & 9 & -1 \end{pmatrix}$$

Beachten Sie:
Wie beim Rechnen mit reellen Zahlen gilt: Die Addition von Matrizen ist kommutativ, die Subtraktion nicht.
Es gilt also
$A + B = B + A$,
$A - B \neq B - A$.

Beispiel 1: Matrizen addieren und subtrahieren

Gegeben sind die Matrizen $A = \begin{pmatrix} 2 & 4 & -1 \\ 0 & 3 & 5 \\ 4 & 0 & 1 \end{pmatrix}$ und $B = \begin{pmatrix} -3 & 1 & 0 \\ 4 & 2 & 0 \\ -1 & 0 & 2 \end{pmatrix}$.

a) Berechnen Sie $A + B$.
b) Berechnen Sie $A - B$.

Schreiben Sie die Rechnung auf und addieren bzw. subtrahieren Sie die entsprechenden Elemente.

$$A + B = \begin{pmatrix} 2 & 4 & -1 \\ 0 & 3 & 5 \\ 4 & 0 & 1 \end{pmatrix} + \begin{pmatrix} -3 & 1 & 0 \\ 4 & 2 & 0 \\ -1 & 0 & 2 \end{pmatrix} = \begin{pmatrix} 2-3 & 4+1 & -1+0 \\ 0+4 & 3+2 & 5+0 \\ 4-1 & 0+0 & 1+2 \end{pmatrix} = \begin{pmatrix} -1 & 5 & -1 \\ 4 & 5 & 5 \\ 3 & 0 & 3 \end{pmatrix}$$

$$A - B = \begin{pmatrix} 2 & 4 & -1 \\ 0 & 3 & 5 \\ 4 & 0 & 1 \end{pmatrix} - \begin{pmatrix} -3 & 1 & 0 \\ 4 & 2 & 0 \\ -1 & 0 & 2 \end{pmatrix} = \begin{pmatrix} 2-(-3) & 4-1 & -1-0 \\ 0-4 & 3-2 & 5-0 \\ 4-(-1) & 0-0 & 1-2 \end{pmatrix} = \begin{pmatrix} 5 & 3 & -1 \\ -4 & 1 & 5 \\ 5 & 0 & -1 \end{pmatrix}$$

Beispiel 2: In einer Anwendungssituation mit Matrizen rechnen

Die Schulmensa und der Hausmeister verkaufen von Montag bis Freitag Getränke, und zwar Kakao, Mineralwasser und Apfelsaftschorle. Die Verkäufe der Mensa und des Hausmeisters sind in den zwei Matrizen M und H dargestellt mit

$$M_{5\times 3} = \begin{pmatrix} 8 & 24 & 5 \\ 10 & 32 & 12 \\ 5 & 18 & 4 \\ 15 & 32 & 9 \\ 6 & 16 & 9 \end{pmatrix}$$

$$H_{5\times 3} = \begin{pmatrix} 18 & 10 & 12 \\ 20 & 15 & 18 \\ 13 & 10 & 8 \\ 22 & 19 & 28 \\ 10 & 9 & 16 \end{pmatrix}$$

a) Berechnen Sie, wie viel die Mensa und der Hausmeister zusammen verkaufen.
b) Berechnen Sie den Unterschied im Verkauf von Hausmeister und Mensa. Beschreiben Sie, was die Elemente in der Lösungsmatrix bedeuten.

a) Addieren Sie die beiden Matrizen.

$$M + H = \begin{pmatrix} 8 & 24 & 5 \\ 10 & 32 & 12 \\ 5 & 18 & 4 \\ 15 & 32 & 9 \\ 6 & 16 & 9 \end{pmatrix} + \begin{pmatrix} 18 & 10 & 12 \\ 20 & 15 & 18 \\ 13 & 10 & 8 \\ 22 & 19 & 28 \\ 10 & 9 & 16 \end{pmatrix}$$

$$= \begin{pmatrix} 26 & 34 & 17 \\ 30 & 47 & 30 \\ 18 & 28 & 12 \\ 37 & 51 & 37 \\ 16 & 25 & 25 \end{pmatrix}$$

b) Berechnen Sie die Differenz $H - M$.
Ist in der Lösungsmatrix
- ein Element null, dann haben beide gleich viel verkauft.
- ein Element positiv, dann hat der Hausmeister mehr verkauft.
- ein Element negativ, dann hat die Mensa mehr verkauft.

$$H - M = \begin{pmatrix} 10 & -14 & 7 \\ 10 & -17 & 6 \\ 8 & -8 & 4 \\ 7 & -13 & 19 \\ 4 & -7 & 7 \end{pmatrix}$$

Wie multipliziert man Matrizen mit einer Zahl?

Eine Matrix wird mit einer reellen Zahl multipliziert, indem man jedes Element der Matrix mit der Zahl multipliziert.

$$c \cdot A = \begin{pmatrix} c\cdot a_{11} & c\cdot a_{12} & \cdot\ldots\cdot & c\cdot a_{1n} \\ c\cdot a_{21} & c\cdot a_{22} & \cdot\ldots\cdot & c\cdot a_{2n} \\ \vdots & \vdots & & \vdots \\ c\cdot a_{m1} & c\cdot a_{m2} & \cdot\ldots\cdot & c\cdot a_{mn} \end{pmatrix}$$

Beispiel 3: In einer Anwendungssituation Matrizen mit einer reellen Zahl multiplizieren

Der Hausmeister verkauft von Montag bis Freitag Getränke, und zwar Kakao, Mineralwasser und Apfelsaftschorle. Die Verkäufe sind in der Matrix H dargestellt.

$$H_{5\times 3} = \begin{pmatrix} 18 & 10 & 12 \\ 20 & 15 & 18 \\ 13 & 10 & 8 \\ 22 & 19 & 28 \\ 10 & 9 & 16 \end{pmatrix}$$

Der Hausmeister geht davon aus, dass wöchentlich immer gleich viele Getränke verkauft werden und rechnet hoch, wie viele Getränke in 5 Wochen verkauft werden. Berechnen Sie die Anzahlen.

Multiplizieren Sie H mit 5.

$$5\cdot H = \begin{pmatrix} 5\cdot 18 & 5\cdot 10 & 5\cdot 12 \\ 5\cdot 20 & 5\cdot 15 & 5\cdot 18 \\ 5\cdot 13 & 5\cdot 10 & 5\cdot 8 \\ 5\cdot 22 & 5\cdot 19 & 5\cdot 28 \\ 5\cdot 10 & 5\cdot 9 & 5\cdot 16 \end{pmatrix}$$

Die Einträge in der Lösungsmatrix entsprechen den Gesamtzahlen an verkauften Getränken am jeweiligen Tag in 5 Wochen.

$$= \begin{pmatrix} 90 & 50 & 60 \\ 100 & 75 & 90 \\ 65 & 50 & 40 \\ 110 & 95 & 140 \\ 50 & 45 & 80 \end{pmatrix}$$

Wie multipliziert man eine Matrix mit einem Vektor?

Eine Matrix A kann nur dann mit einem Vektor $\vec{v}$ multipliziert werden, wenn die Spaltenzahl der Matrix gleich der Anzahl der Koordinaten (Zeilenzahl) des Vektors ist, kurz wenn gilt:

Spaltenzahl von A = Zeilenzahl von $\vec{v}$.

Das Ergebnis ist ein Vektor $\vec{x}$, der so viele Zeilen wie A hat.

Die einzelnen Einträge ergeben sich aus dem **Skalarprodukt** der jeweiligen Zeile von A mit dem Vektor $\vec{v}$.

Das Element x_1 des Lösungsvektors $\vec{x}$ ist also das Ergebnis des Skalarprodukts aus Zeile 1 der Matrix A mit dem Vektor $\vec{v}$.

$$A_{2\times 3} = \begin{pmatrix} 1 & -2 & 0 \\ 3 & 4 & -1 \end{pmatrix}; \quad \vec{v} = \begin{pmatrix} -2 \\ 0 \\ 1 \end{pmatrix}$$

3 Spalten; 3 Zeilen

1. Zeile · Vektor:

$$\begin{pmatrix} 1 \\ -2 \\ 0 \end{pmatrix} \cdot \begin{pmatrix} -2 \\ 0 \\ 1 \end{pmatrix} = 1\cdot(-2) + (-2)\cdot 0 + 0\cdot 1 = -2$$

2. Zeile · Vektor:

$$\begin{pmatrix} 3 \\ 4 \\ -1 \end{pmatrix} \cdot \begin{pmatrix} -2 \\ 0 \\ 1 \end{pmatrix} = 3\cdot(-2) + 4\cdot 0 + (-1)\cdot 1 = -7$$

$$A\cdot\vec{v} = \begin{pmatrix} 1 & -2 & 0 \\ 3 & 4 & -1 \end{pmatrix} \cdot \begin{pmatrix} -2 \\ 0 \\ 1 \end{pmatrix} = \begin{pmatrix} -2 \\ -7 \end{pmatrix}$$

Wie multipliziert man zwei Matrizen?

Beachten Sie:
Das Kommutativgesetz der Multiplikation gilt **nicht** bei der Multiplikation von Matrizen, kurz
$A \cdot B \neq B \cdot A$.

Zwei Matrizen A und B können nur multipliziert werden ($A \cdot B$), wenn die Spaltenzahl von A gleich der Zeilenzahl von B ist, kurz, wenn gilt:
Spaltenzahl von A = Zeilenzahl von B.
Das Ergebnis ist eine Matrix X, die so viele Zeilen wie A und so viele Spalten wie B hat.
kurz: $A_{m \times n} \cdot B_{p \times q} = X_{m \times q}$ (mit $n = p$)
Die einzelnen Einträge ergeben sich aus dem Skalarprodukt der entsprechenden Spalten mit den Zeilen.
Das Element x_{11} ist also Ergebnis des Skalarprodukts aus Zeile 1 der Matrix A mit Spalte 1 der Matrix B, x_{21} aus Zeile 2 von A mit Spalte 1 von B.

$$A = \begin{pmatrix} 1 & -2 \\ 3 & 4 \end{pmatrix}; \quad B = \begin{pmatrix} -2 & 0 & 1 \\ 1 & 2 & 3 \end{pmatrix}$$

2 Spalten; 2 Zeilen

A·B		−2 1	0 2	1 3
1	−2	−4	−4	−5
3	4	−2	8	15

$$\begin{pmatrix} 1 \\ -2 \end{pmatrix} \cdot \begin{pmatrix} -2 \\ 1 \end{pmatrix} = 1 \cdot (-2) + (-2) \cdot 1 = -4$$

$$\begin{pmatrix} 1 \\ -2 \end{pmatrix} \cdot \begin{pmatrix} 0 \\ 2 \end{pmatrix} = 1 \cdot 0 + (-2) \cdot 2 = -4$$

$$\begin{pmatrix} 1 \\ -2 \end{pmatrix} \cdot \begin{pmatrix} 1 \\ 3 \end{pmatrix} = 1 \cdot 1 + (-2) \cdot 3 = -5$$

$$A \cdot B = \begin{pmatrix} 1 & -2 \\ 3 & 4 \end{pmatrix} \cdot \begin{pmatrix} -2 & 0 & 1 \\ 1 & 2 & 3 \end{pmatrix} = \begin{pmatrix} -4 & -4 & -5 \\ -2 & 8 & 15 \end{pmatrix}$$

Beispiel 4: In Anwendungssituationen Matrizen multiplizieren

Der Hausmeister verkauft von Montag bis Freitag Getränke, und zwar Kakao, Mineralwasser und Apfelsaftschorle. Die Verkäufe sind in der Matrix H dargestellt.

$$H_{5 \times 3} = \begin{pmatrix} 18 & 10 & 12 \\ 20 & 15 & 18 \\ 13 & 10 & 8 \\ 22 & 19 & 28 \\ 10 & 9 & 16 \end{pmatrix}$$

Die Matrix $P = \begin{pmatrix} 0{,}5 & 0{,}4 \\ 0{,}2 & 0{,}3 \\ 0{,}6 & 0{,}5 \end{pmatrix}$ beschreibt die Preise (in €) von zwei verschiedenen Lieferanten A (1. Spalte) und B (2. Spalte).

Berechnen Sie, bei welchem Lieferanten der Hausmeister einkaufen sollte.

1. Stellen Sie die Kostenmatrix auf, indem Sie H und P multiplizieren, kurz $H \cdot P = K$.

H·P			0,5 0,2 0,6	0,4 0,3 0,5
18	10	12	18,2	16,2
20	15	18	23,8	21,5
13	10	8	13,3	12,2
22	19	28	31,6	28,5
10	9	16	16,4	14,7

2. Interpretieren Sie die Elemente von K.
   Der Hausmeister sollte Lieferant B wählen, da er an jedem Tag günstiger ist.

2.3 Matrizen und lineare Gleichungssysteme

- Lineare Gleichungssysteme mit Matrizen lösen

Was haben Matrizen und lineare Gleichungssysteme gemeinsam?

Ein lineares Gleichungssystem (LGS) kann auch mit einer Matrix und Vektoren geschrieben werden.
Dabei wird die linke Seite des LGS beschrieben als Produkt einer Matrix A mit einem Vektor $\vec{x}$, der die Variablen enthält, und die rechte Seite des LGS ist der Ergebnisvektor $\vec{b}$ des Produkts, kurz $\mathbf{A \cdot \vec{x} = \vec{b}}$.

LGS:

$$\begin{aligned} x_1 + x_2 - x_3 &= 2 \\ 2x_1 - 2x_2 + 2x_3 &= 4 \\ 2x_2 + 3x_3 &= -5 \end{aligned}$$

Matrix:

$$\begin{pmatrix} 1 & 1 & -1 \\ 2 & -2 & 2 \\ 0 & 2 & 3 \end{pmatrix} \cdot \begin{pmatrix} x_1 \\ x_2 \\ x_3 \end{pmatrix} = \begin{pmatrix} 2 \\ 4 \\ -5 \end{pmatrix}$$

Weil die Matrix A alle Koeffizienten des LGS enthält, wird sie auch Koeffizientenmatrix genannt.

Die Lösungsmenge des LGS besteht dann aus allen Vektoren $\vec{x}$, für die die Gleichung $A \cdot \vec{x} = \vec{b}$ erfüllt ist.

Wie kann man die Lösungsmenge eines LGS bestimmen?

Muss man die Lösungsmenge eines LGS bestimmen, nimmt man die **erweiterte Koeffizientenmatrix** und bringt sie z. B. mit dem Gauß-Algorithmus durch Zeilenumformungen in Dreiecksform.
Folgende **Umformungen** sind dabei erlaubt:

- Vertauschen von (zwei) Zeilen
- Multiplizieren einer Zeile mit einer (von Null verschiedenen) Zahl
- Addieren von zwei Zeilen

LGS:

$$\begin{aligned} x_1 + x_2 - x_3 &= 2 \\ 2x_1 - 2x_2 + 2x_3 &= 4 \\ 2x_2 + 3x_3 &= -5 \end{aligned}$$

Erweiterte Koeffizientenmatrix (A | b):

$$\begin{array}{c} \begin{matrix} x_1 & x_2 & x_3 \end{matrix} \\ \left(\begin{array}{ccc|c} 1 & 1 & -1 & 2 \\ 2 & -2 & 2 & 4 \\ 0 & 2 & 3 & -5 \end{array}\right) \end{array} \begin{array}{l} \cdot(-2) \;\urcorner + \\ \;\leftarrow \\ \end{array}$$

$$\left(\begin{array}{ccc|c} 1 & 1 & -1 & 2 \\ 0 & -4 & 4 & 0 \\ 0 & 2 & 3 & -5 \end{array}\right) \begin{array}{l} \\ \;\urcorner + \\ \cdot 2 \leftarrow \end{array}$$

$$\begin{array}{c} \begin{matrix} x_1 & x_2 & x_3 \end{matrix} \\ \left(\begin{array}{ccc|c} 1 & 1 & -1 & 2 \\ 0 & -4 & 4 & 0 \\ 0 & 0 & 10 & -10 \end{array}\right) \end{array} \quad x_3 = -1$$

Dreiecksform

$x_3 = -1$ in Gleichung 2:

$-4x_2 + 4 \cdot (-1) = 0$, also $x_2 = -1$

$x_3 = -1$ und $x_2 = -1$ in Gleichung 1:

$x_1 - 1 - (-1) = 2$, also $x_1 = 2$

$L = \{(2; -1; -1)\}$

Beispiel 1: Ein LGS in Matrixschreibweise lösen

Lösen Sie das lineare Gleichungssystem.

$$\begin{aligned} 2x_1 \qquad\quad - x_3 &= 3 \\ -x_1 + \quad x_2 + x_3 &= 8 \\ 2x_2 - x_3 &= 1 \end{aligned}$$

1. Schreiben Sie das LGS als erweiterte Koeffizientenmatrix.
   Fehlen Elemente bzw. sind Elemente null, dann vertauschen Sie die Zeilen so, dass in der ersten Zeile auf der linken Seite 3 Elemente stehen, in der zweiten Zeile gegebenenfalls das erste Element fehlt und der dritten Zeile gegebenenfalls die ersten beiden Elemente fehlen.
2. Lassen Sie die erste Zeile stehen. Bilden Sie Vielfache der ersten oder zweiten Zeile so, dass durch Addition der beiden Zeilen x_1 eliminiert wird.
   Eliminieren Sie dann x_2 so, dass eine Matrix in Dreiecksform entsteht.

$$\left(\begin{array}{ccc|c} 2 & 0 & -1 & 3 \\ -1 & 1 & 1 & 8 \\ 0 & 2 & -1 & 1 \end{array}\right)$$

$$\left(\begin{array}{ccc|c} 2 & 0 & -1 & 3 \\ 0 & 2 & -1 & 1 \\ -1 & 1 & 1 & 8 \end{array}\right) \begin{array}{l} \\ \\ \cdot 2 \end{array} +$$

$$\left(\begin{array}{ccc|c} 2 & 0 & -1 & 3 \\ 0 & 2 & -1 & 1 \\ 0 & 2 & 1 & 19 \end{array}\right) -$$

$$\left(\begin{array}{ccc|c} 2 & 0 & -1 & 3 \\ 0 & 2 & -1 & 1 \\ 0 & 0 & -2 & -18 \end{array}\right), \text{ also } x_3 = 9$$

3. Berechnen Sie die anderen Variablen, indem Sie erst x_3 in die zweite Zeile und dann x_3 und x_2 in die erste Zeile einsetzen.

   $x_3 = 9$ in Zeile 2:
   $2x_2 - 9 = 1$, also $x_2 = 5$
   $x_3 = 9$ und $x_2 = 5$ in Zeile 1:
   $2x_1 - 9 = 3$, also $x_1 = 6$

4. Geben Sie die Lösungsmenge an.

   $L = \{(6; 5; 9)\}$

2.4 Prozesse mit Matrizen beschreiben

- Ein- und zweistufige Prozesse beschreiben
- Einstufige und zweistufige Prozesse mit Matrizen darstellen

Was ist ein einstufiger Prozess?

Der Prozess von einem Ausgangsprodukt zu einem Endprodukt kann durch eine **Tabelle** oder ein **Verflechtungsdiagramm** veranschaulicht und durch eine Matrix beschrieben werden. Diese Matrix wird **Bedarfs- oder Prozessmatrix** genannt. Wenn es keine Zwischenprodukte gibt, spricht man von einem **einstufigen Prozess.**
Soll eine bestimmte Anzahl an Endprodukten hergestellt werden, gibt man diese Menge als Vektor $\vec{x}$ an. Die benötigte Menge an Rohstoffen wird durch Multiplikation der Matrix A mit dem Vektor $\vec{x}$ bestimmt und als Vektor $\vec{b}$ angegeben. Es ist $A \cdot \vec{x} = \vec{b}$.

Beispiel 1: Einen Prozess mit Matrizen beschreiben

Aus drei Rohstoffen R_1, R_2 und R_3 werden zwei Endprodukte E_1 und E_2 hergestellt. Das Endprodukt E_1 besteht aus 3 Einheiten von R_1, 5 Einheiten von R_2 und 4 Einheiten von R_3. E_2 wird aus 3 Einheiten R_1, 6 Einheiten R_2 und 1 Einheit R_3 hergestellt.

a) Stellen Sie den Zusammenhang in einer Tabelle, in einem Verflechtungsdiagramm und als Prozessmatrix dar.
b) Ein Käufer bestellt 20-mal E_1 und 25-mal E_2. Berechnen Sie den Bedarf an Rohstoffen.

a) Schreiben Sie die Rohstoffe in Zeilen und die Endprodukte in die Spalten einer Tabelle.

Tabelle:

	E_1	E_2
R_1	3	3
R_2	5	6
R_3	4	1

Zeichnen Sie das Verflechtungsdiagramm. Dabei gehen Pfeile von den Rohstoffen zu den Endprodukten. An den Pfeilen stehen die benötigten Einheiten.

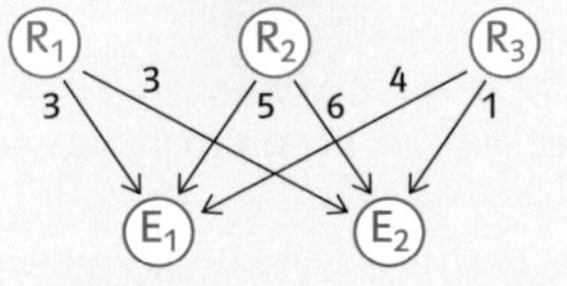

Notieren Sie die zugehörige Prozessmatrix.

$$A = \begin{pmatrix} 3 & 3 \\ 5 & 6 \\ 4 & 1 \end{pmatrix}$$

b) Berechnen Sie den Bedarf an Rohstoffen, indem Sie die Prozessmatrix A mit dem Vektor $\vec{x} = \begin{pmatrix} 20 \\ 25 \end{pmatrix}$ multiplizieren.

$$A \cdot \vec{x} = \begin{pmatrix} 3 & 3 \\ 5 & 6 \\ 4 & 1 \end{pmatrix} \cdot \begin{pmatrix} 20 \\ 25 \end{pmatrix}$$

$$= \begin{pmatrix} 3 \cdot 20 + 3 \cdot 25 \\ 5 \cdot 20 + 6 \cdot 25 \\ 4 \cdot 20 + 1 \cdot 25 \end{pmatrix} = \begin{pmatrix} 135 \\ 250 \\ 105 \end{pmatrix}$$

Was ist ein zweistufiger Prozess?

Ein **zweistufiger Prozess** beschreibt, wie aus Rohstoffen erst Zwischenprodukte und daraus dann Endprodukte entstehen. Er kann durch zwei Tabellen, ein zweistufiges Verflechtungsdiagramm oder durch zwei Matrizen A (**Rohstoff-Zwischenprodukt-Matrix**) und B (**Zwischenprodukt-Endprodukt-Matrix**) beschrieben werden.

Die **benötigte Menge an Rohstoffen** zur Herstellung der Endprodukte wird durch Multiplikation der Matrix A mit der Matrix B bestimmt und als Matrix C (**Rohstoff-Endprodukt-Matrix**) angegeben. Es ist $A \cdot B = C$.

Soll eine bestimmte **Anzahl an Endprodukten** hergestellt werden, gibt man diese Menge wie bei einem einstufigen Prozess auch als Vektor $\vec{x}$ an. Die benötigte Menge an Rohstoffen wird durch Multiplikation der Rohstoff-Endprodukt-Matrix C mit dem Vektor $\vec{x}$ bestimmt und als Vektor $\vec{b}$ angegeben. Es ist $\mathbf{C} \cdot \vec{\mathbf{x}} = \vec{\mathbf{b}}$.

Beispiel 2: Einen zweistufigen Prozess mit Matrizen beschreiben

Das Verflechtungsdiagramm zeigt einen Produktionsprozess aus drei Rohstoffen über zwei Zwischenprodukte zu drei Endprodukten.

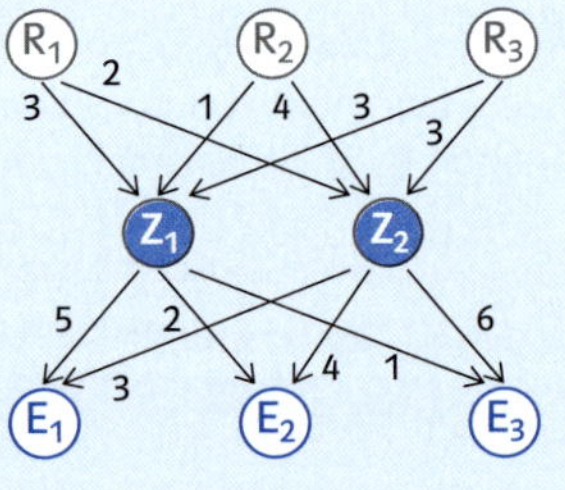

a) Beschreiben Sie den Produktionsprozess in Worten.
b) Geben Sie die Rohstoff-Zwischenprodukt-Matrix A und die Zwischenprodukt-Endprodukt-Matrix B an.
c) Berechnen Sie die Matrix, die den Zusammenhang zwischen Rohstoffen und Endprodukten direkt herstellt. Interpretieren Sie das Element, das in der 2. Zeile in der 3. Spalte steht.
d) Die Firma soll 20-mal Endprodukt 1, 10-mal Endprodukt 2 und 15-mal Endprodukt 3 ausliefern. Bestimmen Sie, wie viel Teile Rohstoffe dafür benötigt werden.

a) Lesen Sie das Diagramm entlang der Pfeile. Die Zahlen an den Pfeilen geben bei einem Produktionsprozess an, wie viel vom jeweiligen Ausgangsprodukt benötigt werden, um das Produkt, zu dem der Pfeil zeigt, herzustellen.

Der Produktionsprozess ist zweistufig. Das Zwischenprodukt Z_1 besteht aus 3 Teilen R_1, 1 Teil R_2 und 3 Teilen R_3, das Zwischenprodukt Z_2 aus 2 Teilen R_1, 4 Teilen R_2 und 3 Teilen R_3.
Aus den beiden Zwischenprodukten Z_1 und Z_2 entstehen 3 Endprodukte.
Das Endprodukt E_1 besteht aus 5 Teilen Z_1 und 3 Teilen Z_2,
E_2 besteht aus 2 Teilen Z_1 und 4 Teilen Z_2 und
E_3 besteht aus 1 Teil Z_1 und 6 Teilen Z_2.

b) Schreiben Sie das Verflechtungsdiagramm für die erste Produktionsstufe als Matrix A. Dabei stehen die Rohstoffe in den Zeilen und die Zwischenprodukte in den Spalten.
Schreiben Sie das Verflechtungsdiagramm für die zweite Produktionsstufe als Matrix B. Dabei stehen die Zwischenprodukte in den Zeilen und die Endprodukte in den Spalten.

$$\begin{matrix} & Z_1 & Z_2 & \\ A = & \left(\begin{matrix} 3 \\ 1 \\ 3 \end{matrix}\right. & \left.\begin{matrix} 2 \\ 4 \\ 3 \end{matrix}\right) & \begin{matrix} R_1 \\ R_2 \\ R_3 \end{matrix} \end{matrix}$$

$$\begin{matrix} & E_1 \; E_2 \; E_3 & \\ B = & \begin{pmatrix} 5 & 2 & 1 \\ 3 & 4 & 6 \end{pmatrix} & \begin{matrix} Z_1 \\ Z_2 \end{matrix} \end{matrix}$$

c) Berechnen Sie die Rohstoff-Endprodukt-Matrix, indem Sie A und B multiplizieren, kurz $A \cdot B = C$.

$$\begin{matrix} & E_1 \quad E_2 \quad E_3 & \\ C = A \cdot B = & \begin{pmatrix} 21 & 14 & 15 \\ 17 & 18 & 25 \\ 24 & 18 & 21 \end{pmatrix} & \begin{matrix} R_1 \\ R_2 \\ R_3 \end{matrix} \end{matrix}$$

$c_{23} = 25$ bedeutet, dass zur Produktion von Endprodukt E_3 25 Teile von Rohstoff R_2 benötigt werden.

d) Gibt der Vektor $\vec{x}$ die Anzahl der Endprodukte an und $\vec{y}$ die Anzahl der benötigten Rohstoffe, dann gilt:
$C \cdot \vec{x} = \vec{y}$.
Berechnen Sie also das Produkt der Matrix C mit dem Vektor $\vec{x}$.

$$\vec{x} = \begin{pmatrix} 20 \\ 10 \\ 15 \end{pmatrix} \begin{matrix} E_1 \\ E_2 \\ E_3 \end{matrix}$$

$$C \cdot \vec{x} = \begin{pmatrix} 21 & 14 & 15 \\ 17 & 18 & 25 \\ 24 & 18 & 21 \end{pmatrix} \cdot \begin{pmatrix} 20 \\ 10 \\ 15 \end{pmatrix} = \begin{pmatrix} 785 \\ 895 \\ 975 \end{pmatrix} \begin{matrix} R_1 \\ R_2 \\ R_3 \end{matrix}$$

Für die Produktion werden 785 Teile R_1, 895 Teile R_2 und 975 Teile von R_3 benötigt.

KURZINFO

2.5 Verteilungen mit Matrizen beschreiben

- Übergänge mit einem Diagramm und einer Übergangsmatrix beschreiben und darstellen
- Fixvektor im Sachzusammenhang bestimmen und deuten

Was ist eine Übergangsmatrix?

Beschreibt ein System verschiedene Zustände zwischen denen ein Austausch stattfinden kann, so kann dieser Austausch mithilfe eines Diagramms, einer Tabelle und einer so genannten quadratischen **Übergangsmatrix** (auch stochastische Matrix genannt) dargestellt werden. Dabei sind die Einträge in der Matrix immer größer als 0 und kleiner gleich 1 und für jede Spalte (oder Zeile) ist die Summe der Einträge immer gleich 1.

Gibt der Vektor $\vec{x_0} = \begin{pmatrix} a \\ b \\ c \end{pmatrix}$ die Verteilung zum momentanen Zeitpunkt an, dann kann man mit dem Produkt $A \cdot \vec{x_0} = \vec{x_1}$ die Verteilung zum Zeitpunkt 1 berechnen.

Diagramm:

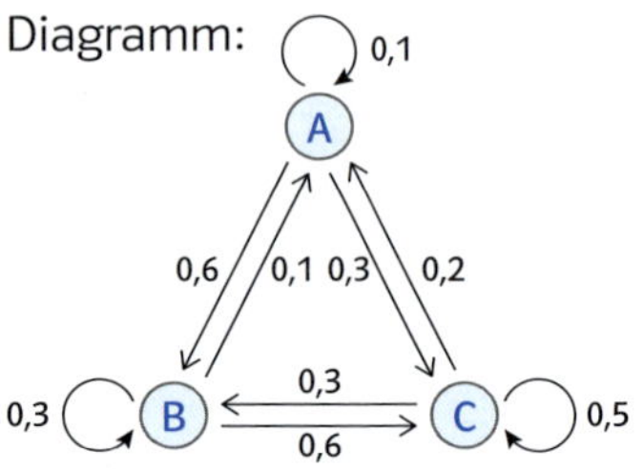

Zugehörige Tabelle:

nach \ von	A	B	C
A	0,1	0,1	0,2
B	0,6	0,3	0,3
C	0,3	0,6	0,5

Übergangsmatrix:

$$A = \begin{pmatrix} 0{,}1 & 0{,}1 & 0{,}2 \\ 0{,}6 & 0{,}3 & 0{,}3 \\ 0{,}3 & 0{,}6 & 0{,}5 \end{pmatrix} \downarrow +$$

= 1 = 1 = 1

Was ist ein Fixvektor?

Muss man in einer Aufgabe den Fixvektor bestimmen, so ist das zugehörige LGS zu lösen.

Beachten Sie:
Es gibt nur dann eine Lösung des LGS bzw. einen Fixvektor, wenn die Lösung des LGS eine wahre Aussage, z. B. $0 = 0$ ist. Man erhält dann einen allgemeinen Fixvektor.

Ein **stabiler (stationärer) Zustand**, also ein Zustand, der sich durch Anwenden der Übergangsmatrix A nicht mehr verändert, wird durch einen so genannten **Fixvektor** beschrieben, kurz, wenn gilt: $\mathbf{A} \cdot \vec{\mathbf{x}} = \vec{\mathbf{x}}$.

Beispiel 1: Einen Sachzusammenhang mit Übergangsmatrizen modellieren

In einem Ferienort gibt es drei Autovermietungen. Das Übergangsdiagramm gibt das Wechselverhalten der Kunden innerhalb einer Woche an.

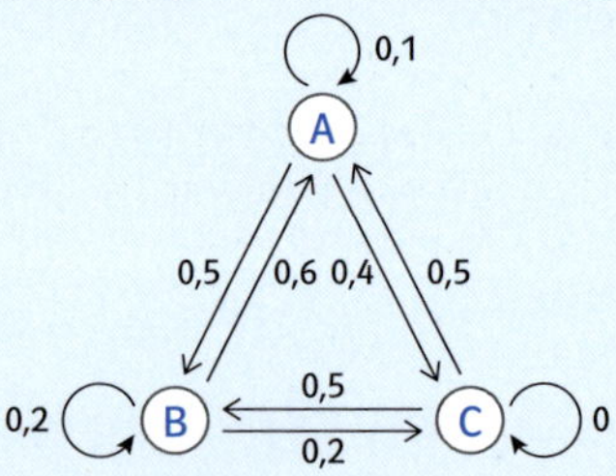

a) Stellen Sie die Übergangsmatrix für diesen Austauschprozess auf.
b) Beschreiben Sie im Sachzusammenhang, was es bedeutet, wenn ein Element der Diagonalen null ist.
c) An einem bestimmten Samstag hat die Autovermietung A 20 Kunden, B 25 Kunden und C 30 Kunden. Berechnen Sie die Verteilung für den nächsten Samstag.
d) Bestimmen Sie die stationäre Verteilung für 130 Kunden.

a) Notieren Sie in der Matrix A in Spalten „von" und in Zeilen „nach".

$$A = \begin{pmatrix} 0,1 & 0,6 & 0,5 \\ 0,5 & 0,2 & 0,5 \\ 0,4 & 0,2 & 0 \end{pmatrix}$$

b) Ist eine Element der Diagonalen 0, findet immer ein Wechsel statt.

Das Element a_{33} ist null, also wechselt ein Kunde der Mietwagenfirma C das nächste Mal auf jeden Fall.

c) Berechnen Sie das Produkt $A \cdot \vec{x}$.

$$A \cdot \vec{x} = \begin{pmatrix} 0,1 & 0,6 & 0,5 \\ 0,5 & 0,2 & 0,5 \\ 0,4 & 0,2 & 0 \end{pmatrix} \cdot \begin{pmatrix} 20 \\ 25 \\ 30 \end{pmatrix}$$

$$= \begin{pmatrix} 2 + 15 + 15 \\ 10 + 5 + 15 \\ 8 + 5 + 0 \end{pmatrix} = \begin{pmatrix} 32 \\ 30 \\ 13 \end{pmatrix}$$

Am nächsten Samstag mieten voraussichtlich 32 Kunden ein Fahrzeug bei Firma A, 30 eines bei B und 13 eines bei Firma C.

d) Stellen Sie das LGS $A \cdot \vec{x} = \vec{x}$ auf und bringen Sie die rechte Seite auf die linke Seite, so dass rechts neben dem Gleichheitszeichen nur Nullen stehen.
Lösen Sie das LGS mit dem Gauß-Algorithmus.

$$\begin{aligned} 0,1x_1 + 0,6x_2 + 0,5x_3 &= x_1 \quad | -x_1 \\ 0,5x_1 + 0,2x_2 + 0,5x_3 &= x_2 \quad | -x_2 \\ 0,4x_1 + 0,2x_2 \qquad &= x_3 \quad | -x_3 \end{aligned}$$

$$\begin{aligned} -0,9x_1 + 0,6x_2 + 0,5x_3 &= 0 \\ 0,5x_1 - 0,8x_2 + 0,5x_3 &= 0 \quad (\text{I} - \text{II}) \\ 0,4x_1 + 0,2x_2 - 1x_3 &= 0 \quad (\text{I} \cdot 2 + \text{III}) \end{aligned}$$

$$\begin{aligned} -0,9x_1 + 0,6x_2 + 0,5x_3 &= 0 \\ 1,4x_1 - 1,4x_2 \qquad &= 0 \\ -1,4x_1 + 1,4x_2 \qquad &= 0 \quad (\text{II} + \text{III}) \end{aligned}$$

$$\begin{aligned} -0,9x_1 + 0,6x_2 + 0,5x_3 &= 0 \\ 1,4x_1 - 1,4x_2 \qquad &= 0 \\ 0 &= 0 \end{aligned}$$

Wähle $x_1 = t$, also $x_2 = t$
$x_1 = t$, $x_2 = t$ eingesetzt in 1. Zeile:
$-0,9t + 0,6t + 0,5x_3 = 0$, also $x_3 = \frac{3}{5}t$

Für die stationäre Verteilung muss gelten: $x_1 + x_2 + x_3 = 130$.
Setzen Sie die Werte ein und lösen Sie nach t auf.
Setzen Sie t in die Koordinaten des Fixvektors $\vec{x}$ ein und interpretieren Sie die Lösung im Sachzusammenhang.

$x_1 + x_2 + x_3 = 130$
$t + t + \frac{3}{5}t = 130$, also $t = 50$
$x_1 = 50$, $x_2 = 50$, $x_3 = 30$.

Mieten an einem Tag jeweils 50 Kunden ein Fahrzeug bei Mietwagenfirma A und B und 30 Kunden ein Fahrzeug bei Firma C, dann ergibt sich nach diesem Modell immer dieselbe Verteilung an Vermietungen.

KURZINFO

3 Differenzialrechnung

3.1 Ableitung als lokale Änderungsrate

- Die durchschnittliche Änderungsrate deuten und bestimmen
- Die Ableitung als lokale Änderung deuten
- Die lokale Änderungsrate grafisch bestimmen

Was ist die durchschnittliche (mittlere) Änderungsrate?

Hängt eine Größe von der Zeit ab, schreibt man als Variable häufig t statt x.

Eine Funktion f ordnet jeder Zahl (Größe) x genau eine Zahl (Größe) f(x) zu.

f(x)

↗ ↖

die Größe f in Abhängigkeit von der Größe x (sprich: „f von x“)

Die Änderung des Bestandes wird in der Physik auch mit Δy bezeichnet.

Im **Anwendungsbezug** beschreibt die Größe f(x) meist einen Bestand in Abhängigkeit von der Zeit x.
Mit der Differenz beschreibt man den Unterschied des Bestandes und nennt **$f(x_2) - f(x_1)$ (absolute) Änderung des Bestandes**.

Mit Rate bezeichnet man in der Regel eine Veränderung pro Zeiteinheit. Änderungsraten findet man auch im alltäglichen Sprachgebrauch, z. B. bei der Geburtenrate oder in der Wirtschaft oder Biologie bei der Wachstumsrate.

Die **Änderung des Bestandes im Verhältnis zur Zeit** nennt man **durchschnittliche (mittlere) Änderungsrate** im Intervall $[x_1; x_2]$ und schreibt dafür

$$\frac{f(x_2) - f(x_1)}{x_2 - x_1}.$$

Dieser **Quotient** $\frac{f(x_2) - f(x_1)}{x_2 - x_1}$ heißt **Differenzenquotient** (= Verhältnis der Änderungen).

Geometrisch betrachtet, entspricht die durchschnittliche Änderungsrate bzw. der Differenzenquotient der **Steigung der Sekante zwischen den zwei Punkten** $P(x_1 | f(x_1))$ und $Q(x_2 | f(x_2))$ des Graphen einer Funktion f.

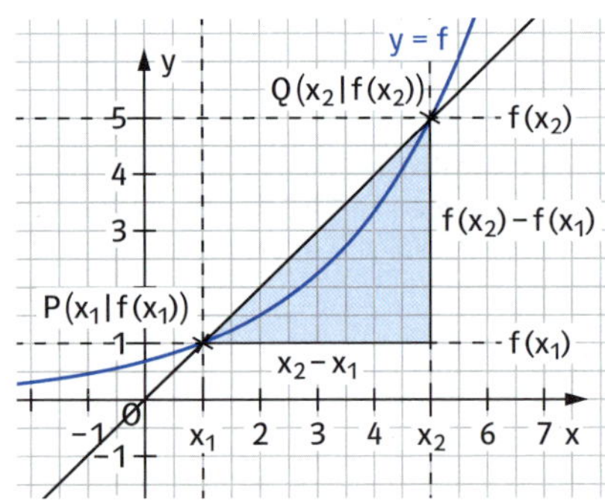

Beispiel 1: Die durchschnittliche Änderungsrate im Anwendungsbezug

Im Anwendungsbezug kann die lokale Änderungsrate u.a. folgende Bedeutung haben:

- Durchschnittsgeschwindigkeit (Weg/Zeit)
- durchschnittliche Zuflussrate (l/min)
- durchschnittliche Wachstumsrate (Einwohner/Jahr)

Häufig erkennt man Änderungsraten auch an der Einheit, die als Verhältnis geschrieben ist, z.B. km pro Stunde, kurz $\frac{\text{km}}{\text{h}}$.

Beispiel 2: Die durchschnittliche Änderungsrate grafisch bestimmen

Bestimmen Sie die durchschnittliche Änderungsrate des Graphen von f im Intervall [1;5].

1. Markieren Sie die Punkte $P(x_1 | f(x_1))$ und $Q(x_2 | f(x_2))$ und lesen Sie $f(x_1)$ und $f(x_2)$ ab.
2. Zeichnen Sie die Sekante durch P und Q ein.

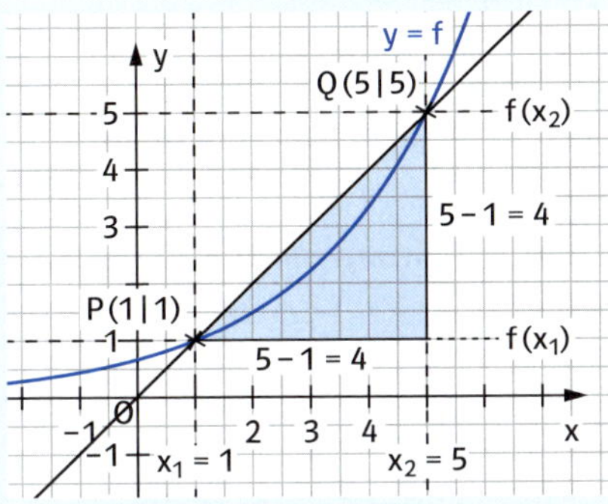

3. Bilden Sie die Differenzen $x_2 - x_1$ und $f(x_1) - f(x_2)$ und berechnen Sie den Differenzenquotienten $\frac{f(x_2) - f(x_1)}{x_2 - x_1}$.

$f(x_1) = 1$; $f(x_2) = 5$
$f(x_1) - f(x_2) = 5 - 4 = 1$
$x_2 - x_1 = 5 - 1 = 4$
durchschnittliche Änderung: $\frac{4}{4} = 1$

Steigt die Sekante, ist der Differenzenquotient positiv, fällt sie, ist der Differenzenquotient negativ.
Ist die Sekante parallel zur x-Achse, ist der Differenzenquotient null.

Beispiel 3: Die durchschnittliche Änderungsrate rechnerisch bestimmen

Ein Gegenstand bewegt sich so, dass er in t Sekunden $s(t) = \frac{1}{2}t^2$ Meter zurücklegt.
Bestimmen Sie die durchschnittliche Geschwindigkeit im Zeitraum von 3s bis 6s.

1. Bestimmen Sie $s(t_1)$ und $s(t_2)$.

$s(t_1) = s(3) = \frac{1}{2} \cdot 3^2 = 4{,}5$

$s(t_2) = s(6) = \frac{1}{2} \cdot 6^2 = 18$

2. Bilden Sie die Differenzen $t_2 - t_1$ und $s(t_2) - s(t_1)$ und berechnen Sie den Differenzenquotienten $\frac{s(t_2) - s(t_1)}{t_2 - t_1}$.

$t_2 - t_1 = 3\,\text{s}$

Durchschnittsgeschwindigkeit:

$\frac{18\,\text{m} - 4{,}5\,\text{m}}{3\,\text{s}} = \frac{13{,}5\,\text{m}}{3\,\text{s}} = 4{,}5\,\frac{\text{m}}{\text{s}}$

Beachten Sie die Einheiten. Diese können zum Rechnen weggelassen werden.
Auch hier gilt wie beim Differenzenquotienten $\frac{\text{Einheit } y}{\text{Einheit } x}$.

Von der durchschnittlichen zur lokalen (momentanen) Änderungsrate

Rücken die Punkte des Graphen einer Funktion f, durch die die Sekante gezogen wird, immer näher aneinander, dann geht der Abstand zwischen den beiden x-Werten gegen null, und aus der Sekante wird eine Tangente. Diesen Vorgang kann man algebraisch und geometrisch so beschreiben:

Das Aneinanderrücken wird mathematisch durch den Grenzwert, kurz lim (von *lat. limes* = Grenze), beschrieben.

Existiert der **Differenzialquotient**

$$\lim_{x \to x_0} \frac{f(x) - f(x_0)}{x - x_0},$$

dann entspricht er der Steigung der Tangente an den Graphen von f im Punkt $P(x_0 \,|\, f(x_0))$ und wird **Ableitung (an der Stelle x_0)** genannt. Man schreibt dafür **$f'(x_0)$**; sprich: „f Strich von x_0“.

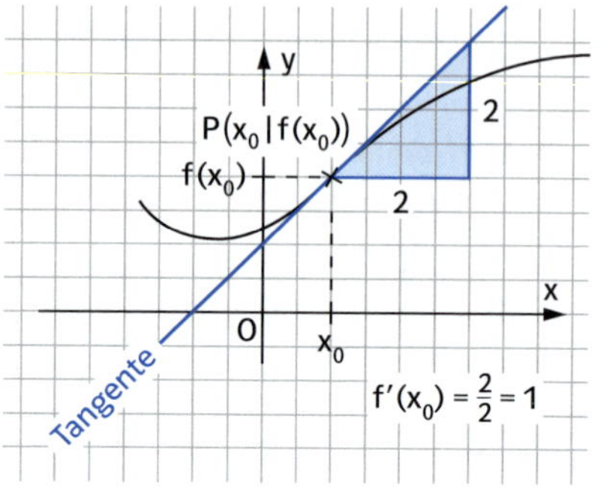

In Sachzusammenhängen wird die Ableitung an einer Stelle als **lokale (momentane) Änderungsrate** bezeichnet.

Geht man vom Punkt $P(x_0 \,|\, f(x_0))$ aus am Steigungsdreieck 1 Einheit nach rechts, entspricht der zugehörige y-Wert des Steigungsdreiecks der Steigung $f'(x_0)$ des Graphen im Punkt $P(x_0 \,|\, f(x_0))$. Dann können Sie die Steigung, also die Ableitung direkt ablesen.

Beachten Sie:
Die Tangente im Punkt $P(x_0 \,|\, f(x_0))$ kann den Graphen noch in weiteren Punkten berühren oder schneiden.

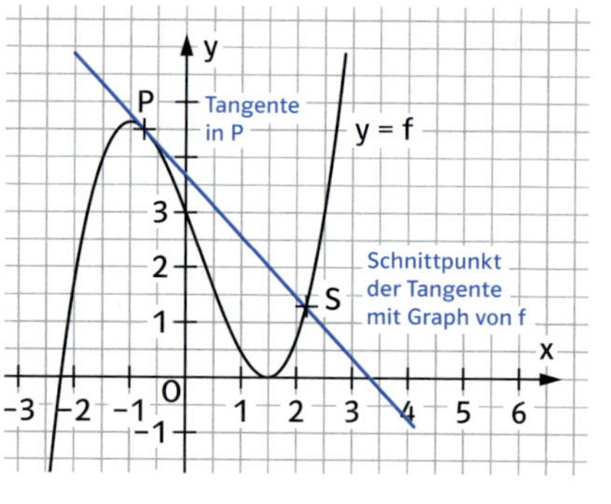

Beispiel 4: Die lokale Änderungsrate im Anwendungsbezug

Im Anwendungsbezug kann die lokale Änderungsrate u.a. folgende Bedeutung haben:

- Momentangeschwindigkeit (Weg/Zeit), wird z.B. am Tachometer oder Bordcomputer direkt angezeigt
- momentane Zuflussrate (l/min)
- momentane Wachstumsrate (Einwohner/Jahr)
- momentane Steigung

Häufig erkennt man Änderungsraten auch an der Einheit, die als Verhältnis geschrieben ist, z.B. km pro Stunde, kurz $\frac{km}{h}$.

Beispiel 5: Die Ableitung an der Stelle x_0 grafisch bestimmen

Bestimmen Sie die Ableitung an der Stelle $x_0 = 2$.

1. Markieren Sie den Berührpunkt $B(x_0 \mid f(x_0))$.
2. Zeichnen Sie die Tangente an den Graphen von f im Punkt B ein.
3. Bestimmen Sie die Steigung der Tangente mithilfe des Steigungsdreiecks.

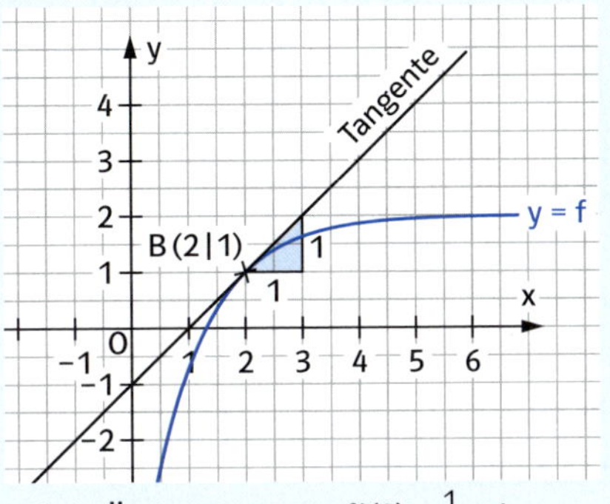

Lokale Änderungsrate: $f'(2) = \frac{1}{1} = 1$

Die Ableitung an der Stelle $x_0 = 2$ ist 1.

Beispiel 6: Die durchschnittliche und lokale Änderungsrate in einer Anwendungssituation

Eine Schulklasse fährt mit dem Zug von Stuttgart nach Berlin. Die Fahrtzeit für die Strecke von 760 km betrug 6 h 14 min. Kurz vor Mannheim zeigte die Anzeige im Zug eine Geschwindigkeit von $249\,\frac{km}{h}$ an.

Durchschnittsgeschwindigkeit für die Reise: $\frac{760\,km}{374\,min} \approx 2{,}03\,\frac{km}{min} \approx 122\,\frac{km}{h}$

Momentangeschwindigkeit kurz vor Mannheim: $249\,\frac{km}{h}$ (das ist die Geschwindigkeitsanzeige im Zug)

KURZINFO

3.2 Ableitungsfunktion und Ableitungsregeln

- Ableitungsfunktion grafisch erzeugen
- Funktionen mithilfe der Ableitungsregeln rechnerisch ableiten
- Höhere Ableitungen bilden

Was ist die Ableitungsfunktion?

Die **Ableitung** ist der zentrale Begriff der Differenzialrechnung. Sie wird als **Grenzwert des Differenzenquotienten** (**Differenzialquotient**) in einem bestimmten Punkt bestimmt und entspricht in diesem Punkt der **Steigung der Tangente** an den **Graphen** der Funktion f.

Existiert die Ableitung für alle x aus dem Definitionsbereich der Funktion f, dann nennt man f **differenzierbar** und die Funktion f′ mit f′(x) Ableitungsfunktion von f, kurz Ableitung f′.
Die **Ableitungsfunktion f′** ordnet also jeder Stelle x die Ableitung, d.h. die **Steigung von f** an dieser Stelle zu. Das Bilden der Ableitung f′ nennt man **Differenzieren**.
Im Anwendungsbezug veranschaulicht der Graph von f′ die Änderungsrate auf einen Blick.

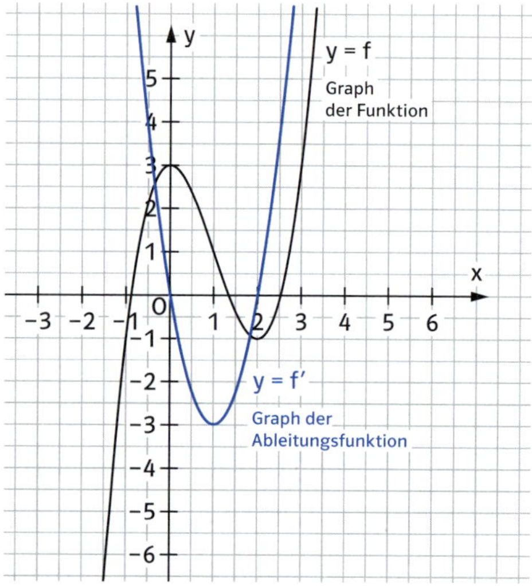

In verschiedenen Kontexten kann die Ableitung in unterschiedlichsten Aufgabenstellungen auftauchen.

Die Ableitung f′ einer Funktion f
... gibt geometrisch die Steigung des Graphen, also der Tangente an diesen Punkt an.
... gibt im Anwendungsbezug die Änderung der Größe an; man erkennt dies häufig an der Einheit, die meist ein „pro“ beinhaltet.
... hilft beim Bestimmen von lokalen oder globalen Eigenschaften von Funktionen.

Beispiel 1: Den Graphen von f' mithilfe der Tangentensteigungen bestimmen

1. Markieren Sie verschiedene Punkte, insbesondere die markanten Punkte des Graphen von f.
2. Markieren Sie dieselben Stellen (x-Werte) im Koordinatensystem von f'.
3. Zeichnen Sie Tangentenstücke ein und bestimmen Sie (näherungsweise) deren Steigungen. Tragen Sie die erhaltenen Werte als y-Werte in das Koordinatensystem des Graphen von f' ein.
4. Verbinden Sie die Punkte zum Graphen von f'.

Graph von f:

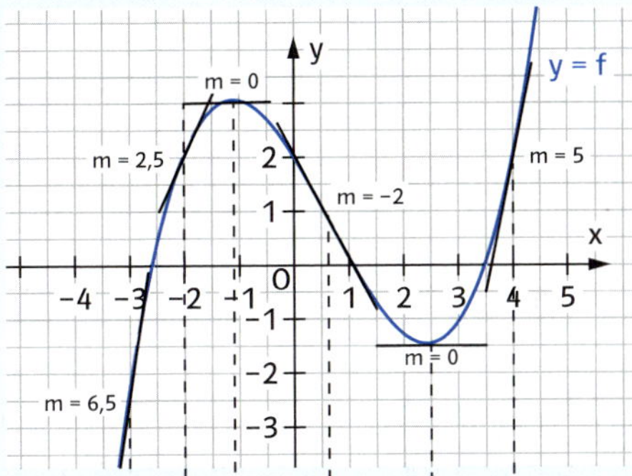

Graph von f'

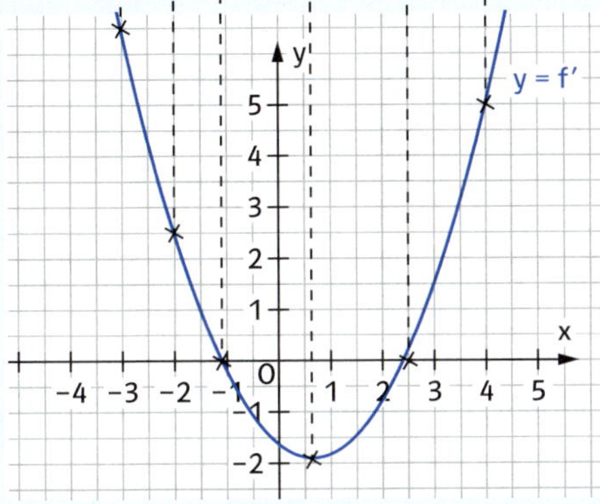

Markante Punkte des Graphen von f sind z. B. Hoch-, Tief- oder Wendepunkte.

Ableiten von Grundfunktionen

Potenzfunktionen können nach der Potenzregel abgeleitet werden.
Die Ableitungen weiterer Grundfunktionen sollten Sie auswendig können.

Funktion f	Beschreibung	Ableitung f'
$f(x) = x^r$ (gilt für jede reelle Zahl $r \in \mathbb{R} \setminus \{0\}$)	**Potenzregel** Hochzahl als Faktor nach vorne; neue Hochzahl ist alte Hochzahl minus 1	$f'(x) = r \cdot x^{r-1}$
$f(x) = \frac{1}{x} = x^{-1}$ $f(x) = \sqrt{x} = x^{\frac{1}{2}}$	Auch hier muss man zum Ableiten die Potenzregel anwenden.	$f'(x) = -x^{-2} = -\frac{1}{x^2}$ $f'(x) = -\frac{1}{2} \cdot x^{-\frac{1}{2}} = -\frac{1}{2\sqrt{x}}$
$f(x) = c$ (c ist eine beliebige reelle Zahl)	Die Ableitung der konstanten Funktion ist null, da der Graph $y = c$ die Steigung 0 hat.	$f'(x) = 0$

Tipp: $\frac{1}{x^r} = x^{-r}$

Funktion f	Beschreibung	Ableitung f'
$f(x) = \sin(x)$	Die Ableitung der Sinusfunktion ist die Kosinusfunktion.	$f'(x) = \cos(x)$
$f(x) = \cos(x)$	Die Ableitung der Kosinusfunktion ist die negative Sinusfunktion.	$f'(x) = -\sin(x)$
$f(x) = e^x$	$f'(x) = f(x) = e^x$ Funktion und Ableitung haben den gleichen Term.	$f'(x) = e^x$
$f(x) = \ln(x)$		$f'(x) = \frac{1}{x}$

Ableiten von (zusammengesetzten) Funktionen

Wird eine Funktion mit einem konstanten Faktor (einer Zahl oder einem Parameter) multipliziert, dann bleibt nach der **Faktorregel** dieser konstante Faktor beim Ableiten erhalten.

$f(x) = k \cdot u(x)$	$f'(x) = k \cdot u'(x)$

Ist eine Funktion als Summe bzw. Differenz von mehreren Funktionen zusammengesetzt, wird sie nach der **Summenregel** summandenweise abgeleitet, also jeder Summand für sich.

$f(x) = u(x) + v(x)$	$f'(x) = u'(x) + v'(x)$

Ist eine Funktion als Produkt von zwei Funktionen zusammengesetzt, muss diese Funktion nach der **Produktregel** abgeleitet werden:

$f(x) = u(x) \cdot v(x)$	$f'(x) = u'(x) \cdot v(x) + u(x) \cdot v'(x)$

Da jeder Quotient auch als Produkt geschrieben werden kann, kann man auch nach Umformen in ein Produkt die Produktregel anwenden.

Ist eine Funktion als Quotient von zwei Funktionen zusammengesetzt, kann diese Funktion nach der **Quotientenregel** abgeleitet werden:

$f(x) = \frac{u(x)}{v(x)}$	$f'(x) = \frac{u'(x) \cdot v(x) - u(x) \cdot v'(x)}{(v(x))^2}$

Dass eine Funktion verkettet ist, erkennt man oft an **Klammern**, d.h. das x steht nicht alleine, sondern in einer Klammer. Das ist häufig bei Sinus-, Exponential-, Wurzelfunktionen oder Potenzfunktionen mit Klammern der Fall.

Besteht eine Funktion aus einer Verkettung von zwei Funktionen, muss diese Funktion nach der **Kettenregel** abgeleitet werden:

$f(x) = u(v(x))$ dabei ist $v(x)$ die so genannte innere Funktion.	$f'(x) = u'(v(x)) \cdot v'(x)$ äußere Ableitung mal innere Ableitung

Beispiel 2: (Einfache) Ableitungen

Bilden Sie die Ableitung der Funktion f.

a) $f(x) = 2x^2 - \sqrt{x}$ b) $f(x) = 2\cos(x) + \frac{1}{x}$

1. Analysieren Sie, um was für eine Funktion es sich handelt, d.h., welche Ableitungsregeln Sie anwenden müssen.
2. Schreiben Sie die entsprechende Regel auf.

a) $f(x) = 2x^2 - \sqrt{x}$ (Summe/Differenz)

$u(x) = 2x^2$; $v(x) = \sqrt{x} = x^{\frac{1}{2}}$

einzeln Ableiten mit der Potenz- und Faktorregel

$u'(x) = 2 \cdot 2x^{2-1} = 4x$

$v'(x) = \frac{1}{2}x^{\frac{1}{2}-1} = \frac{1}{2}x^{-\frac{1}{2}} = \frac{1}{2\sqrt{x}}$

$f'(x) = 4x - \frac{1}{2\sqrt{x}}$

b) $f(x) = 2\cos(x) + \frac{1}{x}$ (Summe)

$u(x) = 2\cos(x)$; $v(x) = \frac{1}{x} = x^{-1}$

Ableiten einer trigonometrischen Funktion plus Faktorregel und einer Potenzfunktion

$u'(x) = -2\sin(x)$

$v'(x) = -1x^{-1-1} = -x^{-2} = -\frac{1}{x^2}$

$f'(x) = -2\sin(x) - \frac{1}{x^2}$

Tipp:
Notieren Sie alle Zwischenschritte bzw. Einzelbestandteile und setzen Sie dann die Ableitung schrittweise zusammen.

Beispiel 3: (Komplexere) Ableitungen

Bilden Sie die Ableitung der Funktion f.

a) $f(x) = \frac{1}{4}\sin(4x^2)$ b) $f(x) = x^2 \cdot e^{3x}$

1. Analysieren Sie, um was für eine Funktion es sich handelt, d.h., welche Ableitungsregeln Sie anwenden müssen. Bei komplexeren Funktionen müssen häufig mehrere Ableitungsregeln in Kombination angewendet werden. Deshalb ist es wichtig, dass Sie insbesondere auf Malpunkte, Bruchstriche, Klammern, Wurzeln oder besondere Funktionen wie die Exponential- oder Sinusfunktion achten.
2. Schreiben Sie die entsprechende Regel auf.

a) $f(x) = \frac{1}{4}\sin(4x^2)$

(Sinusfunktion mit Klammer, also Kettenregel)

f′(x) = äußere Ableitung · innere Ableitung

$u(x) = \frac{1}{4}\sin(x)$; $u'(x) = \frac{1}{4}\cos(x)$

$v(x) = 4x^2$; $v'(x) = 8x$

$f'(x) = \frac{1}{4}\cos(4x^2) \cdot 8x$

$= 2x \cdot \cos(4x^2)$

b) $f(x) = x^2 \cdot e^{3x}$

Zwei Funktionen mit Malpunkt verbunden, also Produktregel; e^{3x} ist Verkettung zweier Funktionen

$f'(x) = u'(x) \cdot v(x) + u(x) \cdot v'(x)$

$u(x) = x^2$; $u'(x) = 2x$

$v(x) = e^{3x}$; $v'(x) = 3e^{3x}$

$f'(x) = 2x \cdot e^{3x} + x^2 \cdot 3e^{3x}$

$= x \cdot e^{3x} \cdot (2 + 3x)$

Tipp:
Notieren Sie alle Zwischenschritte bzw. Einzelbestandteile und setzen Sie dann die Ableitung schrittweise zusammen.

Tipp:
Beim Vereinfachen nach Anwenden einer Produktregel kann man meist ausklammern.

Was sind höhere Ableitungen?

Ist eine Funktion f differenzierbar, so erhält man durch Ableiten die (Ableitungs-)Funktion f'. Ist f' wieder differenzierbar, so erhält man durch Ableiten die Funktion f''. Diese Funktion nennt man auch die zweite Ableitung von f, kurz f'' (sprich: „f zwei Strich").

In der Schule brauchen Sie in der Regel nur f', f'' und f'''.

Wiederholt man diesen Schritt, erhält man die 3. Ableitung von f, kurz f'''. Diese mehrmaligen Ableitungen nennt man auch höhere Ableitungen. Allgemein gilt: Ist f n-mal differenzierbar, so nennt man $\mathbf{f^{(n)}}$ die **n-te Ableitung von f**.

Beispiel 4: Höhere Ableitungen bilden

Bilden Sie die 3. Ableitung der Funktion f.

a) $f(x) = 4x^3 - 2x^2 + 2x$

b) $f(x) = \sin(2x) - \frac{1}{2}x^5$

Leiten Sie die Funktionen mithilfe der Ableitungsregeln schrittweise dreimal ab, d.h. bilden Sie zuerst die erste Ableitung f'. Leiten Sie dann f' wieder ab, erhalten Sie f''. Dann leiten Sie f'' ab und erhalten f'''.

a) $f(x) = 4x^3 - 2x^2 + 2x$
$f'(x) = 12x^2 - 4x + 2$
$f''(x) = 24x - 4$
$f'''(x) = 24$

b) $f(x) = \sin(2x) - \frac{1}{2}x^5$
$f'(x) = 2\cos(2x) - \frac{5}{2}x^4$
$f''(x) = -4\sin(2x) - 10x^3$
$f'''(x) = -8\cos(2x) - 30x^2$

3.3 Tangente und Normale

- Die Tangentengleichung in einem Punkt B an den Graphen einer Funktion f rechnerisch und grafisch bestimmen
- Die Tangentengleichung von einem Punkt P aus an den Graphen bestimmen
- Die Normalengleichung in einem Punkt P bestimmen

KURZINFO

Was ist die Tangente?

Die Gerade durch den Punkt $B(x_0 \mid f(x_0))$ des Graphen einer Funktion f mit der **Steigung** $\mathbf{m = f'(x_0)}$ nennt man **Tangente**. Die Tangente geht aus dem Grenzwert der Sekanten hervor und **berührt** daher den Graphen in diesem Punkt. Eine Gleichung dieser Geraden heißt **Tangentengleichung**.

lat. tangere = berühren

„Das tangiert mich nicht" bedeutet „das berührt mich nicht".

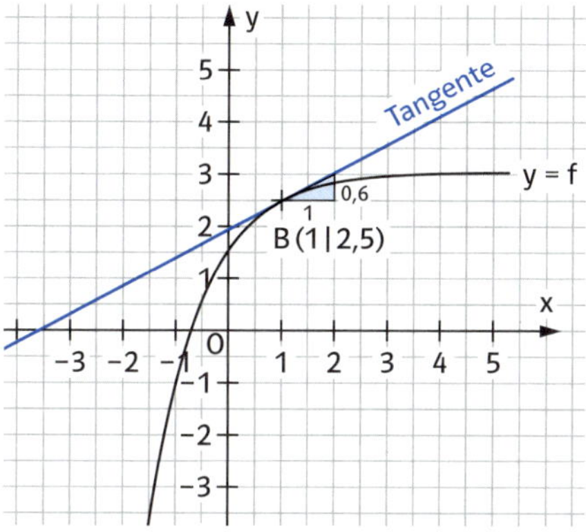

Mit $B(1 \mid 2{,}5)$ und $f'(1) = 0{,}6 = \frac{3}{5}$ erhält man die Tangentengleichung

$y = \frac{3}{5}(x-1) + 2{,}5$

Ist $P(x \mid y)$ ein x-beliebiger Punkt auf der Tangente, dann gilt für die Steigung der Tangente

$$f'(x_0) = \frac{y - f(x_0)}{x - x_0}.$$

Formt man diese Gleichung um, erhält man die (allgemeine) Tangentengleichung

$$\mathbf{y = f'(x_0)(x - x_0) + f(x_0)}.$$

Eine weitere Möglichkeit, eine **Tangentengleichung** angeben zu können, erhält man aus der Eigenschaft von Geraden. Eine Gerade kann durch eine Gleichung der Form $y = mx + c$ beschrieben werden. Dabei ist m die Steigung der Geraden und c der y-Achsenabschnitt. x und y sind die Koordinaten eines (x-beliebigen) Punktes P auf der Geraden.
Bei der Tangente weiß man, dass $m = f'(x_0)$ ist. Also lautet eine mögliche **Tangentengleichung** $\mathbf{y = f'(x_0) \cdot x + c}$. Um c zu bestimmen, braucht man einen Punkt P auf der Tangente (muss nicht der Berührpunkt sein).
Beachten Sie:
Die Tangente berührt den Graphen in dem Punkt B, kann ihn aber trotzdem in einem anderen Punkt schneiden.

Tipp:
Mit negativen Hochzahlen kann man gut ableiten, aber nicht gut Werte berechnen. Deshalb ist es sinnvoll, zum Rechnen nur positive Hochzahlen zu verwenden.
Es gilt: $x^{-n} = \frac{1}{x^n}$

Beispiel 1: Tangentengleichung im Berührpunkt B des Graphen einer Funktion f aufstellen

Bestimmen Sie die Tangentengleichung an den Graphen von f mit $f(x) = 2 - \frac{2}{x^2}$ im Punkt $B(1 \mid f(1))$.

Möglichkeit 1:
Mit der allgemeinen Tangentengleichung

1. Schreiben Sie die allgemeine Tangentengleichung auf.	Tangentengleichung: $y = f'(x_0)(x - x_0) + f(x_0)$ $f(x) = 2 - \frac{2}{x^2} = 2 - 2x^{-2}$
2. Bilden Sie Ableitung von f.	$f'(x) = -2 \cdot (-2)x^{-3} = 4x^{-3} = \frac{4}{x^3}$
3. Bestimmen Sie die einzelnen Bestandteile der Tangentengleichung durch Einsetzen von x_0.	$x_0 = 1$ $f(x_0) = f(1) = 2 - \frac{2}{1^2} = 0$ $f'(x_0) = f'(1) = \frac{4}{1^3} = 4$
4. Notieren Sie die Tangentengleichung.	Also gilt: $y = 4(x - 1) + 0$, also $y = 4(x - 1)$

Möglichkeit 2:
Mit der Geradengleichung

1. Schreiben Sie die Geradengleichung auf.	Geradengleichung: $y = f'(x_0)x + c$ $f(x) = 2 - \frac{2}{x^2} = 2 - 2x^{-2}$
2. Bestimmen Sie die Steigung m, indem Sie die Ableitung f' bestimmen und x_0 in f' einsetzen.	$f'(x) = -2 \cdot (-2)x^{-3} = 4x^{-3} = \frac{4}{x^3}$ $x_0 = 1$ $f'(x_0) = f'(1) = \frac{4}{1^3} = 4$
3. Bestimmen Sie den y-Achsenabschnitt c, indem Sie $f'(x_0)$ und die Koordinaten des Berührpunktes in die Geradengleichung einsetzen.	$f(x_0) = f(1) = 2 - \frac{2}{1^2} = 0$ Einsetzen: $0 = 4 \cdot 1 + c$, also $c = -4$
4. Notieren Sie die Tangentengleichung.	Tangentengleichung: $y = 4x - 4$

Beispiel 2: Gleichung einer Tangente von einem Punkt P aus an den Graphen einer Funktion f aufstellen

Bestimmen Sie die Gleichung der Tangenten an den Graphen von f mit $f(x) = \frac{1}{2}x^2 - 1$, die durch den Punkt $P(-1|-5)$ geht.

1. Schreiben Sie die allgemeine Tangentengleichung auf.

Tangentengleichung:
$y = f'(x_0)(x - x_0) + f(x_0)$

$f(x) = \frac{1}{2}x^2 - 1$

2. Bestimmen Sie $f(x_0)$. Setzen Sie dazu x_0 statt x in den Funktionsterm von f ein.

$f(x_0) = \frac{1}{2}(x_0)^2 - 1$

3. Bilden Sie die Ableitung $f'(x_0)$.
Da x_0 unbekannt ist, ist $f'(x_0)$ kein konkreter Wert, sondern ein Funktionsterm.
Setzen Sie $f(x_0)$ und $f'(x_0)$ in die Tangentengleichung ein.

$f'(x) = x$
$f'(x_0) = x_0$

$y = x_0(x - x_0) + \left(\frac{1}{2}(x_0)^2 - 1\right)$

4. $P(x|y)$ ist ein Punkt auf der Tangente. Setzen Sie also die Koordinaten von P für x und y in die Tangentengleichung ein.

$-5 = x_0 \cdot (-1 - x_0) + \left(\frac{1}{2}(x_0)^2 - 1\right)$

$-5 = -x_0 - (x_0)^2 + \frac{1}{2}(x_0)^2 - 1$

5. Lösen Sie die Tangentengleichung nach x_0 auf. Sie erhalten die x-Koordinaten des (der) Berührpunkte(s).

$0 = -x_0 - \frac{1}{2}(x_0)^2 - 1 + 5$ (quadratische Gleichung)

$-\frac{1}{2}(x_0)^2 - x_0 + 4 = 0$

$$x_{0_{1,2}} = \frac{1 \pm \sqrt{1 - 4 \cdot \left(-\frac{1}{2}\right) \cdot 4}}{2 \cdot \left(-\frac{1}{2}\right)} = \frac{1 \pm \sqrt{9}}{-1}$$

$x_{0_1} = -4$ und $x_{0_2} = 2$

6. Bestimmen Sie jetzt die konkreten Werte von $f'(x_0)$ und $f(x_0)$.

Es gibt also zwei Tangenten an den Graphen von f, die durch $P(-1|-5)$ gehen.

7. Stellen Sie die Tangentengleichung auf.

Tangente 1:
$f(x_{0_1}) = f(-4) = 7;$ $f'(-4) = -4$
$y = -4(x + 4) + 7 = -4x - 9$
Tangente 2:
$f(x_{0_2}) = f(2) = 1;$ $f'(2) = 2$
$y = 2(x - 2) + 1 = 2x - 3$

Achtung:
In diesem Fall sind die Koordinaten des Berührpunktes, also x_0 und $f(x_0)$ unbekannt.

Tipp:
Immer um den Term von $f(x_0)$ beim Einsetzen in die Tangentengleichung eine Klammer setzen.

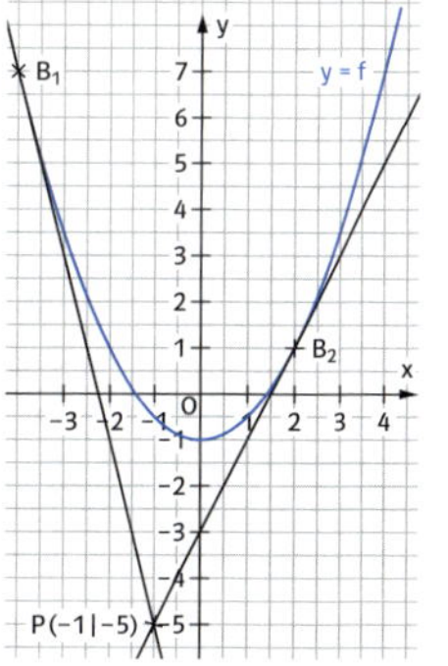

Beispiel 3: Die Gleichung einer Tangente mit einer bestimmten Steigung an den Graphen einer Funktion f bestimmen

Bestimmen Sie die Gleichung der Tangente mit Steigung 3 an den Graphen der Funktion f mit $f(x) = (3x-1)^2$.

Tipp:
Gesucht sind die Punkte, in denen der Graph die vorgegebene Steigung hat.

Es können sich auch mehrere Punkte ergeben, in denen der Graph die vorgegebene Steigung hat. Dann ergeben sich auch mehrere Tangentengleichungen.

1. Es ist $m = f'(x_0)$. Bilden Sie deshalb die Ableitung f' und setzen sie diese gleich der gegebenen Steigung.

$f(x) = (3x-1)^2$
$f'(x) = 3 \cdot 2(3x-1) = 6(3x-1) = 18x-6$
$f'(x_0) = 18x_0 - 6 = 3$

2. Lösen Sie die Gleichung $f'(x_0) = m$ nach x_0 auf.

$18x_0 - 6 = 3 \quad | +6$
$18x_0 = 9 \quad | :18$
$x_0 = \frac{9}{18} = \frac{1}{2}$

3. Jetzt ist die x-Koordinate des Berührpunktes gegeben. Verfahren Sie weiter mit einer der beiden Möglichkeiten aus Beispiel 1.

Tangentengleichung:
$y = f'(x_0)(x-x_0) + f(x_0)$
$f(x_0) = f\left(\frac{1}{2}\right) = \frac{1}{4} = 0{,}25$
$f'(x_0) = f'\left(\frac{1}{2}\right) = 18 \cdot \frac{1}{2} - 6 = 3$
Also gilt:
$y = 3\left(x-\frac{1}{2}\right) + 0{,}25 = 3x - \frac{5}{4}$

Was ist eine Normale?

Sind zwei Geraden g und h orthogonal zueinander, also $g \perp h$, dann gilt:
$m_g \cdot m_h = -1$
bzw.
$m_g = \frac{-1}{m_h} = -\frac{1}{m_T}$

Die **Normale** ist eine Gerade, die **orthogonal zur Tangente** an den Graphen einer Funktion f im Punkt $B(x_0 | f(x_0))$ verläuft.
Für die Steigung der Normalen gilt:

$$m_N = \frac{-1}{m_T} = \frac{-1}{f'(x_0)} = -\frac{1}{f'(x_0)}$$

Damit erhält man die **Normalengleichung**

$$y = -\frac{1}{f'(x_0)} \cdot (x-x_0) + f(x_0).$$

Dabei ist $P(x | y)$ ein x-beliebiger Punkt auf der Normalen.

Möchte man die Normale mit einer Geradengleichung bestimmen, dann gilt:

$y = \frac{-1}{f'(x_0)}x + c$
$= -\frac{1}{f'(x_0)}x + c$

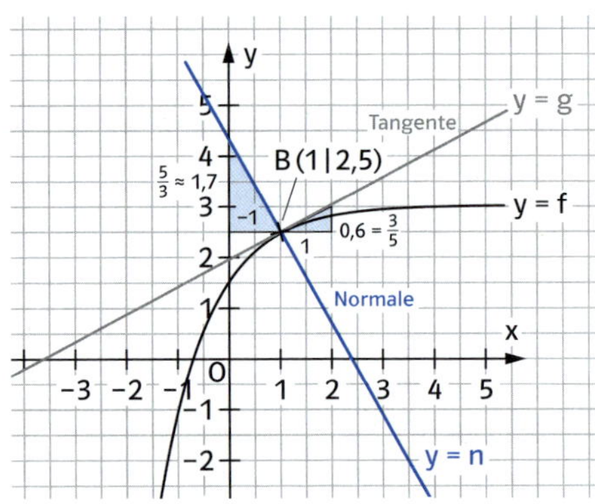

Mit $B(1 | 2{,}5)$ und $f'(1) = \frac{3}{5}$ erhält man die Normalengleichung
$y = -\frac{5}{3}(x-1) + 2{,}5.$

Beispiel 4: Die Gleichung der Normalen im Punkt P des Graphen einer Funktion f bestimmen

Bestimmen Sie die Gleichung der Normalen im Punkt $P(2\,|\,f(2))$ des Graphen von f mit $f(x) = \frac{4}{x} - 1$.

Möglichkeit 1: Mit der allgemeinen Normalengleichung

1. Schreiben Sie die allgemeine Normalengleichung auf.
   Normalengleichung: $y = -\frac{1}{f'(x_0)}(x - x_0) + f(x_0)$
2. Bilden Sie die Ableitung von f.
   $f(x) = \frac{4}{x} - 1 = 4 \cdot x^{-1} - 1$
   $f'(x) = -4x^{-2} = -\frac{4}{x^2}$
3. Bestimmen Sie die einzelnen Bestandteile der Normalengleichung durch Einsetzen von x_0.
   $x_0 = 2$
   $f(x_0) = f(2) = \frac{4}{2} - 1 = 1$
   $f'(x_0) = f'(2) = -\frac{4}{2^2} = -1$
   $\frac{-1}{f'(x_0)} = \frac{-1}{-1} = 1$
4. Notieren Sie die Normalengleichung.
   Also gilt: $y = (x - 2) + 1 = x - 1$

Möglichkeit 2: Mit der Geradengleichung

1. Schreiben Sie die Geradengleichung auf.
   Geradengleichung: $y = -\frac{1}{f'(x_0)} \cdot x + c$
2. Bestimmen Sie die Steigung m, indem Sie die Ableitung f′ bestimmen, x_0 in f′ einsetzen und den negativen Kehrwert $-\frac{1}{f'(x_0)}$ bilden.
   $f(x) = \frac{4}{x} - 1 = 4x^{-1} - 1$
   $f'(x) = -4x^{-2} = -\frac{4}{x^2}$
   $x_0 = 2$
3. Bestimmen Sie den y-Achsenabschnitt c, indem Sie $f'(x_0)$ und die Koordinaten des Punktes in die Geradengleichung einsetzen.
   $f(x_0) = f(2) = \frac{4}{2} - 1 = 1$
   $f'(x_0) = f'(2) = -1$, also $\frac{-1}{f'(x_0)} = 1$
   Einsetzen: $1 = \frac{-1}{-1} \cdot 2 + c$, also $c = -1$
4. Notieren Sie die Normalengleichung.
   Normalengleichung: $y = x - 1$

Beispiel 5: Nachweisen, dass sich zwei Graphen senkrecht schneiden

Gegeben sind die Funktionen f mit $f(x) = \frac{2}{x}$ und g mit $g(x) = 2x - 3$.

Untersuchen Sie, ob sich die beiden Graphen im Punkt $P(2\,|\,y)$ senkrecht schneiden.

Wenn sich zwei Graphen senkrecht schneiden, dann müssen sie

- einen gemeinsamen Punkt P haben, also muss gelten: $f(x_0) = g(x_0)$ und
- in diesem Punkt müssen sich die Tangenten senkrecht schneiden, d.h. die Tangente des einen Graphen ist die Normale des anderen Graphen, also muss gelten: $f'(x_0) = -\frac{1}{g'(x_0)}$ bzw. $f'(x_0) \cdot g'(x_0) = -1$.

$f(2) = 1 = g(2)$; $f'(x) = -\frac{2}{x^2}$;

$f'(2) = -\frac{1}{2}$; $g'(x) = 2$; $-\frac{1}{2} \cdot 2 = -1$ ✓

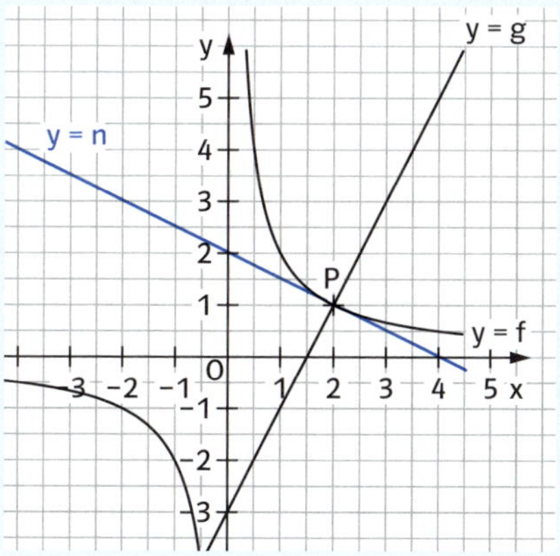

Nach dem gleichen Prinzip können Sie verfahren, wenn Sie überprüfen sollen, ob sich zwei Graphen berühren. Dann haben die Graphen einen gemeinsamen Punkt und in diesem gemeinsamen Punkt die gleiche Tangente bzw. die gleiche Steigung.

KURZINFO

3.4 Globale Eigenschaften von Funktionen – Monotonie

- Eine Funktion auf Monotonie untersuchen
- Monotonieintervalle bestimmen

Globale (*lat. globus* = Kugel, umfassend) Eigenschaften beziehen sich immer auf ein Intervall und geben z. B. Aufschluss über das Steigungsverhalten oder die Krümmung. **Lokale** (*lat. localis* = örtlich) Eigenschaften sind besondere Stellen bzw. Punkte wie z. B. Extrempunkte.

Mithilfe der **ersten Ableitung** (Steigung) können Aussagen über globale und lokale Eigenschaften von Funktionen gemacht werden. Damit kann man beispielsweise Schlüsse über den Verlauf des Graphen ziehen oder den Zusammenhang zwischen den Graphen von f und f′ veranschaulichen.

Was ist Monotonie?

Monotonie (*griech. monotonia* = Eintönigkeit) ist eine globale Eigenschaft von Funktionen und beschreibt das **Steigungsverhalten**. Stellen Sie sich vor, der Graph einer Funktion f beschreibt einen Höhenverlauf und Sie laufen auf dem Graphen der Funktion f. Wenn der Graph keine Parallele zur x-Achse ist, dann laufen Sie bergauf oder bergab. Die Strecke, die Sie bergauf laufen, nennt man bei der zugehörigen Funktion (streng) monoton steigend, wenn Sie bergab laufen, dann nennt man diesen Bereich bei der Funktion (streng) monoton fallend.

Statt „monoton steigend" findet man auch den Begriff „monoton wachsend".

Mathematisch betrachtet bedeutet das:

Eine Funktion f heißt **streng monoton steigend**, wenn die Funktionswerte größer werden, wenn die x-Werte größer werden, kurz, wenn in einem Intervall I für alle x_1 und x_2 aus I gilt:
aus $x_1 < x_2$ folgt $f(x_1) < f(x_2)$.

Wenn aus $x_1 < x_2$ $f(x_1) \leq f(x_2)$ folgt, dann nennt man die Funktion monoton steigend.

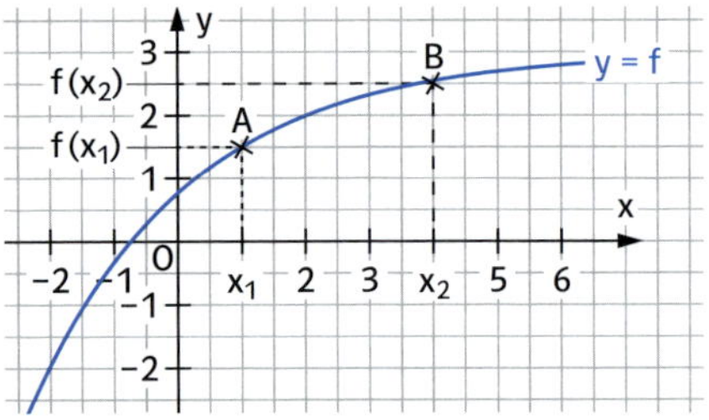

f ist streng monoton steigend

Eine Funktion f heißt **streng monoton fallend**, wenn die Funktionswerte kleiner werden, wenn die x-Werte größer werden, kurz, wenn in einem Intervall I für alle x_1 und x_2 aus I gilt:
aus $x_1 < x_2$ folgt $f(x_1) > f(x_2)$.

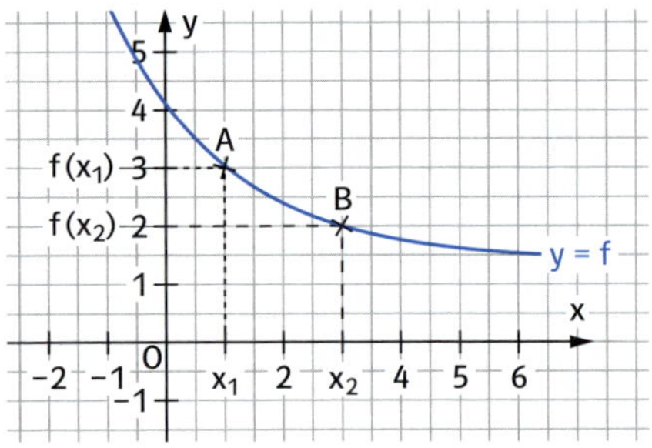

f ist streng monoton fallend

Da die Ableitung die Steigung einer Funktion angibt, kann man für die Bestimmung von Intervallen, in denen eine Funktion monoton steigend oder fallend ist, die Ableitungsfunktion als Monotoniekriterium zu Hilfe nehmen.

Gilt für alle x aus einem Intervall, dass die Steigung positiv ist, dann ist die Funktion streng monoton steigend, kurz:
Ist **$f'(x) > 0$**, dann ist **f streng monoton steigend**.

Gilt für alle x aus einem Intervall, dass die Steigung negativ ist, dann ist die Funktion streng monoton fallend, kurz:
Ist **$f'(x) < 0$**, dann ist **f streng monoton fallend**.

Dieser Sachverhalt wird auch **Monotoniesatz** genannt.

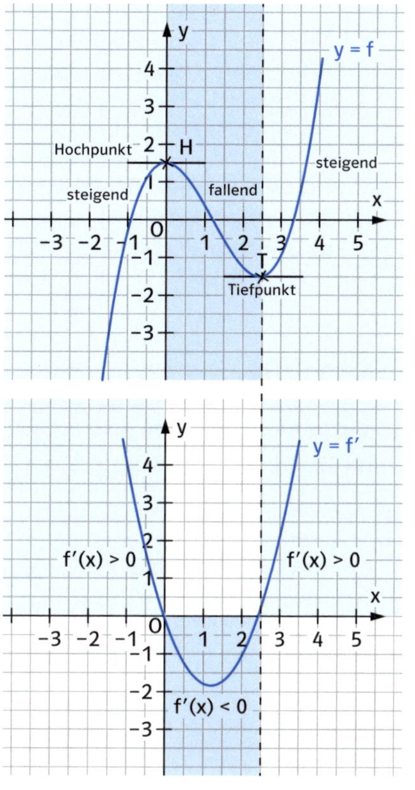

Beispiel 1: Eine Funktion auf Monotonie untersuchen

Bestimmen Sie die Intervalle, in denen die Funktion f mit $f(x) = x^3 - 9x^2 - 5$ streng monoton steigend bzw. fallend ist.

1. Bilden Sie die Ableitung f'. $\quad f'(x) = 3x^2 - 18x$
2. Bestimmen Sie die Nullstellen der Ableitung, also lösen Sie die Gleichung $f'(x) = 0$.
   $3x^2 - 18x = 0 \quad$ | x ausklammern
   $x(3x - 18) = 0 \quad$ | Satz vom Nullprodukt
   $x_1 = 0$ und $3x - 18 = 0$, also $x_2 = 6$
3. Argumentieren Sie mit dem Globalverlauf des Graphen (z. B. anhand einer Skizze oder dem Verhalten für $x \to \pm\infty$) oder setzen Sie Werte links und rechts der berechneten Stellen in die Ableitung ein, um zu überprüfen, ob die Werte dort negativ oder positiv sind.
   $f'(-1) = 3 + 18 = 21 > 0$
   $f'(1) = 3 - 18 = -15 < 0$
   $f'(7) = 147 - 126 = 21 > 0$
   Also ist f für $x < 0$ und für $x > 6$ streng monoton steigend, für $0 < x < 6$ streng monoton fallend.

Tipp:
Statt mit dem Globalverlauf zu argumentieren, ist es oft einfacher, die Nullstellen der Gleichung $f'(x) = 0$ zu bestimmen und dann links und rechts von der Nullstelle zu schauen, ob die Werte positiv oder negativ sind.

Beispiel 2: Monotonieintervalle grafisch bestimmen

Gegeben ist der Graph einer Ableitungsfunktion f'. Geben Sie die Intervalle an, in denen die Funktion f streng monoton steigend bzw. fallend ist.

1. Markieren Sie die Nullstellen.
2. Untersuchen Sie die Bereiche links und rechts dieser Nullstellen. Verläuft der Graph oberhalb der x-Achse, ist $f'(x) > 0$ und somit f streng monoton steigend in diesem Intervall. Verläuft der Graph unterhalb der x-Achse, ist $f'(x) < 0$ und somit f streng monoton fallend in diesem Intervall.

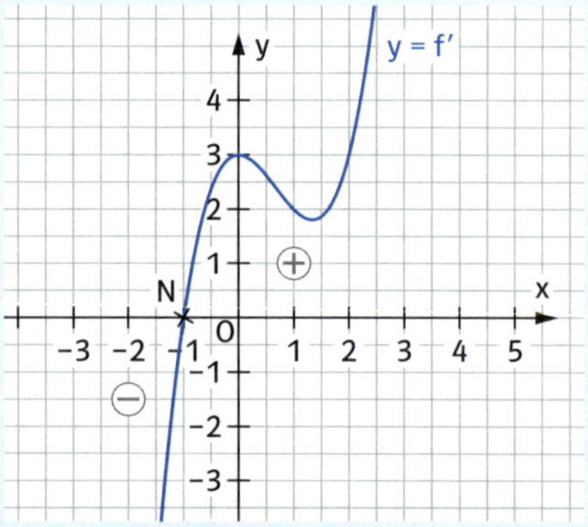

Der Graph hat nur einen Schnittpunkt mit der x-Achse, also nur einen Wechsel der Monotonie. Links von der Nullstelle verläuft der Graph von f' unterhalb der x-Achse, also ist f für $x < -1$ streng monoton fallend. Rechts von der Nullstelle verläuft der Graph von f' oberhalb der x-Achse, also ist f für $x > -1$ streng monoton steigend.

Achtung:
Der Lösungsgraph ist nicht eindeutig. Es kann z. B. der Globalverlauf anders aussehen, außerdem ist keine Aussage möglich, wie der Graph zwischen den Punkten $A(-1\,|\,-1)$ und $B(2\,|\,1)$ verläuft, wichtig ist nur, dass die Bedingungen stimmen.

Beispiel 3: Einen Graphen mit vorgegebenen Eigenschaften skizzieren

Skizzieren Sie den Graphen einer ganzrationalen Funktion f mit folgenden Eigenschaften:

- $f(-1) = -1$ und $f(2) = 1$
- $f'(2) = 1$
- $f'(x) < 0$ für alle $x < -2$ und $f'(x) > 0$ für alle $x > -2$

1. Schreiben Sie auf, was die einzelnen Bedingungen bedeuten.
2. Zeichnen Sie die Vorgaben in ein Koordinatensystem ein bzw. markieren Sie die Bereiche, in denen der Graph monoton fällt bzw. steigt.
3. Zeichnen Sie einen passenden Graphen ein.

- Der Graph verläuft durch die Punkte $A(-1\,|\,-1)$ und $B(2\,|\,1)$.
- An der Stelle $x = 2$ hat der Graph die Steigung 1.
- Für $x < -2$ ist der Graph streng monoton fallend und für $x > -2$ streng monoton steigend.

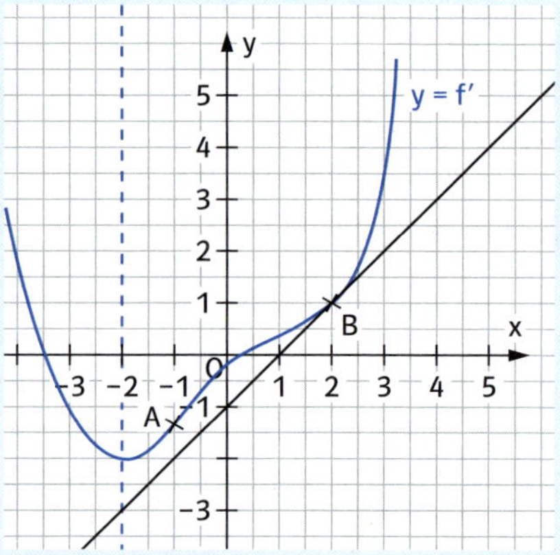

3.5 Globale Eigenschaften von Funktionen – Krümmungsverhalten

- Eine Funktion f auf ihr Krümmungsverhalten untersuchen
- Intervalle bestimmen, in denen der Graph links- bzw. rechtsgekrümmt ist

KURZINFO

Mithilfe der **zweiten Ableitung** können Aussagen über das Krümmungsverhalten einer Funktion getroffen werden.

Was ist das Krümmungsverhalten einer Funktion?

Stellen Sie sich vor, Sie betrachten den Graphen einer Funktion f von oben, also aus der Vogelperspektive. Dann beschreibt der Graph einer Funktion f z. B. einen **Straßenverlauf** und Sie fahren mit dem Auto auf dem Graphen der Funktion f.
Wenn Sie nach rechts lenken, macht der Graph eine **Rechtskurve**, wenn Sie nach links lenken eine **Linkskurve** und es gibt Punkte, in denen Sie den Lenker genau geradeaus halten, in denen der Graph also nicht gekrümmt ist.
Mathematisch betrachtet bedeutet das:
Gilt für alle x aus einem Intervall I, dass die 2. Ableitung positiv ist, dann ist der Graph der Funktion f linksgekrümmt, kurz:
Ist **$f''(x) > 0$**, dann ist **f linksgekrümmt**.
Gilt für alle x aus einem Intervall I, dass die 2. Ableitung negativ ist, dann ist der Graph der Funktion f rechtsgekrümmt, kurz:
Ist **$f''(x) < 0$**, dann ist **f rechtsgekrümmt**.

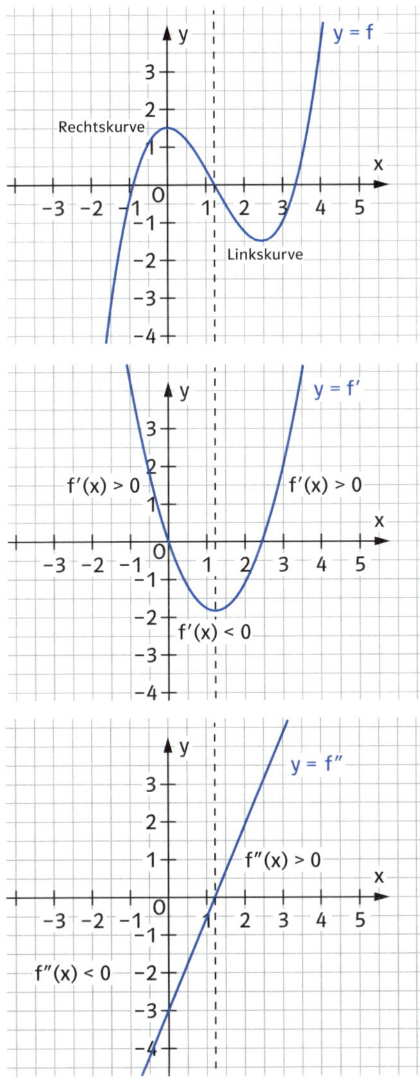

Vorausgesetzt ist natürlich, dass f zweimal differenzierbar ist.

Merkhilfe:
Ist f″ positiv, lacht der Smiley ☺; der Mund ist eine Linkskurve.

Ist f″ negativ, ist der Smiley traurig ☹; der Mund ist eine Rechtskurve.

Beispiel 1: Eine Funktion grafisch auf ihr Krümmungsverhalten untersuchen

Gegeben ist der Graph einer Funktion f.
Bestimmen Sie die Intervalle, in denen der Graph links- bzw. rechtsgekrümmt ist.

Geben Sie Bereiche an, in denen der Graph eine Links- bzw. Rechtskurve ist.

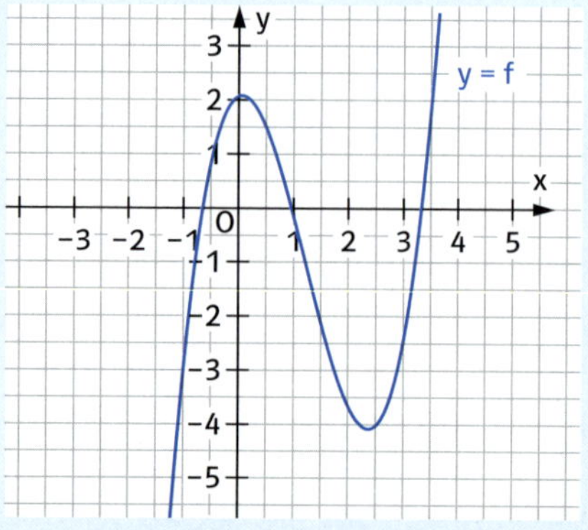

Für $x < 1$ ist der Graph rechtsgekrümmt,
für $x > 1$ ist der Graph linksgekrümmt.

Beispiel 2: Eine Funktion rechnerisch auf ihr Krümmungsverhalten untersuchen

Bestimmen Sie die Intervalle, in denen die Funktion f mit $f(x) = x^3 - 9x^2 - 5$ links- bzw. rechtsgekrümmt ist.

1. Bilden Sie die 2. Ableitung f″.

   $f'(x) = 3x^2 - 18x$
   $f''(x) = 6x - 18$

2. Bestimmen Sie die Nullstellen der 2. Ableitung, also lösen Sie die Gleichung $f''(x) = 0$.

   $6x - 18 = 0$
   $x = 3$

3. Setzen Sie Werte links und rechts der berechneten Nullstellen in die 2. Ableitung f″ ein, um zu überprüfen, ob die Werte dort negativ oder positiv sind.

   $f''(0) = -18 < 0$, also ist der Graph von f für $x < 3$ rechtsgekrümmt.
   $f''(4) = 24 - 18 = 6 > 0$, also ist der Graph von f für $x > 3$ linksgekrümmt.

3.6 Lokale Eigenschaften von Graphen – Extrempunkte

- Extrempunkte mithilfe des Vorzeichenwechselkriteriums bestimmen
- Extrempunkte mit der 2. Ableitung bestimmen
- Aussagen über Graphen von f und f′ mithilfe der Kriterien für Extrempunkte machen

KURZINFO

Wann spricht man von Punkten, wann von Stellen?

Bei **Funktionen** sind **Stellen** die **x-Werte** (Stellen auf der x-Achse). Zu jeder Stelle aus dem Definitionsbereich gehört ein Funktionswert f(x). Von **Punkten** P(x | y) spricht man bei **Graphen** von Funktionen. Dabei entspricht die x-Koordinate des Punktes der Stelle, die y-Koordinate dem Funktionswert.

Was sind Extrempunkte?

Stellen Sie sich vor, der Graph einer Funktion f beschreibt einen Höhenverlauf und Sie laufen auf dem Graphen der Funktion f. Sie können auf dem Graphen z. B. bergauf und bergab laufen. Die Punkte, bei denen Sie bergauf kamen und danach wieder bergab gehen, nennt man bei dem zugehörigen Graphen der Funktion **Hochpunkte**, wenn Sie erst bergab gelaufen sind und danach wieder bergauf laufen, dann nennt man diesen Punkt beim Graphen einen **Tiefpunkt**. Diese Punkte, in denen der Graph die Steigung 0 hat, heißen beim Graphen einer Funktion f **Extrempunkte**, die zugehörigen Stellen x_0 heißen **Extremstellen**.

Mathematisch betrachtet bedeutet das: Extrempunkte sind (**lokale**) **Hoch- oder Tiefpunkte**. Von einem Hochpunkt H spricht man, wenn der Graph in der Umgebung von H keine größeren y-Werte (Funktionswerte) hat, von einem Tiefpunkt T, wenn der Graph in der Umgebung von T keine kleineren y-Werte hat. In jedem (lokalen) Extrempunkt ändert sich das Monotonieverhalten von steigend zu fallend (Hochpunkt) oder von fallend zu steigend (Tiefpunkt). Deshalb hat der Graph in diesen Punkten die **Steigung 0**.

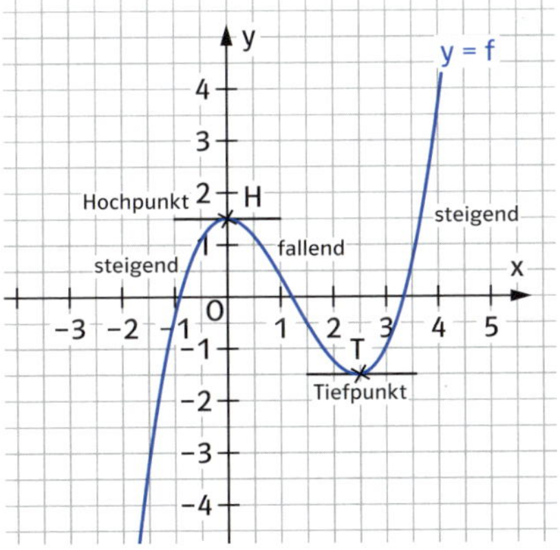

Wie kann man Hoch- und Tiefpunkte rechnerisch bestimmen? – Vorzeichenwechselkriterium

In einer Umgebung eines Extrempunktes $E(x_0 \mid f(x_0))$ wächst die Funktion links von x_0 und fällt rechts von x_0 bzw. umgekehrt. Aufgrund des Monotoniesatzes ist das dann der Fall, wenn die Steigung an der Stelle x_0 von + auf – oder von – auf + wechselt. Damit gilt:

$f'(x_0) = 0$ genügt nicht, sondern liefert nur die möglichen „Kandidaten“ für Extremstellen. Bei einem Sattelpunkt ist auch $f'(x_0) = 0$, aber es liegt kein Vorzeichenwechsel vor, sondern eine doppelte Nullstelle.

Ist $\mathbf{f'(x_0) = 0}$ und wechselt die Ableitung f' an der Stelle x_0 das **Vorzeichen von + nach –**, dann hat f an der Stelle x_0 ein (lokales) **Maximum** $f(x_0)$ und der Graph von f hat dort den **Hochpunkt** $\mathbf{H(x_0 \mid f(x_0))}$.

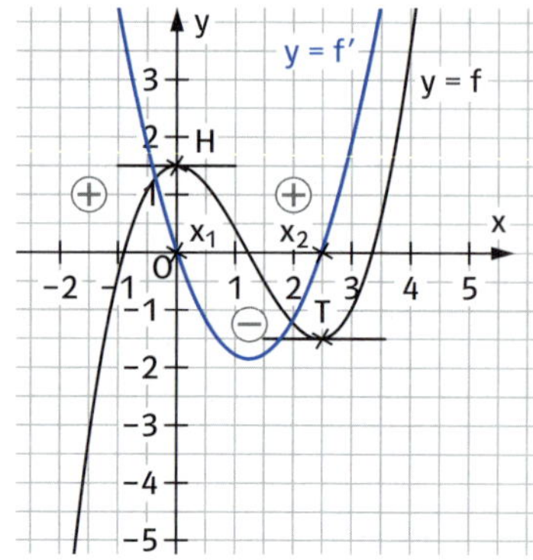

Ist $\mathbf{f'(x_0) = 0}$ und wechselt die Ableitung f' an der Stelle x_0 das **Vorzeichen von – nach +**, dann hat f an der Stelle x_0 ein (lokales) **Minimum** $f(x_0)$ und der Graph von f hat einen **Tiefpunkt** $\mathbf{T(x_0 \mid f(x_0))}$.

Dies nennt man auch das **Vorzeichenwechselkriterium (VZW)** für Extremstellen.

Wie kann man Hoch- und Tiefpunkte rechnerisch bestimmen? – mithilfe der zweiten Ableitung

Auch von der Ableitungsfunktion f' kann man, wenn sie differenzierbar ist, die Steigung bestimmen. Damit erhält man die zweite Ableitung f''.

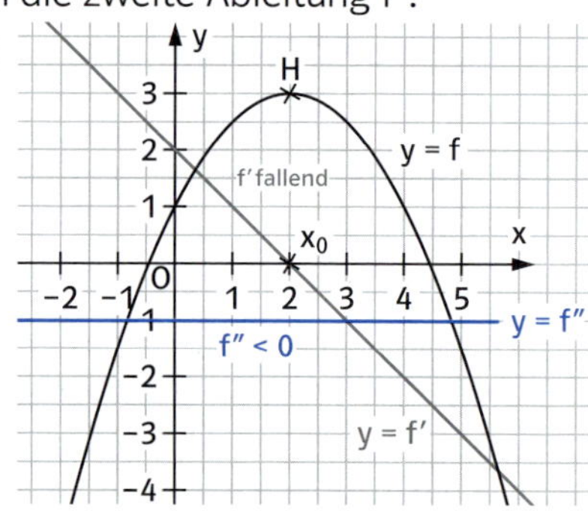

Da sich in einem Extrempunkt die Steigung von + auf – oder von – auf + ändert, gilt:

Ist $\mathbf{f'(x_0) = 0}$ und ist die **zweite Ableitung nicht null**, so hat der Graph von f an dieser Stelle einen **Extrempunkt** $\mathbf{E(x_0 \mid f(x_0))}$.

Ist $\mathbf{f'(x_0) = 0}$ **und** $\mathbf{f''(x_0) < 0}$, dann hat f an der Stelle x_0 ein (lokales) **Maximum** $f(x_0)$ und der Graph von f hat einen **Hochpunkt** $\mathbf{H(x_0 \mid f(x_0))}$.

Ist $f'(x_0) = 0$ und ändert die Ableitung das Vorzeichen von + auf –, bedeutet das, dass die Ableitung monoton fallend ist, also muss die Ableitung der Ableitung, also f'' kleiner als null sein.

Ist $\mathbf{f'(x_0) = 0}$ **und** $\mathbf{f''(x_0) > 0}$, dann hat f an der Stelle x_0 ein (lokales) **Minimum** $f(x_0)$ und der Graph von f hat einen **Tiefpunkt** $\mathbf{T(x_0 \mid f(x_0))}$.

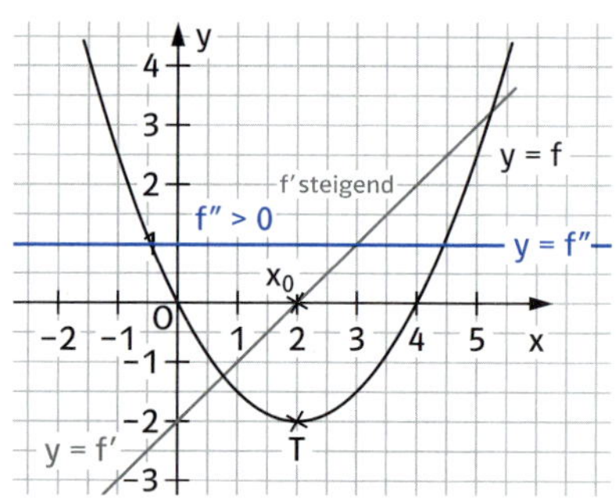

Beispiel 1: Die zweite Ableitung f″ bilden

Bilden Sie die zweite Ableitung der Funktion f.

a) $f(x) = \frac{2}{x} - 1$

$f'(x) = -2x^{-2}$

$f''(x) = 4x^{-3} = \frac{4}{x^3}$

b) $f(x) = \sin(x)$

$f'(x) = \cos(x)$

$f''(x) = -\sin(x)$

c) $f(x) = x \cdot e^x$

$f'(x) = 1 \cdot e^x + x \cdot e^x$

$f''(x) = e^x + 1 \cdot e^x + x \cdot e^x$
$= e^x(2+x)$

Beispiel 2: Extrempunkte rechnerisch bestimmen

Bestimmen Sie die Extrempunkte des Graphen von f mit $f(x) = x^3 - 3x^2$.

Möglichkeit 1: Mit dem Vorzeichenwechselkriterium

1. Bilden Sie die erste Ableitung von f. — $f'(x) = 3x^2 - 6x$

2. Setzen Sie $f'(x) = 0$. Damit erhalten Sie mögliche „Kandidaten" für Extremstellen.

   $f'(x) = 0$:
   $3x^2 - 6x = 0$ | x ausklammern
   $x(3x-6) = 0$ | Satz vom Nullprodukt
   $x_1 = 0$ und $3x - 6 = 0$, also $x_2 = 2$

3. Vorzeichenwechsel links und rechts der möglichen Extremstellen untersuchen. Gibt es einen Vorzeichenwechsel von + nach −, hat f an der Stelle ein (lokales) Maximum. Gibt es einen Vorzeichenwechsel von − nach +, hat f an der Stelle ein (lokales) Minimum.

   $f'(-1) = 3 - 6 \cdot (-1) = 9 > 0$
   $f'(1) = 3 - 6 = -3 < 0$
   $f'(3) = 27 - 18 = 9 > 0$

   Bei $x_1 = 0$ liegt ein Vorzeichenwechsel von + nach − vor, also hat f dort ein Maximum.
   Bei $x_2 = 2$ liegt ein Vorzeichenwechsel von − nach + vor, also hat f dort ein Minimum.

4. Berechnen Sie die Extremwerte durch Einsetzen der Stellen in die Funktion f.

   $f(0) = 0$, also $H(0|0)$
   $f(2) = 8 - 12 = -4$, also $T(2|-4)$

Beachten Sie, dass Sie die Funktionswerte berechnen und nicht die Stellen in f′(x) einsetzen. f′ ist bei den gefundenen Stellen ja immer null.

Möglichkeit 2: Mit der zweiten Ableitung

1. Bilden Sie die erste Ableitung von f. — $f'(x) = 3x^2 - 6x$

2. Setzen Sie $f'(x) = 0$. Damit erhalten Sie mögliche „Kandidaten" für Extremstellen.

   $f'(x) = 0$:
   $3x^2 - 6x = 0$ | x ausklammern
   $x(3x-6) = 0$ | Satz vom Nullprodukt
   $x_1 = 0$ und $3x - 6 = 0$, also $x_2 = 2$

3. Bilden Sie die 2. Ableitung f″ und setzen Sie die Kandidaten ein. Überprüfen Sie, ob die 2. Ableitung kleiner als null (Hochpunkt) oder größer als null (Tiefpunkt) ist.

   $f''(x) = 6x - 6$
   $f''(0) = -6 < 0$, also hat f dort ein Maximum
   $f''(2) = 12 - 6$
   $= 6 > 0$, also hat f dort ein Minimum

4. Berechnen Sie die Extremwerte durch Einsetzen der Stellen in die Funktion f.

   $f(0) = 0$, also $H(0|0)$
   $f(2) = 8 - 12 = -4$, also $T(2|-4)$

Beispiel 3: Aussagen über den Graphen von f machen

Gegeben ist der Graph einer Ableitungsfunktion f'. Bestimmen Sie die Stellen, an denen der Graph der Funktion f Extrempunkte hat und begründen Sie, um welche Extrempunkte es sich handelt.

1. Markieren Sie alle Schnittpunkte mit der x-Achse, denn die Nullstellen der Ableitung f' sind mögliche Kandidaten für Extremstellen.

2. Untersuchen Sie die Schnittpunkte mit der x-Achse auf einen Vorzeichenwechsel.
Verläuft der Graph von – nach +, so hat der Graph von f an dieser Stelle einen Tiefpunkt.
Verläuft der Graph von + nach –, so hat der Graph von f an dieser Stelle einen Hochpunkt.

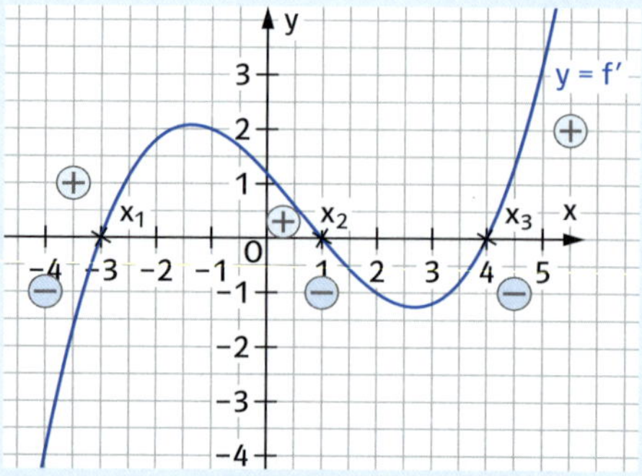

x_1 und x_3 sind Nullstellen mit Vorzeichenwechsel von – nach +, also hat der Graph von f an diesen Stellen einen Tiefpunkt.

x_2 ist Nullstelle mit Vorzeichenwechsel von + nach –, also hat der Graph von f an dieser Stelle einen Hochpunkt.

3.7 Lokale Eigenschaften von Graphen – Sattel- und Wendepunkte

- Wendepunkte mithilfe des Vorzeichenwechselkriteriums bestimmen
- Die Besonderheit von Sattelpunkten verstehen
- Aussagen über den Graphen von f machen
- Die Wendetangente bestimmen

KURZINFO

Was sind Wendepunkte?

Stellen Sie sich vor, der Graph einer Funktion f beschreibt einen Straßenverlauf und Sie fahren mit einem Fahrrad auf dem Graphen der Funktion f. Wenn der Graph keine Gerade ist, dann fahren Sie Kurven und Sie müssen lenken. Immer dann, wenn Sie von einer Linkskurve in eine Rechtskurve oder umgekehrt fahren, ist der Lenker gerade. Diese Punkte, in denen der Lenker gerade ist, heißen beim Graphen einer Funktion f **Wendepunkte**, die zugehörigen Stellen x_0 heißen **Wendestellen**. Veranschaulichen Sie sich den Graphen wieder als Höhenverlauf, dann ist an diesen Stellen die Steigung sowohl bergauf als auch bergab am steilsten oder flachsten. Mathematisch betrachtet bedeutet das:

Jeder Hochpunkt liegt in einer Rechtskurve, jeder Tiefpunkt liegt in einer Linkskurve.

Wendepunkte sind diejenigen Punkte, in denen der Graph die Krümmung ändert (von einer Links- in eine Rechtskurve oder umgekehrt). Deshalb hat der Graph in diesen Punkten die größte oder kleinste **Steigung**.
Das bedeutet, dass der Graph der Ableitungsfunktion einen Hoch- oder Tiefpunkt hat. Das ist dann der Fall, wenn die **zweite Ableitung** dort eine **Nullstelle** hat.

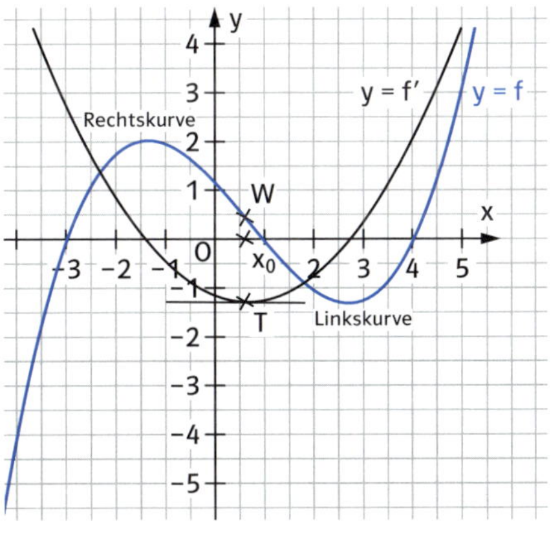

Wie kann man Wendepunkte rechnerisch bestimmen? – Vorzeichenwechselkriterium

Das Vorzeichenwechselkriterium hat den Vorteil, dass man nicht dreimal ableiten muss, was bei höheren Ableitungen sehr kompliziert werden kann.

Da der Graph einer Funktion f in einem Wendepunkt die größte oder kleinste Steigung, also eine Extremstelle der Steigung f′ hat, gilt: Ist **$f''(x_0) = 0$** und **wechselt f″ an der Stelle x_0 das Vorzeichen**, so hat der Graph von f an dieser Stelle einen Wendepunkt $W(x_0 \mid f(x_0))$. Den zugehörigen Funktionswert des Wendepunktes berechnet man, indem man x_0 in den Funktionsterm einsetzt, also $f(x_0)$ berechnet.

Vorausgesetzt ist hier, dass f zweimal differenzierbar ist.

Ist **$f''(x_0) = 0$** und wechselt die zweite Ableitung f″ an der Stelle x_0 das **Vorzeichen von + nach −**, dann hat f′ an der Stelle x_0 ein (lokales) Maximum und der Graph von f hat einen **Wendepunkt $W(x_0 \mid f(x_0))$** mit der größten Steigung.

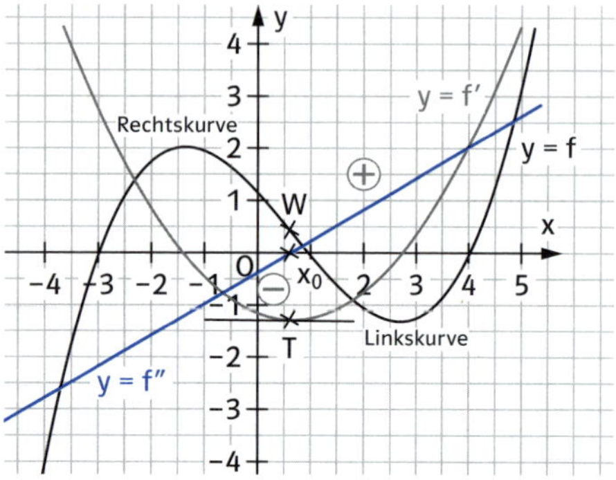

Ist **$f''(x_0) = 0$** und wechselt die zweite Ableitung f″ an der Stelle x_0 das **Vorzeichen von − nach +**, dann hat f′ an der Stelle x_0 ein (lokales) Minimum und der Graph von f hat einen **Wendepunkt $W(x_0 \mid f(x_0))$** mit der kleinsten Steigung.

Beispiel 1: Wendepunkte rechnerisch mithilfe des Vorzeichenwechselkriteriums bestimmen

Gegeben ist die Funktion f mit $f(x) = x^3 - 3x^2$. Bestimmen Sie den Wendepunkt des Graphen von f.

1. Bilden Sie die erste und zweite Ableitung von f.
   $f'(x) = 3x^2 - 6x$
   $f''(x) = 6x - 6$

2. Setzen Sie $f''(x) = 0$. Damit erhalten Sie mögliche „Kandidaten“ für Wendestellen.
   $f''(x) = 0$:
   $6x - 6 = 0$, also $x_0 = 1$

3. Vorzeichenwechsel links und rechts der möglichen Wendestellen bei f″ untersuchen. Gibt es einen Vorzeichenwechsel von + nach −, hat f′ an der Stelle ein (lokales) Maximum. Gibt es einen Vorzeichenwechsel von − nach +, hat f′ an der Stelle ein (lokales) Minimum.
   $f''(0) = -6 < 0$
   $f''(2) = 12 - 6 = 6 > 0$
   Bei $x_0 = 1$ liegt also ein Vorzeichenwechsel von − nach + vor, also hat f′ dort ein Minimum und f eine Wendestelle mit der betragsmäßig größten negativen Steigung.

Beachten Sie, dass Sie die Funktionswerte durch Einsetzen von x_0 in f(x) extra berechnen müssen.

4. Berechnen Sie die Funktionswerte der Wendepunkte durch Einsetzen der Stellen in die Funktion f.
   $f(1) = 1 - 3 = -2$, also $W(1 \mid -2)$

Wie kann man Wendepunkte rechnerisch bestimmen? – mithilfe der dritten Ableitung

Einen Wendepunkt kann man auch mithilfe der 3. Ableitung, falls diese existiert, nachweisen. Es gilt:

Ist $\mathbf{f''(x_0) = 0}$, d.h. x_0 ist Kandidat für eine Wendestelle, und $\mathbf{f'''(x_0) \neq 0}$, dann hat f an der Stelle x_0 eine Wendestelle und der Graph von f hat einen **Wendepunkt** $\mathbf{W(x_0 \mid f(x_0))}$.

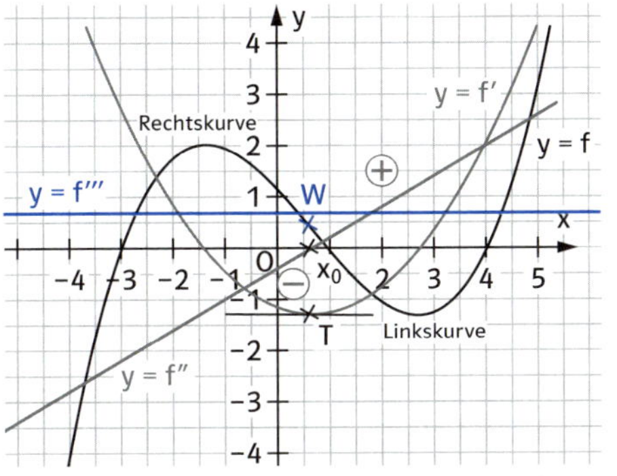

Achtung:
Dieser Satz gilt nicht umgekehrt.
Die Funktion f mit $f(x) = x^5$ hat z.B. bei $x_0 = 0$ eine Wendestelle.
Es gilt aber:
$f''(0) = 20 \cdot 0^3 = 0$
und
$f'''(0) = 60 \cdot 0^2 = 0$.

Beispiel 2: Wendepunkte rechnerisch mithilfe der dritten Ableitung bestimmen

Gegeben ist die Funktion f mit $f(x) = x^3 + 3x^2 + x$. Bestimmen Sie den Wendepunkt des Graphen von f.

1. Bilden Sie die ersten drei Ableitungen von f.

   $f'(x) = 3x^2 + 6x + 1$
   $f''(x) = 6x + 6$
   $f'''(x) = 6$

2. Setzen Sie $f''(x) = 0$. Damit erhalten Sie mögliche „Kandidaten“ für Wendestellen.

   $f''(x) = 0$:
   $6x + 6 = 0$
   $x_0 = -1$

3. Setzen Sie die Kandidaten für die Extremstellen in f''' ein. Die Funktion f hat auf jeden Fall eine Wendestelle, wenn $f'''(x_0) \neq 0$ ist.

   $f'''(-1) = 6$
   $\neq 0$, also hat f eine Wendestelle bei $x_0 = -1$.

4. Berechnen Sie die Funktionswerte der Wendepunkte durch Einsetzen der Stellen in die Funktion f.

   $f(-1) = -1 + 3 - 1$
   $= 1$, also $W(-1 \mid 1)$

Beachten Sie, dass Sie die Funktionswerte durch Einsetzen von x_0 in f(x) extra berechnen müssen.

Was ist ein Sattelpunkt?

Der Übergang von einer Links- in eine Rechtskurve oder umgekehrt kann auch in einem Punkt mit **waagrechter Tangente**, also mit Steigung null stattfinden. Diesen besonderen Wendepunkt nennt man **Sattelpunkt**. Also hat ein Sattelpunkt neben $f''(x_0) = 0$ noch die zusätzliche Eigenschaft $f'(x_0) = 0$.

Außerdem gilt: Da der Graph der Funktion f aber vor und nach dem Sattelpunkt streng monoton steigend oder fallend ist, hat die Steigung, also die Ableitungsfunktion f′ eine Nullstelle ohne Vorzeichenwechsel, d.h. an dieser Stelle berührt der Graph der Ableitung die x-Achse, schneidet sie aber nicht. Dazu sagt man auch: Der Graph von f′ hat eine **doppelte Nullstelle**.

Für einen Sattelpunkt gilt also:
$f'(x) = 0$ ohne Vorzeichenwechsel und $f''(x) = 0$.

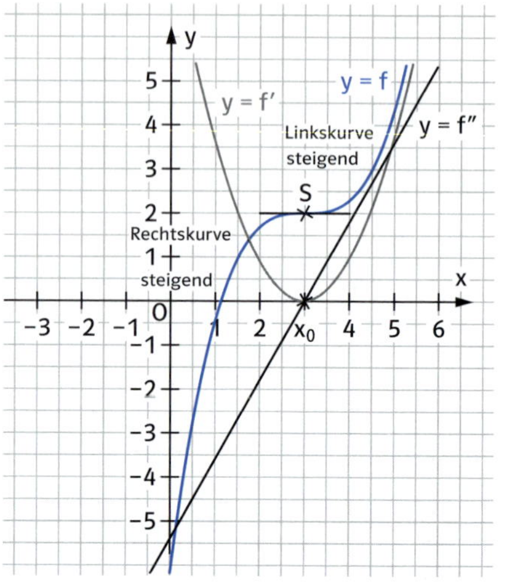

Da ein Sattelpunkt ein Wendepunkt mit waagrechter Tangente ist, gilt auch für einen Sattelpunkt wie für einen Extrempunkt $f'(x) = 0$. Deshalb braucht man zur Unterscheidung des Sattelpunktes von einem Extrempunkt zusätzlich das Wendepunktkriterium.

Beispiel 3: Sattelpunkte rechnerisch bestimmen

Bestimmen Sie rechnerisch den Sattelpunkt des Graphen der Funktion f mit $f(x) = x^4 - \frac{4}{3}x^3$.

1. Bilden Sie die erste und zweite Ableitung von f.	$f'(x) = 4x^3 - 4x^2$ $f''(x) = 12x^2 - 8x$
2. Setzen Sie $f'(x) = 0$. Damit erhalten Sie mögliche „Kandidaten" für Sattelpunkte und überprüfen Sie, ob auch $f''(x_0) = 0$ ist.	$f'(x) = 0$: $4x^3 - 4x^2 = 0$ | x^2 ausklammern $x^2(4x - 4) = 0$ | Satz vom Nullprodukt $x^2 = 0$ und $4x - 4 = 0$, damit ergibt sich: $x_1 = 0$ (doppelte Nullstelle) oder $x_2 = 1$, somit ist x_1 einziger Kandidat für einen Sattelpunkt $f''(0) = 0 - 0 = 0$
3. Prüfen Sie, ob $f'''(x_0) \neq 0$ ist oder f″ an der Stelle x_0 einen Vorzeichenwechsel hat.	$f'''(x) = 24x - 8$ und $f'''(0) = -8 \neq 0$, also hat der Graph von f an der Stelle einen Wendepunkt und in dem Fall einen Sattelpunkt.
4. Berechnen Sie den Funktionswert des Sattelpunkts durch Einsetzen der Stelle in die Funktion f.	$f(0) = 0$, also $S(0 \mid 0)$.

Der Graph von f hat noch einen weiteren Wendepunkt, nach diesem ist hier aber nicht gefragt.

Beispiel 4: Wendepunkte rechnerisch bestimmen

Bestimmen Sie rechnerisch die Wendepunkte des Graphen der Funktion f mit $f(x) = \frac{1}{6}x^3 + x^2 + 2x - 4$.

Überprüfen Sie, ob der Graph an der Wendestelle einen Sattelpunkt hat.

1. Bilden Sie die erste und zweite Ableitung von f.
   $f'(x) = \frac{1}{2}x^2 + 2x + 2$
   $f''(x) = x + 2$
2. Setzen Sie $f''(x) = 0$. Damit erhalten Sie mögliche „Kandidaten" für Wendepunkte.
   $f''(x) = 0$:
   $x + 2 = 0$, also $x_0 = -2$ „Kandidat" für eine Wendestelle
3. Prüfen Sie, ob $f'''(x_0) \neq 0$ ist oder f″ an der Stelle x_0 einen Vorzeichenwechsel hat.
   $f'''(x) = 1 \neq 0$, also hat der Graph von f an der Stelle $x_0 = -2$ einen Wendepunkt.
4. Prüfen Sie, ob $f'(x_0) = 0$ ist.
   $f'(-2) = 2 - 4 + 2 = 0$, also ist der Wendepunkt auch gleichzeitig ein Sattelpunkt.
5. Berechnen Sie die Funktionswerte des Sattelpunkts durch Einsetzen der Stelle in die Funktion f.
   $f(-2) = -\frac{8}{6} + 4 - 4 - 4 = -5\frac{1}{3}$,
   also hat der Graph von f im Punkt $W\left(-2 \middle| -5\frac{1}{3}\right)$ einen Sattelpunkt.

Beispiel 5: Aussagen über den Graphen von f machen

Gegeben ist der Graph einer Ableitungsfunktion f′. Bestimmen Sie die Stellen, an denen der Graph der Funktion f Wendepunkte hat.

1. Markieren Sie alle Extremstellen.
2. Ist ein Extrempunkt gleichzeitig Nullstelle (also eine doppelte Nullstelle), dann hat der Graph von f an dieser Stelle sogar einen Sattelpunkt.

$x = -1$ und $x = 1{,}5$ sind Extremstellen von f′, also hat der Graph von f an diesen Stellen Wendepunkte.
An der Stelle $x = 1{,}5$ hat der Graph von f sogar einen Sattelpunkt, da $x = 1{,}5$ doppelte Nullstelle von f′ ist.

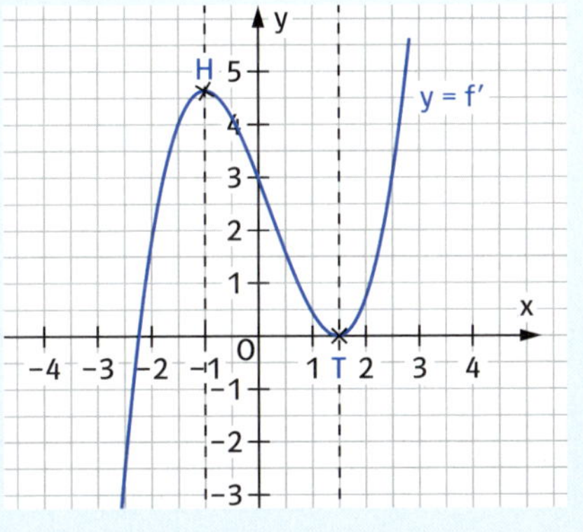

Die Tangente im Wendepunkt, kurz Wendetangente, gehört zu den am meisten verlangten Tangenten in Aufgaben.

Beispiel 6: Wendetangente bestimmen

Gegeben ist die Funktion f mit $f(x) = x^3 - 3x^2 + x$. Geben Sie eine Gleichung der Tangente im Wendepunkt des Graphen von f.

1. Bestimmen Sie den Wendepunkt $W(x_0 | f(x_0))$, der gleichzeitig auch der Berührpunkt der Tangente an den Graphen von f ist.
   $f'(x) = 3x^2 - 6x$
   $f''(x) = 6x - 6$
   Setzen Sie dazu $f''(x) = 0$.
   $f''(x) = 0$
   $f''(x) = 6x - 6 = 0$, also $x_0 = 1$
   $f''(0) = -6 < 0$; $f''(2) = 6 > 0$,
   also ist $x_0 = 1$ Wendestelle (Vorzeichenwechselkriterium; ebenso hätte man auch mit f''' argumentieren können)
   $f(1) = 1 - 3 + 1 = -1$, also ist $W(1 | -1)$ Wendepunkt des Graphen von f.

2. Bestimmen Sie die Steigung der Wendetangenten $f'(x_0)$.
   Steigung der Wendetangente:
   $f'(1) = 3 - 6 = -3$

3. Stellen Sie eine Gleichung der Wendetangenten auf.
   Gleichung der Wendetangente mithilfe der Tangentengleichung
   $y = f'(x_0)(x - x_0) + f(x_0)$:
   $y = -3(x - 1) + (-1) = -3x + 2$

3.8 Zusammenhang zwischen f und f′ und umgekehrt zwischen f′ und f

KURZINFO

- Aus dem Graphen einer Funktion f den Graphen der Ableitung f′ skizzieren
- Aus dem Graphen der Ableitungsfunktion f′ Aussagen über den Graphen der Funktion f machen

Zusammenhang zwischen f und f′

Um Graphen skizzieren, Zusammenhänge zwischen f und f′ herstellen und um damit Aussagen beurteilen zu können, hilft es, wenn man die globalen und lokalen Eigenschaften von f und f′ tabellarisch zusammenfasst.

<table>
<tr><th>f</th><th>f′</th></tr>
<tr><td colspan="2">globale Eigenschaften</td></tr>
<tr><td>f streng monoton steigend
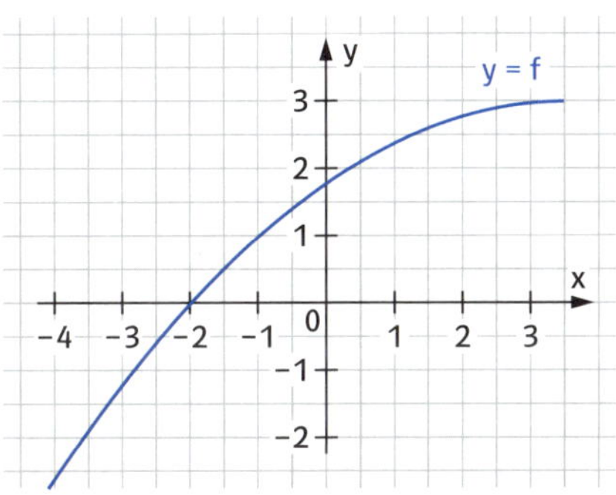</td><td>$f'(x) > 0$
Der Graph verläuft oberhalb der x-Achse.
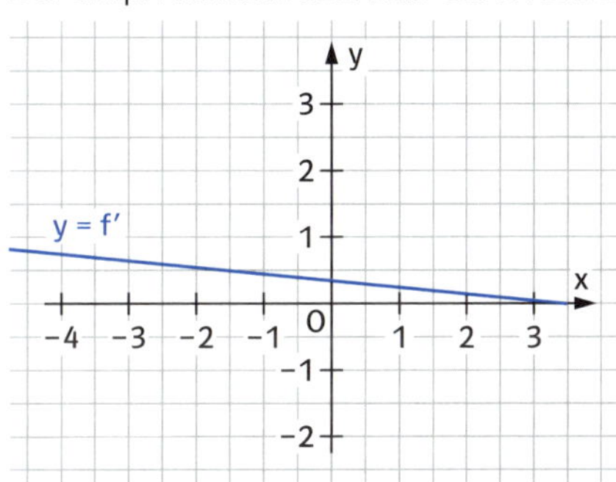</td></tr>
<tr><td>f streng monoton fallend
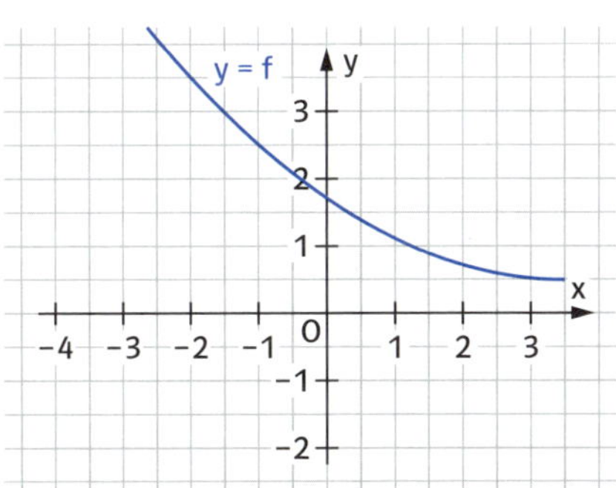</td><td>$f'(x) < 0$
Der Graph verläuft unterhalb der x-Achse.
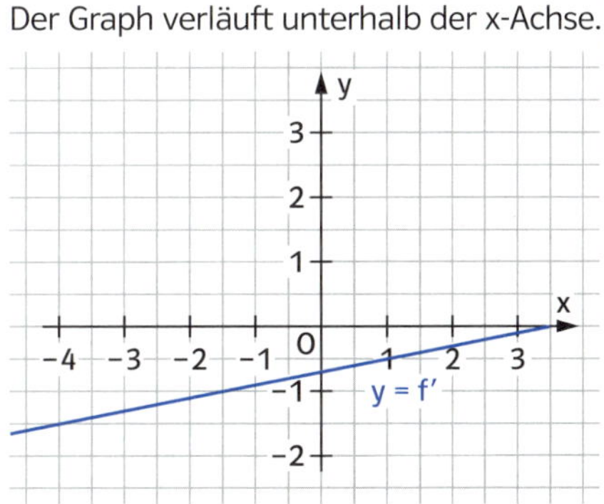</td></tr>
</table>

Achtung:
In vielen Aufgaben müssen Sie mithilfe der Kenntnisse über f und f′ Zusammenhänge erkennen und damit argumentieren. Bitte beachten Sie, dass die Eigenschaften unter f und f′ streng mathematisch nicht immer äquivalent sind.

Allerdings sind die Aufgaben in der Regel so gestellt, dass Sie mit der Übersicht argumentieren können.

f	f′
lokale Eigenschaften	
f hat der Stelle x_0 ein Maximum, d.h. der Graph von f hat einen Hochpunkt. 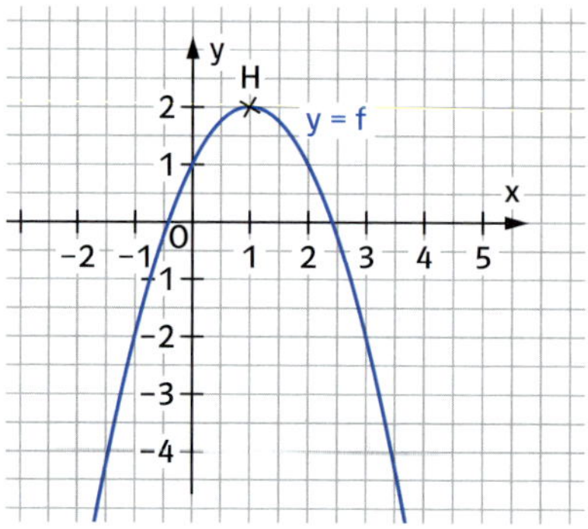	$f'(x_0) = 0$ und Vorzeichenwechsel von + nach −. Der Graph von f′ schneidet die x-Achse und geht vom positiven in den negativen Bereich. 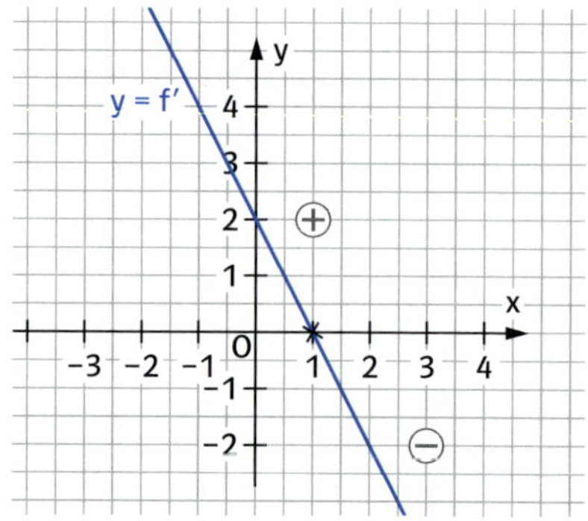
f hat der Stelle x_0 ein Minimum, d.h. der Graph von f hat einen Tiefpunkt. 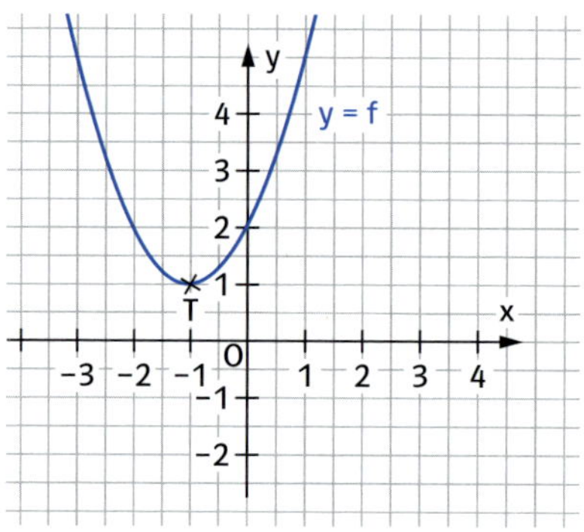	$f'(x_0) = 0$ und Vorzeichenwechsel von − nach +. Der Graph von f′ schneidet die x-Achse und geht vom negativen in den positiven Bereich. 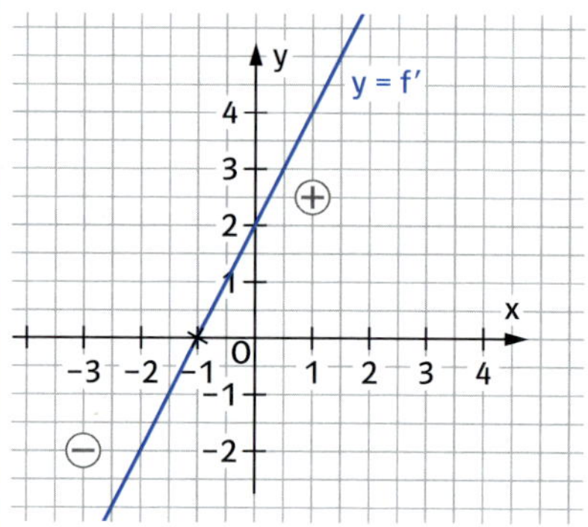
Der Graph von f hat einen Wendepunkt. 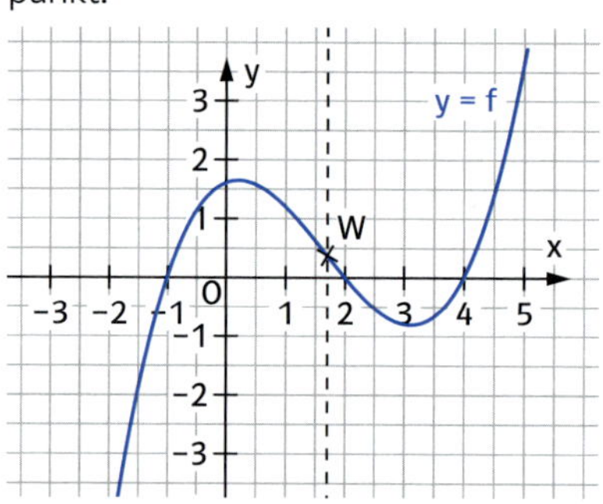	Der Graph von f′ hat einen Hoch- oder Tiefpunkt. 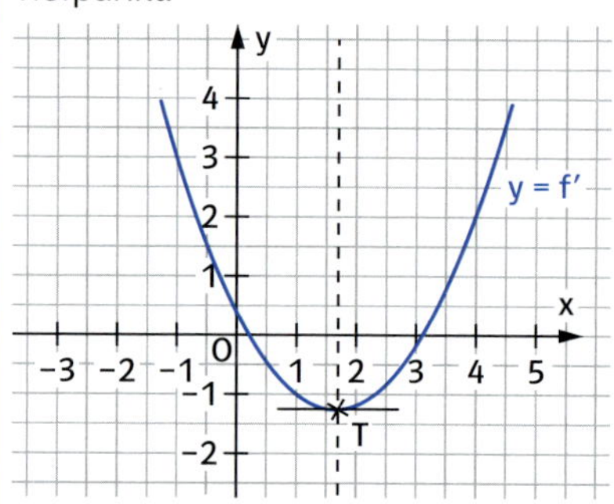

<table>
<tr><th>f</th><th>f'</th></tr>
<tr><th colspan="2">lokale Eigenschaften</th></tr>
<tr><td>Der Graph von f hat einen Sattelpunkt.
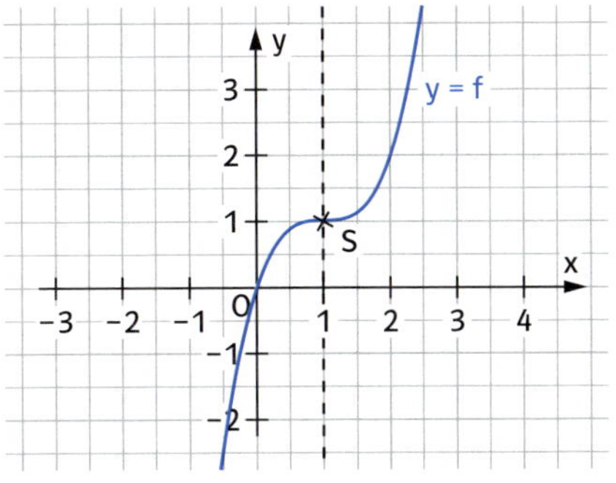
</td><td>Der Graph von f' hat einen Hoch- oder Tiefpunkt, der die x-Achse berührt; d.h. an dieser Stelle gilt $f'(x_0) = 0$.
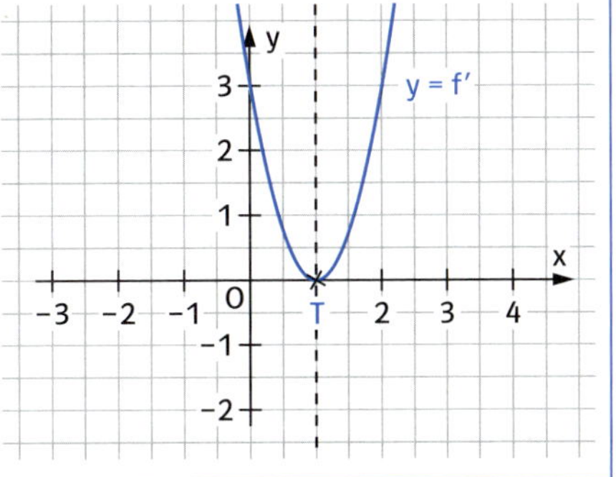
</td></tr>
</table>

Beispiel 1: Den Graphen der Ableitungsfunktion f' skizzieren

Gegeben ist der Graph einer Funktion f. Skizzieren Sie den Graphen der Ableitungsfunktion f'.

1. Markieren Sie mit Geraden parallel zur y-Achse die Stellen, an denen f Extrem- oder Wendestellen, f' also eine Nullstelle oder Extremstelle hat. Also müssen die Geraden durch die Extrem- und Wendepunkte gehen.
2. Markieren Sie die Bereiche, in denen f monoton steigend bzw. fallend ist, in denen also der Graph von f' ober- oder unterhalb der x-Achse verläuft.
3. Schätzen Sie ungefähr die Steigung ab und skizzieren Sie den Graphen von f'.

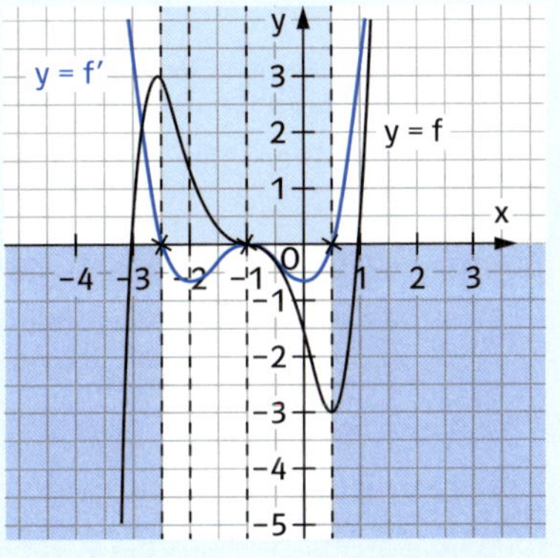

Tipps:

- Markieren Sie charakteristische Punkte bzw. Bereiche.
- Wenn möglich, skizzieren Sie den Graphen der Ableitungsfunktion.
- Übersetzen Sie den Text in mathematische Zusammenhänge.

Beispiel 2: Aussagen über den Graphen von f' machen

Gegeben ist der Graph einer Funktion f. Welche Aussagen sind richtig, welche falsch? Begründen Sie.

a) Der Graph von f' hat eine doppelte Nullstelle bei $x = -1$.
b) Für $0 < x < 3$ gilt $f'(x) < 0$.
c) An der Stelle $x = 3$ hat der Graph von f' einen Tiefpunkt.

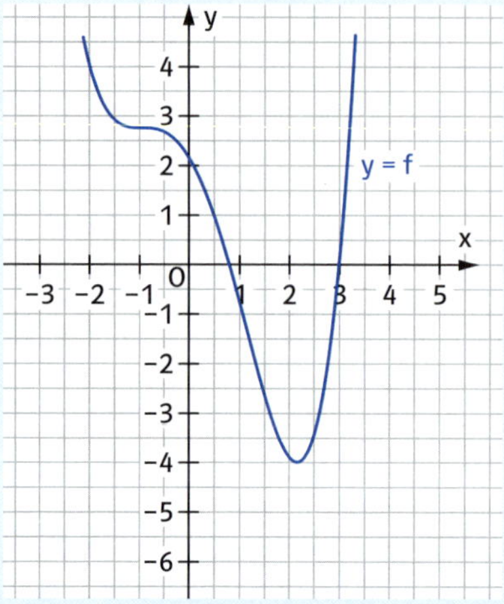

a) wahr
Der Graph von f hat an der Stelle $x = -1$ einen Sattelpunkt, also Steigung null, und ist monoton fallend, deshalb hat f' dort eine doppelte Nullstelle.

b) falsch
f ist monoton fallend für $x < 2$ und monoton steigend für $x > 2$, deshalb ist $f'(x) > 0$ für $x > 2$.

c) falsch
f ist monoton steigend für $x > 2$, und f hat an der Stelle $x = 3$ keinen Sattelpunkt. Deshalb kann der Graph von f keinen Tiefpunkt an der Stelle $x = 3$ haben.

Wenn Sie den Graphen der Funktion f aus dem der Ableitung f' skizzieren sollen, muss irgendein Punkt gegeben sein, durch den der Graph von f verläuft, da alle Funktionen $f(x) = g(x) + c$ die gleiche Ableitung f' haben.

Beispiel 3: Den Graphen der Funktion f skizzieren

Gegeben ist der Graph der Ableitungsfunktion f'. Skizzieren Sie den Graphen der Funktion f, der durch den Punkt P(0 | 2) geht.

1. Markieren Sie mit Geraden parallel zur y-Achse die Stellen, an denen f' eine Nullstelle oder Extremstelle hat.
   Also müssen die Geraden durch die Extrem- und Wendepunkte gehen.
2. Markieren Sie die Bereiche, in denen der Graph von f' ober- oder unterhalb der x-Achse verläuft, in denen f also monoton steigend oder fallend ist.
3. Skizzieren Sie den Graphen von f. Beachten Sie dabei, dass Sie aus f' die Steigung direkt ablesen können.

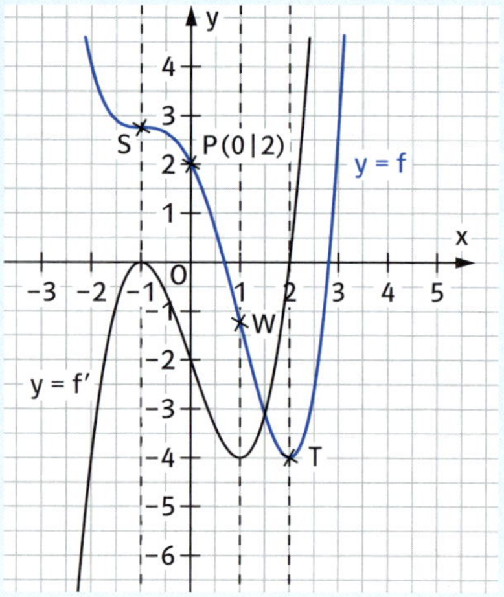

Beispiel 4: Aussagen über den Graphen von f machen

Gegeben ist der Graph einer Funktion f'. Welche Aussagen sind richtig, welche falsch? Begründen Sie.

a) Der Graph von f hat bei $x = 2$ einen Sattelpunkt.
b) f ist für $0 < x < 2$ monoton fallend.
c) $f(-2) < f(-1)$
d) $f(f'(-4{,}5))$ ist Minimum.

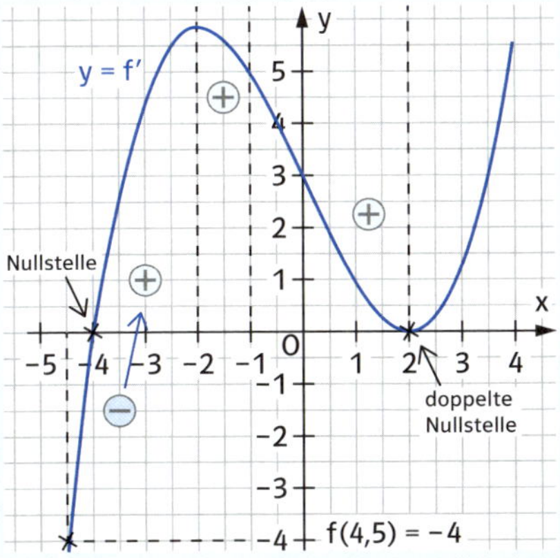

a) wahr, da f' doppelte Nullstelle bei $x = 2$ hat,
b) falsch, da für $0 < x < 2$: $f'(x) > 0$ ist f monoton steigend,
c) wahr, da $f'(x) > 0$ für $-2 \le x \le -1$, ist f dort monoton steigend in diesem Intervall und damit $f(-2) < f(-1)$,
d) wahr, denn $f'(-4{,}5) = -4$ und an der Stelle $x = -4$ hat f' eine Nullstelle mit Vorzeichenwechsel von − nach +.

Tipps:
- Markieren Sie charakteristische Punkte bzw. Bereiche.
- Wenn möglich, skizzieren Sie den Graphen der Ausgangsfunktion.
- Übersetzen Sie den Text in mathematische Zusammenhänge.

Beispiel 5: Einen Graphen zu vorgegebenen Eigenschaften skizzieren

Gegeben sind vier Bedingungen für einen Graphen einer Funktion f.

(1) $f(0) = 2$
(2) $f'(0) < 0$
(3) $f'(2) = 0$
(4) $f(2) > 0$ und $f'(x) > 0$ für $x > 2$

Skizzieren Sie den Graphen einer Funktion f, für den alle vier Bedingungen gelten.

(1) Der Graph geht durch den Punkt P(0 | 2).

(2) An der Stelle $x = 0$ ist die Steigung negativ, der Graph also monoton fallend.

(3) An der Stelle $x = 2$ hat der Graph die (Tangenten-)Steigung 0.

(4) $f(2) > 0$ und der Graph von f ist für $x > 2$ streng monoton steigend.

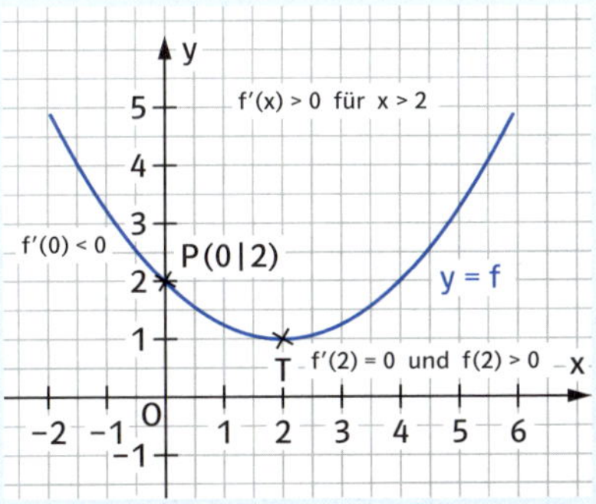

Tipps:
- Übersetzen Sie den Text in mathematische Zusammenhänge.
- Beschreiben Sie, was jede der Bedingungen für den Graphen einer Funktion f bedeuten.

KURZINFO

3.9 Extremwertaufgaben

- Extremwertaufgaben erkennen
- Strategien zum Bearbeiten von Extremwertaufgaben anwenden

Was sind Extremwertaufgaben?

In vielen praktischen Anwendungen der Mathematik geht es darum, eine Größe, die von einer oder mehreren anderen Größen abhängt, zu optimieren, d.h., diese Größe maximal oder minimal zu machen. Beispiele dafür sind z.B. die Maximierung von Gewinnen oder Flächen oder die Minimierung von Kosten oder Material. Solche Aufgaben werden **Extremwertaufgaben** (oder auch **Optimierungsaufgaben**) genannt. Hängt die Größe, die optimiert werden soll, von mehreren Variablen ab, dann muss man Zusammenhänge zwischen diesen Variablen finden, sodass die zu optimierende Größe nur noch von einer Variablen abhängt.

Strategie zum Lösen von Extremwertaufgaben

1. Aufstellen einer **Zielfunktion** für die Größe, von der das Maximum oder Minimum bestimmt werden soll. Fertigen Sie eventuell zur Veranschaulichung eine Skizze oder Zeichnung an.
2. Enthält die Zielfunktion mehrere Variablen, dann muss man einen Zusammenhang zwischen den Variablen suchen; dies nennt man **Nebenbedingung**.
3. Schreiben Sie die **Zielfunktion mithilfe der Nebenbedingung** mit nur einer Variablen.
4. Bestimmen Sie das gesuchte **Maximum bzw. Minimum** mithilfe der ersten Ableitung. Betrachten Sie eventuell auch die Funktionswerte an den Rändern des Definitionsbereiches, denn es wird ein globaler Extremwert gesucht.
5. Formulieren Sie eine **Antwort** auf das Problem im Anwendungszusammenhang.

Beispiel 1: Eine Extremwertaufgabe (innermathematisch) lösen

Gegeben ist eine Funktion f mit $f(x) = -\frac{3}{4}x + 3$.

Für $0 \leq x \leq 4$ liegt ein Punkt $P(x \mid f(x))$ auf der Geraden. Die Parallelen zu den Koordinatenachsen durch den Punkt P bilden mit den Koordinatenachsen ein Rechteck. Bestimmen Sie den Punkt P so, dass der Flächeninhalt des Rechtecks maximal ist.

1. Skizzieren Sie den Sachverhalt und stellen Sie die **Zielfunktion** auf. In dieser Aufgabe ist der Flächeninhalt des Rechtecks gesucht.

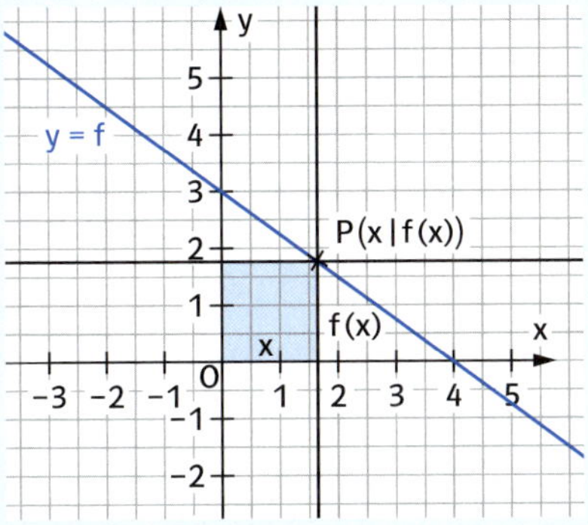

$A_{Rechteck} = \text{Länge} \cdot \text{Breite}$

2. **Nebenbedingung** aufstellen

Länge: x
Breite: $f(x) = -\frac{3}{4}x + 3$

3. **Zielfunktion mit einer Variablen** aufstellen

$A(x) = x \cdot \left(-\frac{3}{4}x + 3\right) = -\frac{3}{4}x^2 + 3x$

Achtung:
Beim Einsetzen der Nebenbedingung **Klammern nicht vergessen**!

4. **Extremwert** bestimmen

$A'(x) = -\frac{6}{4}x + 3 = -\frac{3}{2}x + 3$

$A'(x) = 0$

$-\frac{3}{2}x + 3 = 0$, also $x = 2$

Da $A''(x) = -\frac{3}{2} < 0$, liegt an der Stelle $x = 2$ ein lokales Maximum vor.

$f(2) = -\frac{3}{4} \cdot 2 + 3 = 1{,}5$

Da $A(0) = A(4) = 0$, liegt an der Stelle $x = 2$ auch ein globales Maximum im betrachteten Intervall vor.

5. **Antwort** formulieren

Für $P(2 \mid 1{,}5)$ wird der Flächeninhalt des Rechtecks maximal.

Beispiel 2: Lösen einer Extremwertaufgabe (Anwendung)

Eine zylindrische Blechdose mit Volumen 1 Liter soll hergestellt werden, so dass die Oberfläche (der Materialverbrauch) möglichst gering wird. Bestimmen Sie Radius und Höhe, Oberfläche und die Form der Querschnittsfläche.

1. Veranschaulichen Sie sich den Sachverhalt und stellen Sie die **Zielfunktion** auf.

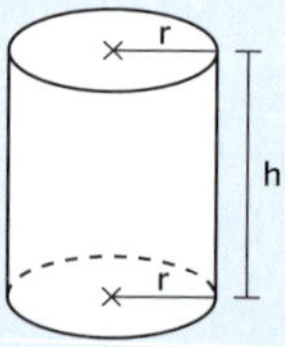

Die Oberfläche setzt sich aus der rechteckigen Mantelfläche und dem kreisförmigen Boden und Deckel zusammen. Ist r (in dm) der Radius und h (in dm) die Höhe der Dose, so gilt für die Oberfläche (in dm^2):

$$O = \underbrace{2 \cdot \pi \cdot r \cdot h}_{\text{Mantelfläche}} + \underbrace{2 \cdot \pi \cdot r^2}_{\text{2 Kreise}}.$$

2. **Nebenbedingung** aufstellen

Aus der Nebenbedingung $V = \pi \cdot r^2 \cdot h = 1$ erhält man $h = \frac{1}{\pi \cdot r^2}$.

3. **Zielfunktion mit einer Variablen** aufstellen

Damit ergibt sich die Zielfunktion:

$$O(r) = 2 \cdot \pi \cdot r \cdot \frac{1}{\pi \cdot r^2} + 2 \cdot \pi \cdot r^2$$
$$= \frac{2}{r} + 2\pi \cdot r^2, \text{ mit } r > 0.$$

4. **Extremwert** bestimmen

$O'(r) = 4 \cdot \pi \cdot r - \frac{2}{r^2}$

Aus $O'(r) = 0$ erhält man $r = \sqrt[3]{\frac{1}{2 \cdot \pi}} \approx 0{,}54$ (in dm).

$O''(r) = 4 \cdot \pi + \frac{4}{r^3}$; $O''(r) > 0$ für $r > 0$.

Daher handelt sich bei $r \approx 0{,}54$ um ein Minimum.

Aus der Nebenbedingung erhält man $h \approx 1{,}08$ (in dm). Der Querschnitt hat somit die Maße 1,08 dm auf 1,08 dm.

5. **Antwort** formulieren

Für $r \approx 0{,}54$ (in dm) wird die Oberfläche minimal.

Sie beträgt $O \approx 5{,}536$ (in dm^2).

Die Dose mit minimaler Oberfläche hat als Querschnittsfläche ein Quadrat.

Ableitungen

Durchschnittliche Änderungsrate

Änderung einer Größe im Verhältnis zur Änderung der Ausgangsgröße **geometrisch:** Steigung der Sekante durch zwei Punkte des Graphen einer Funktion f **Anwendung:** z. B. Durchschnittsgeschwindigkeit $\frac{km}{h}$; durchschnittlicher Zufluss $\frac{l}{min}$	Differenzenquotient $\frac{f(x_2) - f(x_1)}{x_2 - x_1}$	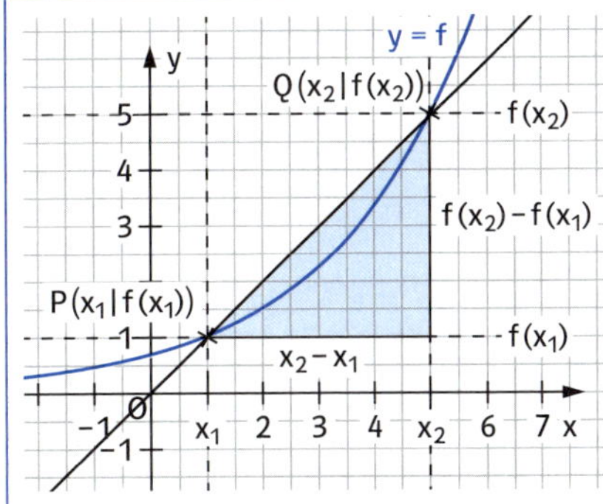

Lokale Änderungsrate

Momentane Änderung einer Größe im Verhältnis zur Änderung der Ausgangsgröße **geometrisch:** Steigung der Tangente in einem Punkt des Graphen einer Funktion f **Anwendung:** z. B. Momentangeschwindigkeit $\frac{km}{h}$; momentaner Zufluss $\frac{l}{min}$	Differenzialquotient $f'(x_0) = \lim\limits_{x \to x_0} \frac{f(x) - f(x_0)}{x - x_0}$ Ableitung an der Stelle x_0	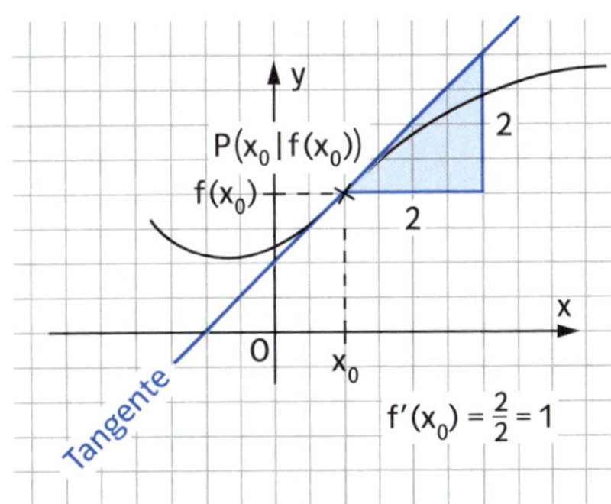

Ableitungsfunktion f′ und Ableitungsregeln

Die Ableitungsfunktion f′ ordnet jeder Stelle x die Ableitung, d. h. die Steigung von f an dieser Stelle zu.		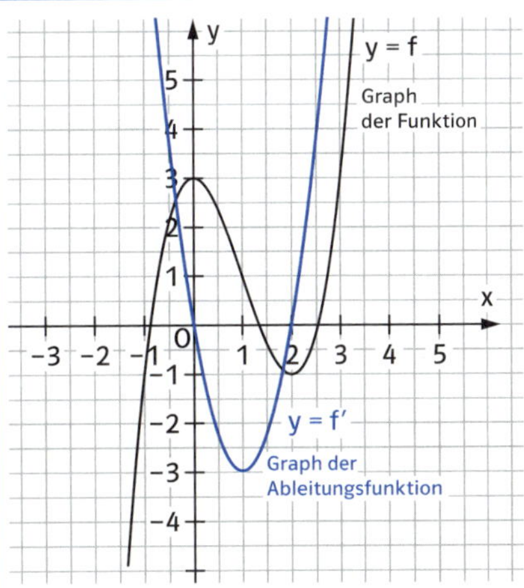
Faktorregel: Der konstante Faktor (Zahl) bleibt erhalten.	$f(x) = k \cdot u(x)$ $f'(x) = k \cdot u'(x)$	
Summenregel: Eine Summe wird summandenweise abgeleitet.	$f(x) = u(x) + v(x)$ $f'(x) = u'(x) + v'(x)$	
Produktregel: Ableitung 1. Funktion · 2. Funktion + 1. Funktion · Ableitung 2. Funktion	$f(x) = u(x) \cdot v(x)$ $f'(x) = u'(x) \cdot v(x) + u(x) \cdot v'(x)$	
Kettenregel: äußere Ableitung · innere Ableitung	$f(x) = f(u(v(x)))$ $f'(x) = u'(v(x)) \cdot v'(x)$	

ZUSAMMENFASSUNG

Tangente

Gerade durch $B(x_0 \mid f(x_0))$ mit Steigung $f'(x_0)$, die den Graphen in diesem Punkt B berührt.

Tangentengleichung:
$y = f'(x_0)(x - x_0) + f(x_0)$

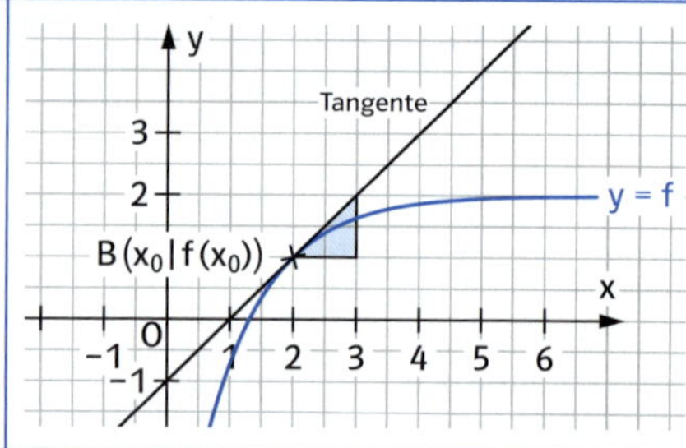

Normale

Gerade, die orthogonal zur Tangente an den Graphen durch einen Punkt $P(x_0 \mid f(x_0))$ verläuft

Normalengleichung:
$y = -\frac{1}{f'(x_0)}(x - x_0) + f(x_0)$

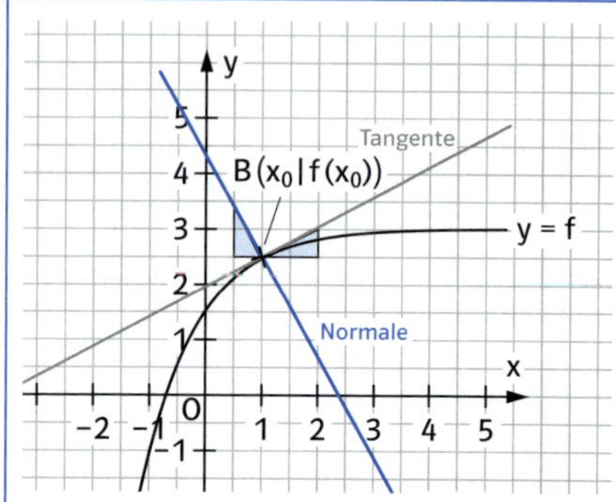

Monotonie

Eine Funktion f heißt **streng monoton steigend (fallend)** in einem Intervall, wenn die Funktionswerte immer größer (kleiner) werden, wenn die x-Werte immer größer werden.

Streng monoton steigend:
Für alle x_1 und x_2 aus einem Intervall gilt:
Aus $x_1 < x_2$ folgt
$f(x_1) < f(x_2)$

Streng monoton fallend:
Für alle x_1 und x_2 aus einem Intervall gilt:
Aus $x_1 < x_2$ folgt
$f(x_1) > f(x_2)$

Monotoniekriterium:
Ist die Steigung f′ in einem Intervall positiv (negativ), dann ist f streng monoton steigend (fallend).

Gilt in einem Intervall:
$f'(x_0) > 0$, dann ist f streng monoton steigend.

Spricht man nur von monoton, dann dürfen die Funktionswerte auch größer gleich bzw. kleiner gleich sein.

Gilt in einem Intervall:
$f'(x_0) < 0$, dann ist f streng monoton fallend.

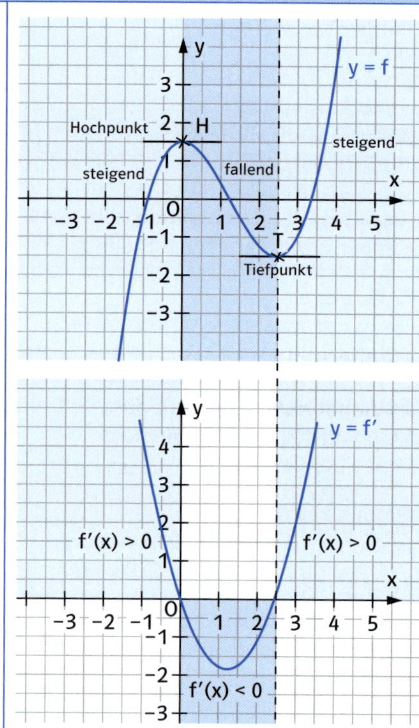

Krümmungsverhalten

Gilt für alle x aus einem Intervall I, dass die 2. Ableitung positiv ist, dann ist der Graph der Funktion f linksgekrümmt.

Ist $f''(x) > 0$, dann ist f linksgekrümmt.

Gilt für alle x aus einem Intervall I, dass die 2. Ableitung negativ ist, dann ist der Graph der Funktion f rechtsgekrümmt.

Ist $f''(x) < 0$, dann ist f rechtsgekrümmt.

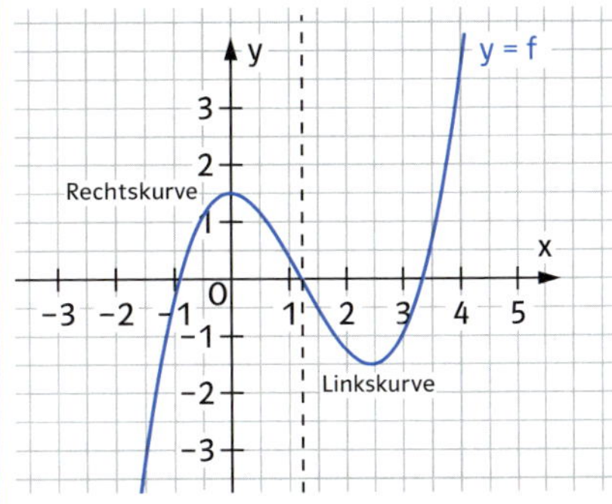

Extrempunkte

Hochpunkt H:
Der Graph hat in der Umgebung von H keine größeren y-Werte (Funktionswerte). Das ist dann der Fall, wenn
- die Steigung null ist,
- das Monotonieverhalten wechselt von steigend zu fallend.

$f'(x_0) = 0$ und
- Vorzeichenwechsel von f' von + nach −
- oder $f'(x_0) = 0$ und $f''(x_0) < 0$

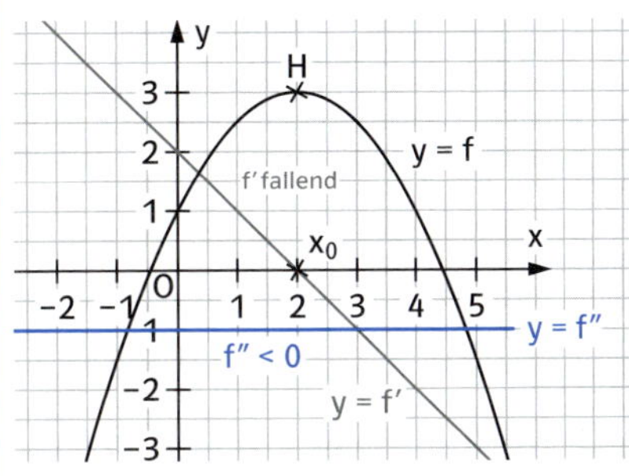

Tiefpunkt T:
Der Graph hat in der Umgebung von T keine kleineren y-Werte (Funktionswerte).
Das ist dann der Fall, wenn
- die Steigung null ist,
- das Monotonieverhalten wechselt von fallend zu steigend

$f'(x_0) = 0$ und
- Vorzeichenwechsel von f' von − nach +
- oder $f'(x_0) = 0$ und $f''(x_0) > 0$

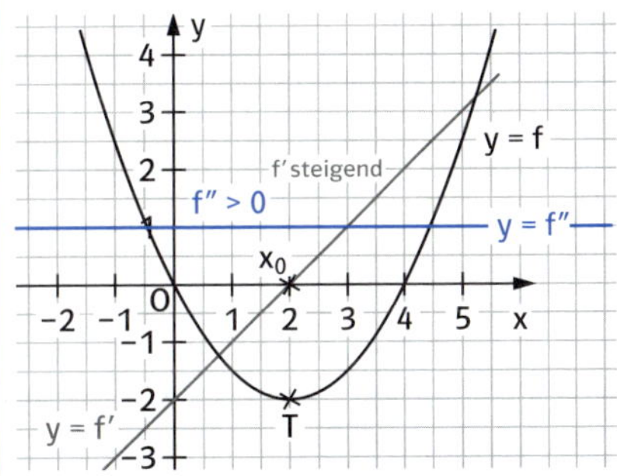

Wendepunkt

Im Wendepunkt wechselt der Graph die Krümmung, also von einer Links- in eine Rechtskurve oder umgekehrt. f' hat dort einen Extrempunkt.

Sattelpunkt:
Besonderer Wendepunkt mit Steigung null

$f''(x_0) = 0$ und
- Vorzeichenwechsel von f'' von − nach + oder von + nach −
- oder $f'''(x_0) \neq 0$

Sattelpunkt:
zusätzlich $f'(x_0) = 0$

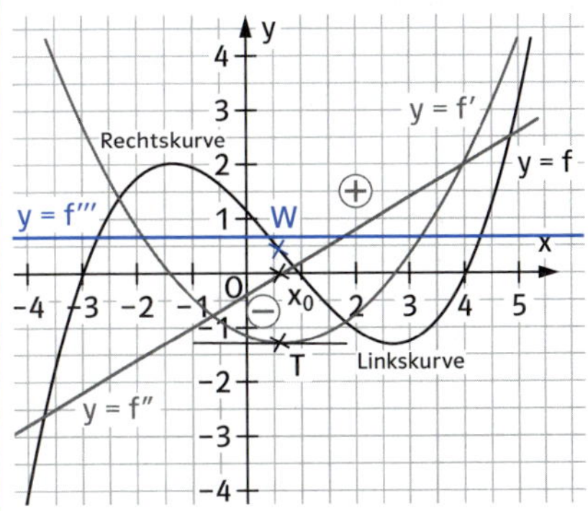

KURZINFO

4 Stammfunktionen und Integralrechnung

4.1 Stammfunktionen

- Stammfunktionen grafisch und algebraisch bestimmen
- Nachweis, dass eine Funktion F Stammfunktion ist

Was ist eine Stammfunktion?

Manchmal kennt man die Ableitung einer Funktion, die Funktion selbst aber nicht. Diese gesuchte Funktion nennt man Stammfunktion. Genauer gesagt heißt eine differenzierbare Funktion F **Stammfunktion** einer Funktion f, wenn die Ableitung der Stammfunktion die Funktion f ist, wenn also gilt:

$$F'(x) = f(x).$$

Die Bestimmung einer Stammfunktion nennt man auch **Integrieren**.

Mit Stammfunktion bezeichnet man in der Regel eine konkrete Stammfunktion $F(x)$, die Gesamtheit aller Stammfunktionen mit $F(x) + c$ wird auch als **unbestimmtes Integral** bezeichnet.

Da beim Ableiten das konstante Glied wegfällt, ist jede Funktion F mit $F(x) + c$ auch Stammfunktion einer Funktion f. Das bedeutet: Besitzt eine Funktion f eine Stammfunktion, dann gibt es **unendlich viele Stammfunktionen**, die sich aber nur um einen konstanten Summanden c unterscheiden.

Stammfunktionen braucht man im Sachzusammenhang, um z. B.
- den Flächeninhalt unter Funktionsgraphen bestimmen zu können,
- aus der Änderungsrate den Bestand rekonstruieren zu können.

Zusammenhang zwischen f und F

Umgangssprachlich nennt man das Integrieren auch „**Aufleiten**“, in Anlehnung an das Ableiten.

Das Integrieren ist die Umkehrung des Ableitens.

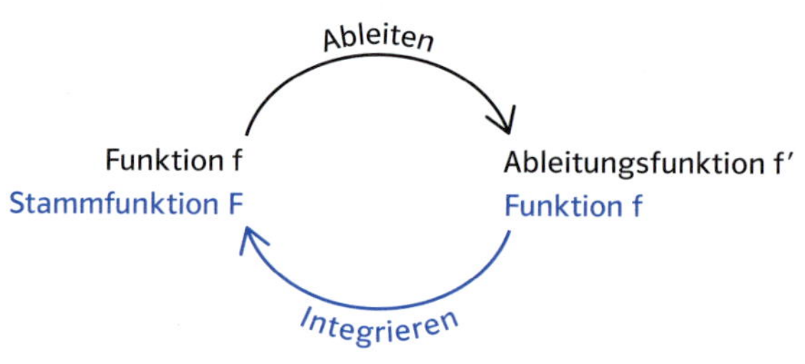

Wie bei der Ableitungsfunktion f′ und der zugehörigen Funktion f gibt es also denselben Zusammenhang zwischen einer Funktion f und der zugehörigen Stammfunktion F.

Es gilt:

F(x)	**f(x)**	
F ist streng monoton • steigend • fallend	 $f(x) > 0$ $f(x) < 0$	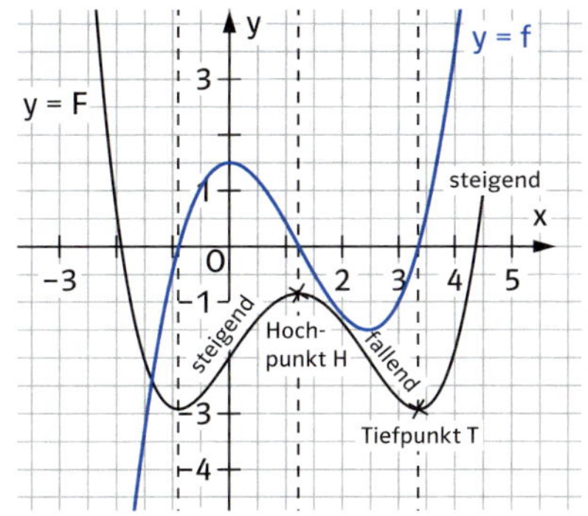
F hat eine Extremstelle	f hat eine Nullstelle mit Vorzeichenwechsel	
Der Graph von F hat einen Sattelpunkt	f hat eine doppelte Nullstelle	
F hat eine Wendestelle	f hat eine Extremstelle	

Das Vorzeichen von f(x) gibt an, ob F(x) monoton steigt (+) oder fällt (–).

Beispiel 1: Den Graphen einer Stammfunktion skizzieren

Gegeben ist der Graph der Funktion f. Skizzieren Sie den Graphen der Funktion F, der durch den Punkt P(0 | 1) geht.

1. Markieren Sie mit Geraden parallel zur y-Achse die Stellen, an denen f eine Nullstelle bzw. Extremstelle hat. Dort hat F Extremstellen bzw. Wendestellen.
2. Markieren Sie die Bereiche, in denen der Graph von f ober- oder unterhalb der x-Achse verläuft, in denen F also monoton steigend oder fallend ist.
3. Markieren Sie den Punkt, durch den der Graph von F laufen muss. Beginnen Sie in diesem Punkt und skizzieren Sie von dort aus den Graphen von F. Beachten Sie dabei, dass Sie aus f die Steigung direkt ablesen können.

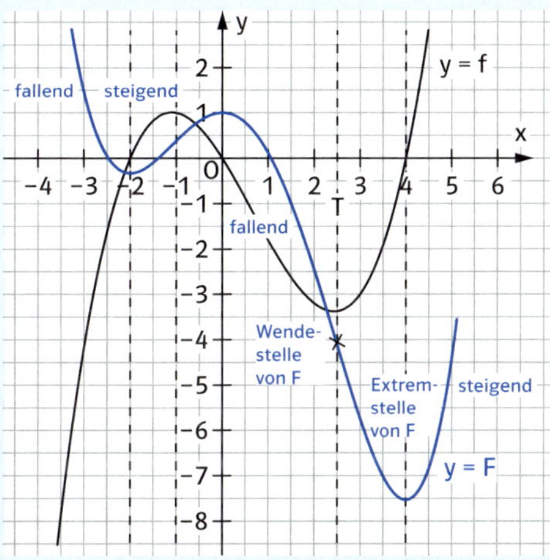

Tipps:
- Markieren Sie charakteristische Punkte bzw. Bereiche.
- Wenn möglich, skizzieren Sie den Graphen der Ausgangsfunktion.
- Übersetzen Sie den Text in mathematische Zusammenhänge.

Beispiel 2: Aussagen über den Graphen von F machen

Die Abbildung zeigt den Graphen einer Funktion f. F ist eine Stammfunktion von f. Welche der folgenden Aussagen über F sind richtig, welche falsch? Begründen Sie.

a) Der Graph von F hat bei $x = 2$ einen Sattelpunkt.
b) F ist für $0 < x < 2$ monoton fallend.
c) $F(-2) < F(-1)$
d) Die steilste Stelle von F für $-4 < x < 3$ ist bei $x = -2$.

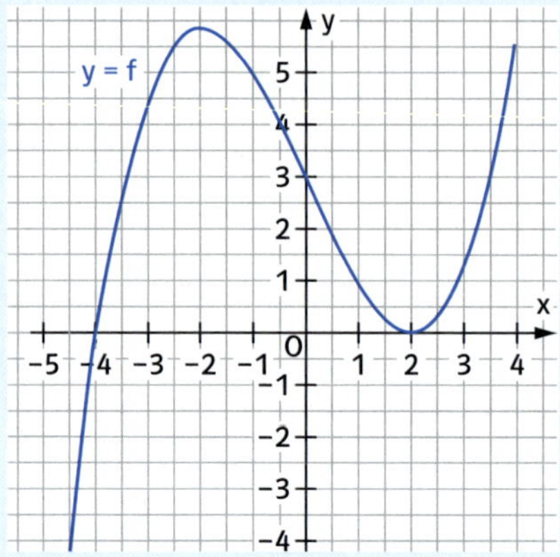

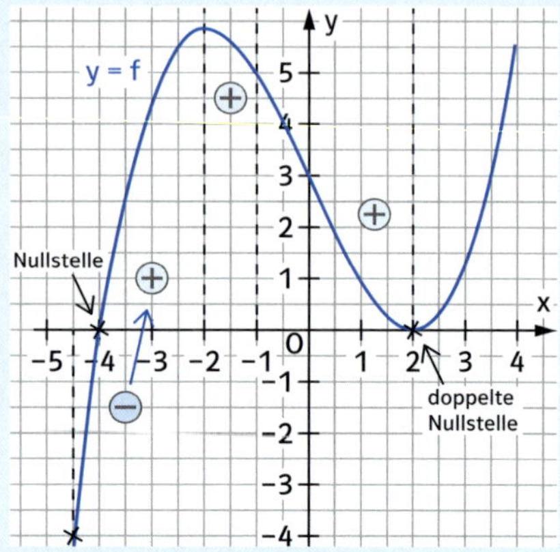

a) wahr, da f bei $x = 2$ eine doppelte Nullstelle hat.
b) falsch, für $0 < x < 2$ ist $f(x) > 0$, also ist F in diesem Intervall monoton steigend.
c) wahr, da $f(x) > 0$ für $-2 \le x \le -1$, ist F dort monoton steigend und damit $F(-2) < F(-1)$.
d) wahr, der Graph von f hat an dieser Stelle ein absolutes Maximum im angegebenen Intervall.

Beispiel 3: Nachweis einer Stammfunktion durch Ableiten

Gegeben ist eine Funktion f mit $f(x) = e^{x^2}(1 + 2x^2)$.
Zeigen Sie, dass die Funktion F mit $F(x) = x \cdot e^{x^2}$ eine Stammfunktion der Funktion f ist.

In der Regel kann bei solchen Aufgabentypen die Stammfunktion nicht so einfach angegeben werden, da die Regeln zur Integration in der Schule nicht behandelt werden.
Deshalb ist es einfacher nachzuweisen, dass gilt: $F'(x) = f(x)$.

1. Leiten Sie F(x) ab.
2. Formen Sie F'(x) so um, dass Sie f(x) erhalten. Oft hilft Ausklammern.

Nachweis, dass gilt: $F'(x) = f(x)$

1. F(x) ist ein Produkt aus $u(x) = x$ und $v(x) = e^{x^2}$.
   Produktregel: $F' = u'v + uv'$
   $u(x) = x$; $\quad u'(x) = 1$
   $v(x) = e^{x^2}$; $\quad v'(x) = 2x \cdot e^{x^2}$ (Kettenregel)
   $F'(x) = 1 \cdot e^{x^2} + x \cdot 2x \cdot e^{x^2}$
2. Umformen
   $F'(x) = e^{x^2} + 2x^2 e^{x^2}$
   $\quad = e^{x^2}(1 + 2x^2) = f(x)$ ✓

Tipp:
Denken Sie an die Ableitungsregeln, insbesondere an die Produkt- und Kettenregel.

Stammfunktionen von Grundfunktionen

Für Potenzfunktionen gibt es eine Regel zum Bilden von Stammfunktionen. Die Stammfunktionen weiterer Grundfunktionen sollte man auswendig können.

Funktion f	Beschreibung	Stammfunktion F
$f(x) = x^r$ (gilt für jede reelle Zahl $r \neq -1$)	Kehrwert der Hochzahl +1 als Faktor nach vorne; neue Hochzahl ist alte Hochzahl + 1.	$F(x) = \frac{1}{(r+1)} \cdot x^{(r+1)}$
$f(x) = \frac{1}{x} = x^{-1}$		$F(x) = \ln\lvert x\rvert$
$f(x) = \sqrt{x} = x^{\frac{1}{2}}$	Auch hier muss man zum Bilden der Stammfunktion die Potenzregel anwenden.	$F(x) = \frac{2}{3} \cdot x^{\frac{3}{2}} = \frac{2}{3}\sqrt{x^3}$
$f(x) = c$ (c ist eine beliebige Zahl)	Die Stammfunktion der konstanten Funktion ist $c \cdot x$, da $F'(x) = c$.	$F(x) = c \cdot x$
$f(x) = \sin(x)$	Die Stammfunktion der Sinusfunktion ist die negative Kosinusfunktion.	$F(x) = -\cos(x)$
$f(x) = \cos(x)$	Die Stammfunktion der Kosinusfunktion ist die Sinusfunktion.	$F(x) = \sin(x)$
$f(x) = e^x$	$F(x) = f(x) = e^x$ Funktion und Stammfunktion haben den gleichen Term.	$F(x) = e^x$

In der Regel sind die Terme von Funktion und Stammfunktion unterschiedlich; nur bei der natürlichen Exponentialfunktion sind die beiden Terme von F und f gleich.

Stammfunktionen von (zusammengesetzten) Funktionen – grundlegende Integrationsregeln

Das Bilden von Stammfunktionen funktioniert nicht so einfach wie das Ableiten. Die Faktor- und Summenregel entsprechen zwar den Regeln beim Ableiten, allerdings gibt es in der Schule keine Regel für das Integrieren von Produkten. Lediglich mithilfe der linearen Substitution können Stammfunktionen von komplexeren Funktionen gebildet werden.

Im Gegensatz zum Ableiten, für das allgemeine Regeln existieren, kann sich das Integrieren als sehr schwer gestalten. Es gibt sogar Funktionen, die keine explizite Stammfunktion besitzen. Deshalb können Sie nur manche Funktionen nach den folgenden Regeln integrieren.

Wird eine Funktion mit einem konstanten Faktor (einer Zahl oder einem Parameter) multipliziert, dann bleibt nach der **Faktorregel** dieser konstante Faktor beim Integrieren erhalten.

$f(x) = k \cdot u(x)$	$F(x) = k \cdot U(x)$

Ist eine Funktion als Summe bzw. Differenz von mehreren Funktionen zusammengesetzt, wird sie nach der **Summenregel** summandenweise integriert, also jeder Summand für sich.

$f(x) = u(x) + v(x)$	$F(x) = U(x) + V(x)$

Linear bedeutet, dass die Potenz der Variablen 1 ist. Die Funktion f mit $f(x) = 2(x^2 - 1)^3$ kann deshalb mit der linearen Substitution nicht integriert werden, da die innere Funktion wegen x^2 nicht linear ist.

Die **Kettenregel** zur Integration heißt auch **lineare Substitution** und darf nur bei linearer Verkettung angewendet werden, das heißt, wenn es sich bei der „inneren" Funktion um eine lineare Funktion v mit $v(x) = ax + b$ handelt:

$f(x) = u(ax+b)$ oder $f(x) = u(v(x))$; v lineare Funktion	$F(x) = \frac{1}{a} U(ax+b)$ oder $F(x) = \frac{1}{v'(x)} \cdot U(v(x))$ Man dividiert die Stammfunktion der äußeren Funktion durch die Ableitung der inneren Funktion.

Beispiel 4: Stammfunktionen bilden

Bilden Sie eine Stammfunktion der Funktion f.

a) $f(x) = 3\cos(x)$

b) $f(x) = x^4 - 2x^2$

c) $f(x) = \frac{1}{4}\sin(2x-3)$

1. Analysieren Sie, um was für eine Funktion es sich handelt, d.h. welche Regeln zum Bilden der Stammfunktion Sie anwenden müssen. Manchmal müssen mehrere Regeln in Kombination angewendet werden. Deshalb ist es wichtig, dass Sie insbesondere auf Malpunkte, Bruchstriche, Klammern, Wurzeln oder besondere Funktionen wie die Exponential- oder Sinusfunktion achten.
2. Schreiben Sie die entsprechende Regel auf.

a) Faktorregel
$F(x) = 3\sin(x)$

b) Differenz von zwei Potenzfunktionen, also Summenregel
$u(x) = x^4;\ U(x) = \frac{1}{5}x^5$
$v(x) = 2x^2;\ V(x) = 2\cdot\frac{1}{3}x^3 = \frac{2}{3}x^3$
$F(x) = \frac{1}{5}x^5 - \frac{2}{3}x^3$

c) Lineare Substitution
innere Funktion:
$v(x) = 2x-3;\ v'(x) = 2$
äußere Funktion:
$u(x) = \frac{1}{4}\sin(x);\ U(x) = -\frac{1}{4}\cos(x)$
$F(x) = \frac{1}{2}\cdot\left(-\frac{1}{4}\cos(2x-3)\right)$
$= -\frac{1}{8}\cos(2x-3)$

Tipp:
Notieren Sie alle Zwischenschritte bzw. Einzelbestandteile und setzen Sie dann die Ableitung schrittweise zusammen.

Beispiel 5: Stammfunktion durch einen bestimmten Punkt angeben

Gegeben ist die Funktion f mit $f(x) = 4\cos(2x)$. Bestimmen Sie die Stammfunktion F von f, deren Graph durch den Punkt $P\left(\frac{\pi}{4}\middle|3\right)$ geht.

1. Bestimmen Sie eine Stammfunktion mithilfe der Integrationsregeln.
   $f(x) = 4\cos(2x)$
   $F(x) = 4\cdot\frac{1}{2}\cdot\sin(2x) = 2\sin(2x)$
2. Notieren Sie die Menge aller Stammfunktionen, indem Sie den Funktionsterm um +c ergänzen.
   $F(x) = 2\sin(2x) + c$
3. Setzen Sie in $F(x)+c$ den x- und y-Wert des Punktes ein und lösen Sie die Gleichung nach c auf.
   $2\sin\left(2\cdot\frac{\pi}{4}\right) + c = 3$
   $2\cdot 1 + c = 3$, also $c = 1$
4. Notieren Sie die zugehörige Stammfunktion.
   Die gesuchte Stammfunktion lautet $F(x) = 2\sin(2x) + 1$.

KURZINFO

4.2 Integrale

- Bestimmte Integrale berechnen
- Unbestimmte Integrale bestimmen

Was ist das bestimmte Integral?

Orientierter Flächeninhalt bzw. Flächenbilanz bedeutet, dass eine Fläche auch negativ gewichtet werden kann.
Dabei werden Flächen
- oberhalb der x-Achse positiv,
- unterhalb der x-Achse negativ

gezählt.

Das **bestimmte Integral** einer Funktion f lässt sich berechnen und ist eine **Zahl**. Dieser Wert entspricht dem **orientierten Flächeninhalt** zwischen dem Graphen einer Funktion f und der x-Achse im Intervall [a; b], auch **Flächenbilanz** genannt.
Für das bestimmte Integral im Intervall [a; b] schreibt man

$$\int_a^b f(x)\,dx$$

und spricht „Integral von a bis b von (oder über) f von x".

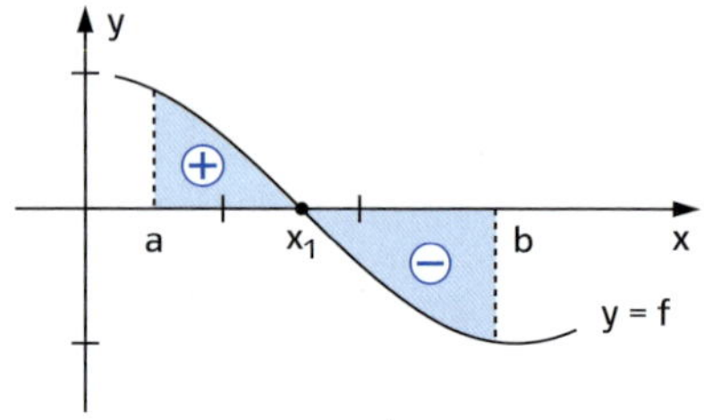

In diesem Fall ist $\int_a^b f(x)\,dx < 0$, da die Fläche oberhalb der x-Achse kleiner ist als die Fläche unterhalb der x-Achse.

a und b heißen **Integrationsgrenzen**, f nennt man Integrand und das Differential dx gibt die Integrationsvariable an, hier also x.

Woher kommt die Schreibweise für das Integral?
Die Schreibweise bildet die Annäherung der Fläche zwischen einer Kurve und der x-Achse durch Rechtecke ab. Das Integralzeichen symbolisiert ein langes S für Summe.
f(x) dx kann man sich vorstellen als Seiten von Rechtecken mit Länge f(x) und Breite dx (d steht dabei für Differenz, x für x-Werte).
Zusammengesetzt bedeutet also $\int f(x)\,dx$ „die Summe aller Rechtecke zwischen dem Graphen von f und der x-Achse, wenn die Breite dx unendlich klein wird".

Eigenschaften des bestimmten Integrals

Man legt fest:

$$\int_a^a f(x)\,dx = 0,$$

d.h., die Bilanz der „Fläche" von a bis a ist null, was anschaulich nahe liegt.

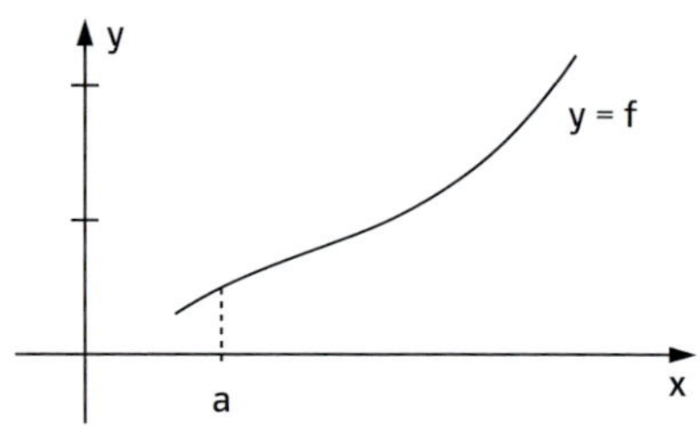

$$\int_b^a f(x)\,dx = -\int_a^b f(x)\,dx$$

Vertauscht man die Integrationsgrenzen, so dreht sich das Vorzeichen des Integrals um.

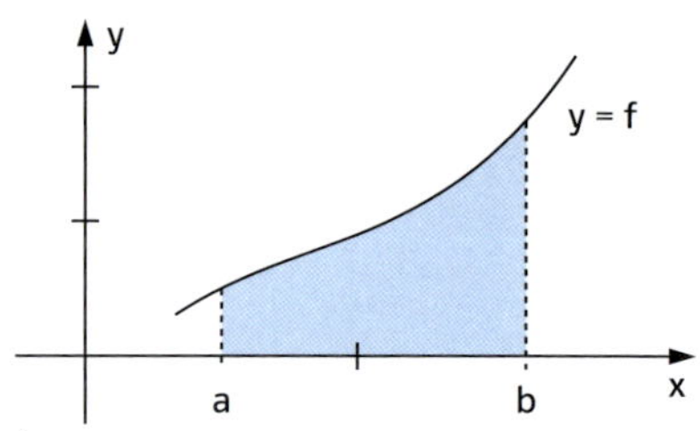

$\int_a^b f(x)\,dx = c$; $\int_b^a f(x)\,dx = -c$

Es gilt:

$$\int_a^b f(x)\,dx + \int_b^c f(x)\,dx = \int_a^c f(x)\,dx$$

Der Wert eines Integrals setzt sich aus den Teilintegralen zusammen (**Intervalladditivität**).

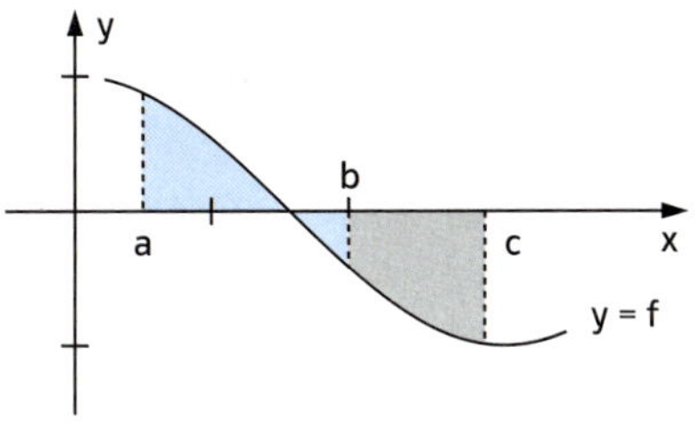

Wie kann man das bestimmte Integral berechnen?

Für die Berechnung eines bestimmten Integrals $\int_a^b f(x)\,dx$ muss man nur eine Stammfunktion von f kennen, denn es gilt:

$$\int_a^b f(x)\,dx = [F(x)]_a^b = F(b) - F(a)$$

Diesen Satz nennt man auch **Hauptsatz der Differenzial- und Integralrechnung**.

Beispiel 1: Bestimmte Integrale berechnen

Berechnen Sie das Integral.

a) $\int_1^2 \frac{1}{x^2}\,dx$ b) $\int_0^1 (2x-1)^4\,dx$ c) $\int_0^\pi \left(2x - \sin\left(\frac{1}{2}x\right)\right)dx$

1. Analysieren Sie, um was für einen Integranden es sich handelt, d.h., welche Regeln zum Bilden der Stammfunktion Sie anwenden müssen.
   Manchmal müssen mehrere Regeln in Kombination angewendet werden. Deshalb ist es wichtig, dass Sie insbesondere auf Malpunkte, Bruchstriche, Klammern, Wurzeln oder besondere Funktionen wie die Exponential- oder Sinusfunktion achten.
2. Schreiben Sie eine Stammfunktion F(x) auf.
3. Berechnen Sie F(b) und F(a) und subtrahieren Sie die beiden Werte.

a) Potenzregel

$f(x) = \frac{1}{x^2} = x^{-2}$; $F(x) = -x^{-2+1} = -\frac{1}{x}$

$F(2) = -\frac{1}{2}$; $F(1) = -1$

also gilt:

$$\int_1^2 \frac{1}{x^2}\,dx = \left[-\frac{1}{x}\right]_1^2 = F(2) - F(1) = -\frac{1}{2} - (-1) = \frac{1}{2}$$

Wenn Sie die Rechnung in einem Schritt machen, müssen Sie darauf achten, dass Sie Klammern um F(a) setzen.

b) lineare Substitution

$f(x) = (2x-1)^4$

$F(x) = \frac{1}{5}\cdot\frac{1}{2}\cdot(2x-1)^5 = \frac{1}{10}(2x-1)^5$

$F(1) = \frac{1}{10}\cdot 1^5 = \frac{1}{10}$; $F(0) = -\frac{1}{10}$

also gilt:

$$\int_0^1 (2x-1)^4\,dx = \left[\frac{1}{10}(2x-1)^5\right]_0^1 = F(1) - F(0) = \frac{1}{10} - \left(-\frac{1}{10}\right) = \frac{2}{10} = \frac{1}{5}$$

c) lineare Substitution

$f(x) = 2x - \sin\left(\frac{1}{2}x\right)$;

$F(x) = x^2 + 2\cos\left(\frac{1}{2}x\right)$

$F(\pi) = \pi^2 + 0 = \pi^2$; $F(0) = 0 + 2\cdot 1 = 2$

also gilt:

$$\int_0^\pi \left(2x - \sin\left(\frac{1}{2}x\right)\right)dx = [x^2 + 2\cos(x)]_0^\pi = \pi^2 - 2$$

Was ist das unbestimmte Integral?

Besitzt eine Funktion eine Stammfunktion, dann hat sie immer unendlich viele Stammfunktionen. Anschaulich entspricht dies den Graphen der Funktionen, deren Verlauf gleich ist, die aber im Koordinatensystem nach oben oder unten verschoben sind.

Das **unbestimmte Integral** ordnet einer Funktion f alle Stammfunktionen $F(x) + c$ zu.
Deshalb schreibt man das unbestimmte Integral mit dem Integralzeichen, aber ohne obere und untere Grenze:

$$\int f(x)\,dx.$$

Dabei gilt $F'(x) = f(x)$.

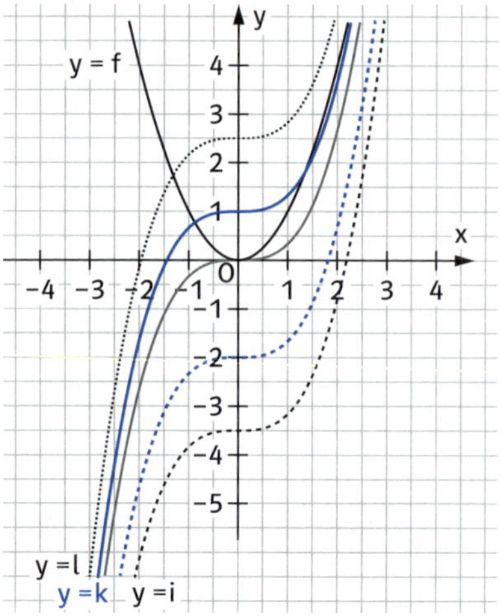

$f(x) = x^2$

$F(x) = \frac{1}{3}x^3 + c$

Beispiel:
Der Graph von k gehört zur Stammfunktion $F(x) = \frac{1}{3}x^3 + 1$; der Graph von l gehört zu $F(x) = \frac{1}{3}x^3 + 2{,}5$; der Graph von i gehört zu $F(x) = \frac{1}{3}x^3 - 3{,}5$.

Beispiel 2: Unbestimmte Integrale angeben

Geben Sie für $\int (5x-3)^2\,dx$ einen integralfreien Term an.

Ein unbestimmtes Integral zu bestimmen, bedeutet, eine Stammfunktion des Integranden zu finden.

1. Bestimmen Sie eine Stammfunktion mithilfe der Integrationsregeln.
   $f(x) = (5x-3)^2$
   $F(x) = \frac{1}{3}\cdot\frac{1}{5}(5x-3)^3 = \frac{1}{15}(5x-3)^3$
2. Notieren Sie die Menge aller Stammfunktionen, indem Sie den Funktionsterm um +c ergänzen.
   $\int (5x-3)^2\,dx = \frac{1}{15}(5x-3)^3 + c$

4.3 Flächenberechnungen

- Den Flächeninhalt zwischen dem Graphen einer Funktion und der x-Achse berechnen
- Den Flächeninhalt zwischen zwei Graphen berechnen
- Den Flächeninhalt von ins Unendliche reichenden Flächen bestimmen

KURZINFO

Flächeninhalt zwischen dem Graphen und der x-Achse

Bei der Bestimmung des Flächeninhalts, der vom Graphen einer Funktion f und der x-Achse eingeschlossen ist, muss man folgende Fälle unterscheiden und beachten:

I. Die Grenzen sind gegeben und f hat keine Nullstelle, also keinen Vorzeichenwechsel innerhalb der Grenzen.
Dann kann man mithilfe des bestimmten Integrals den Flächeninhalt berechnen. Da der Flächeninhalt immer ein positiver Wert ist, gilt für den Flächeninhalt:

$$A = \left| \int_a^b f(x)\,dx \right|$$

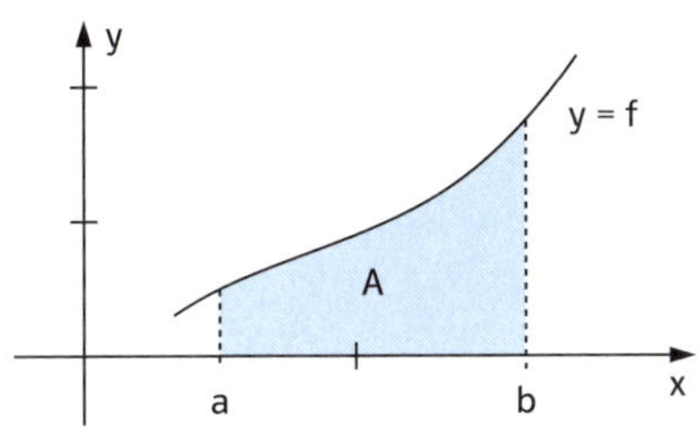

$$A = \int_a^b f(x)\,dx$$

und

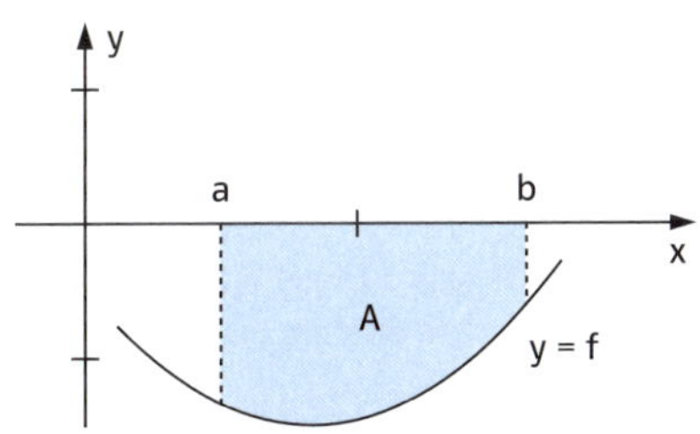

$$A = -\int_a^b f(x)\,dx$$

II. Die Grenzen sind nicht gegeben.
Dann muss man die Nullstellen der Funktion f und somit die Integrationsgrenzen bestimmen.
Für den Flächeninhalt gilt dann:

$$A = \left| \int_{x_1}^{x_2} f(x)\,dx \right|$$

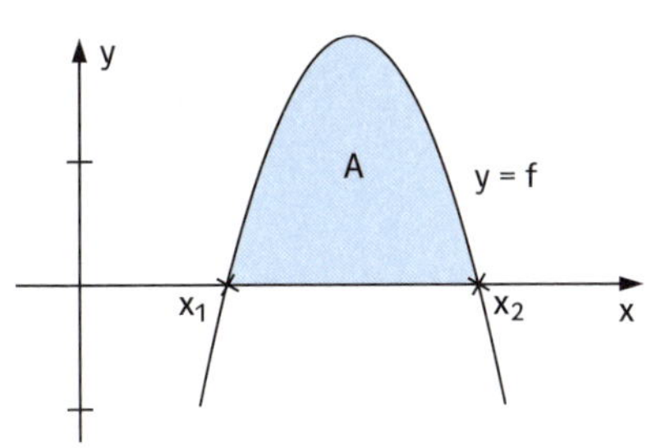

III. Die Grenzen sind gegeben und f hat (mindestens) eine Nullstelle, also einen Vorzeichenwechsel innerhalb der Grenzen. Man muss dann die Flächen ober- und unterhalb der x-Achse einzeln berechnen und dann die Flächeninhalte der Teilflächen addieren.

Für den Flächeninhalt gilt dann:

$$A = A_1 + A_2 = \left|\int_a^{x_1} f(x)\,dx\right| + \left|\int_{x_1}^{b} f(x)\,dx\right|$$

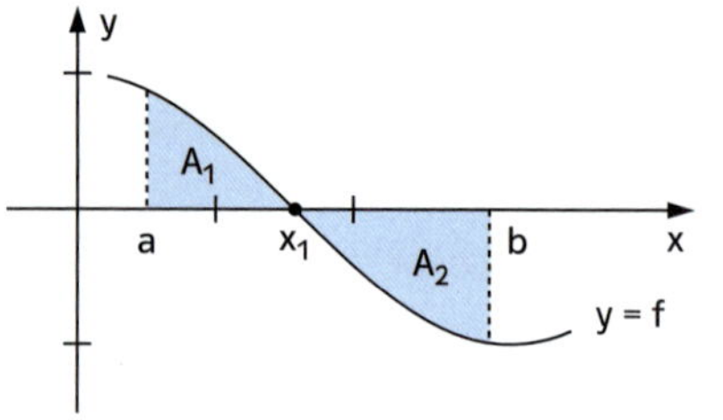

Beispiel 1: Fläche zwischen Graph und x-Achse mit gegebenen Grenzen berechnen

Gegeben ist die Funktion f mit $f(x) = e^{2x}$. Berechnen Sie den Inhalt der Fläche, die der Graph von f mit der x-Achse im Intervall $[0; \ln(3)]$ einschließt.

1. Bilden Sie eine Stammfunktion F von f.

$f(x) = e^{2x}$

$F(x) = \frac{1}{2}e^{2x}$

2. Berechnen Sie den Flächeninhalt mit $A = \left|\int_a^b f(x)\,dx\right|$.

$$A = \left|\int_0^{\ln(3)} e^{2x}\,dx\right| = \left|\left[\frac{1}{2}e^{2x}\right]_0^{\ln(3)}\right|$$
$$= \left|\frac{1}{2}e^{2\cdot\ln(3)} - \frac{1}{2}e^{2\cdot 0}\right|$$
$$= \left|\frac{1}{2}3^2 - \frac{1}{2}\right| = |4| = 4$$

Beispiel 2: Fläche zwischen Graph und x-Achse berechnen

Gegeben ist die Funktion f mit $f(x) = \frac{1}{2}x^2 - 2$. Berechnen Sie den Inhalt der Fläche, die der Graph von f mit der x-Achse einschließt.

1. Bestimmen Sie die Nullstellen x_1 und x_2 von f. Diese bilden die untere und obere Grenze des Integrals.

$$\frac{1}{2}x^2 - 2 = 0$$
$$\frac{1}{2}x^2 = 2$$
$$x^2 = 4 \quad | \pm\sqrt{\ }$$
$x = \pm 2$, also $x_1 = -2$ und $x_2 = 2$

2. Bilden Sie eine Stammfunktion F von f.

$$F(x) = \frac{1}{2}\cdot\frac{1}{3}x^3 - 2x = \frac{1}{6}x^3 - 2x$$

3. Berechnen Sie den Flächeninhalt mit $A = \left|\int_{x_1}^{x_2} f(x)\,dx\right|$.

$$A = \left|\int_{x_1}^{x_2} f(x)\,dx\right| = \left|\int_{-2}^{2}\left(\frac{1}{2}x^2 - 2\right)dx\right|$$
$$= \left|\left[\frac{1}{6}x^3 - 2x\right]_{-2}^{2}\right|$$
$$= \left|\frac{1}{6}\cdot 2^3 - 2\cdot 2 - \left(\frac{1}{6}(-2)^3 - 2(-2)\right)\right|$$
$$= \left|\frac{8}{6} - 4 + \frac{8}{6} - 4\right| = \left|\frac{16}{6} - 8\right| = \left|-\frac{16}{3}\right| = \frac{16}{3}$$

Beispiel 3: Fläche zwischen Graph und x-Achse berechnen

Gegeben ist die Funktion f mit $f(x) = x^3 - x^2$. Berechnen Sie den Inhalt der Fläche, die der Graph von f mit der x-Achse im Intervall $[0; 2]$ einschließt.

1. Bestimmen Sie die Nullstellen von f. Diese legen zusammen mit dem Intervall die Grenzen möglicher Teilintervalle fest. Stellen Sie die zugehörigen Teilintegrale auf.

   Möglicher Verlauf des Graphen von f: 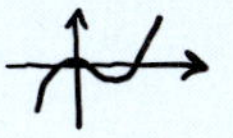

   $x^3 - x^2 = 0$; $x^2(x-1) = 0$, also sind $x_1 = 0$ und $x_2 = 1$ die Nullstellen von f.

   $A_1 = \left|\int_0^1 (x^3 - x^2)\,dx\right|$; $A_2 = \left|\int_1^2 (x^3 - x^2)\,dx\right|$

2. Bilden Sie eine Stammfunktion F von f.

   $F(x) = \frac{1}{4}x^4 - \frac{1}{3}x^3$

3. Berechnen Sie den Flächeninhalt der Teilintervalle.

   $A_1 = \left|\frac{1}{4} - \frac{1}{3} - 0\right| = \left|-\frac{1}{12}\right| = \frac{1}{12}$

   $A_2 = \left|\frac{1}{4}\cdot 2^4 - \frac{1}{3}\cdot 2^3 - \left(-\frac{1}{12}\right)\right| = \left|4 - \frac{8}{3} + \frac{1}{12}\right| = \frac{17}{12}$

4. Berechnen Sie A, indem Sie die Flächeninhalte der Teilintervalle addieren.

   $A = A_1 + A_2$

   $= \frac{1}{12} + \frac{17}{12} = \frac{18}{12} = \frac{3}{2}$

Tipp: Skizzieren Sie einen möglichen Verlauf des Graphen.

Tipp: F(1) kommt sowohl bei A_1 als auch bei A_2 vor, muss also nur einmal berechnet werden.

Flächeninhalt zwischen zwei Graphen

Bei der Bestimmung des Flächeninhalts zwischen zwei Graphen spielt es keine Rolle, ob die Graphen ober- oder unterhalb der x-Achse liegen. Man bestimmt den Flächeninhalt mit dem Integral der Differenz der beiden Funktionen. Sind x_1 und x_2 die Schnittstellen der beiden Funktionen, dann gilt:

$$A = \left|\int_{x_1}^{x_2} (f(x) - g(x))\,dx\right|.$$

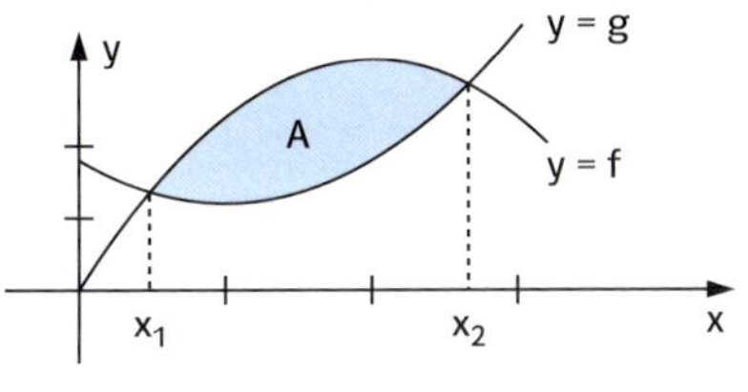

Achtung: In manchen Fällen müssen die Teilflächen zwischen den Schnittpunkten der Graphen einzeln betrachtet werden.

Beispiel 4: Fläche zwischen zwei Graphen berechnen

Gegeben sind die Funktionen f und g mit $f(x) = x^2$ und $g(x) = -x + 2$. Berechnen Sie den Inhalt der Fläche, die von den Graphen der beiden Funktionen eingeschlossen wird.

1. Bestimmen Sie die Schnittstellen x_1 und x_2 von f und g, indem Sie die beiden Funktionsterme gleichsetzen. Diese bilden die untere und obere Grenze des Integrals.

   $x^2 = -x + 2$

   $x^2 + x - 2 = 0$

   $x_{1,2} = \frac{-1 \pm \sqrt{1 - 4\cdot 1\cdot(-2)}}{2} = \frac{-1 \pm 3}{2}$,

   also $x_1 = -2$ und $x_2 = 1$

2. Bilden Sie die Differenz der beiden Funktionen $f - g$. Bilden Sie eine Stammfunktion.

   $f(x) - g(x) = x^2 + x - 2$

   Stammfunktion: $\frac{1}{3}x^3 + \frac{1}{2}x^2 - 2x$

3. Berechnen Sie den Flächeninhalt mit $A = \left|\int_{x_1}^{x_2} (f(x) - g(x))\,dx\right|$.

   $A = \left|\int_{-2}^{1} f(x) - g(x)\,dx\right| = \left|\left[\frac{1}{3}x^3 + \frac{1}{2}x^2 - 2x\right]_{-2}^{1}\right|$

   $= \left|\frac{1}{3} + \frac{1}{2} - 2 - \left(-\frac{8}{3} + 2 + 4\right)\right| = \left|-\frac{9}{2}\right| = \frac{9}{2} = 4{,}5$

KURZINFO

4.4 Integralfunktion

- Den Term einer Integralfunktion bestimmen
- Den Graphen einer Integralfunktion aus dem Graphen einer Funktion f skizzieren

Was ist die Integralfunktion?

Wie der Name schon sagt, ordnet die Integralfunktion einer Funktion f wieder eine Funktion zu.

Im Gegensatz zum unbestimmten Integral ist in diesem Fall die untere Grenze gegeben und I_a ist eindeutig bestimmt.

Achtung:
F(x) ist ein Term mit einer Variablen x, F(a) ist eine Zahl.

Eine Funktion $\mathbf{I_a}$ mit $\mathbf{I_a(x) = \int_a^x f(t)\,dt}$ nennt man **Integralfunktion** von f.

Dabei ist a die untere Grenze. Die obere Grenze ist variabel. Damit es zu keiner Verwechslung kommt, benennt man in der Regel die obere variable Grenze mit x und die Integrationsvariable wird mit t (um-)benannt.
Es gilt:

$$I_a(x) = \int_a^x f(t)\,dt = [F(t)]_a^x = F(x) - F(a).$$

Geometrisch kann man die Integralfunktion als diejenige Stammfunktion von f interpretieren, deren Graph durch den Punkt $P(a\,|\,0)$ geht, d.h. a ist Nullstelle von I_a.

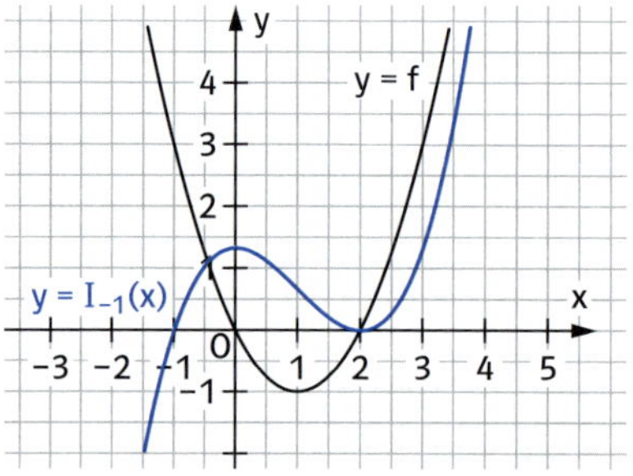

Beispiel 1: Den Term einer Integralfunktion angeben

Gegeben ist eine Funktion f mit $f(x) = \frac{3}{x^2} - 1$. Geben Sie eine integralfreie Darstellung für $I_2(x)$ an.

1. Bestimmen Sie eine Stammfunktion F von f.

$f(x) = \frac{3}{x^2} - 1 = 3x^{-2} - 1$

$F(x) = -3x^{-1} - 1x = -\frac{3}{x} - x$

2. Bestimmen Sie $I_a(x) = \int_a^x f(t)\,dt = [F(t)]_a^x = F(x) - F(a)$, indem Sie den Wert für a in die Stammfunktion einsetzen.

$I_2(x) = F(x) - F(2)$

$= -\frac{3}{x} - x - \left(-\frac{3}{2} - 2\right)$

$= -\frac{3}{x} - x + 3{,}5$

Beispiel 2: Den Graphen einer Integralfunktion skizzieren

Gegeben ist der Graph einer Funktion f. Skizzieren Sie den Graphen der Integralfunktion I_2.

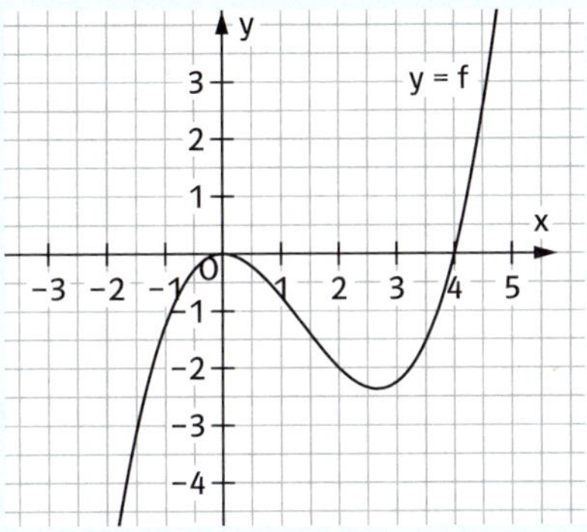

1. Beginnen Sie im Punkt P(a | 0).

2. Skizzieren Sie ausgehend von P den Graphen der Stammfunktion F.

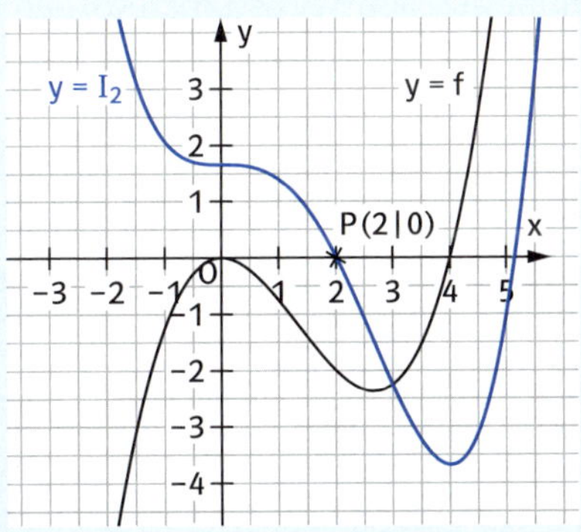

Tipp:
Denken Sie an die Ableitungsregeln, insbesondere an die Produkt- und Kettenregel.

f	F
Nullstelle	Extrem-stelle
doppelte Nullstelle	Sattel-punkt
< 0	monoton fallend
> 0	monoton steigend

KURZINFO

4.5 Anwendungen der Integralrechnung

- Den Bestand aus der Änderungsrate rekonstruieren
- Den Mittelwert einer Funktion f bestimmen und interpretieren
- Das Rotationsvolumen von Rotationskörpern bestimmen

Wie kann man den Bestand aus einer Änderungsrate rekonstruieren?

In Anwendungsaufgaben ist oft die Änderungsrate eines Bestandes gegeben, die Variable ist dabei meist die Zeit und wird mit t bezeichnet.

Ist ein Bestand gesucht, ist es wichtig, dass Sie unabhängig von der Bezeichnung eine Stammfunktion bestimmen müssen.

Ist $f'(t)$ gegeben, dann ist also $f(t)$ gesucht.

Ist die Änderungsrate f′ einer Funktion bekannt, dann lässt sich die Gesamtänderung nach einem Zeitraum [a; b] mit dem bestimmten Integral $\int_a^b f'(t)\,dt$ bestimmen. Da eine Funktion unendlich viele Stammfunktionen hat, ist es wichtig, den sogenannten Anfangsbestand zu kennen, um den Bestand rekonstruieren zu können.

Kennt man die Änderungsrate f′ einer Funktion in einem Intervall [a; b] und einen (Anfangs-)Bestand zum Zeitpunkt a, kurz f(a), dann kann man den Bestand zum Zeitpunkt b bestimmen mit

$$\mathbf{f(b) = f(a) + \int_a^b f'(t)\,dt} \quad \text{bzw.} \quad \mathbf{f(b) = f(0) + \int_0^b f'(t)\,dt.}$$

Mögliche Beispiele im Sachzusammenhang sind die Bestimmung des Bestandes aus der Wachstumsrate, der Flüssigkeitsmenge aus der Zuflussrate, des Weges aus der Geschwindigkeit.

Anwendungsaufgaben dieser Art können in der Regel nur mit einem Taschenrechner gelöst werden.

Beispiel 1: Den Bestand aus einer Änderungsrate rekonstruieren

Die Funktion f mit $f(t) = -10\,e^{-0{,}35t} + 100$ (t in Stunden) beschreibt die Änderungsrate einer Bakterienpopulation. Zu Beginn der Beobachtung waren 500 Bakterien vorhanden. Berechnen Sie, wie viele Bakterien 3 Stunden nach Beginn vorhanden sind.

1. Bestimmen Sie eine Stammfunktion F von f.

$$f(t) = -10\,e^{-0{,}35t} + 100$$
$$F(t) = \frac{1}{-0{,}35} \cdot \left(-10\,e^{-0{,}35t}\right) + 100t = \frac{1000}{35}\,e^{-0{,}35t} + 100t$$

Achtung: Klammern nicht vergessen!

2. Setzen Sie den Anfangsbestand in die Formel ein und berechnen Sie den Bestand mit $F(b) = F(0) + \int_0^b f(t)\,dt$.

$$F(3) = 500 + \int_0^3 \left(-10\,e^{-0{,}35t} + 100\right)dt$$
$$= 500 + \left[\frac{1000}{35}\,e^{-0{,}35t} + 100t\right]_0^3$$
$$= 500 + \left(\frac{1000}{35}\,e^{-0{,}35\cdot 3} + 300 - \left(\frac{1000}{35}\cdot 1 + 0\right)\right)$$
$$\approx 781$$

3. Runden Sie das Ergebnis sinnvoll und schreiben Sie einen Antwortsatz.

Nach 3 Stunden sind etwa 781 Bakterien vorhanden.

Was ist der Mittelwert einer Funktion?

Möchte man den Mittelwert (Durchschnitt) von einer bestimmten Anzahl an Werten, z. B. von Schulnoten berechnen, addiert man alle diese Werte und dividiert sie durch die Anzahl. Da eine Funktion in einem Intervall [a;b] jedoch unendlich viele Funktionswerte hat, funktioniert diese Methode bei Funktionen nicht.
Ist eine Funktion f gegeben, so berechnet man den **Mittelwert** mit

$$\overline{m} = \frac{1}{(b-a)} \int_a^b f(x)\,dx.$$

Den Mittelwert kann man sich auch mit einem Anwendungsbezug sehr gut verdeutlichen: Beschreibt z. B. eine Funktion f die Zuflussgeschwindigkeit von Wasser in einem Zeitintervall [a;b], dann liefert das Integral von f über [a;b], die Zuflussmenge A. Dieselbe Zuflussmenge würde sich ergeben, wenn konstant über den Zeitraum $\frac{A}{(b-a)}$ pro Zeiteinheit zugeflossen wäre.

Da der Mittelwert $\overline{m}$ eine Zahl ist, kann man ihn geometrisch interpretieren als Gerade $\mathbf{y = \overline{m}}$.
Schreibt man die Formel für den Mittelwert um, erhält man

$$(b-a)\cdot\overline{m} = \int_a^b f(x)\,dx.$$

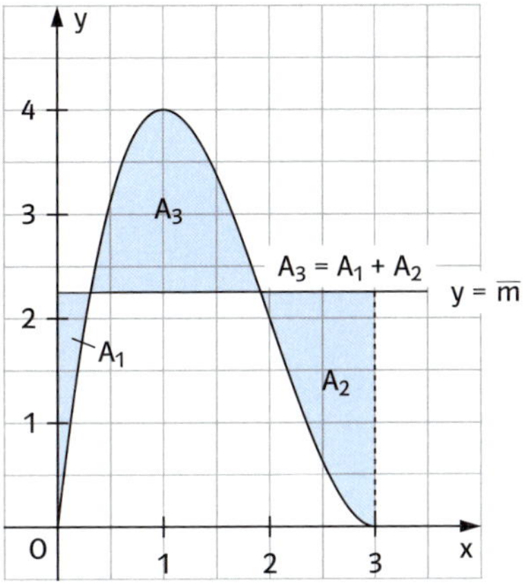

Anschaulich bedeutet das, dass man die Fläche zwischen dem Graphen einer Funktion und der x-Achse in ein inhaltsgleiches Rechteck mit der Breite $b-a$ und dem Mittelwert $\overline{m}$ als Höhe umwandeln kann.

Beispiel 2: Den Mittelwert grafisch bestimmen

Bestimmen Sie den Mittelwert im Intervall [0;8].

1. Zeichnen Sie die Geraden $x = a$ und $x = b$ ein.
2. Suchen Sie eine Gerade $y = \overline{m}$, so dass die Flächenstücke unterhalb und oberhalb dieser Geraden ungefähr gleich groß sind.

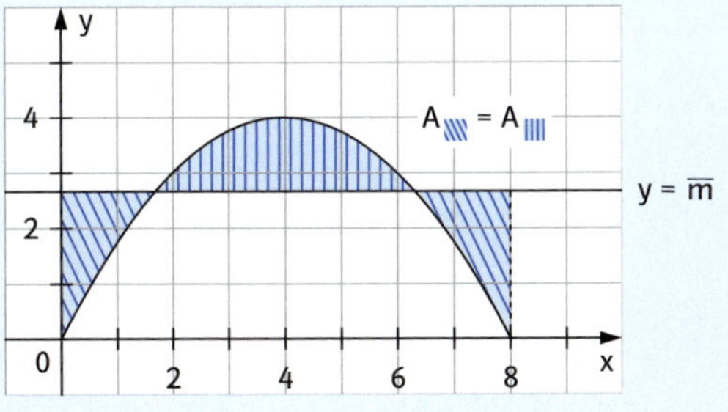

Beispiel 3: Den Mittelwert berechnen

Gegeben ist eine Funktion f mit $f(x) = -\frac{1}{4}x^2 + 2x$.
Bestimmen Sie den Mittelwert von f im Intervall [0; 2].

Berechnen Sie $\overline{m}$ mit

$\overline{m} = \frac{1}{(b-a)} \int_a^b f(x)\,dx$.

$$\overline{m} = \frac{1}{2}\int_0^2 \left(-\frac{1}{4}x^2 + 2x\right)dx$$
$$= \frac{1}{2}\left[-\frac{1}{12}x^3 + x^2\right]_0^2$$
$$= \frac{1}{2}\cdot\left(-\frac{8}{12} + 4\right)$$
$$= \frac{5}{3}$$

Beispiel 4: Den Mittelwert im Anwendungsbezug berechnen

Die Wachstumsgeschwindigkeit einer Bambusart kann näherungsweise durch die Funktion f mit $f(t) = 0{,}01\,t^3 + 0{,}2\,t^2$, f in Metern pro Woche, t in Wochen beschrieben werden.
Berechnen Sie, wie viel die Bambuspflanze durchschnittlich in den ersten 5 Wochen wächst und interpretieren Sie das Ergebnis im Sachzusammenhang.

1. Das Wort „durchschnittlich" signalisiert, dass Sie den Mittelwert bestimmen müssen.
   Berechnen Sie also $\overline{m}$ mit
   $\overline{m} = \frac{1}{b-a}\int_a^b f(t)\,dt$.

$$\overline{m} = \frac{1}{5}\int_0^5 (0{,}01\,t^3 + 0{,}2\,t^2)\,dt$$
$$= \frac{1}{5}\cdot\left[\frac{1}{400}t^4 + \frac{1}{15}t^3\right]_0^5$$
$$= \frac{1}{5}\cdot\left(\frac{1}{400}\cdot 5^4 + \frac{1}{15}\cdot 5^3\right)$$
$$\approx 2$$

2. Wenn Sie das Ergebnis interpretieren müssen, benötigen Sie den Mittelwert und die zugehörige Zeiteinheit mit „pro". Die Zeiteinheit erhalten Sie aus der Aufgabenstellung.

Der Bambus wächst in den ersten 5 Wochen im Durchschnitt etwa 2 m pro Woche.

Was ist das Rotationsvolumen?

Dreht sich der Graph einer Funktion f im Intervall [a ; b] **um die x-Achse**, entsteht die Oberfläche eines Körpers. Das **Rotationsvolumen** dieses Körpers kann berechnet werden mit

$$V = \pi \cdot \int_a^b (f(x))^2 \, dx.$$

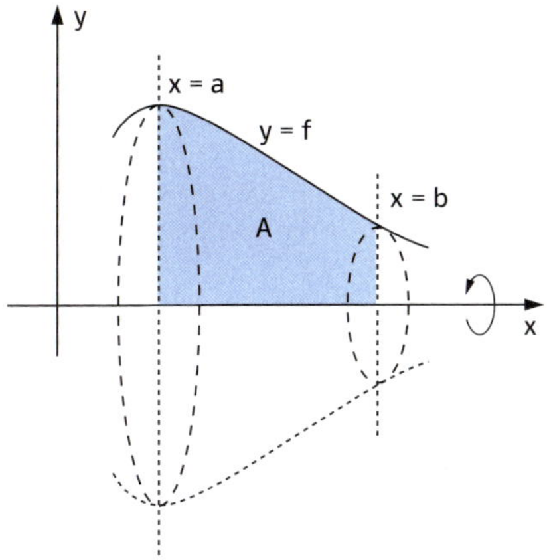

Achtung: Rotiert eine Fläche zwischen zwei Graphen um die x-Achse, entsteht ein sogenannter Hohlkörper. Dann muss man das Volumen des „inneren" Körpers von dem des „äußeren" Körpers subtrahieren und es gilt:

$$V = \pi \cdot \int_a^b (f(x))^2 \, dx - \pi \cdot \int_a^b (g(x))^2 \, dx$$

mit $f(x) \geq g(x)$.

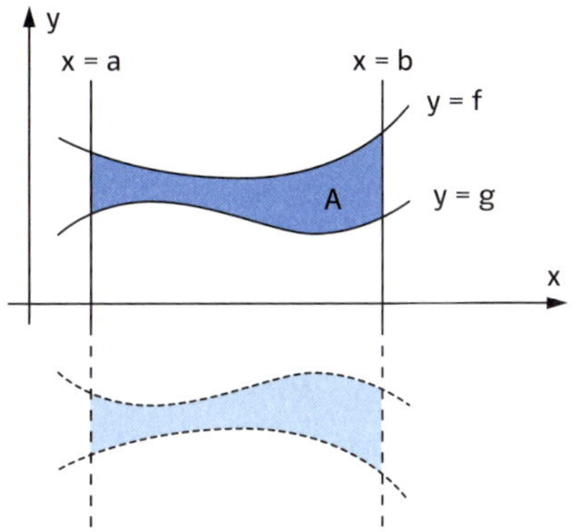

Achtung:
Mit der Formel

$V = \pi \int_a^b (f(x) - g(x))^2 \, dx$

wird **nicht** das Rotationsvolumen des Hohlkörpers berechnet, denn die Rotation des Graphen der Differenzfunktion entspricht nicht der Differenz der Rotation der beiden Graphen.

Beispiel 5: Den Rotationskörper beschreiben

Gegeben ist eine Funktion f mit $f(x) = \sqrt{x}$.
Beschreiben Sie, welcher Körper entsteht, wenn der Graph von f im Intervall [0 ; 4] um die x-Achse rotiert.

1. Skizzieren Sie den Graphen von f. Markieren Sie die Grenzen und deuten Sie die Drehung an.

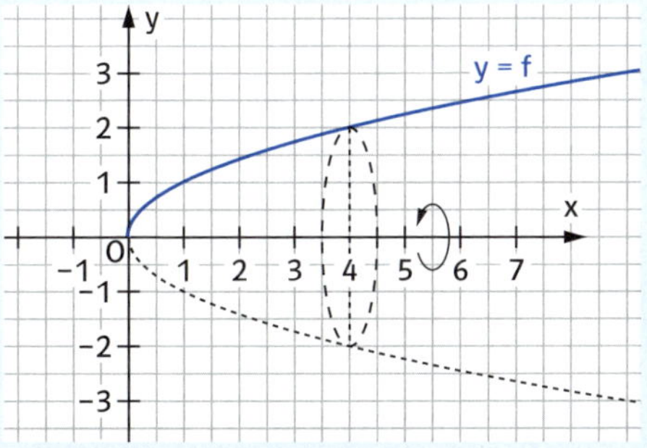

2. Beschreiben Sie den Körper.

Es entsteht eine Art „Sektkelch" ohne Stil.
Höhe des „Kelches": 4 LE
Radius der Öffnung: 2 LE

Achtung:
Die Funktion, deren Graph rotiert, steht immer in der Klammer! Hier handelt es sich also nicht um eine Parabel, die rotiert, sondern um eine Gerade.

Beispiel 6: Den Rotationskörper beschreiben

Mit $V = \pi \int_0^2 (x+1)^2\,dx$ wird das Volumen eines Körpers berechnet.

Beschreiben Sie den Körper.

1. Skizzieren Sie den Graphen von f. Markieren Sie die Grenzen und deuten Sie die Drehung an.

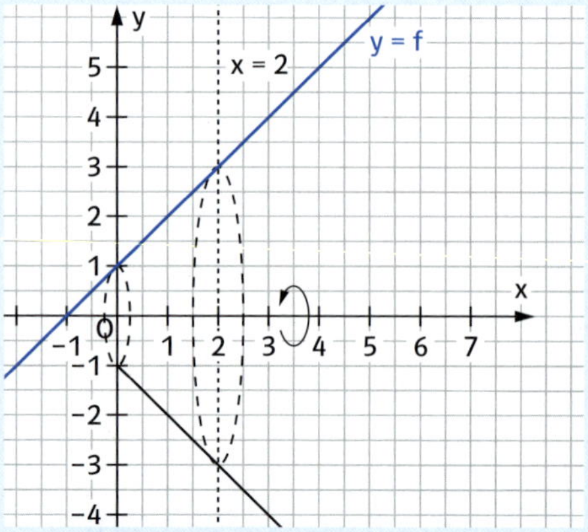

2. Beschreiben Sie den Körper.

Es entsteht ein Kegelstumpf.
Höhe des Kegelstumpfes: 2 LE
Radius der oberen Kreisfläche: 1 LE
Radius der unteren Kreisfläche: 3 LE

Beispiel 7: Das Rotationsvolumen berechnen

Gegeben ist eine Funktion f mit $f(x) = -x + 4$.
Bestimmen Sie das Rotationsvolumen des Körpers, der entsteht, wenn der Graph von f im Intervall [0; 2] um die x-Achse rotiert.

1. Bestimmen Sie $(f(x))^2$. Beachten Sie dabei die binomischen Formeln.

$$(f(x))^2 = (-x+4)^2 = x^2 - 8x + 16$$

2. Berechnen Sie V mit $V = \pi \int_a^b (f(x))^2\,dx$.

$$V = \pi \int_0^2 (f(x))^2\,dx$$
$$= \pi \int_0^2 (x^2 - 8x + 16)\,dx$$
$$= \pi \left[\frac{1}{3}x^3 - 4x^2 + 16x\right]_0^2$$
$$= \pi\left(\frac{8}{3} - 16 + 32\right)$$
$$= \frac{56}{3}\pi$$
$$\approx 58{,}6 \text{ VE}$$

Das Rotationsvolumen beträgt ca. 58,6 VE.

Stammfunktionen und Integralrechnung

Stammfunktion F von f

Eine differenzierbare Funktion F heißt Stammfunktion einer Funktion f, wenn die Ableitung der Stammfunktion die Funktion f ist.

$F'(x) = f(x)$

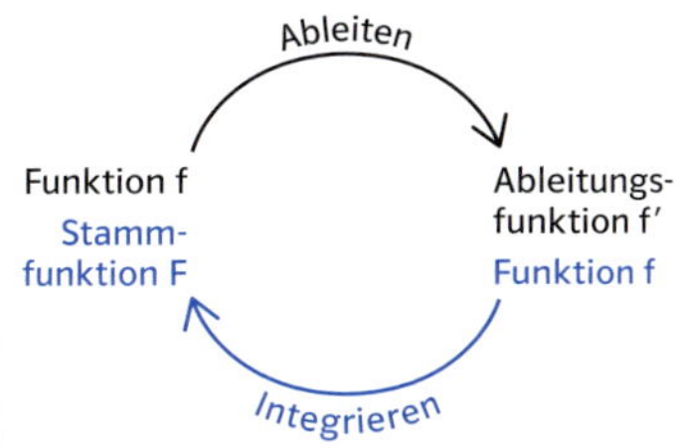

Es gilt derselbe Zusammenhang zwischen einer Funktion f und der zugehörigen Stammfunktion F wie zwischen f′ und f.
Achtung:
Eine Funktion f hat unendlich viele Stammfunktionen $F(x) + c$.

F(x)	f(x)
streng monoton steigend streng monoton fallend	$f(x) > 0$ $f(x) < 0$
Extremstelle	Nullstelle mit Vorzeichenwechsel
Sattelpunkt	doppelte Nullstelle
Wendestelle	Extremstelle

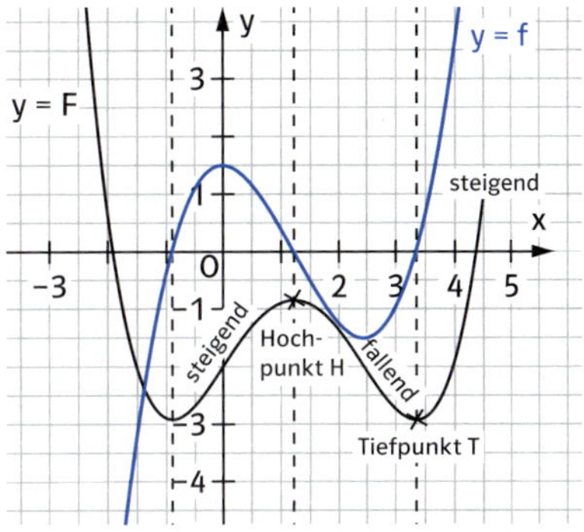

Intergrationsregeln

Potenzregel Kehrwert der Hochzahl +1 als Faktor nach vorne; neue Hochzahl ist alte Hochzahl + 1.	$f(x) = x^r$ $F(x) = \frac{1}{r+1} \cdot x^{r+1}$
Faktorregel Der konstante Faktor (Zahl) bleibt erhalten.	$f(x) = k \cdot u(x)$ $F(x) = k \cdot U(x)$
Summenregel Eine Summe wird summandenweise integriert.	$f(x) = u(x) + v(x)$ $F(x) = U(x) + V(x)$
Lineare Substitution Man dividiert die Stammfunktion der äußeren Funktion durch die Ableitung der inneren Funktion.	$f(x) = u(a \cdot x + b)$ $F(x) = \frac{1}{a} \cdot U(a \cdot x + b)$ oder $F(x) = \frac{1}{v'(x)} \cdot U(v(x))$, falls v lineare Funktion

ZUSAMMENFASSUNG

Das bestimmte Integral

Das bestimmte Integral einer Funktion f ist eine Zahl und entspricht dem orientierten Flächeninhalt (Flächenbilanz) zwischen dem Graphen einer Funktion f und der x-Achse im Intervall [a ; b].

$$\int_a^b f(x)\,dx = [F(x)]_a^b = F(b) - F(a)$$

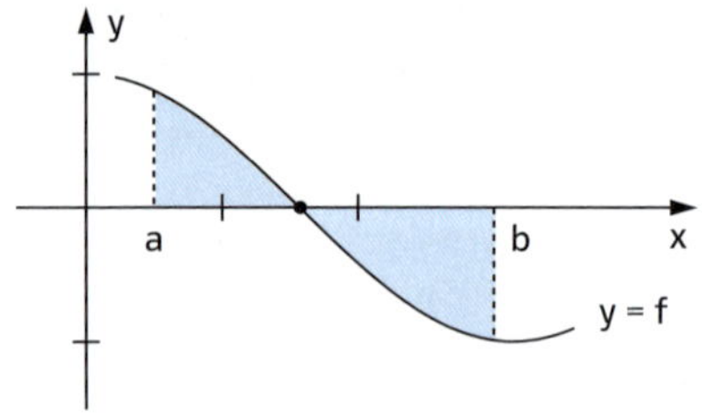

Das unbestimmte Integral

Das unbestimmte Integral ordnet einer Funktion f alle Stammfunktionen $F(x) + c$ zu. Deshalb hat das unbestimmte Integral keine obere und untere Grenze.

$$\int f(x)\,dx$$

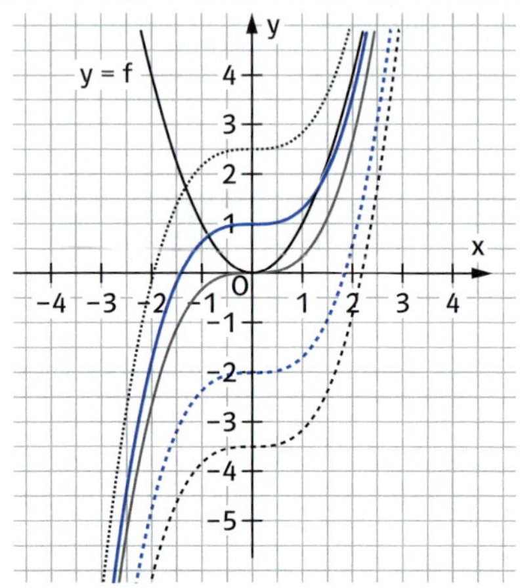

Flächeninhalt zwischen dem Graphen und der x-Achse

Bei der Bestimmung des Flächeninhalts, der vom Graphen einer Funktion f und der x-Achse eingeschlossen ist, muss man die Teilflächen ober- und unterhalb der x-Achse getrennt beachten. Dazu müssen die Nullstellen bestimmt werden.

$$A = \left|\int_a^b f(x)\,dx\right|$$

bzw.

$$A = A_1 + A_2$$

$$= \left|\int_a^{x_1} f(x)\,dx\right| + \left|\int_{x_1}^b f(x)\,dx\right|$$

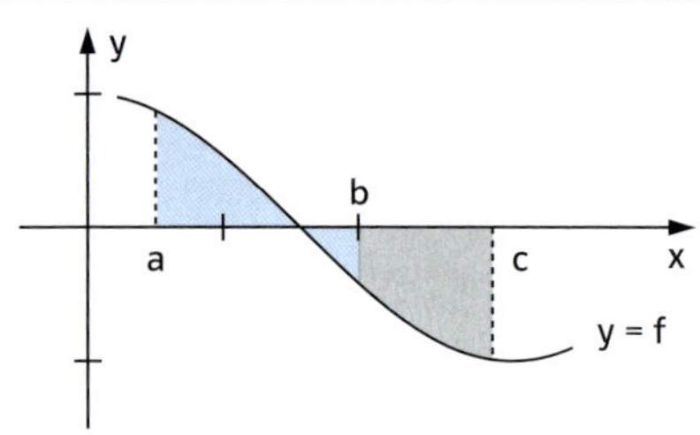

Flächeninhalt zwischen zwei Graphen

Man bestimmt den Flächeninhalt mit dem Integral von der Differenz der beiden Funktionen.

Sind x_1 und x_2 die Schnittstellen der beiden Funktionen, dann gilt:

$$A = \left|\int_{x_1}^{x_2} (f(x) - g(x))\,dx\right|.$$

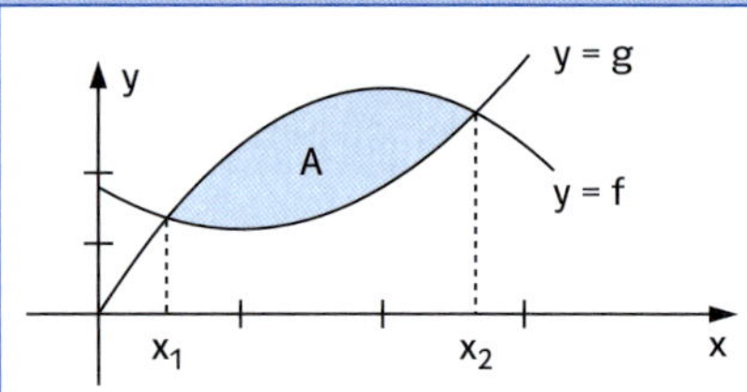

Integralfunktion		
Die Integralfunktion ist diejenige Stammfunktion von f, deren Graph durch den Punkt P(a|0) geht, d.h. a ist Nullstelle von I_a.	$I_a(x) = \int_a^x f(t)\,dt$ $= [F(t)]_a^x = F(x) - F(a)$	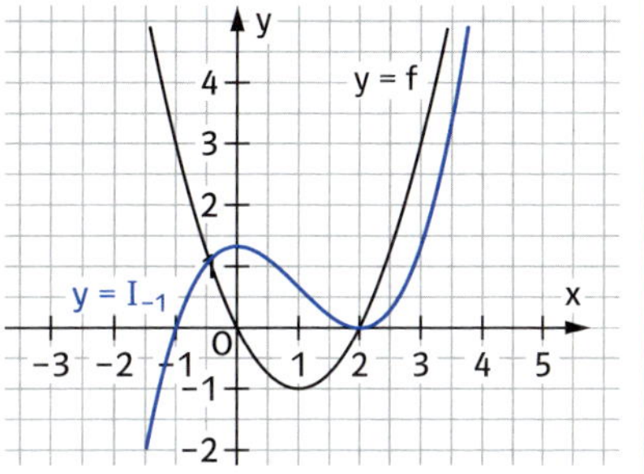
Mittelwert		
Man wandelt die Fläche zwischen dem Graphen einer Funktion und der x-Achse in ein inhaltsgleiches Rechteck mit der Breite b − a und dem Mittelwert $\overline{m}$ als Höhe um.	$\overline{m} = \frac{1}{(b-a)} \int_a^b f(x)\,dx$	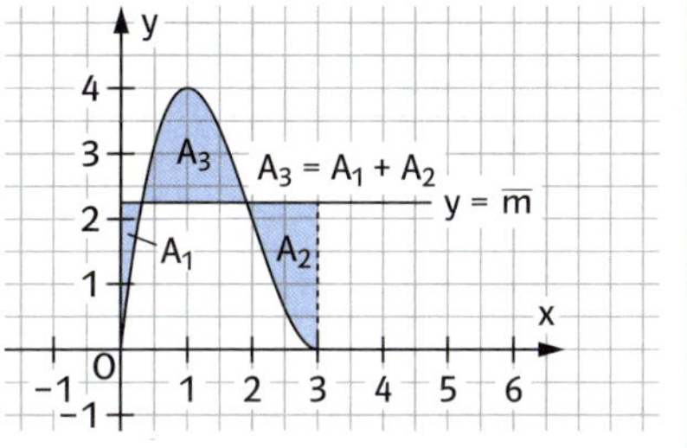
Rotationsvolumen		
Dreht sich der Graph einer Funktion f im Intervall [a; b] um die x-Achse, entsteht ein Körper. Das Rotationsvolumen dieses Körpers kann man berechnen.	$V = \pi \cdot \int_a^b (f(x))^2\,dx$	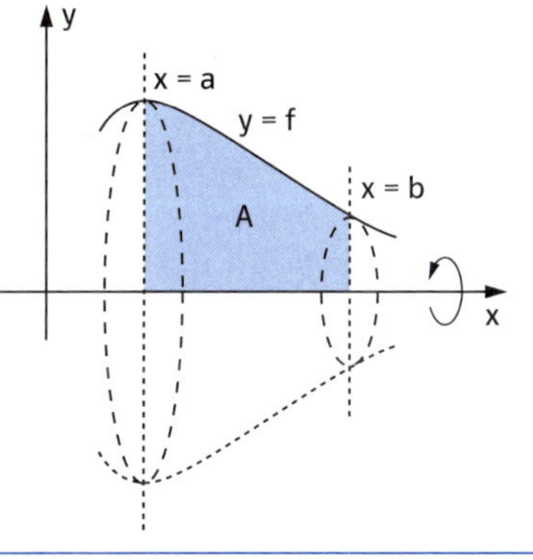
Rotiert eine Fläche zwischen zwei Graphen um die x-Achse, entsteht ein Hohlkörper.	$V = \pi \cdot \int_a^b (f(x))^2\,dx$ $- \pi \cdot \int_a^b (g(x))^2\,dx$ mit $f(x) \geq g(x)$	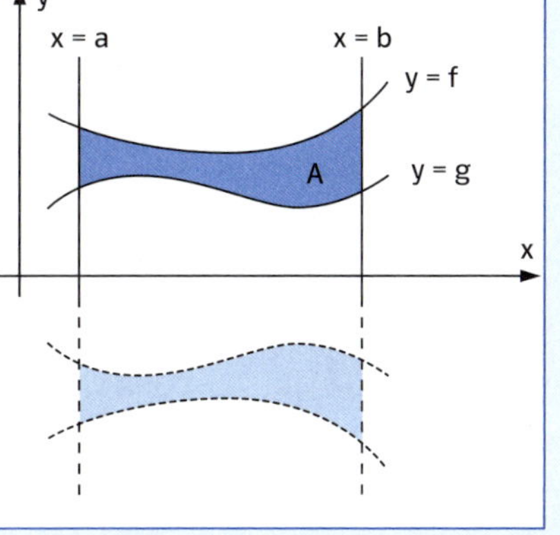

KURZINFO

5 Analytische Geometrie

5.1 Punkte im dreidimensionalen Koordinatensystem

- Punkte im dreidimensionalen Koordinatensystem darstellen
- Den Abstand zwischen zwei Punkten berechnen

Dreidimensionales Koordinatensystem

Um Objekte im Raum beschreiben zu können, benötigt man ein räumliches Koordinatensystem. Es besteht aus **drei Koordinatenachsen x_1, x_2** und **x_3**, die nicht in einer Ebene liegen und einen gemeinsamen Punkt, den so **genannten Ursprung O** (*engl. origin* = Ursprung) haben.
Sind die drei Koordinatenachsen jeweils senkrecht (orthogonal) zueinander, spricht man von einem **kartesischen Koordinatensystem**.

Das einfachste Objekt im Raum ist ein **Punkt**. Ein x-beliebiger Punkt im Raum wird durch **drei Koordinaten** angegeben. Man schreibt

$X(x_1|x_2|x_3)$

Koordinaten

$P(p_1|p_2|p_3)$

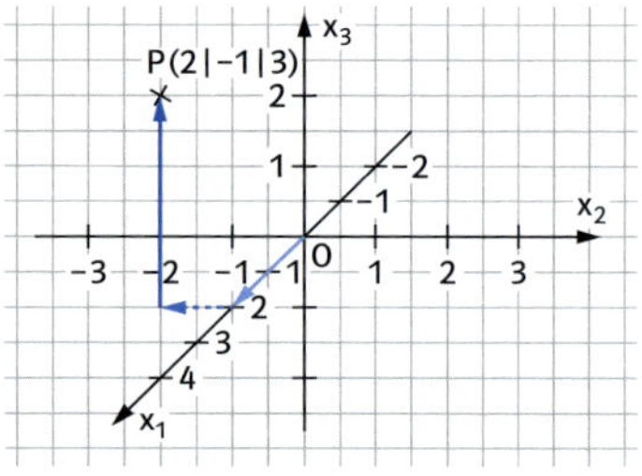

Auch bei anderen Bezeichnungen bleibt die Reihenfolge der Koordinaten erhalten. Der erste Wert gibt immer die x_1-Koordinate, der zweite die x_2-Koordinate und der dritte Wert die x_3-Koordinate an.

Beispiel 1: Punkte in ein dreidimensionales Koordinatensystem einzeichnen

Zeichnen Sie das Dreieck ABC mit A(−1|2|0), B(1|2|4) und C(2|−1|2) in ein Koordinatensystem.

Zeichnen Sie ein dreidimensionales Koordinatensystem. Die x_2- und die x_3-Achse stehen dabei senkrecht aufeinander mit Längeneinheit 1 cm. Zeichnen Sie dann die x_1-Achse im Winkel von 45° durch die Kästchendiagonalen.
Längeneinheit 1 entspricht einer Kästchendiagonale.
Gehen Sie für jeden Punkt nacheinander zuerst vom Ursprung aus so viele Schritte wie in der x_1-Koordinate angegeben auf der x_1-Achse.
Gehen Sie dann weiter so viele Schritte wie in der x_2-Koordinate und schließlich wie in der x_3-Koordinate angegeben sind.

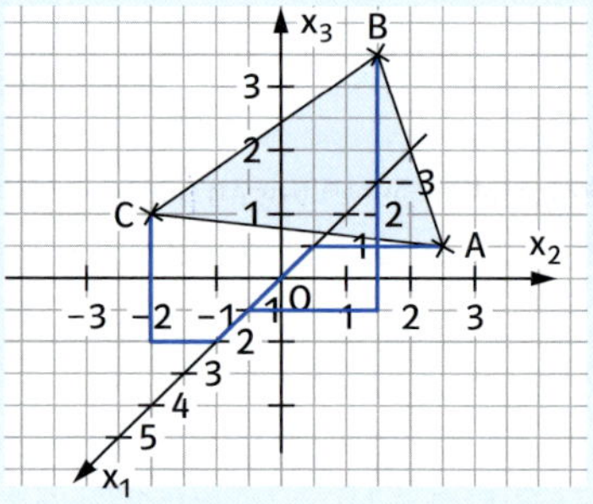

Ist die Koordinate negativ, geht man vom Ursprung aus in die entgegengesetzte Richtung des Achsenpfeils.

Abstand von zwei Punkten

Sind die Koordinaten von zwei Punkten $A(a_1 | a_2 | a_3)$ und $B(b_1 | b_2 | b_3)$ gegeben, kann man den Abstand d berechnen mit

$$\mathbf{d = \sqrt{(b_1 - a_1)^2 + (b_2 - a_2)^2 + (b_3 - a_3)^2}}$$

Anschaulich entspricht dieser Abstand der Raumdiagonalen in einem Quader. Die Formel ergibt sich mithilfe des Satzes von Pythagoras.

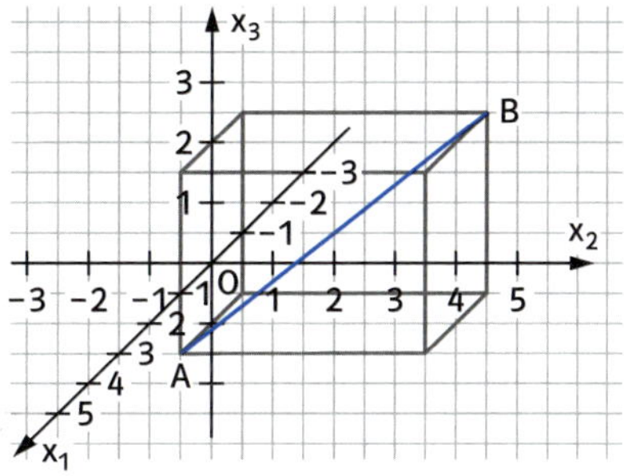

Abstände von Objekten im Raum gehören zu den Grundaufgaben. Der Abstand von zwei Punkten ist der einfachste Abstand, der im Raum bestimmt werden kann.

Beispiel 2: Abstand von zwei Punkten berechnen

Bestimmen Sie den Abstand der Punkte $A(2 | -3 | 1)$ und $B(3 | 0 | 2)$.

Setzen Sie die Koordinaten von A und B in die Formel ein.

$d = \sqrt{(b_1 - a_1)^2 + (b_2 - a_2)^2 + (b_3 - a_3)^2}$

$$d = \sqrt{(3-2)^2 + (0-(-3))^2 + (2-1)^2}$$
$$= \sqrt{1^2 + 3^2 + 1^2}$$
$$= \sqrt{11}$$

Beispiel 3: Fehlende Koordinate bei gegebenem Abstand berechnen

Gegeben sind die Punkte $P(a | 0 | 1)$ und $Q(5 | 1 | -1)$. Bestimmen Sie die Werte von a, so dass die Punkte P und Q den Abstand 3 haben.

Wenn ein Wert gesucht ist, bedeutet das, eine Gleichung zu lösen.
Setzen Sie die Koordinaten und den Abstand in die Formel ein und lösen Sie die Gleichung nach a auf.

$$3 = \sqrt{(5-a)^2 + (1-0)^2 + (-1-1)^2}$$
$$3 = \sqrt{(5-a)^2 + 1 + 4}$$
$$3 = \sqrt{(5-a)^2 + 5} \quad | \text{ quadrieren}$$
$$9 = (5-a)^2 + 5 \quad | -5$$
$$4 = (5-a)^2 \quad | \pm\sqrt{\ }$$
$$\pm 2 = 5 - a$$

$2 = 5 - a$ und $-2 = 5 - a$, also $a_1 = 3$ und $a_2 = 7$

Für $a = 3$ und $a = 7$ haben die Punkte P und Q den Abstand 3.

Da in der Abstandsformel eine Wurzel vorkommt, muss man hier eine Wurzelgleichung lösen. Dabei muss man beachten, dass man durch Quadrieren eine zweite Lösung erzeugt, denn eine quadratische Gleichung kann zwei Lösungen haben.

Beispiel 4: Seitenlängen von ebenen Figuren berechnen

Berechnen Sie die Seitenlängen des Dreiecks ABC mit $A(-1 | 2 | -3)$, $B(-5 | 0 | 1)$ und $C(-1 | 4 | 2)$.

Berechnen Sie die Seitenlängen mit der Abstandsformel $d = \sqrt{(b_1 - a_1)^2 + (b_2 - a_2)^2 + (b_3 - a_3)^2}$.

$$|AB| = \sqrt{(-5-(-1))^2 + (0-2)^2 + (1-(-3))^2}$$
$$= \sqrt{(-4)^2 + (-2)^2 + 4^2} = \sqrt{36} = 6$$

$$|BC| = \sqrt{(-1-(-5))^2 + (4-0)^2 + (2-1)^2}$$
$$= \sqrt{4^2 + 4^2 + 1^2} = \sqrt{33} \approx 5{,}7$$

$$|AC| = \sqrt{(-1-(-1))^2 + (4-2)^2 + (2-(-3))^2}$$
$$= \sqrt{0^2 + 2^2 + 5^2} = \sqrt{29} \approx 5{,}4$$

KURZINFO

5.2 Vektoren

- Vektoren und besondere Vektoren kennen
- Verbindungsvektoren bestimmen
- Den Betrag eines Vektors bestimmen

Was ist ein Vektor?

Um einen Vektor (*lat.* = Träger) eindeutig zu bestimmen, braucht man mehr als nur eine Zahl, nämlich eine Länge und Richtung. Um einen Vektor auch von der Schreibweise her von Zahlen zu unterscheiden, schreibt man einen Vektor als Kleinbuchstaben mit einem Pfeil darüber.

Umgekehrt kann man sagen: Zeigt ein Pfeil in eine andere Richtung oder hat er eine andere Länge, dann gehört dieser Pfeil auch zu einem anderen Vektor.

Ein **Vektor** $\vec{v}$ beschreibt eine **Verschiebung** im Raum. Wird ein Objekt im Raum verschoben, kann an jeder Stelle des Objekts der Verschiebungspfeil angehängt werden und man erhält das Bild. Es genügt aber ein einziger Pfeil, der die Richtung und Länge angibt, um das Objekt im Raum eindeutig zu verschieben.

Mathematisch sagt man dazu:
Alle Pfeile, die die **gleiche Richtung** und die **gleiche Länge** haben, repräsentieren (kennzeichnen) den gleichen **Vektor**. Deshalb wird ein Vektor $\vec{v}$ im Koordinatensystem durch einen Pfeil dargestellt und ist durch seine Länge und Richtung (eindeutig) festgelegt. Ein Vektorpfeil kann sich also überall im Raum befinden.

Geometrische Darstellung des Vektors $\vec{v}$:

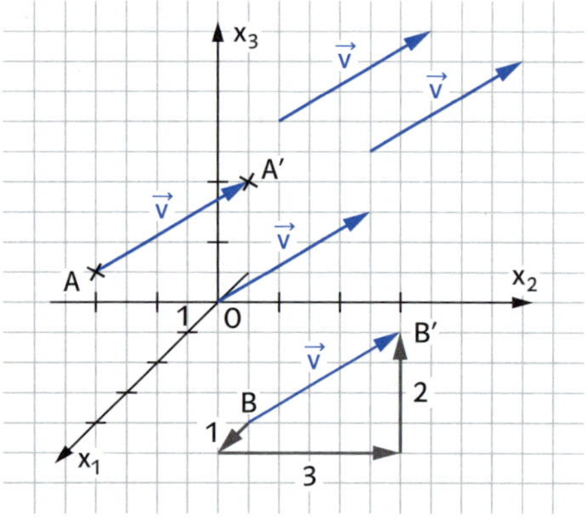

Algebraische Beschreibung:
Ein Vektor im Raum besteht aus drei **Koordinaten**, einem so genannten Zahlentripel.
Diese werden untereinander als **Spalte** geschrieben.

$$\vec{x} = \begin{pmatrix} x_1 \\ x_2 \\ x_3 \end{pmatrix}$$

Der Vektor $\vec{v}$ verschiebt jeden Punkt im Raum um
1 in x_1-Richtung
3 in x_2-Richtung
2 in x_3-Richtung
Man schreibt dafür $\vec{v} = \begin{pmatrix} 1 \\ 3 \\ 2 \end{pmatrix}$.

Punkte und Vektoren im Koordinatensystem – Ortsvektor

Verschiebt man den Ursprung O (mit einem Pfeil) zu einem Punkt $P(p_1 \mid p_2 \mid p_3)$, dann haben der Punkt und der zugehörige Vektor die gleichen Koordinaten. Dieser besondere Vektor vom Ursprung zum Punkt P heißt **Ortsvektor** und es gilt:

$$\overrightarrow{OP} = \vec{p} = \begin{pmatrix} p_1 \\ p_2 \\ p_3 \end{pmatrix}.$$

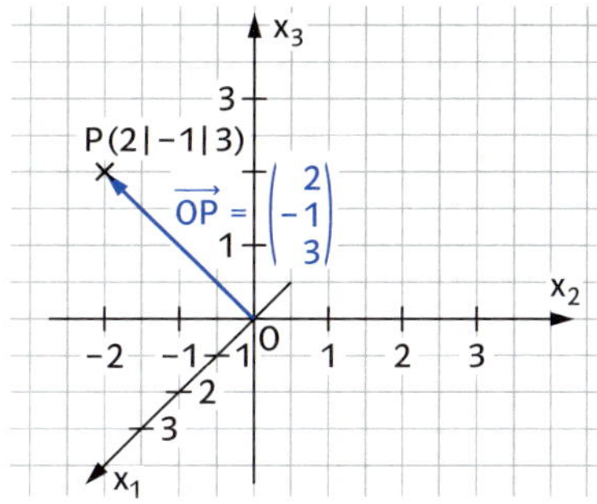

Ein Ortsvektor wird entweder mit $\overrightarrow{OP}$ oder nur mit dem zum Punkt gehörenden Kleinbuchstaben $\vec{p}$ mit Pfeil bezeichnet.

Besondere Vektoren – Gegenvektor und Verbindungsvektor

Geht man vom Ursprung aus zu einem Punkt A, läuft man entlang des Ortsvektors $\overrightarrow{OA} = \vec{a}$. Geht man denselben Weg wieder zurück, läuft man entlang des Vektors, nur in die entgegengesetzte Richtung. Dieser Weg von A zum Ursprung O wird durch den Gegenvektor von $\vec{a}$ dargestellt.

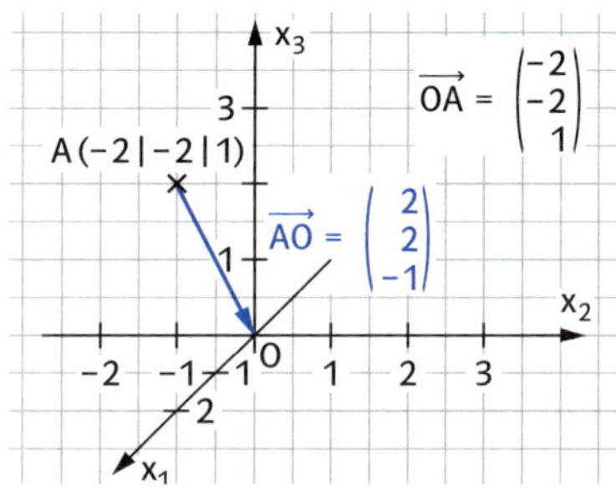

Der **Gegenvektor** zu einem Vektor $\vec{a}$ hat die gleiche Länge, zeigt aber in die entgegengesetzte Richtung. Man schreibt dafür $-\vec{a} = \overrightarrow{AO}$. Man erhält den Gegenvektor, indem man bei allen Koordinaten des Vektors das Vorzeichen umdreht.

Sind in einem Koordinatensystem zwei Punkte A und B gegeben, so legen sie einen **Verbindungsvektor $\overrightarrow{AB}$** fest. Dieser Vektor $\overrightarrow{AB}$ beginnt in A und endet in B. Anschaulich bildet der erste Punkt den Schaft, der zweite Punkt die Spitze des zugehörigen Pfeils. Möchte man den Pfeil, also den Weg von A nach B mithilfe der Ortsvektoren $\overrightarrow{OA}$ und $\overrightarrow{OB}$ beschreiben, geht man zuerst von A zum Ursprung zurück, also $-\overrightarrow{OA} = -\vec{a}$ und von dort aus mit $\overrightarrow{OB} = \vec{b}$ zum Punkt B. Für den Vektor von A zu B gilt also:

$$\overrightarrow{AB} = -\overrightarrow{OA} + \overrightarrow{OB} = \overrightarrow{OB} - \overrightarrow{OA}$$
$$= \vec{b} - \vec{a} = \begin{pmatrix} b_1 \\ b_2 \\ b_3 \end{pmatrix} - \begin{pmatrix} a_1 \\ a_2 \\ a_3 \end{pmatrix}$$

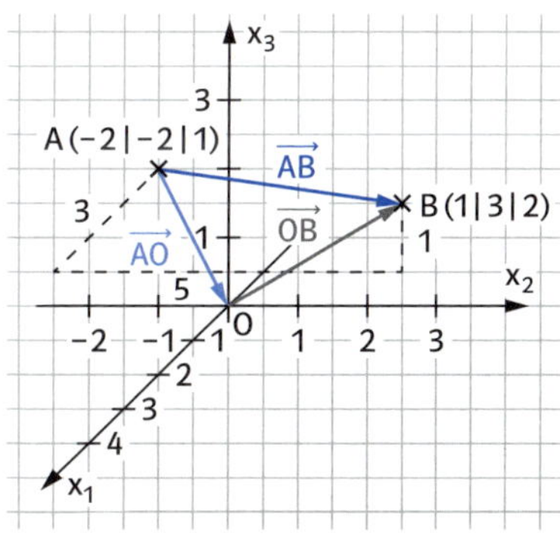

$$\overrightarrow{AB} = -\begin{pmatrix} -2 \\ -2 \\ 1 \end{pmatrix} + \begin{pmatrix} 1 \\ 3 \\ 2 \end{pmatrix} = \begin{pmatrix} 1 \\ 3 \\ 2 \end{pmatrix} - \begin{pmatrix} -2 \\ -2 \\ 1 \end{pmatrix}$$
$$= \begin{pmatrix} 1-(-2) \\ 3-(-2) \\ 2-\ \ 1 \end{pmatrix} = \begin{pmatrix} 1+2 \\ 3+2 \\ 2-1 \end{pmatrix} = \begin{pmatrix} 3 \\ 5 \\ 1 \end{pmatrix}$$

Das heißt, man geht von A aus 3 Einheiten in x_1-, 5 Einheiten in x_2- und 1 Einheit in x_3-Richtung.

Beispiel 1: Verbindungsvektor bestimmen

Gegeben sind die Punkte A(1 | 3 | 5) und B(6 | −4 | 2). Bestimmen Sie die Koordinaten der Vektoren $\overrightarrow{AB}$ und $\overrightarrow{BA}$.

Subtrahieren Sie die Koordinaten des ersten Vektors von denen des zweiten Vektors.

$$\overrightarrow{AB} = \vec{b} - \vec{a} = \begin{pmatrix} 6 \\ -4 \\ 2 \end{pmatrix} - \begin{pmatrix} 1 \\ 3 \\ 5 \end{pmatrix} = \begin{pmatrix} 6-1 \\ -4-3 \\ 2-5 \end{pmatrix} = \begin{pmatrix} 5 \\ -7 \\ -3 \end{pmatrix}$$

Den Gegenvektor $\overrightarrow{BA}$ erhält man, indem man die Vorzeichen aller Koordinaten von $\overrightarrow{AB}$ umdreht, kurz $\overrightarrow{BA} = -\overrightarrow{AB}$.

$$\overrightarrow{BA} = -\overrightarrow{AB} = \begin{pmatrix} -5 \\ 7 \\ 3 \end{pmatrix}$$

Länge eines Vektors

Mit dem Betrag eines Vektors kann man beispielsweise Streckenlängen von ebenen Figuren oder in Körpern berechnen.

Da ein Vektor als Verschiebung eines Punktes auf einen anderen Punkt interpretiert werden kann, kann man die Länge eines Vektors als Abstand von zwei Punkten sehen.
Die **Länge eines Vektors** nennt man **Betrag** eines Vektors.

Damit gilt für $\vec{v} = \begin{pmatrix} v_1 \\ v_2 \\ v_3 \end{pmatrix}$:

$$|\vec{v}| = \sqrt{v_1^2 + v_2^2 + v_3^2}$$

Beispiel 2: Betrag eines Vektors bestimmen

Gegeben sind die Punkte A(1 | 3 | 5) und B(6 | −4 | 2). Bestimmen Sie den Betrag des Vektors $\overrightarrow{AB}$.

Möglichkeit 1:

1. Bestimmen Sie den Vektor $\overrightarrow{AB}$.

$$\overrightarrow{AB} = \vec{b} - \vec{a} = \begin{pmatrix} 5 \\ -7 \\ -3 \end{pmatrix}$$

2. Berechnen Sie den Betrag des Vektors mit der Formel $|\vec{v}| = \sqrt{v_1^2 + v_2^2 + v_3^2}$.

$$|\overrightarrow{AB}| = \sqrt{5^2 + (-7)^2 + (-3)^2} = \sqrt{83}$$

Möglichkeit 2:

Sie können den Betrag des Verbindungsvektors auch direkt berechnen mit der Formel:

$|\overrightarrow{AB}| = \sqrt{(b_1 - a_1)^2 + (b_2 - a_2)^2 + (b_3 - a_3)^2}$.

$$|\overrightarrow{AB}| = \sqrt{(6-1)^2 + (-4-3)^2 + (2-5)^2} = \sqrt{25 + 49 + 9} = \sqrt{83} \approx 9{,}1$$

Beispiel 3: Seitenlängen von Figuren bestimmen

Gegeben sind die Punkte A(2 | 1 | 3), B(−2 | 3 | 7) und C(0 | 7 | 3). Zeigen Sie, dass das Dreieck ABC gleichschenklig ist.

1. Bestimmen Sie die Vektoren der Seitenlängen des Dreiecks, also die Vektoren $\overrightarrow{AB}$, $\overrightarrow{BC}$ und $\overrightarrow{AC}$.

$\overrightarrow{AB} = \vec{b} - \vec{a} = \begin{pmatrix} -4 \\ 2 \\ 4 \end{pmatrix}$

$|\overrightarrow{AB}| = \sqrt{16+4+16} = \sqrt{36} = 6$

$\overrightarrow{AC} = \vec{c} - \vec{a} = \begin{pmatrix} -2 \\ 6 \\ 0 \end{pmatrix}$

2. Berechnen Sie die Beträge der Vektoren mit der Formel $|\vec{v}| = \sqrt{v_1^2 + v_2^2 + v_3^2}$.

$|\overrightarrow{AC}| = \sqrt{4+36+0} = \sqrt{40}$

$\overrightarrow{BC} = \vec{c} - \vec{b} = \begin{pmatrix} 2 \\ 4 \\ -4 \end{pmatrix}$

$|\overrightarrow{BC}| = \sqrt{4+16+16} = \sqrt{36} = 6$

Da $|\overrightarrow{AB}| = |\overrightarrow{BC}| = 6$ ist, ist das Dreieck gleichschenklig.

Bei der Angabe für Längen dürfen Sie die Wurzel stehen lassen, das gilt insbesondere für den Vergleich von Längen.

Was ist ein Einheitsvektor?

Einen Vektor mit dem **Betrag 1** nennt man **Einheitsvektor**, kurz $\vec{v_0}$. Man erhält den Einheitsvektor aus einem Vektor $\vec{v}$, indem man den Vektor durch seinen Betrag (seine Länge) dividiert bzw. mit $\frac{1}{|\vec{v}|}$ multipliziert. Man sagt dazu auch **normieren**.

Für den Einheitsvektor gilt: $\vec{v_0} = \frac{1}{|\vec{v}|} \cdot \vec{v}$.

Einheitsvektoren braucht man bei Abstandsproblemen, beispielsweise, um Punkte mit einem vorgegebenen Abstand ermitteln zu können.

Beispiel 4: Einheitsvektor bestimmen

Gegeben ist der Vektor $\vec{v} = \begin{pmatrix} 4 \\ 2 \\ -4 \end{pmatrix}$. Bestimmen Sie den Einheitsvektor.

1. Berechnen Sie den Betrag des Vektors mit der Formel $|\vec{v}| = \sqrt{v_1^2 + v_2^2 + v_3^2}$.

$|\vec{v}| = \sqrt{4^2+2^2+(-4)^2} = \sqrt{36} = 6$

2. Notieren Sie den Einheitsvektor.

$\vec{v_0} = \frac{1}{6}\begin{pmatrix} 4 \\ 2 \\ -4 \end{pmatrix} = \begin{pmatrix} \frac{2}{3} \\ \frac{1}{3} \\ -\frac{2}{3} \end{pmatrix}$

KURZINFO

5.3 Rechnen mit Vektoren, parallele Vektoren

- Vektoren addieren und subtrahieren
- Vektoren mit einer reellen Zahl multiplizieren
- Vektoren auf Kollinearität überprüfen
- Den Mittelpunkt einer Strecke bestimmen

Addition und Subtraktion von Vektoren

Geometrisch werden zwei Vektoren **addiert**, indem man **ihre Pfeile aneinanderhängt**, d.h. man setzt den Schaft des zweiten Pfeils an die Spitze des ersten Pfeils.

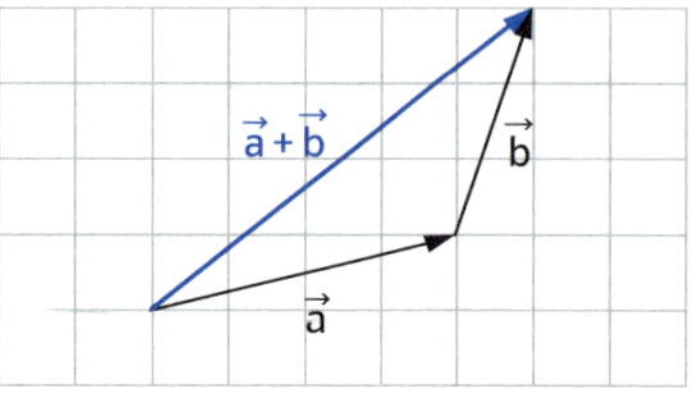

Alternativ dazu kann man auch die beiden Vektoren in einem gemeinsamen Punkt beginnen lassen und zu einem **Parallelogramm** ergänzen. Dann entspricht die Addition der beiden Vektoren dem Pfeil entlang der **Diagonalen**, die im Ausgangspunkt beginnt und in der gegenüberliegenden Ecke endet.

Dies entspricht dem Kräfteparallelogramm in der Physik, wo die resultierende Kraft die gleiche Wirkung hat wie die beiden Ausgangskräfte zusammen.

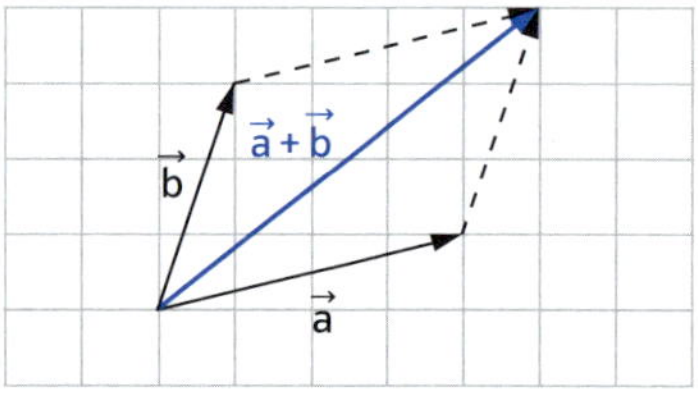

Sind die Koordinaten der Vektoren gegeben, dann werden zwei Vektoren addiert, indem die einzelnen Koordinaten addiert werden. Es gilt:

$$\vec{a}+\vec{b} = \begin{pmatrix} a_1 \\ a_2 \\ a_3 \end{pmatrix} + \begin{pmatrix} b_1 \\ b_2 \\ b_3 \end{pmatrix} = \begin{pmatrix} a_1 + b_1 \\ a_2 + b_2 \\ a_3 + b_3 \end{pmatrix}$$

Geometrisch werden zwei Vektoren **subtrahiert**, indem man **an den Pfeil des ersten Vektors den Gegenvektor des zweiten Pfeils hängt**, d.h. man setzt den Schaft des Gegenvektors an die Spitze des ersten Pfeils.

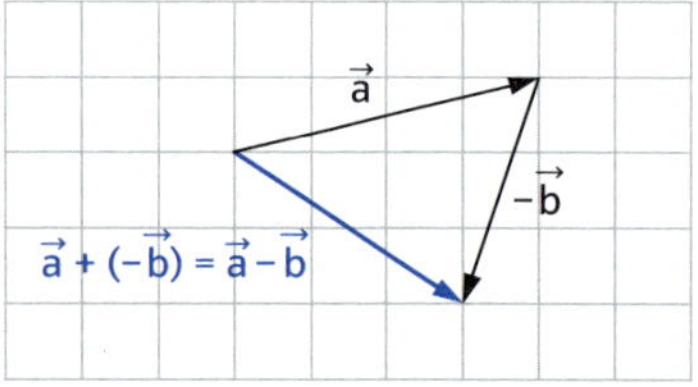

Lässt man die beiden Vektoren in einem gemeinsamen Punkt beginnen und ergänzt die Figur zu einem Parallelogramm, dann entspricht die Subtraktion dem Pfeil entlang der Diagonalen, der zu $\vec{b}$ addiert $\vec{a}$ ergibt, also dem Pfeil, der von der Spitze des zweiten Vektors zur Spitze des ersten Vektors zeigt.

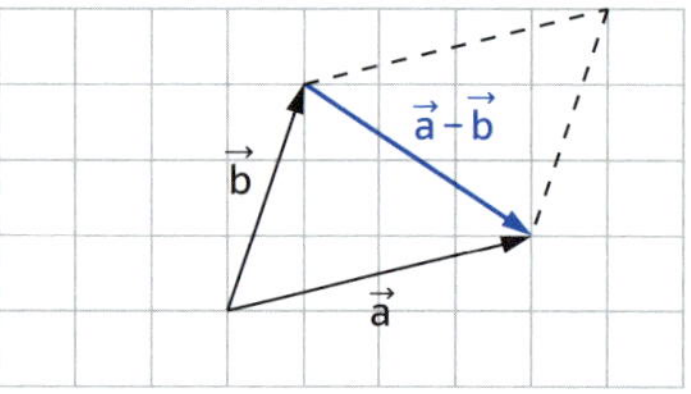

Sind die Koordinaten der Vektoren gegeben, dann werden zwei Vektoren subtrahiert, indem die Koordinaten des zweiten Vektors von denen des ersten Vektors subtrahiert werden. Es gilt:

$$\vec{a} - \vec{b} = \begin{pmatrix} a_1 \\ a_2 \\ a_3 \end{pmatrix} - \begin{pmatrix} b_1 \\ b_2 \\ b_3 \end{pmatrix} = \begin{pmatrix} a_1 - b_1 \\ a_2 - b_2 \\ a_3 - b_3 \end{pmatrix}.$$

Beispiel 1: Vektoren addieren und subtrahieren

Gegeben sind die Vektoren $\vec{a} = \begin{pmatrix} 2 \\ -5 \\ 3 \end{pmatrix}$ und $\vec{b} = \begin{pmatrix} -1 \\ -4 \\ 8 \end{pmatrix}$. Berechnen Sie die Summe und Differenz der beiden Vektoren.

Addieren bzw. subtrahieren Sie die Vektoren koordinatenweise.

$$\vec{a} + \vec{b} = \begin{pmatrix} 2 \\ -5 \\ 3 \end{pmatrix} + \begin{pmatrix} -1 \\ -4 \\ 8 \end{pmatrix} = \begin{pmatrix} 2-1 \\ -5-4 \\ 3+8 \end{pmatrix} = \begin{pmatrix} 1 \\ -9 \\ 11 \end{pmatrix}$$

$$\vec{a} - \vec{b} = \begin{pmatrix} 2 \\ -5 \\ 3 \end{pmatrix} - \begin{pmatrix} -1 \\ -4 \\ 8 \end{pmatrix} = \begin{pmatrix} 2-(-1) \\ -5-(-4) \\ 3-\ 8 \end{pmatrix} = \begin{pmatrix} 3 \\ -1 \\ -5 \end{pmatrix}$$

Beispiel 2: Punkte zu einem Parallelogramm ergänzen

Gegeben sind die Punkte A(1 | 3 | −2), B(−2 | 6 | 1) und C(−2 | −1 | 4).
Bestimmen Sie einen Punkt D so, dass das Viereck ABCD ein Parallelogramm ist.

1. Machen Sie eine Skizze und formulieren Sie die Eigenschaften der Figur.
   Beim Parallelogramm gilt:
   Gegenüberliegende Seiten sind parallel und gleich lang.

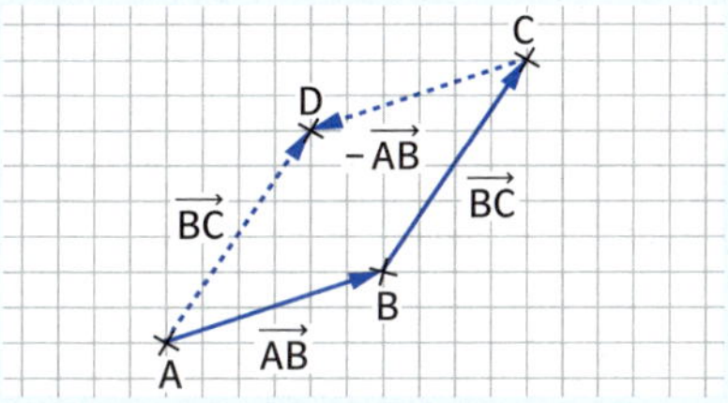

2. Überlegen Sie, wie Sie durch Addition von Vektoren den fehlenden Punkt bestimmen können.

Man kommt zu D, indem man vom Ursprung zu A und dann entlang des Vektors $\overrightarrow{BC}$ läuft, also

$\overrightarrow{OD} = \overrightarrow{OA} + \overrightarrow{BC}$

$$\overrightarrow{BC} = \vec{c} - \vec{b} = \begin{pmatrix} -2 \\ -1 \\ 4 \end{pmatrix} - \begin{pmatrix} -2 \\ 6 \\ 1 \end{pmatrix} = \begin{pmatrix} 0 \\ -7 \\ 3 \end{pmatrix}$$

3. Berechnen Sie die Koordinaten des gesuchten Punktes.

$$\overrightarrow{OD} = \vec{d} = \begin{pmatrix} 1 \\ 3 \\ -2 \end{pmatrix} + \begin{pmatrix} 0 \\ -7 \\ 3 \end{pmatrix} = \begin{pmatrix} 1 \\ -4 \\ 1 \end{pmatrix}$$

Der Punkt D hat die Koordinaten D(1 | −4 | 1).

Tipp:
Überlegen Sie immer: Wie kommt man vom Ursprung aus mithilfe der vorhandenen Vektoren zu dem gesuchten Punkt.

Achtung:
Sie rechnen mit Vektoren. Schreiben Sie die gesuchten Koordinaten als Punktkoordinaten auf.

Multiplikation eines Vektors mit einer Zahl (skalare Multiplikation)

Geometrisch wird ein Vektor $\vec{a}$ mit einer reellen Zahl r (einem Skalar) multipliziert, indem man den Pfeil von $\vec{a}$ auf die r-fache Länge streckt (r > 1) bzw. staucht (0 < r < 1).
Ist r negativ, wird der Pfeil erst auf die r-fache Länge gestreckt bzw. gestaucht und dann die Richtung umgedreht, d.h. Schaft und Spitze vertauscht.

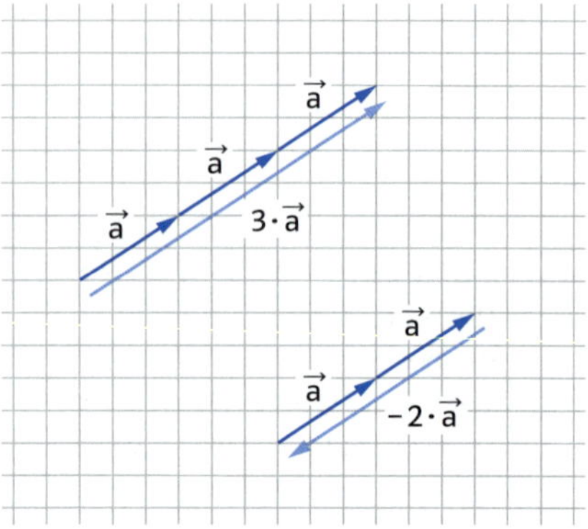

Achtung:
Es gibt weitere Formen der Multiplikation:
- das Skalarprodukt (Ergebnis: eine Zahl)

und
- das Vektorprodukt (Ergebnis: ein Vektor).

Der Vektor $\vec{a}$ wird mit einer reellen Zahl r multipliziert, indem man jede Koordinate von $\vec{a}$ mit r multipliziert. Dies nennt man **skalare Multiplikation**. Das Ergebnis ist ein Vektor.

$$\mathbf{r\cdot\vec{a} = r\cdot\begin{pmatrix} a_1 \\ a_2 \\ a_3 \end{pmatrix} = \begin{pmatrix} r\cdot a_1 \\ r\cdot a_2 \\ r\cdot a_3 \end{pmatrix}}$$

Beispiel 3: Einen Vektor mit einer reellen Zahl multiplizieren

Gegeben ist der Vektor $\vec{a} = \begin{pmatrix} 2 \\ -5 \\ 3 \end{pmatrix}$. Berechnen Sie das Produkt des Vektors mit 3 und −2.

Multiplizieren Sie jede Koordinate des Vektors mit der Zahl.

$$3\cdot\vec{a} = 3\cdot\begin{pmatrix} 2 \\ -5 \\ 3 \end{pmatrix} = \begin{pmatrix} 6 \\ -15 \\ 9 \end{pmatrix}$$

$$-2\cdot\vec{a} = -2\cdot\begin{pmatrix} 2 \\ -5 \\ 3 \end{pmatrix} = \begin{pmatrix} -4 \\ 10 \\ -6 \end{pmatrix}$$

Wann sind zwei Vektoren parallel?

Kollinear bedeutet „auf einer Geraden liegend".

Geometrisch sind zwei Vektoren $\vec{a}$ und $\vec{b}$ **parallel (kollinear)**, wenn sie die gleiche oder entgegengesetzte Richtung haben.
Dies ist genau dann der Fall, wenn der eine Vektor ein **Vielfaches** des anderen Vektors ist, d.h. wenn gilt:

$$\mathbf{\vec{a} = r\cdot\vec{b}}, \quad r\in\mathbb{R}.$$

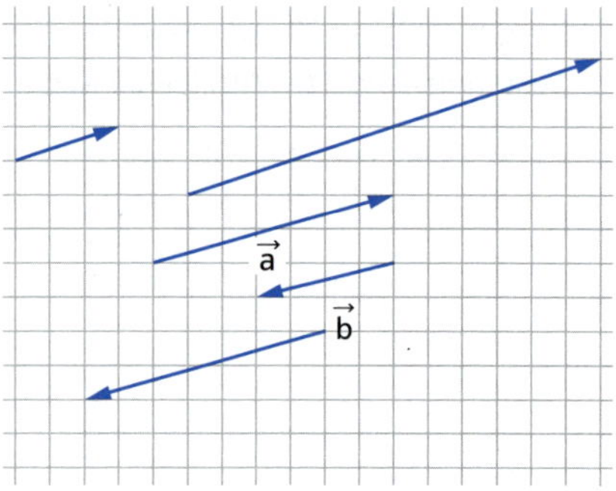

Beispiel 4: Vektoren auf Parallelität überprüfen

Überprüfen Sie, ob die Vektoren $\vec{a} = \begin{pmatrix} 2 \\ -1 \\ 3 \end{pmatrix}$ und $\vec{b} = \begin{pmatrix} -6 \\ 3 \\ -9 \end{pmatrix}$ parallel sind.

Zu überprüfen: $\vec{a} = r \cdot \vec{b}$; d.h. $\begin{pmatrix} 2 \\ -1 \\ 3 \end{pmatrix} = r \cdot \begin{pmatrix} -6 \\ 3 \\ -9 \end{pmatrix}$

1. Schreiben Sie die Koordinaten der Gleichung $\vec{a} = r \cdot \vec{b}$ zeilenweise auf.
2. Lösen Sie jede Zeile nach r auf. Da r eine reelle Zahl ist, muss sich für jede Koordinatenzeile derselbe Wert für r ergeben. Wenn nicht, sind die Vektoren nicht parallel.

$2 = -6r$, also $r = -\frac{1}{3}$

$-1 = 3r$, also $r = -\frac{1}{3}$

$3 = -9r$, also $r = -\frac{1}{3}$

$\vec{a}$ und $\vec{b}$ sind also parallel zueinander.

Wie kann man den Mittelpunkt einer Strecke bestimmen?

Geometrisch kommt man vom Ursprung zum **Mittelpunkt** einer Strecke AB, indem man vom Ursprung aus erst zum Punkt A läuft und dann die Hälfte des Vektors $\overrightarrow{AB}$.

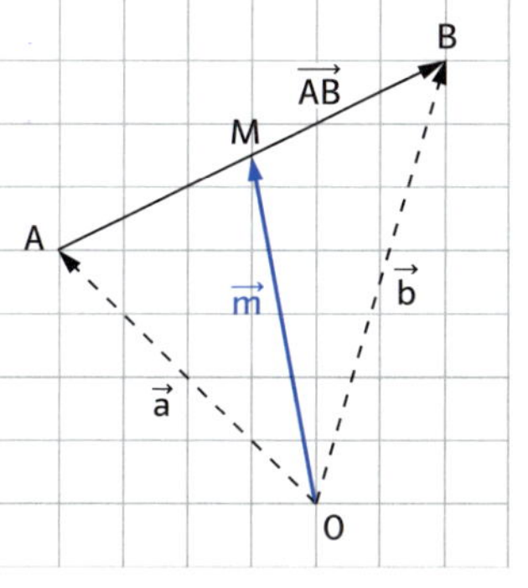

Es gilt:

$$\overrightarrow{OM} = \vec{m} = \overrightarrow{OA} + \frac{1}{2}\overrightarrow{AB}$$
$$= \vec{a} + \frac{1}{2}(\vec{b} - \vec{a})$$
$$= \vec{a} + \frac{1}{2}\vec{b} - \frac{1}{2}\vec{a}$$
$$= \frac{1}{2}\vec{a} + \frac{1}{2}\vec{b} = \frac{1}{2}(\vec{a} + \vec{b})$$

Der Mittelpunkt hat die Koordinaten

$$\mathbf{M\left(\frac{1}{2}(a_1 + b_1) \,\middle|\, \frac{1}{2}(a_2 + b_2) \,\middle|\, \frac{1}{2}(a_3 + b_3)\right)}.$$

Beispiel 5: Den Mittelpunkt einer Strecke bestimmen

Bestimmen Sie den Mittelpunkt M der Strecke AB mit A(−2 | 4 | 6) und B(6 | −2 | −8).

Berechnen Sie die Koordinaten des Mittelpunktes mit der Formel
$M\left(\frac{1}{2}(a_1 + b_1) \,\middle|\, \frac{1}{2}(a_2 + b_2) \,\middle|\, \frac{1}{2}(a_3 + b_3)\right)$.

$M\left(\frac{1}{2}(-2+6) \,\middle|\, \frac{1}{2}(4-2) \,\middle|\, \frac{1}{2}(6-8)\right)$

M(2 | 1 | −1)

Tipp:
Überlegen Sie immer: Wie kommt man vom Ursprung aus mithilfe der vorhandenen Vektoren zu dem gesuchten Punkt.

Beispiel 6: Mittelpunkt von Figuren bestimmen

Gegeben sind die Punkte $A(1|3|-2)$, $B(-2|6|1)$, $C(-2|-1|4)$ und $D(1|-4|1)$. Bestimmen Sie den Mittelpunkt des Parallelogramms ABCD.

1. Machen Sie eine Skizze und formulieren Sie die Eigenschaften der Figur.

   Beim Parallelogramm gilt: Der Mittelpunkt halbiert die Diagonalen.

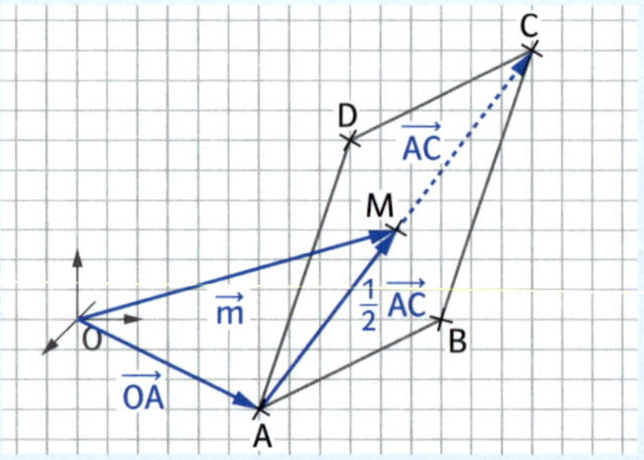

2. Überlegen Sie, wie Sie durch Addition von Vektoren den fehlenden Punkt bestimmen können.

   Man kommt zu M, indem man vom Ursprung zu A und dann $\frac{1}{2}\overrightarrow{AC}$ läuft, also zum Mittelpunkt der Diagonalen mit $\overrightarrow{OM} = \overrightarrow{OA} + \frac{1}{2}\overrightarrow{AC}$.

   Mit $\frac{1}{2}\overrightarrow{AC} = \frac{1}{2}(\vec{c} - \vec{a}) = \frac{1}{2}\vec{c} - \frac{1}{2}\vec{a}$

   gilt auch: $\overrightarrow{OM} = \vec{a} + \frac{1}{2}\vec{c} - \frac{1}{2}\vec{a}$

   $= \frac{1}{2}\vec{a} + \frac{1}{2}\vec{c}$

   $= \frac{1}{2}(\vec{a} + \vec{c})$

3. Berechnen Sie die Koordinaten des Mittelpunkts.

   $\overrightarrow{OM} = \overrightarrow{OA} + \frac{1}{2}\overrightarrow{AC}$

   $= \begin{pmatrix} 1 \\ 3 \\ -2 \end{pmatrix} + \frac{1}{2}\begin{pmatrix} -3 \\ -4 \\ 6 \end{pmatrix} = \begin{pmatrix} 1 \\ 3 \\ -2 \end{pmatrix} + \begin{pmatrix} -1{,}5 \\ -2 \\ 3 \end{pmatrix} = \begin{pmatrix} -0{,}5 \\ 1 \\ 1 \end{pmatrix}$

   oder

   $\overrightarrow{OM} = \frac{1}{2}(\vec{a} + \vec{c}) = \frac{1}{2}\begin{pmatrix} -1 \\ 2 \\ 2 \end{pmatrix} = \begin{pmatrix} -0{,}5 \\ 1 \\ 1 \end{pmatrix}$

   Der Mittelpunkt hat also die Koordinaten $M(-0{,}5|1|1)$.

5.4 Skalarprodukt

- Das Skalarprodukt geometrisch deuten
- Das Skalarprodukt von zwei Vektoren berechnen
- Den Winkel zwischen zwei Vektoren berechnen
- Orthogonalität nachweisen

KURZINFO

Was ist das Skalarprodukt und wozu braucht man es?

Anders als die Multiplikation von zwei Zahlen kann man das Produkt von zwei Vektoren unterschiedlich sinnvoll festlegen. Das **Skalarprodukt** ist definiert als ein **Produkt von zwei Vektoren**, das als **Ergebnis eine Zahl** hat.

Skalar = Zahl

Geometrisch berechnet man das Skalarprodukt der Vektoren $\vec{a}$ und $\vec{b}$ mit

$$\vec{a} \cdot \vec{b} = |\vec{a}| \cdot |\vec{b}| \cdot \cos(\alpha).$$

Dabei sind $|\vec{a}|$ und $|\vec{b}|$ die Beträge (Längen) der Vektoren und α ist der Winkel zwischen den Vektoren $\vec{a}$ und $\vec{b}$.
Anschaulich entspricht das Skalarprodukt dem (orientierten) Flächeninhalt der Rechteckfläche mit den Seitenlängen $|\vec{b}|$ und der Projektion $|\vec{a}'|$ von $\vec{a}$ auf $\vec{b}$.

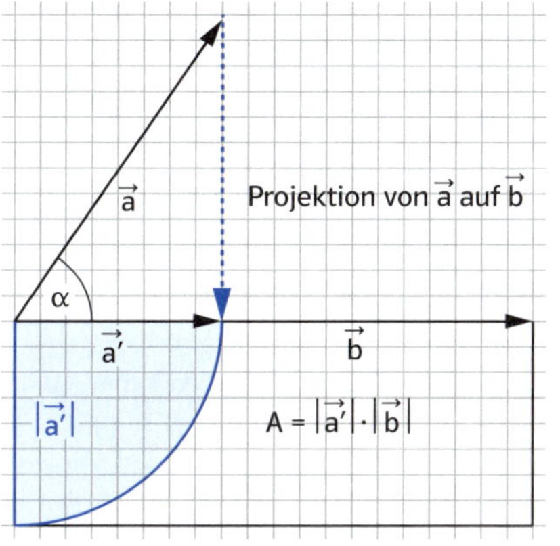

Die Projektion von $\vec{a}$ auf $\vec{b}$ kann man sich als Schatten des Vektors $\vec{a}$ vorstellen, wenn das Licht senkrecht auf $\vec{b}$ scheint.
Ist das Skalarprodukt negativ, dann ist der Winkel α zwischen $\vec{a}$ und $\vec{b}$ ein stumpfer Winkel, also $90° < \alpha < 180°$.

Sind die Koordinaten der Vektoren $\vec{a}$ und $\vec{b}$ gegeben, dann kann man das Skalarprodukt auch berechnen mit

$$\vec{a} \cdot \vec{b} = \begin{pmatrix} a_1 \\ a_2 \\ a_3 \end{pmatrix} \cdot \begin{pmatrix} b_1 \\ b_2 \\ b_3 \end{pmatrix} = a_1b_1 + a_2b_2 + a_3b_3.$$

Diese Formel nennt man auch **Koordinatenform des Skalarproduktes**.

Wenn zwei Vektoren orthogonal sind, dann ist $\alpha = 90°$.
Da $\cos(90°) = 0$ ist, ist auch das Skalarprodukt $\vec{a} \cdot \vec{b} = 0$.

Den Winkel α kann man in der Regel nur mit dem Taschenrechner berechnen.
Achtung: Das Winkelmaß muss auf Grad (degree) eingestellt sein.

Das Skalarprodukt benötigt man, um

- nachzuweisen, dass **zwei Vektoren orthogonal** sind. Sind zwei Vektoren $\vec{a}$ und $\vec{b}$ orthogonal, dann gilt $\vec{a} \cdot \vec{b} = 0$. Und umgekehrt gilt: Ist das Skalarprodukt $\vec{a} \cdot \vec{b} = 0$, dann sind $\vec{a}$ und $\vec{b}$ orthogonal.
- den **Winkel α zwischen zwei Vektoren** berechnen zu können. Es gilt:
$$\cos(\alpha) = \frac{\vec{a} \cdot \vec{b}}{|\vec{a}| \cdot |\vec{b}|} = \frac{a_1b_1 + a_2b_2 + a_3b_3}{\sqrt{a_1^2 + a_2^2 + a_3^2} \cdot \sqrt{b_1^2 + b_2^2 + b_3^2}}.$$
Damit kann man weitere Winkel berechnen wie z.B. Schnittwinkel von Geraden und Ebenen.
- einen **Normalenvektor $\vec{n}$** zu bestimmen. Ein Normalenvektor ist ein Vektor, der orthogonal (d.h. rechtwinklig, senkrecht) zu einem oder mehreren Vektoren steht. Er dient hauptsächlich dazu, eine Ebene zu beschreiben (Normalenform).

Beispiel 1: Das Skalarprodukt berechnen

Berechnen Sie das Skalarprodukt der Vektoren $\vec{a} = \begin{pmatrix} 2 \\ -1 \\ 3 \end{pmatrix}$ und $\vec{b} = \begin{pmatrix} -5 \\ -7 \\ -2 \end{pmatrix}$.

Multiplizieren Sie die einzelnen Koordinaten miteinander.

$$\vec{a} \cdot \vec{b} = \begin{pmatrix} 2 \\ -1 \\ 3 \end{pmatrix} \cdot \begin{pmatrix} -5 \\ -7 \\ -2 \end{pmatrix}$$
$$= -10 + 7 - 6 = -9$$

Beispiel 2: Den Winkel zwischen zwei Vektoren berechnen

Berechnen Sie den Winkel zwischen den Vektoren $\vec{a} = \begin{pmatrix} 2 \\ -1 \\ 3 \end{pmatrix}$ und $\vec{b} = \begin{pmatrix} -5 \\ -7 \\ -2 \end{pmatrix}$.

1. Notieren Sie die Gleichung zur Bestimmung des Winkels zwischen zwei Vektoren.
$$\cos(\alpha) = \frac{\vec{a} \cdot \vec{b}}{|\vec{a}| \cdot |\vec{b}|} = \frac{a_1b_1 + a_2b_2 + a_3b_3}{\sqrt{a_1^2 + a_2^2 + a_3^2} \cdot \sqrt{b_1^2 + b_2^2 + b_3^2}}$$
2. Berechnen Sie die einzelnen Bestandteile, also das Skalarprodukt und die beiden Beträge der Vektoren.
$$\vec{a} \cdot \vec{b} = \begin{pmatrix} 2 \\ -1 \\ 3 \end{pmatrix} \cdot \begin{pmatrix} -5 \\ -7 \\ -2 \end{pmatrix}$$
$$= -10 + 7 - 6$$
$$= -9$$
$$|\vec{a}| = \sqrt{4 + 1 + 9} = \sqrt{14}$$
$$|\vec{b}| = \sqrt{25 + 49 + 4} = \sqrt{78}$$
3. Setzen Sie die Werte in die Formel ein.
Berechnen Sie α mithilfe des Taschenrechners.
$$\cos(\alpha) = \frac{-9}{\sqrt{14} \cdot \sqrt{78}} = \frac{-9}{\sqrt{1092}}$$
$$\alpha \approx 105{,}8°$$

Beispiel 3: Orthogonalität nachweisen

Überprüfen Sie, ob die Vektoren $\vec{a} = \begin{pmatrix} 1 \\ 2 \\ 4 \end{pmatrix}$ und $\vec{b} = \begin{pmatrix} 2 \\ 3 \\ -2 \end{pmatrix}$ orthogonal sind.

Berechnen Sie das Skalarprodukt. Ist das Skalarprodukt null, sind die Vektoren orthogonal.

$$\vec{a} \cdot \vec{b} = \begin{pmatrix} 1 \\ 2 \\ 4 \end{pmatrix} \cdot \begin{pmatrix} 2 \\ 3 \\ -2 \end{pmatrix} = 2 + 6 - 8 = 0$$

also sind $\vec{a}$ und $\vec{b}$ orthogonal.

Beispiel 4: Normalenvektor bestimmen

Bestimmen Sie einen Vektor $\vec{n}$, der auf den Vektoren $\vec{a} = \begin{pmatrix} 2 \\ -1 \\ 3 \end{pmatrix}$ und $\vec{b} = \begin{pmatrix} -2 \\ -7 \\ -2 \end{pmatrix}$ senkrecht steht.

1. Stellen Sie für $\vec{n} = \begin{pmatrix} n_1 \\ n_2 \\ n_3 \end{pmatrix}$ die beiden Gleichungen $\vec{a} \cdot \vec{n} = 0$ und $\vec{b} \cdot \vec{n} = 0$ auf. Diese beiden Gleichungen bilden ein lineares Gleichungssystem (LGS).

   Lösung mit dem Gauß-Verfahren:

   $$\begin{aligned} 2n_1 - n_2 + 3n_3 &= 0 \\ -2n_1 - 7n_2 - 2n_3 &= 0 \end{aligned} \quad +$$

2. Eliminieren Sie in einer Zeile eine Variable.

   $$\begin{aligned} 2n_1 - n_2 + 3n_3 &= 0 \\ -8n_2 + n_3 &= 0 \end{aligned}$$

3. Wählen Sie (geschickt) einen Wert für eine Variable und lösen Sie die Zeile nach einer zweiten Variable auf.

   Wählen Sie z. B. $n_3 = 8$, also $n_2 = 1$.

4. Setzen Sie die beiden Variablen in die erste Zeile ein und bestimmen Sie die fehlende dritte Variable.

   $n_2 = 1$ und $n_3 = 8$ in die erste Zeile einsetzen:
   $2n_1 - 1 + 24 = 0$,
   also $n_1 = -11{,}5$

5. Schreiben Sie den Normalenvektor auf.

   Der Vektor $\vec{n} = \begin{pmatrix} -11{,}5 \\ 1 \\ 8 \end{pmatrix}$ steht senkrecht auf den Vektoren $\vec{a}$ und $\vec{b}$.

Das LGS kann sowohl mit dem Einsetzungsverfahren als auch mit dem Gauß-Verfahren gelöst werden.

Hinweis:
Jedes Vielfache von $\vec{n}$ ist ebenfalls ein Normalenvektor.

KURZINFO

5.5 Vektorprodukt

- Das Vektorprodukt geometrisch deuten
- Das Vektorprodukt von zwei Vektoren berechnen
- Einen Vektor bestimmen, der zu zwei gegebenen Vektoren orthogonal ist
- Den Flächeninhalt von Parallelogrammen und Dreiecken berechnen

Was ist das Vektorprodukt und wozu braucht man es?

Das **Vektorprodukt**, auch **Kreuzprodukt** genannt, ist definiert als ein Produkt von zwei Vektoren, das als **Ergebnis einen Vektor** hat.
Für das Vektorprodukt schreibt man $\vec{a} \times \vec{b}$ (sprich: „$\vec{a}$ Kreuz $\vec{b}$").
Es wird berechnet mit

$$\vec{a} \times \vec{b} = \begin{pmatrix} a_1 \\ a_2 \\ a_3 \end{pmatrix} \times \begin{pmatrix} b_1 \\ b_2 \\ b_3 \end{pmatrix} = \begin{pmatrix} a_2b_3 - a_3b_2 \\ a_3b_1 - a_1b_3 \\ a_1b_2 - a_2b_1 \end{pmatrix} = \vec{n}.$$

So kann man das Vektorprodukt geschickt berechnen: Schreiben Sie die Vektoren zweimal untereinander auf. Streichen Sie die erste und letzte Zeile.

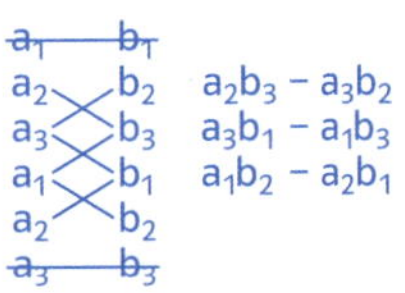

Von links oben nach rechts unten werden die Produkte addiert, von links unten nach rechts oben subtrahiert.

Dabei steht das Ergebnis des Vektorproduktes, der Vektor $\vec{n}$, senkrecht auf den beiden Vektoren $\vec{a}$ und $\vec{b}$.
Man nennt $\vec{n}$ **Normalenvektor**.
Der Betrag $|\vec{n}|$ des Vektorprodukts von $\vec{a}$ und $\vec{b}$ lässt sich geometrisch deuten als **Flächeninhalt** des von $\vec{a}$ und $\vec{b}$ aufgespannten **Parallelogramms**.

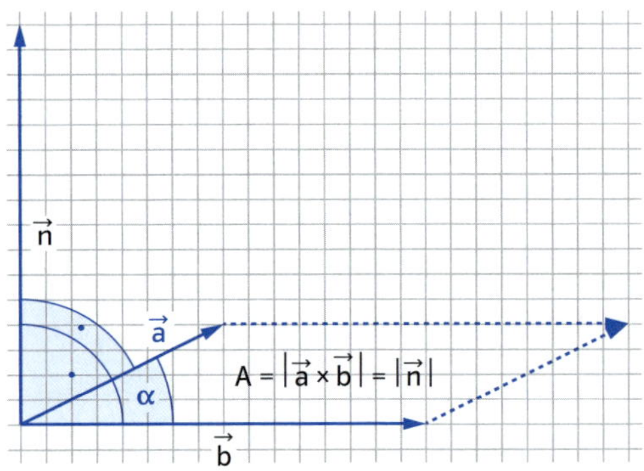

Das Vektorprodukt benötigt man, um

- geschickt einen Normalenvektor bestimmen zu können.
- den Flächeninhalt eines Parallelogramms zu bestimmen.
  Dabei gilt: $A = |\vec{a} \times \vec{b}| = |\vec{n}|$.
- den Flächeninhalt eines Dreiecks mit den Seiten $\vec{a}$ und $\vec{b}$ zu bestimmen.
  Dabei gilt: $A = \frac{1}{2}|\vec{a} \times \vec{b}| = \frac{1}{2}|\vec{n}|$.

Beispiel 1: Einen Normalenvektor bestimmen

Bestimmen Sie einen Vektor, der auf den Vektoren $\vec{a} = \begin{pmatrix} 2 \\ -1 \\ 3 \end{pmatrix}$ und $\vec{b} = \begin{pmatrix} -2 \\ -7 \\ -2 \end{pmatrix}$ senkrecht steht.

1. Schreiben Sie die Vektoren zweimal untereinander auf.

~~a_1 b_1~~
a_2 b_2
a_3 b_3
a_1 b_1
a_2 b_2
~~a_3 b_3~~

~~2 −2~~
−1 −7
3 −2
2 −2
−1 −7
~~3 −2~~

$2 - (-21) = 23$
$-6 - (-4) = -2$
$-14 - 2 = -16$

2. Streichen Sie die erste und die letzte Zeile durch.
3. Addieren Sie die Produkte von links oben nach rechts unten und subtrahieren Sie die Produkte von links unten nach rechts oben. Kurz: /+, \−
4. Schreiben Sie den Normalenvektor auf. Also ist $\vec{n} = \begin{pmatrix} 23 \\ -2 \\ -16 \end{pmatrix}$ ein Normalenvektor.

Da auch jedes Vielfache von $\vec{n}$ ein Normalenvektor ist, kann man auch Vielfache dieses Vektors als Normalenvektor nehmen, z. B. ist $\vec{n} = \begin{pmatrix} 11{,}5 \\ -1 \\ -8 \end{pmatrix}$ auch ein Normalenvektor.

Beispiel 2: Den Flächeninhalt eines Parallelogramms berechnen

Gegeben sind die Punkte A(1 | 3 | −2), B(−2 | 6 | 1), C(−2 | −1 | 4) und D(1 | −4 | 1). Bestimmen Sie den Flächeninhalt des Parallelogramms ABCD.

1. Machen Sie eine Skizze.

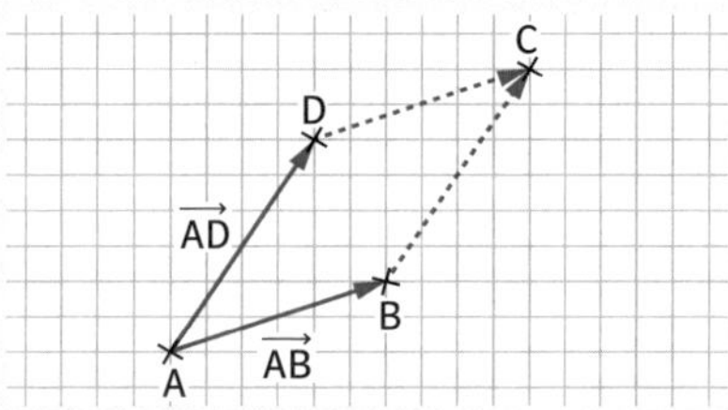

2. Berechnen Sie zwei Vektoren der Seiten.

$\overrightarrow{AB} = \begin{pmatrix} -3 \\ 3 \\ 3 \end{pmatrix}$; $\overrightarrow{AD} = \begin{pmatrix} 0 \\ -7 \\ 3 \end{pmatrix}$

3. Den Flächeninhalt eines Parallelogramms kann man mit dem Betrag des Vektorprodukts bestimmen. Berechnen Sie also zuerst das Vektorprodukt und dann den Betrag des erhaltenen Vektors.

~~−3 0~~
3 −7
3 3
−3 0
3 −7
~~3 3~~

$9 - (-21) = 30$
$0 - (-9) = 9$
$21 - 0 = 21$

$\overrightarrow{AB} \times \overrightarrow{AD} = \begin{pmatrix} 30 \\ 9 \\ 21 \end{pmatrix}$

$|\overrightarrow{AB} \times \overrightarrow{AD}| = \sqrt{30^2 + 9^2 + 21^2}$
$= \sqrt{1422} \approx 37{,}7$

Das Parallelogramm hat einen Flächeninhalt von etwa 37,7 FE.

Beachten Sie:
In diesem Fall dürfen Sie den erhaltenen Normalenvektor nicht verändern, da sich sonst der Flächeninhalt ändern würde.

Beispiel 3: Flächeninhalt von Dreiecken berechnen

Gegeben sind die Punkte A(4 | 3 | −2), B(2 | 2 | 0) und C(1 | −4 | 1). Bestimmen Sie den Flächeninhalt des Dreiecks ABC.

1. Machen Sie eine Skizze.

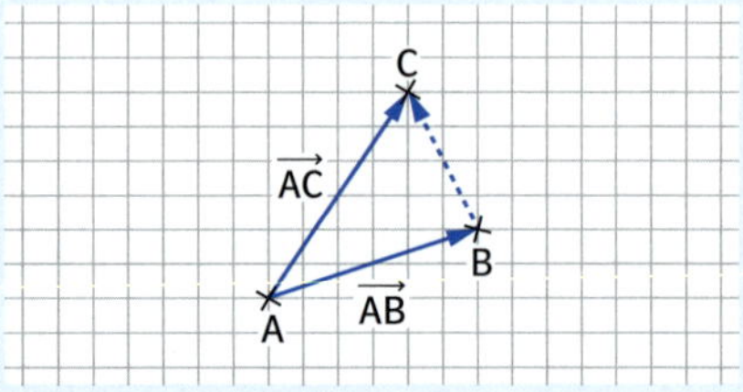

2. Berechnen Sie zwei Vektoren der Seiten.

$\overrightarrow{AB} = \begin{pmatrix} -2 \\ -1 \\ 2 \end{pmatrix}$; $\overrightarrow{AC} = \begin{pmatrix} -3 \\ -7 \\ 3 \end{pmatrix}$

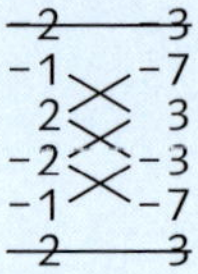

$-3 - (-14) = 11$
$-6 - (-6) = 0$
$14 - 3 = 11$

$\overrightarrow{AB} \times \overrightarrow{AC} = \begin{pmatrix} 11 \\ 0 \\ 11 \end{pmatrix}$

3. Den Flächeninhalt eines Dreiecks kann man mit dem Betrag des Vektorprodukts bestimmen. Berechnen Sie also zuerst das Vektorprodukt und dann die Hälfte des Betrags des erhaltenen Vektors.

$|\overrightarrow{AB} \times \overrightarrow{AC}| = \sqrt{11^2 + 0^2 + 11^2}$
$= \sqrt{242}$

$\frac{1}{2} |\overrightarrow{AB} \times \overrightarrow{AC}| \approx 7{,}8$

Das Dreieck hat einen Flächeninhalt von etwa 7,8 FE.

Beachten Sie:
In diesem Fall dürfen Sie den erhaltenen Normalenvektor nicht verändern, da sich sonst der Flächeninhalt ändern würde.

5.6 Geraden in Parameterform

- Die Gleichung einer Geraden im Raum aufstellen
- Eine Punktprobe durchführen

Geraden im Raum – die Parameterform

Mithilfe von Punkten und Vektoren kann man Geraden im Raum durch eine Gleichung beschreiben.
Sind zwei Punkte P und Q auf der Geraden gegeben, beginnt man wie immer im Ursprung:

1. Zuerst muss man vom Ursprung aus zu der Geraden gelangen. Dazu nimmt man einen Ortsvektor $\overrightarrow{OP} = \vec{p}$ zu einem Punkt P auf der Geraden. Dieser Vektor heißt **Stützvektor**.
2. Ist Q ein weiterer Punkt der Geraden, so legt der Vektor $\overrightarrow{PQ}$ die Richtung der Geraden fest. Er heißt **Richtungsvektor**.
3. Durch einen Parameter t mit $t \in \mathbb{R}$ kann der Richtungsvektor so gestreckt, gestaucht und die Richtung umgekehrt werden, so dass man zu jedem x-beliebigen Punkt auf der Geraden gelangen kann.

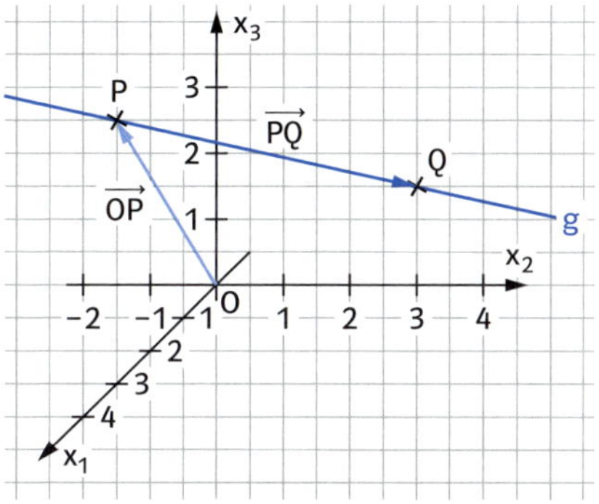

Achtung:
Jeder der beiden Punkte kann für den Stützvektor verwendet werden, und Richtungsvektor kann sowohl der Vektor $\overrightarrow{PQ}$ als auch $\overrightarrow{QP}$ sein. Deshalb gibt es mehrere verschiedene Darstellungen für eine Gerade im Raum.

Diese drei Schritte kann man in der sogenannten **Parameterform der Geraden** zusammenfassen:

$$g: \vec{x} = \overrightarrow{OP} + t \cdot \overrightarrow{PQ}$$

Auf der Geraden g | kommt man zu einem x-bel. Punkt, | indem man | vom Ursprung zu einem Punkt P geht und dann | ein Vielfaches in Richtung des Vektors $\overrightarrow{PQ}$.

Die Geradengleichung heißt Parameterform, weil man durch die Zahl (den Parameter) t beliebig weit in beide Richtungen auf der Geraden laufen kann, d.h. jeder Punkt auf der Geraden kann mit diesem Parameter eindeutig beschrieben werden.

Beispiel 1: Die Parameterform einer Geraden aufstellen

Geben Sie eine Gleichung für die Gerade durch die Punkte P(−1 | 2 | 1) und Q(4 | −3 | 7) an.

1. Wählen Sie den Ortsvektor zu einem Punkt als Stützvektor, also z. B. $\overrightarrow{OP}$.

   Stützvektor $\overrightarrow{OP} = \begin{pmatrix} -1 \\ 2 \\ 1 \end{pmatrix}$

2. Berechnen Sie einen Richtungsvektor, z. B. $\overrightarrow{PQ}$.

   Richtungsvektor $\overrightarrow{PQ} = \vec{q} - \vec{p} = \begin{pmatrix} 5 \\ -5 \\ 6 \end{pmatrix}$

3. Stellen Sie die zugehörige Parameterform auf.

   $g\colon \vec{x} = \overrightarrow{OP} + t \cdot \overrightarrow{PQ}$

   $g\colon \vec{x} = \begin{pmatrix} -1 \\ 2 \\ 1 \end{pmatrix} + t \cdot \begin{pmatrix} 5 \\ -5 \\ 6 \end{pmatrix}$

Tipp:
In der analytischen Geometrie steht $\vec{x} = \overrightarrow{OX}$ für einen x-beliebigen Ortsvektor bzw. x_1, x_2 und x_3 für seine Koordinaten. Für eine Punktprobe können Sie dann den Ortsvektor des Punktes statt $\vec{x}$ einsetzen.

Beispiel 2: Überprüfen, ob ein Punkt auf einer Geraden liegt

Überprüfen Sie, ob der Punkt P(−11 | 8 | 13) auf der Geraden g mit
$g\colon \vec{x} = \begin{pmatrix} 1 \\ -2 \\ 3 \end{pmatrix} + t \cdot \begin{pmatrix} -6 \\ 5 \\ 4 \end{pmatrix}$ liegt.

Führen Sie eine Punktprobe durch:

Punktprobe:

1. Setzen Sie den Ortsvektor des Punktes statt $\vec{x}$ in die Geradengleichung ein.

   $\begin{pmatrix} -11 \\ 8 \\ 13 \end{pmatrix} = \begin{pmatrix} 1 \\ -2 \\ 3 \end{pmatrix} + t \cdot \begin{pmatrix} -6 \\ 5 \\ 4 \end{pmatrix}$

2. Wenn P auf g liegt, müssen alle Koordinaten von P die Geradengleichung erfüllen. Lösen Sie dafür jede Zeile des LGS nach dem Parameter t auf.

   $-11 = 1 - 6t$; d. h. $-12 = -6t$, also $t = 2$
   $8 = -2 + 5t$; d. h. $10 = 5t$, also $t = 2$
   $13 = 3 + 4t$; d. h. $10 = 4t$, also $t = 2{,}5$

3. Nur wenn alle drei Zeilen den gleichen Wert für den Parameter liefern, liegt der Punkt auf der Geraden.

   Der Punkt P liegt also nicht auf der Geraden g.

Besondere Lage von Geraden

Auch die drei Koordinatenachsen können mit einer Parameterform beschrieben werden. Am einfachsten geht das, wenn man vom Ursprung aus in Richtung der jeweiligen Achse läuft.

Also gilt für die x_1-Achse: $g\colon \vec{x} = \begin{pmatrix}0\\0\\0\end{pmatrix} + t\cdot\begin{pmatrix}1\\0\\0\end{pmatrix} = t\begin{pmatrix}1\\0\\0\end{pmatrix}$

für die x_2-Achse: $g\colon \vec{x} = \begin{pmatrix}0\\0\\0\end{pmatrix} + t\cdot\begin{pmatrix}0\\1\\0\end{pmatrix} = t\begin{pmatrix}0\\1\\0\end{pmatrix}$

für die x_3-Achse: $g\colon \vec{x} = \begin{pmatrix}0\\0\\0\end{pmatrix} + t\cdot\begin{pmatrix}0\\0\\1\end{pmatrix} = t\begin{pmatrix}0\\0\\1\end{pmatrix}$

Eine Gerade ist dann **parallel zur x_1-Achse**, wenn der Richtungsvektor ein Vielfaches des Vektors $\begin{pmatrix}1\\0\\0\end{pmatrix}$ ist, wenn also die x_2- und x_3-Koordinaten null sind.

Analog kann man beschreiben, wann eine Gerade parallel zur x_2- und x_3-Achse ist.
- Parallel zur x_2-Achse: der Richtungsvektor ist ein Vielfaches von $\begin{pmatrix}0\\1\\0\end{pmatrix}$.
- Parallel zur x_3-Achse: der Richtungsvektor ist ein Vielfaches von $\begin{pmatrix}0\\0\\1\end{pmatrix}$.

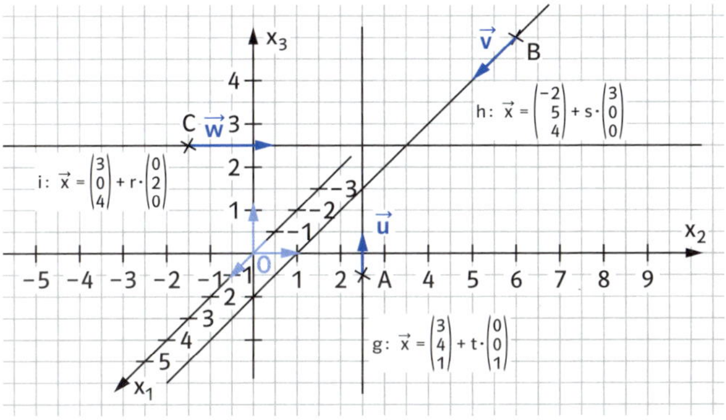

Eine Gerade ist **parallel zu einer der Koordinatenebenen**, wenn eine Koordinate des Richtungsvektors null ist.

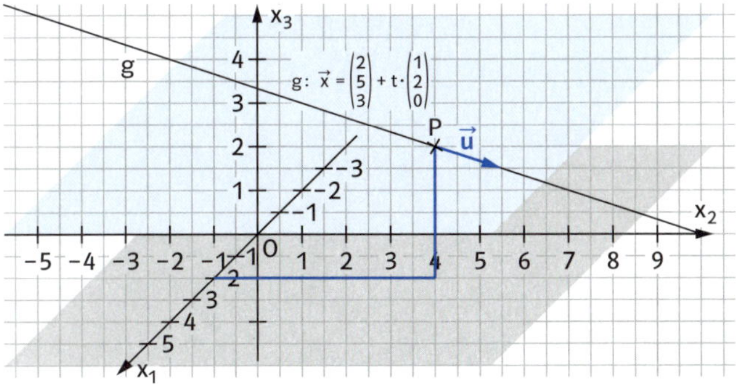

g ist parallel zur x_1-x_2-Ebene.

Beispiel 3: Die besondere Lage von Geraden beschreiben

Beschreiben Sie die Lage der Geraden g und h mit g: $\vec{x} = \begin{pmatrix} 1 \\ 2 \\ 3 \end{pmatrix} + t \cdot \begin{pmatrix} 2 \\ 0 \\ 0 \end{pmatrix}$ und h: $\vec{x} = \begin{pmatrix} -2 \\ 0 \\ 3 \end{pmatrix} + s \cdot \begin{pmatrix} 1 \\ 2 \\ 0 \end{pmatrix}$.

Untersuchen Sie den Richtungsvektor.

Fall 1:
Zwei Koordinaten sind null.
Dann ist die Gerade parallel zu der Koordinatenachse, deren Koordinate beim Richtungsvektor nicht null ist.

Gerade g: $\vec{u} = \begin{pmatrix} 2 \\ 0 \\ 0 \end{pmatrix}$

Zwei Koordinaten sind null, also ist die Gerade parallel zur x_1-Achse.

Fall 2:
Eine Koordinate ist null.
Dann ist die Gerade parallel zu der Koordinatenebene, deren Koordinaten beim Richtungsvektor nicht null sind.

Gerade h: $\vec{u} = \begin{pmatrix} 1 \\ 2 \\ 0 \end{pmatrix}$

x_3-Koordinate ist null, also ist die Gerade parallel zur x_1-x_2-Ebene.

Beispiel 4: Gleichungen von Geraden angeben

Geben Sie die Gleichung einer Geraden an, die durch den Punkt P(1 | 2 | 3) geht und
a) parallel zur x_2-Achse ist.
b) parallel zur x_2-x_3-Ebene ist.

Nehmen Sie $\vec{p}$ als Stützvektor.

Fall 1:
parallel zu einer Koordinatenachse
Dann müssen die zwei Koordinaten des Richtungsvektors null sein, die nicht die der gegebenen Koordinatenachse sind.

a) g: $\vec{x} = \begin{pmatrix} 1 \\ 2 \\ 3 \end{pmatrix} + t \cdot \begin{pmatrix} 0 \\ 1 \\ 0 \end{pmatrix}$

Die x_1- und x_3-Koordinate des Richtungsvektors sind null, also ist g parallel zur x_2-Achse.

Fall 2:
parallel zu einer Koordinatenebene
Dann muss die eine Koordinate des Richtungsvektors null sein, die nicht die der gegebenen Koordinatenebene ist.

b) h: $\vec{x} = \begin{pmatrix} 1 \\ 2 \\ 3 \end{pmatrix} + t \cdot \begin{pmatrix} 0 \\ 1 \\ 1 \end{pmatrix}$

Die x_1-Koordinate des Richtungsvektors ist null, also ist die Gerade parallel zur x_2-x_3-Ebene.

KURZINFO

5.7 Gegenseitige Lage von zwei Geraden

- Die gegenseitige Lage von Gerade untersuchen
- Den Schnittpunkt zweier Geraden bestimmen

Wie können zwei Geraden im Raum zueinander liegen?

Gegeben sind zwei Geraden $g\colon \vec{x} = \vec{p} + t \cdot \vec{u}$ und $h\colon \vec{x} = \vec{q} + s \cdot \vec{v}$ im Raum. Ihre gegenseitige Lage im Raum lässt sich geometrisch gut mithilfe eines Quaders veranschaulichen und algebraisch mit den Geradengleichungen bestimmen.

Die Untersuchung der Lagebeziehungen von Objekten im Raum ist einer der zentralen Inhalte der analytischen Geometrie.

Die beiden Geraden sind **parallel** zueinander und nicht identisch. Dann haben die Geraden **keine gemeinsamen Punkte** und die **Richtungsvektoren sind Vielfache** voneinander.
Es gilt also: $\vec{u} = k \cdot \vec{v}$ für ein $k \in \mathbb{R}$ und P liegt nicht auf h, kurz $\vec{p} \neq \vec{q} + s \cdot \vec{v}$ für alle $s \in \mathbb{R}$.

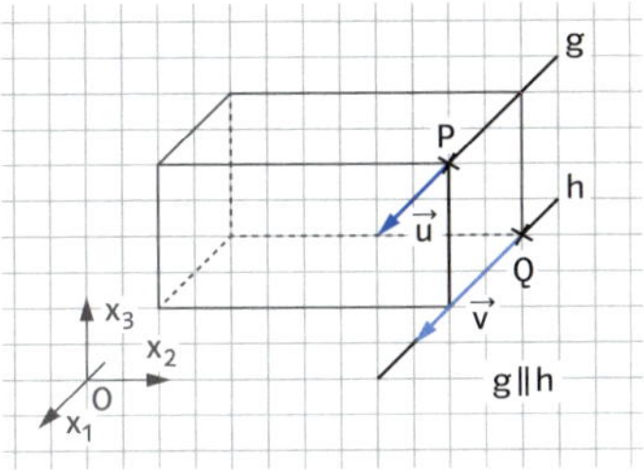

Die beiden Geraden sind **identisch**, d.h. sie liegen aufeinander. Dann haben die Geraden **unendlich viele gemeinsame Punkte** und die **Richtungsvektoren sind Vielfache** voneinander.
Es gilt also: $\vec{u} = k \cdot \vec{v}$ für ein $k \in \mathbb{R}$ und P liegt auch auf h, kurz $\vec{p} = \vec{q} + s \cdot \vec{v}$ für ein $s \in \mathbb{R}$.

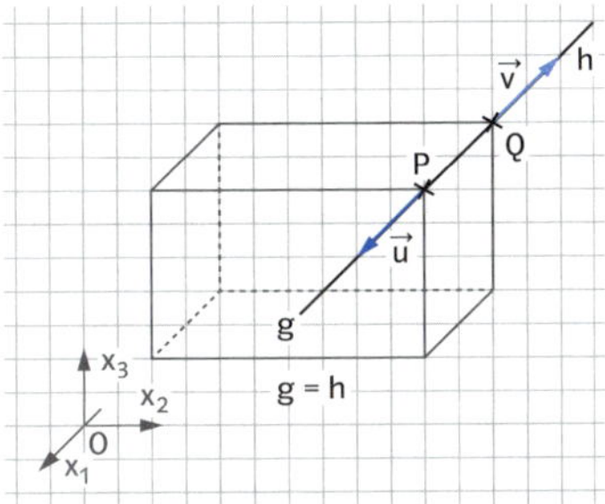

Die beiden Geraden **schneiden sich in einem Punkt S**, d.h. sie haben **genau einen gemeinsamen Punkt**. Die Richtungsvektoren sind keine Vielfachen voneinander. Es gilt also:
Das zugehörige LGS $\vec{p} + t \cdot \vec{u} = \vec{q} + s \cdot \vec{v}$ hat genau eine Lösung für s und t ($t, s \in \mathbb{R}$).

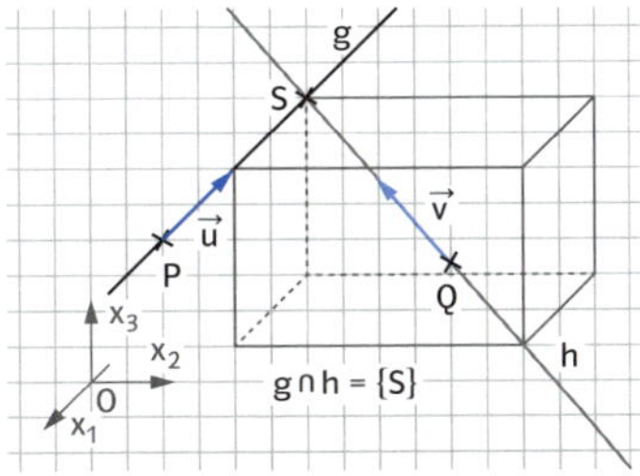

Die beiden Geraden sind **windschief**, d.h. sie haben **keinen gemeinsamen Punkt** und die **Richtungsvektoren sind keine Vielfachen** voneinander. Es gilt also:
Das zugehörige LGS $\vec{p} + t \cdot \vec{u} = \vec{q} + s \cdot \vec{v}$ hat keine Lösung für alle $t, s \in \mathbb{R}$ und $\vec{u}$ und $\vec{v}$ sind keine Vielfache voneinander.

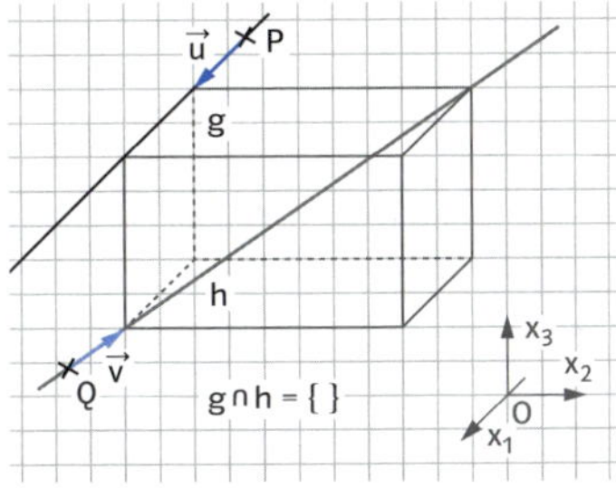

Achtung:
In der Regel müssen die beiden Geraden unterschiedliche Parameter haben. Ausnahme sind z.B. Bewegungsaufgaben, wenn der Parameter für die Zeit steht.

Sie können das LGS mit jedem bekannten Verfahren lösen, auch mit dem Gauß-Verfahren. Hier wird das Einsetzungsverfahren zur Lösung genommen.

Beispiel 1: Den Schnittpunkt von zwei Geraden bestimmen

Bestimmen Sie den Schnittpunkt der beiden Geraden g und h mit

g: $\vec{x} = \begin{pmatrix} -1 \\ -6 \\ 4 \end{pmatrix} + t \cdot \begin{pmatrix} 2 \\ 1 \\ 1 \end{pmatrix}$ und h: $\vec{x} = \begin{pmatrix} 2 \\ -2 \\ 7 \end{pmatrix} + s \cdot \begin{pmatrix} 1 \\ 3 \\ 2 \end{pmatrix}$.

1. Prüfen Sie, ob es einen gemeinsamen Punkt gibt, indem Sie die Geradengleichungen gleichsetzen, also g = h.
   $$\begin{pmatrix} -1 \\ -6 \\ 4 \end{pmatrix} + t \cdot \begin{pmatrix} 2 \\ 1 \\ 1 \end{pmatrix} = \begin{pmatrix} 2 \\ -2 \\ 7 \end{pmatrix} + s \cdot \begin{pmatrix} 1 \\ 3 \\ 2 \end{pmatrix}$$
2. Schreiben Sie die Gleichung zeilenweise auf als LGS.
3. Lösen Sie das LGS. Beachten Sie, dass das LGS zwei Variable und drei Zeilen hat, d.h. das LGS ist überbestimmt. Sie müssen alle 3 Zeilen zur Lösung verwenden.
   $$\begin{array}{ll} \text{I} & -1 + 2t = 2 + s, \text{ also } s = -3 + 2t \\ \text{II} & -6 + t = -2 + 3s \\ \text{III} & 4 + t = 7 + 2s \end{array}$$
   - Lösen Sie eine Zeile nach einer Variablen auf (hier Zeile I nach s).
   - Setzen Sie den Term für die Variable in eine zweite Zeile ein. Klammern nicht vergessen! Sie erhalten einen Wert für eine Variable (hier t).

     s in II:
     $-6 + t = -2 + 3(-3 + 2t)$
     $-6 + t = -2 - 9 + 6t$
     $-6 = -11 + 5t$
     $5 = 5t$, also $t = 1$
   - Berechnen Sie den Wert für die andere Variable, indem Sie den erhaltenen Wert in die nach einer Variablen aufgelösten Gleichung einsetzen.

     t in I:
     $s = -3 + 2 \cdot 1 = -1$
   - Setzen Sie die Werte für beide Variablen in die dritte Zeile ein und überprüfen Sie, ob die Lösung stimmt.

     $s = -1$ und $t = 1$ in III:
     $4 + 1 = 7 + 2 \cdot (-1)$
     $5 = 7 - 2$ ✓
4. Berechnen Sie den gemeinsamen Schnittpunkt, indem Sie t oder s in die entsprechende Geradengleichung einsetzen.

   t in g:
   $$\vec{s} = \begin{pmatrix} -1 \\ -6 \\ 4 \end{pmatrix} + 1 \cdot \begin{pmatrix} 2 \\ 1 \\ 1 \end{pmatrix} = \begin{pmatrix} 1 \\ -5 \\ 5 \end{pmatrix}$$
   g und h schneiden sich also in S(1 | −5 | 5).

Beispiel 2: Nachweis, dass zwei Geraden windschief zueinander sind

Zeigen Sie, dass die Geraden g und h mit g: $\vec{x} = \begin{pmatrix} 4 \\ -6 \\ 3 \end{pmatrix} + t \cdot \begin{pmatrix} -3 \\ 2 \\ 1 \end{pmatrix}$ und h: $\vec{x} = \begin{pmatrix} 1 \\ 0 \\ 2 \end{pmatrix} + s \cdot \begin{pmatrix} 3 \\ 2 \\ 1 \end{pmatrix}$ windschief zueinander sind.

1. Prüfen Sie, ob es einen gemeinsamen Punkt gibt, indem Sie die Geradengleichungen gleichsetzen, also g = h.
   $$\begin{pmatrix} 4 \\ -6 \\ 3 \end{pmatrix} + t \cdot \begin{pmatrix} -3 \\ 2 \\ 1 \end{pmatrix} = \begin{pmatrix} 1 \\ 0 \\ 2 \end{pmatrix} + s \cdot \begin{pmatrix} 3 \\ 2 \\ 1 \end{pmatrix}$$
2. Schreiben Sie die Gleichung zeilenweise als LGS auf.

3. Lösen Sie das LGS. Beachten Sie, dass das LGS zwei Variable und drei Zeilen hat, d.h. das LGS ist überbestimmt. Sie müssen alle 3 Zeilen zur Lösung verwenden.

$$\begin{array}{ll} \text{I} & 4-3t = 1+3s \\ \text{II} & -6+2t = 2s \\ \text{III} & \underline{3+t = 2+s}, \text{ also } s = t+1 \end{array}$$

- Lösen Sie eine Zeile nach einer Variablen auf (hier Zeile III nach s).

Achtung: Klammern nicht vergessen!

- Setzen Sie den Term für die Variable in eine zweite Zeile ein (hier Zeile I). Sie erhalten einen Wert für eine Variable (hier t).

s in I:
$4-3t = 1+3(t+1)$
$4-3t = 1+3t+3$
$0 = 6t$, also $t = 0$

- Berechnen Sie den Wert für die andere Variable, indem Sie den erhaltenen Wert in die nach einer Variablen aufgelösten Gleichung einsetzen.

t in III:
$s = 0+1 = 1$

- Setzen Sie die Werte für beide Variablen in die noch nicht verwendete Zeile ein und überprüfen Sie damit, ob die Lösung stimmt.

$s = 1$ und $t = 0$ in II:
$-6+2\cdot 0 = 2\cdot 1$
$-6 \neq 2$

- Überprüfen Sie, ob die Richtungsvektoren parallel sind. Wenn die Aussage falsch ist und die Richtungsvektoren nicht parallel sind, dann hat das LGS keine Lösung und die Geraden sind windschief.

$\begin{pmatrix}-3\\2\\1\end{pmatrix} \neq k\cdot\begin{pmatrix}3\\2\\1\end{pmatrix}$ für alle $k \in \mathbb{R}$

g und h haben keinen gemeinsamen Punkt und die Richtungsvektoren sind nicht parallel; die Geraden sind also windschief.

Beispiel 3: Nachweis, dass zwei Geraden parallel oder identisch sind

Überprüfen Sie, ob die Geraden g und h mit $g\colon \vec{x} = \begin{pmatrix}1\\-2\\3\end{pmatrix} + t\cdot\begin{pmatrix}4\\5\\-6\end{pmatrix}$ und $h\colon \vec{x} = \begin{pmatrix}3\\4\\-5\end{pmatrix} + s\cdot\begin{pmatrix}-2\\-2{,}5\\3\end{pmatrix}$ parallel zueinander sind.

1. Überprüfen Sie, ob die Richtungsvektoren Vielfache voneinander sind, also ob gilt: $\vec{u} = k\cdot\vec{v}$.

$\begin{pmatrix}4\\5\\-6\end{pmatrix} = k\cdot\begin{pmatrix}-2\\-2{,}5\\3\end{pmatrix}$

$4 = -2k$, also $k = -2$
$5 = -2{,}5k$, also $k = -2$
$-6 = 3k$, also $k = -2$

Die Richtungsvektoren sind also parallel.

2. Prüfen Sie, ob die Geraden gemeinsame Punkte haben, d.h., ob z.B. der Stützpunkt von g auch auf der Geraden h liegt.

$\begin{pmatrix}1\\-2\\3\end{pmatrix} = \begin{pmatrix}3\\4\\-5\end{pmatrix} + s\cdot\begin{pmatrix}-2\\-2{,}5\\3\end{pmatrix}$

$1 = 3-2s$, also $s = 1$
$-2 = 4-2{,}5s$, also $s = 2{,}4$

P liegt also nicht auf der Geraden h. Das bedeutet, dass die Geraden g und h echt parallel sind.

KURZINFO

5.8 Ebenen und ihre Darstellungsformen im Raum

- Eine Gleichung für eine Ebene im Raum aufstellen
- Ebenen in Parameter-, Koordinaten- und Normalenform darstellen

Was ist eine Ebene im Raum?

Im Unterschied zu einer ebenen Figur hat eine Ebene keine Begrenzung, d.h. sie dehnt sich in alle Richtungen unendlich aus. Das ist ähnlich wie bei den Eigenschaften von Strecke und Gerade.

Eine Ebene im Raum ist ein flaches, zweidimensionales Gebilde, das überall im Raum liegen kann. Dabei bedeutet flach und zweidimensional, dass jede Gerade, die durch zwei Punkte der Ebene verläuft, vollständig in der Ebene enthalten ist. Dargestellt wird eine Ebene im Raum in der Regel durch ein Schrägbild eines Rechtecks bzw. durch ein Parallelogramm.

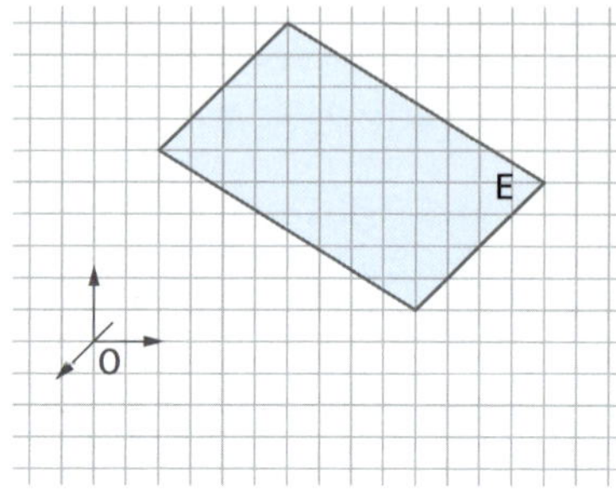

Ebenen im Raum – die Parameterform

Das „kleinste" Objekt im Raum ist ein Punkt. Mit zwei Punkten kann man eindeutig eine Gerade festlegen. Da sich eine Gerade in eine Richtung ausdehnt, ist eine Gerade eindimensional. Also muss sich eine Ebene in zwei Richtungen ausdehnen, damit sie zweidimensional ist.

Man benötigt (mindestens) drei Punkte A, B und C, die nicht alle auf einer Geraden liegen, um eine Ebene im Raum eindeutig festzulegen.

1. Zuerst muss man vom Ursprung aus zu der Ebene gelangen. Dazu nimmt man einen Ortsvektor $\overrightarrow{OA} = \vec{a}$ zu einem Punkt A auf der Ebene.

2. Zwei Spannvektoren legen die Lage der Ebene im Raum fest. Dies können die Verbindungsvektoren $\vec{u} = \overrightarrow{AB}$ und $\vec{v} = \overrightarrow{AC}$ sein.

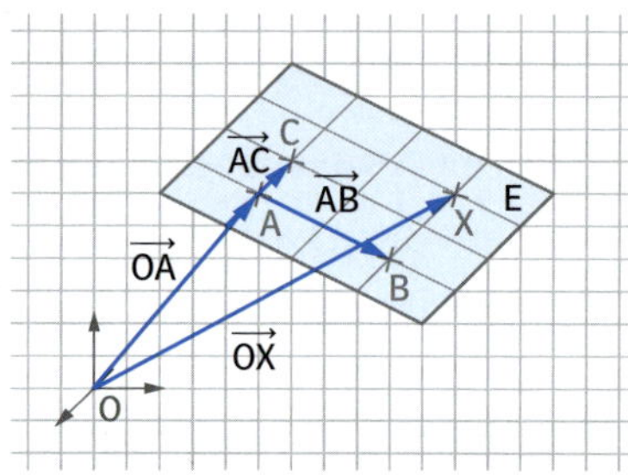

E: $\overrightarrow{OX} = \overrightarrow{OA} + 1 \cdot \overrightarrow{AB} + 2 \cdot \overrightarrow{AC}$

3. Durch zwei Parameter r und s mit $r, s \in \mathbb{R}$ können die Spannvektoren so gestreckt, gestaucht und die Richtung umgekehrt werden, dass man zu jedem x-beliebigen Punkt auf der Ebene gelangen kann.

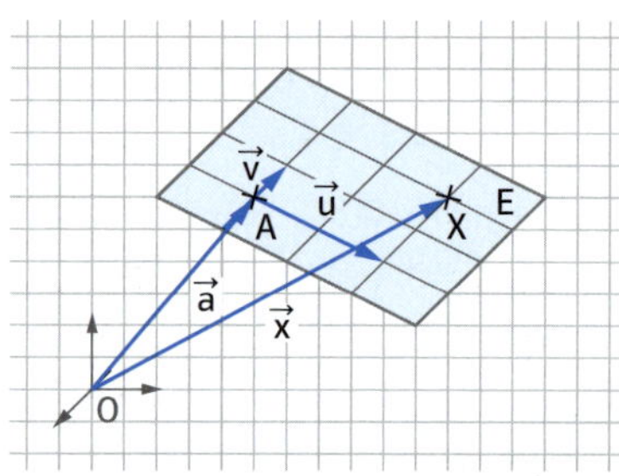

E: $\vec{x} = \vec{a} + 1 \cdot \vec{u} + 2 \cdot \vec{v}$

Diese Schritte kann man in der so genannten **Parameterform der Ebene** zusammenfassen:

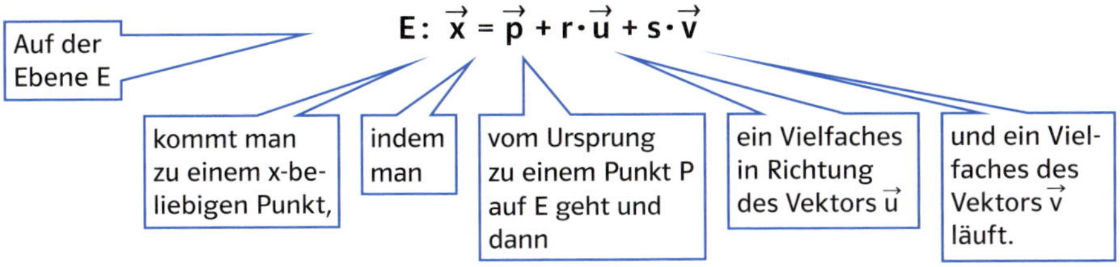

Die Parameterform eignet sich besonders gut, wenn man eine Ebenengleichung aufstellen muss.

Für die Darstellung von Ebenen oder die Untersuchung von Lagebeziehungen eignet sich besonders gut die Koordinatenform. Für Abstandsberechnungen nimmt man eher die Normalenform.

Wie kann man eine Ebene im Raum eindeutig festlegen?

Eine Ebene kann mithilfe der Parameterform auf verschiedene Arten mit Punkten und Geraden festgelegt werden:

- durch **eine Gerade g** mit $g: \vec{x} = \vec{p} + t \cdot \vec{u}$ **und einen Punkt Q**, der nicht auf g liegt.
  Dann ist $\vec{p}$ der Stützvektor von E und $\vec{u}$ und der Verbindungsvektor $\overrightarrow{PQ}$ sind die Spannvektoren.

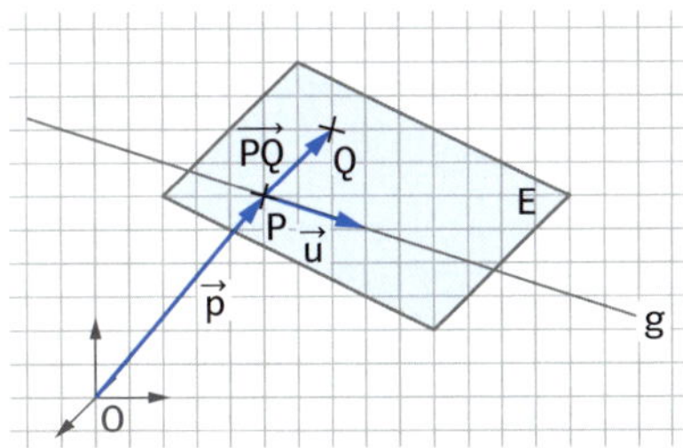

$E: \vec{x} = \vec{p} + r \cdot \vec{u} + s \cdot \overrightarrow{PQ}$

- durch **zwei Geraden g und h** mit $g: \vec{x} = \vec{p} + r \cdot \vec{u}$ und $h: \vec{x} = \vec{q} + s \cdot \vec{v}$, **die sich schneiden**.
  Dann ist ein Stützvektor der Geraden auch Stützvektor der Ebene und die beiden Richtungsvektoren sind die beiden Spannvektoren.

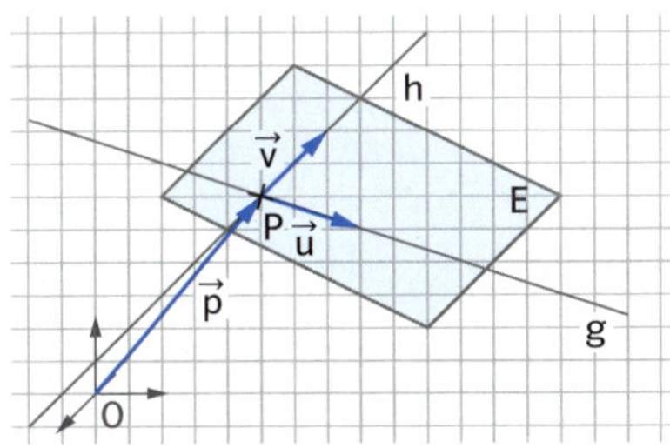

$E: \vec{x} = \vec{p} + r \cdot \vec{u} + s \cdot \vec{v}$

- durch **zwei parallele Geraden g und h** mit $g: \vec{x} = \vec{p} + r \cdot \vec{u}$ und $h: \vec{x} = \vec{q} + s \cdot \vec{v}$.
  Dann ist ein Stützvektor der Geraden auch Stützvektor der Ebene, ein Richtungsvektor und der Verbindungsvektor der Stützpunkte sind die beiden Spannvektoren.

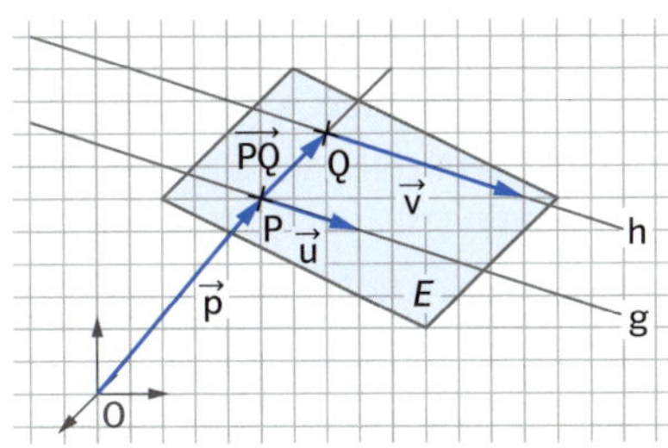

$E: \vec{x} = \vec{p} + r \cdot \vec{u} + s \cdot \overrightarrow{PQ}$

Beispiel 1: Parameterform einer Ebene aufstellen

Geben Sie eine Gleichung für die Ebene durch die Punkte A(4 | 3 | −2), B(2 | 2 | 0) und C(1 | −4 | 1) an.

1. Wählen Sie den Ortsvektor zu einem Punkt als Stützvektor, also z. B. $\overrightarrow{OA}$.

   Stützvektor $\overrightarrow{OA} = \begin{pmatrix} 4 \\ 3 \\ -2 \end{pmatrix}$

Beachten Sie, dass die 3 Punkte A, B und C nicht auf einer Geraden liegen dürfen.

2. Berechnen Sie zwei Spannvektoren, z. B. $\overrightarrow{AB}$ und $\overrightarrow{AC}$.

   Spannvektoren:
   $\overrightarrow{AB} = \vec{b} - \vec{a} = \begin{pmatrix} -2 \\ -1 \\ 2 \end{pmatrix}$; $\overrightarrow{AC} = \vec{c} - \vec{a} = \begin{pmatrix} -3 \\ -7 \\ 3 \end{pmatrix}$

3. Stellen Sie die zugehörige Parameterform auf.

   $E\colon \vec{x} = \overrightarrow{OA} + r \cdot \overrightarrow{AB} + s \cdot \overrightarrow{AC}$

   $E\colon \vec{x} = \begin{pmatrix} 4 \\ 3 \\ -2 \end{pmatrix} + r \cdot \begin{pmatrix} -2 \\ -1 \\ 2 \end{pmatrix} + s \cdot \begin{pmatrix} -3 \\ -7 \\ 3 \end{pmatrix}$

Beispiel 2: Überprüfen, ob ein Punkt auf einer Ebene liegt

Überprüfen Sie, ob der Punkt P(5 | −2 | −3) in der Ebene E mit

$E\colon \vec{x} = \begin{pmatrix} 4 \\ 3 \\ -2 \end{pmatrix} + r \cdot \begin{pmatrix} -2 \\ -1 \\ 2 \end{pmatrix} + s \cdot \begin{pmatrix} -3 \\ -7 \\ 3 \end{pmatrix}$ liegt.

Führen Sie eine Punktprobe durch.

Punktprobe:

1. Setzen Sie den Vektor des Punktes statt $\vec{x}$ in die Ebenengleichung ein.

   $\begin{pmatrix} 5 \\ -2 \\ -3 \end{pmatrix} = \begin{pmatrix} 4 \\ 3 \\ -2 \end{pmatrix} + r \cdot \begin{pmatrix} -2 \\ -1 \\ 2 \end{pmatrix} + s \cdot \begin{pmatrix} -3 \\ -7 \\ 3 \end{pmatrix}$

2. Wenn P auf E liegt, müssen alle Koordinaten von P die Ebenengleichung erfüllen. Lösen Sie dafür das zugehörige LGS.
   Beachten Sie, dass das LGS zwei Variablen und drei Zeilen hat, d. h. das LGS ist überbestimmt. Sie müssen alle 3 Zeilen zur Lösung verwenden.

   I $\quad 5 = 4 - 2r - 3s$
   II $\quad -2 = 3 - r - 7s$, also $r = 5 - 7s$
   III $\quad -3 = -2 + 2r + 3s$

   - Lösen Sie eine Zeile nach einer Variablen auf (hier Zeile II nach r).
   - Setzen Sie den Term für die Variable in eine zweite Zeile ein. Sie erhalten einen Wert für eine Variable (hier s).

     $r = 5 - 7s$ in I:
     $5 = 4 - 2(5 - 7s) - 3s$
     $5 = 4 - 10 + 14s - 3s$
     $11 = 11s$, also $s = 1$

   - Berechnen Sie den Wert für die andere Variable, indem Sie den erhaltenen Wert in die nach einer Variablen aufgelösten Gleichung einsetzen.

     $s = 1$ in II:
     $r = 5 - 7 = -2$

   - Setzen Sie die Werte für beide Variablen in die dritte Zeile ein und überprüfen Sie damit, ob die Lösung stimmt.

     $r = -2$ und $s = 1$ in III:
     $-3 = -2 + 2 \cdot (-2) + 3 \cdot 1$
     $-3 = -2 - 4 + 3$
     $-3 = -3$ ✓

Also liegt der Punkt P in der Ebene E.

Achtung:
Klammern nicht vergessen!

Ebenen in Normalenform

Einen Vektor $\vec{n}$, der senkrecht auf einer Ebene E steht, nennt man **Normalenvektor**. Damit erhält man eine weitere Möglichkeit, eine Ebene im Raum zu beschreiben, die **Normalenform**. Ist P der Stützpunkt der Ebene E, X ein x-beliebiger Punkt auf E und $\vec{n}$ ein Normalenvektor, dann ist $\vec{n}$ orthogonal zu dem Verbindungsvektor $\overrightarrow{PX}$ und es gilt:

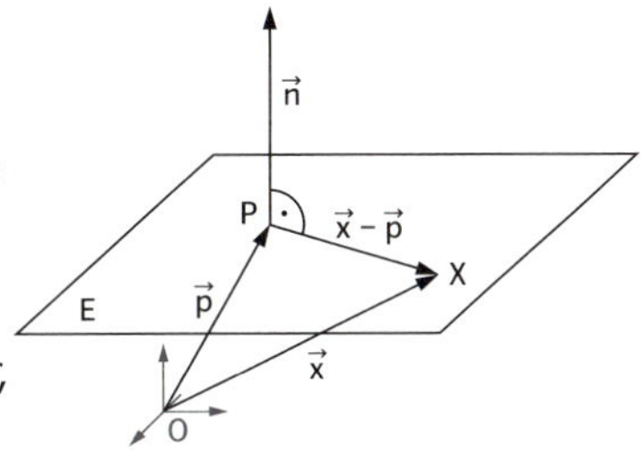

Erinnerung:
Zwei Vektoren $\vec{u}$ und $\vec{v}$ stehen senkrecht aufeinander, wenn das Skalarprodukt null ist, wenn also gilt: $\vec{u}\cdot\vec{v} = 0$.

$$\mathbf{E:}\ (\vec{x}-\vec{p})\cdot\vec{n} = 0$$

Auf der Ebene E gilt: | Der Vektor $\vec{x}-\vec{p}$ | (skalar-)multipliziert mit dem Normalenvektor $\vec{n}$ | ist null.

Beachten Sie die Schreibweise und vergessen Sie nicht das „= 0". Ohne dies wäre die Ebenengleichung unvollständig.

Die **Normalenform** eignet sich besonders gut, wenn man die Lage der Ebene im Raum beschreiben, eine Ebenengleichung von einer Parameterform in eine Koordinatenform umwandeln oder Abstandsberechnungen durchführen muss.

Beispiel 3: Den Normalenvektor bestimmen

Bestimmen Sie einen Vektor $\vec{n}$, der orthogonal ist zu $\vec{u} = \begin{pmatrix}-2\\-1\\2\end{pmatrix}$ und $\vec{v} = \begin{pmatrix}-3\\-7\\3\end{pmatrix}$.

Möglichkeit 1: Mit dem Skalarprodukt

Wenn ein Vektor $\vec{n}$ orthogonal zu zwei anderen Vektoren $\vec{u}$ und $\vec{v}$ ist, dann muss sowohl $\vec{u}\cdot\vec{n} = 0$ und $\vec{v}\cdot\vec{n} = 0$ sein.

1. Stellen Sie die beiden Gleichungen $\vec{u}\cdot\vec{n} = 0$ und $\vec{v}\cdot\vec{n} = 0$ auf. Diese beiden Gleichungen bilden ein lineares Gleichungssystem (LGS).
2. Eliminieren Sie in einer Zeile eine Variable.
3. Wählen Sie (geschickt) einen Wert für eine Variable und lösen Sie die Zeile nach einer zweiten Variable auf.
4. Setzen Sie die beiden Variablen in die erste Zeile ein und bestimmen Sie die fehlende dritte Variable.
5. Schreiben Sie den Normalenvektor auf.

$$\begin{array}{ll} \text{I} & -2n_1 - 1n_2 + 2n_3 = 0 \quad |\cdot(-7) \\ \text{II} & -3n_1 - 7n_2 + 3n_3 = 0 \\ \hline & 14n_1 + 7n_2 - 14n_3 = 0 \\ & -3n_1 - 7n_2 + 3n_3 = 0 \\ \hline & 14n_1 + 7n_2 - 14n_3 = 0 \\ & 11n_1 \qquad\quad - 11n_3 = 0 \end{array}$$

Wählen Sie z.B. $n_3 = 1$, also $n_1 = 1$.
$n_1 = 1$ und $n_3 = 1$ in II:
$-3 - 7n_2 + 3 = 0$
$-7n_2 = 0$, also $n_2 = 0$

$$\vec{n} = \begin{pmatrix}1\\0\\1\end{pmatrix}$$

Möglichkeit 2: Mit dem Vektorprodukt

Bestimmen Sie $\vec{n}$ mit dem Vektorprodukt $\vec{n} = \vec{u}\times\vec{v}$.

$$\vec{n} = \vec{u}\times\vec{v} = \begin{array}{cc} \not{2} & \not{3} \\ -1 & -7 \\ 2 & 3 \\ -2 & -3 \\ -1 & -7 \\ \not{2} & \not{3} \end{array} = -\begin{pmatrix}-3+14\\-6+6\\14-3\end{pmatrix} = \begin{pmatrix}11\\0\\11\end{pmatrix}$$

$$\vec{n}^* = \begin{pmatrix}1\\0\\1\end{pmatrix}$$

Wenn Ihnen die Koordinaten des Normalenvektors zu groß oder zu klein sind, können Sie auch ein Vielfaches dieses Vektors als Normalenvektor nehmen.

Beispiel 4: Die Normalenform einer Ebene aufstellen

Geben Sie eine Normalenform für die Ebene E durch die Punkte A(4 | 3 | −2), B(2 | 2 | 0) und C(1 | −4 | 1) an.

1. Wählen Sie den Ortsvektor zu einem Punkt als Stützvektor, also z. B. $\overrightarrow{OA}$.
   Stützvektor $\overrightarrow{OA} = \begin{pmatrix} 4 \\ 3 \\ -2 \end{pmatrix}$
2. Berechnen Sie zwei Spannvektoren, z. B. $\overrightarrow{AB}$ und $\overrightarrow{AC}$.
   Spannvektoren:
   $\overrightarrow{AB} = \vec{b} - \vec{a} = \begin{pmatrix} -2 \\ -1 \\ 2 \end{pmatrix}$; $\overrightarrow{AC} = \vec{c} - \vec{a} = \begin{pmatrix} -3 \\ -7 \\ 3 \end{pmatrix}$
3. Bestimmen Sie den Normalenvektor $\vec{n}$ mithilfe des Skalarprodukts oder des Vektorprodukts.
   $\vec{n} = \overrightarrow{AB} \times \overrightarrow{AC} = \begin{pmatrix} 11 \\ 0 \\ 11 \end{pmatrix}$
4. Stellen Sie die Ebene in Normalenform $E: (\vec{x} - \vec{p}) \cdot \vec{n} = 0$ auf.
   $E: \left[\vec{x} - \begin{pmatrix} 4 \\ 3 \\ -2 \end{pmatrix}\right] \cdot \begin{pmatrix} 11 \\ 0 \\ 11 \end{pmatrix} = 0$

Ebenen in Koordinatenform

Multipliziert man die Normalenform einer Ebene E aus, erhält man eine weitere Möglichkeit, eine Ebene im Raum darzustellen.

$$E: (\vec{x} - \vec{p}) \cdot \vec{n} = 0$$

$$E: n_1 \cdot x_1 + n_2 \cdot x_2 + n_3 \cdot x_3 - (p_1 \cdot n_1 + p_2 \cdot n_2 + p_3 \cdot n_3) = 0.$$

Formt man diese Gleichung um, erhält man

$$E: n_1 \cdot x_1 + n_2 \cdot x_2 + n_3 \cdot x_3 = p_1 \cdot n_1 + p_2 \cdot n_2 + p_3 \cdot n_3.$$

Dabei ist $p_1 \cdot n_1 + p_2 \cdot n_2 + p_3 \cdot n_3$ eine (reelle) Zahl und x_1, x_2 und x_3 sind die Koordinaten eines x-beliebigen Punktes auf E. Deshalb nennt man die Ebenendarstellung auch **Koordinatenform** und schreibt dafür kurz:

$$\mathbf{E: n_1 \cdot x_1 + n_2 \cdot x_2 + n_3 \cdot x_3 = d.}$$

Häufig findet man auch die Schreibweise $E: a \cdot x_1 + b \cdot x_2 + c \cdot x_3 = d$ für die Koordinatenform.

Die Koordinatenform eignet sich besonders gut, wenn man eine Punktprobe durchführen oder die Ebene zeichnerisch im Raum darstellen muss.

Beispiel 5: Koordinatenform einer Ebene aufstellen

Geben Sie eine Koordinatengleichung für die Ebene E durch die Punkte A(4 | 3 | −2), B(2 | 2 | 0) und C(1 | −4 | 1) an.

1. Stellen Sie die Normalenform $E: (\vec{x} - \vec{p}) \cdot \vec{n} = 0$ auf.
   Stützvektor $\overrightarrow{OA} = \begin{pmatrix} 4 \\ 3 \\ -2 \end{pmatrix}$
2. Multiplizieren Sie die Normalenform aus.
   Spannvektoren: $\overrightarrow{AB} = \vec{b} - \vec{a} = \begin{pmatrix} -2 \\ -1 \\ 2 \end{pmatrix}$; $\overrightarrow{AC} = \vec{c} - \vec{a} = \begin{pmatrix} -3 \\ -7 \\ 3 \end{pmatrix}$
   $\vec{n} = \overrightarrow{AB} \times \overrightarrow{AC} = \begin{pmatrix} 11 \\ 0 \\ 11 \end{pmatrix}$
3. Schreiben Sie die Koordinatenform auf.
   $E: \left[\vec{x} - \begin{pmatrix} 4 \\ 3 \\ -2 \end{pmatrix}\right] \cdot \begin{pmatrix} 11 \\ 0 \\ 11 \end{pmatrix} = 0$
   $E: 11 \cdot x_1 + 0 \cdot x_2 + 11 \cdot x_3 = 4 \cdot 11 + 3 \cdot 0 - 2 \cdot 11$,
   also $E: 11x_1 + 11x_3 = 22$ oder $E^*: x_1 + x_3 = 2$

Wenn Ihnen die Zahlen zu groß sind, können Sie die Gleichung wie gewohnt durch eine beliebige Zahl dividieren.

5.9 Lage von Ebenen im Raum

- Die besondere Lage von Ebenen im Raum beschreiben
- Ebenen zeichnerisch mithilfe der Spurpunkte und Spurgeraden darstellen

KURZINFO

Was sind die Koordinatenebenen?

Die Koordinatenachsen spannen paarweise eine Ebene auf. Man nennt diese Ebenen Koordinatenebenen.
Im Raum gibt es genau drei **Koordinatenebenen**, die x_1-x_2-Ebene, die x_1-x_3-Ebene und die x_2-x_3-Ebene. Ein Punkt, der in der x_1-x_2-Ebene liegt, hat als x_3-Koordinate 0, deshalb ist $E\colon\ x_3 = 0$ eine Koordinatengleichung der x_1-x_2-Ebene.

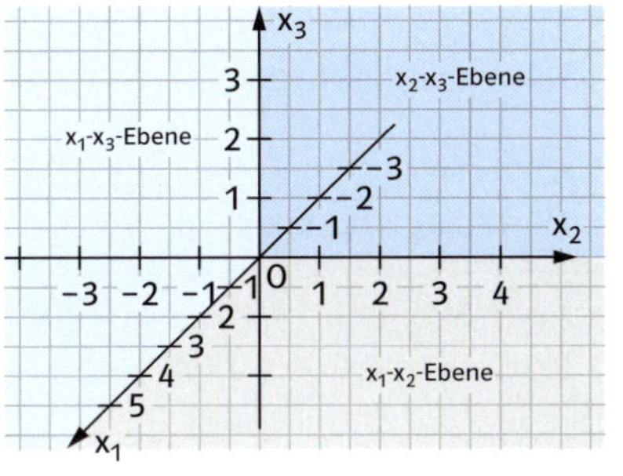

Die Koordinatengleichung $E\colon\ x_2 = 0$ beschreibt die x_1-x_3-Ebene und $E\colon\ x_1 = 0$ die x_2-x_3-Ebene.

Besondere Lage von Ebenen im Raum

Mithilfe des Normalenvektors kann man die besondere Lage von Ebenen im Raum beschreiben.
Eine Ebene E mit $E\colon\ (\vec{x} - \vec{p}) \cdot \vec{n} = 0$ bzw. $E\colon\ n_1 \cdot x_1 + n_2 \cdot x_2 + n_3 \cdot x_3 = d$ ist parallel zur

Tipp:
Sind beim Normalenvektor zwei Koordinaten null, ist die zugehörige Ebene parallel zu einer der drei Koordinatenebenen.

- x_1-x_2-Ebene, wenn ihr Normalenvektor parallel zur x_3-Achse ist, also $\vec{n} = \begin{pmatrix} 0 \\ 0 \\ n_3 \end{pmatrix}$.
  Dann ist $E\colon\ n_3 \cdot x_3 = d$ eine zugehörige Koordinatenform.

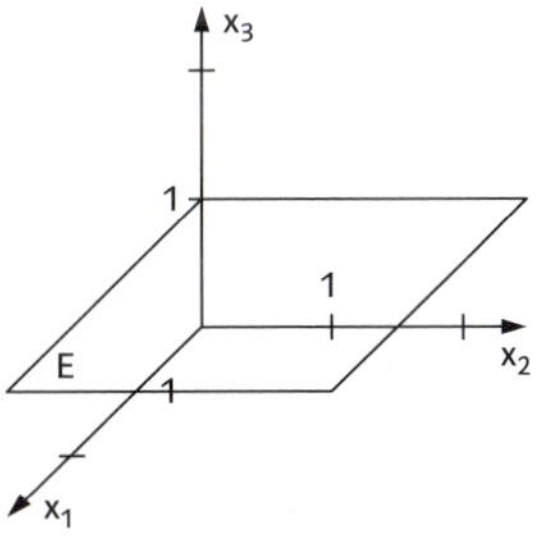

- x_1-x_3-Ebene, wenn ihr Normalenvektor parallel zur x_2-Achse ist, also $\vec{n} = \begin{pmatrix} 0 \\ n_2 \\ 0 \end{pmatrix}$.
  Dann ist $E\colon\ n_2 \cdot x_2 = d$ eine zugehörige Koordinatenform.

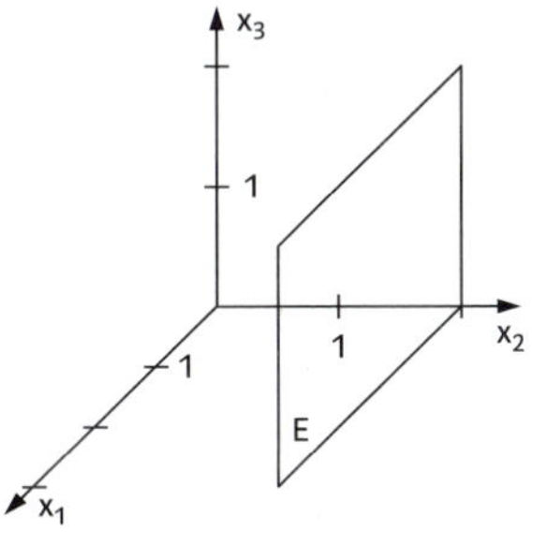

- x_2-x_3-Ebene, wenn ihr Normalenvektor parallel zur x_1-Achse ist, also $\vec{n} = \begin{pmatrix} n_1 \\ 0 \\ 0 \end{pmatrix}$.
  Dann ist $E\colon n_1 \cdot x_1 = d$ eine zugehörige Koordinatenform.

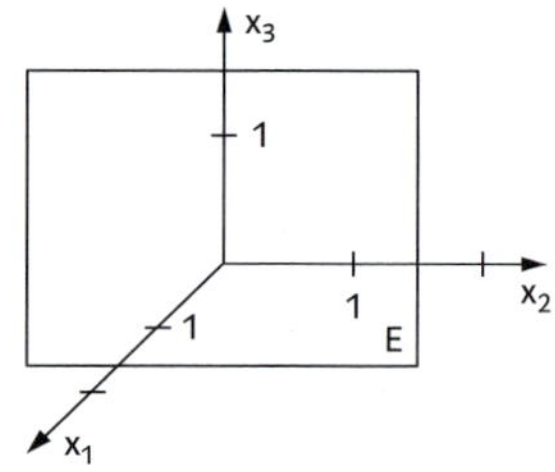

Tipp:
Ist beim Normalenvektor eine x-Koordinate null, ist die zugehörige Ebene parallel zu einer der drei Koordinatenachsen.

Eine Ebene E mit $E\colon (\vec{x} - \vec{p}) \cdot \vec{n} = 0$ bzw. $E\colon n_1 \cdot x_1 + n_2 \cdot x_2 + n_3 \cdot x_3 = d$ ist parallel zur

- x_1-Achse, wenn die x_1-Koordinate des Normalenvektors 0 ist, wenn also gilt: $\vec{n} = \begin{pmatrix} 0 \\ n_2 \\ n_3 \end{pmatrix}$.
- x_2-Achse, wenn die x_2-Koordinate des Normalenvektors 0 ist, wenn also gilt: $\vec{n} = \begin{pmatrix} n_1 \\ 0 \\ n_3 \end{pmatrix}$.
- x_3-Achse, wenn die x_3-Koordinate des Normalenvektors 0 ist, wenn also gilt: $\vec{n} = \begin{pmatrix} n_1 \\ n_2 \\ 0 \end{pmatrix}$.

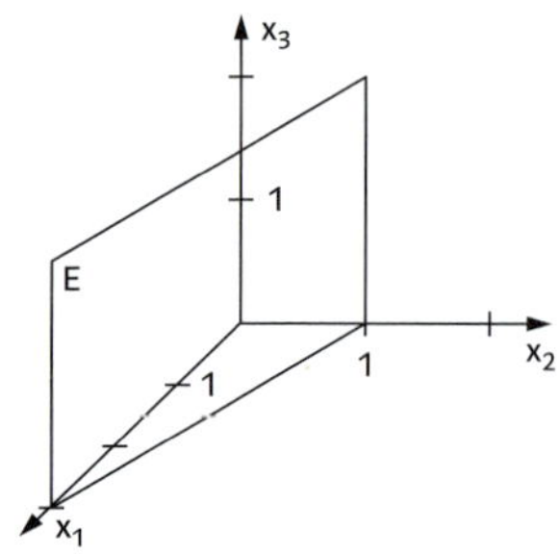

Beispiel 1: Besondere Lage von Ebenen angeben

Geben Sie an, wie die Ebenen im Raum liegen.

a) $E\colon 3x_2 = 6$ b) $E\colon 4x_2 - 3x_3 = 5$

1. Schreiben Sie den Normalenvektor $\vec{n}$ auf.
2. Schauen Sie nach, welche Koordinaten null sind.

a) $\vec{n} = \begin{pmatrix} 0 \\ 3 \\ 0 \end{pmatrix}$; Die Ebene E ist also parallel zur x_1-x_3-Ebene.

b) $\vec{n} = \begin{pmatrix} 0 \\ 4 \\ -3 \end{pmatrix}$; Die Ebene E ist also parallel zur x_1-Achse.

Spurpunkte und Spurgeraden – zeichnerische Darstellung von Ebenen

Hat eine Ebene keine besondere Lage im Raum, kann man sich nicht vorstellen, wie diese Ebene im Raum liegt. Dazu helfen die Spurpunkte und Spurgeraden.

Gegeben ist eine Ebene E mit $E\colon n_1 \cdot x_1 + n_2 \cdot x_2 + n_3 \cdot x_3 = d$.

Die **Schnittpunkte einer Ebene E mit den Koordinatenachsen** heißen **Spurpunkte**. Verbindet man jeweils zwei Spurpunkte, erhält man die **Schnittgeraden der Ebene E mit den Koordinatenebenen**, die so genannten **Spurgeraden**. Zeichnet man die Spurpunkte und Spurgeraden in ein Koordinatensystem, erhält man einen Ausschnitt der Ebene, der die Lage der Ebene im Raum verdeutlicht.

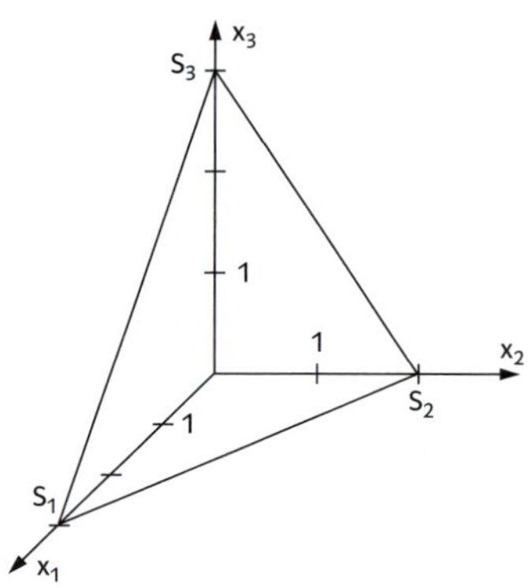

Die Spurpunkte kann man am besten mit der Koordinatenform bestimmen.

- Schnittpunkt mit der x_1-Achse:
  Für $x_2 = 0$ und $x_3 = 0$ erhält man den Spurpunkt $S_1\left(\frac{d}{n_1}\middle|0\middle|0\right)$.
- Schnittpunkt mit der x_2-Achse:
  Für $x_1 = 0$ und $x_3 = 0$ erhält man den Spurpunkt $S_2\left(0\middle|\frac{d}{n_2}\middle|0\right)$.
- Schnittpunkt mit der x_3-Achse:
  Für $x_1 = 0$ und $x_2 = 0$ erhält man den Spurpunkt $S_3\left(0\middle|0\middle|\frac{d}{n_3}\right)$.

Achtung:
„Fehlt" bei einer Ebene in der Koordinatenform eine Koordinate, dann ist die Koordinate des Normalenvektors null (nicht die x-Koordinate eines Punktes auf der Ebene, die kann immer jeden beliebigen Wert annehmen), und die Ebene E hat eine besondere Lage im Koordinatensystem.
Dies muss man bei der zeichnerischen Darstellung berücksichtigen.

Beispiel 2: Spurpunkte bestimmen und Ebene darstellen

Bestimmen Sie die Spurpunkte der Ebene E mit $2x_1 + 4x_2 + 3x_3 = 12$ und stellen Sie die Ebene in einem Koordinatensystem zeichnerisch dar.

Möglichkeit 1:
Bestimmen Sie die Schnittpunkte mit den Koordinatenachsen, indem Sie paarweise die x-Koordinaten null setzen.

$S_1\left(\frac{12}{2}\middle|0\middle|0\right)$, also $S_1(6|0|0)$

$S_2\left(0\middle|\frac{12}{4}\middle|0\right)$, also $S_2(0|3|0)$

$S_3\left(0\middle|0\middle|\frac{12}{3}\right)$, also $S_3(0|0|4)$

Möglichkeit 2:
Bestimmen Sie die Spurpunkte, indem Sie d durch die Koordinaten des Normalenvektors teilen.
Zeichnen Sie die Spurpunkte in ein Koordinatensystem und verbinden Sie sie.

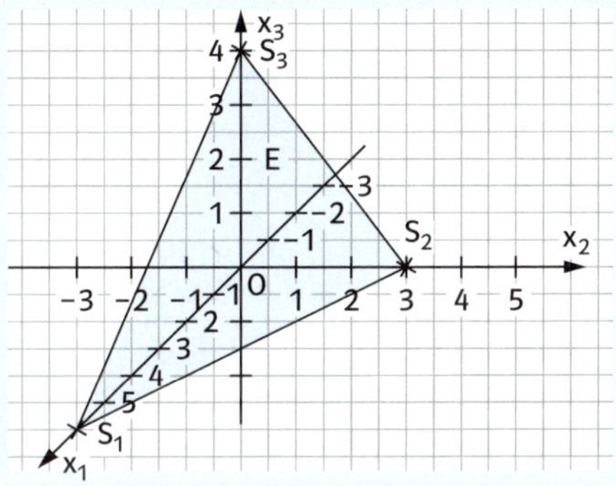

Beispiel 3: Besondere Ebenen zeichnerisch darstellen

Stellen Sie E mit $E: 2x_1 + x_3 = 4$ in einem Koordinatensystem zeichnerisch dar.

1. Bestimmen Sie die Spurpunkte, indem Sie d durch die Koordinaten des Normalenvektors teilen.
   Ist eine Koordinate des Normalvektors null, erhalten Sie keinen Spurpunkt, denn Sie dürfen durch 0 nicht teilen! Notieren Sie die zugehörige Parallelität.
2. Zeichnen Sie die Spurpunkte in ein Koordinatensystem und verbinden Sie sie. Dann ergänzen Sie die Darstellung um zwei Parallelen zu der Koordinatenachse, zu der die Ebene parallel ist.

$S_1(2|0|0)$
E ist parallel zur x_2-Achse
$S_3(0|0|4)$

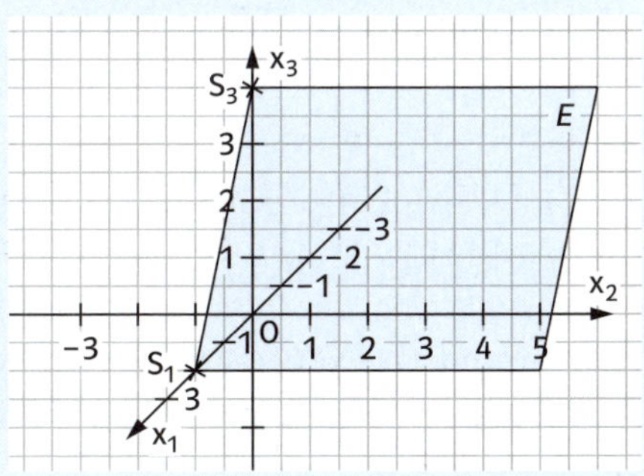

5.10 Gegenseitige Lage von einer Geraden und einer Ebene

- Gegenseitige Lage von einer Geraden und einer Ebene im Raum beschreiben
- Gegenseitige Lage von einer Geraden und einer Ebene rechnerisch bestimmen

Wie können eine Gerade und eine Ebene im Raum zueinander liegen?

Für die gegenseitige Lage der Geraden g und der Ebene E gibt es drei verschiedene Möglichkeiten:

1. Die Gerade g und die Ebene E **schneiden sich**. Dann haben g und E einen gemeinsamen Punkt S.
   Ein Sonderfall des Schnittes ist, wenn sich die Gerade g und E orthogonal schneiden. Dann ist der Normalenvektor $\vec{n}$ der Ebene ein Vielfaches des Richtungsvektors $\vec{u}$ der Geraden.

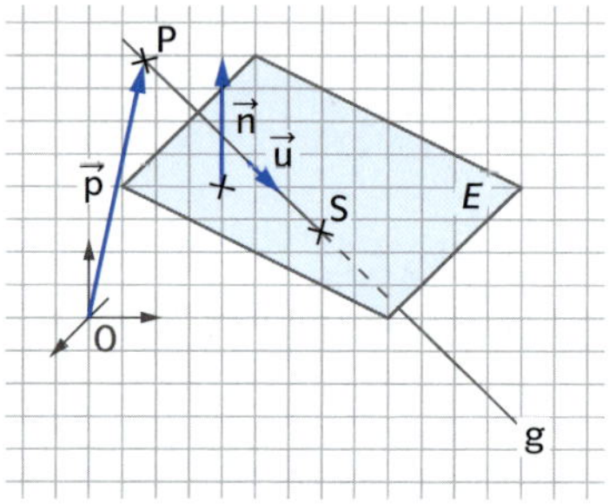

2. Die Gerade g und die Ebene E sind **(echt) parallel**. Dann haben g und E keine gemeinsamen Punkte und es gilt: Der Normalenvektor $\vec{n}$ der Ebenen ist orthogonal zum Richtungsvektor $\vec{u}$ der Geraden, kurz $\vec{n} \perp \vec{u}$.

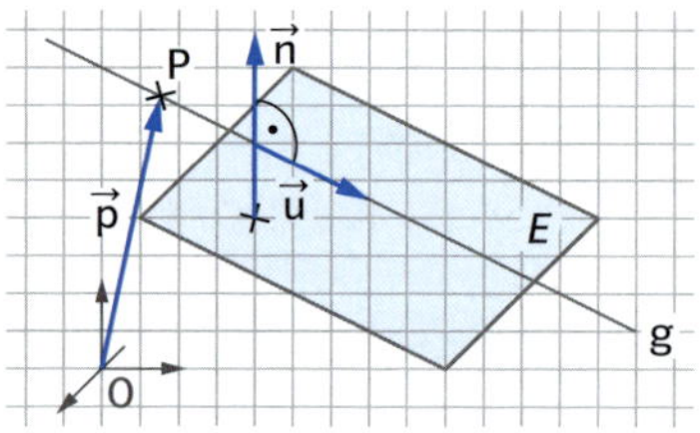

3. Die Gerade **g liegt in der Ebene E**. Dann sind alle Punkte von g auch Punkte von E und es gilt auch hier: Der Normalenvektor $\vec{n}$ der Ebene ist orthogonal zum Richtungsvektor $\vec{u}$, kurz $\vec{n} \perp \vec{u}$.

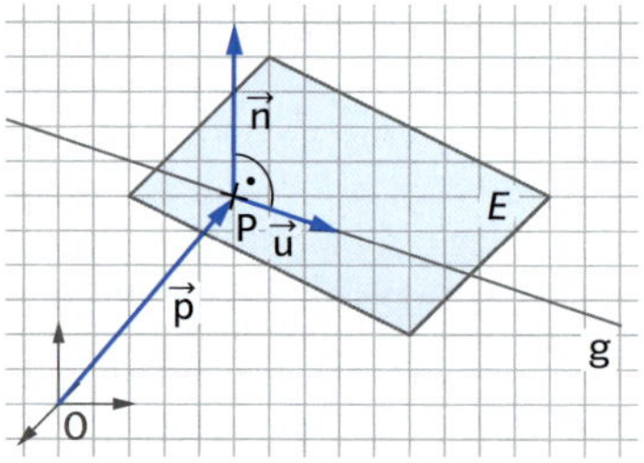

Tipp:
Ist die Ebene in einer anderen Form gegeben, empfiehlt es sich, die Ebene zuerst in die Koordinatenform umzuwandeln, dann ist der Rechenaufwand geringer und die Rechnung weniger fehleranfällig.

Wie kann man die gegenseitige Lage einer Geraden und einer Ebene rechnerisch bestimmen?

Gegeben sind eine Gerade g in Parameterform mit g: $\vec{x} = \vec{p} + t \cdot \vec{u}$ und eine Ebene E in Koordinatenform mit E: $n_1 \cdot x_1 + n_2 \cdot x_2 + n_3 \cdot x_3 = d$. Dann gibt es zwei Möglichkeiten, wie man die gegenseitige Lage der Geraden g und der Ebene E rechnerisch bestimmen kann:

Möglichkeit 1:
Mithilfe des Normalenvektors $\vec{n}$ und des Richtungsvektors $\vec{u}$

1. Prüfen Sie, ob g und E parallel sind bzw. ob g in E liegt. Dann müssen $\vec{n}$ und $\vec{u}$ orthogonal sein, d.h. es gilt: $\vec{n} \cdot \vec{u} = 0$.

ja ↓

2. Prüfen Sie, ob g und E gemeinsame Punkte haben, d.h. setzen Sie z.B. den Stützpunkt von g in die Ebenengleichung ein.

ja ↓ g liegt in E

nein ↓ $g \parallel E$

nein ↓

Wenn g und E nicht parallel sind oder g nicht in E liegt, dann schneiden sich g und E.
Den Schnittpunkt können Sie ermitteln, indem Sie einen allgemeinen Geradenpunkt $X(p_1+t\cdot u_1\,|\,p_2+t\cdot u_2\,|\,p_3+t\cdot u_3)$ in die Ebenengleichung einsetzen und nach t auflösen.

Achtung:
Nachteil von Möglichkeit 1 ist, dass Sie trotzdem Möglichkeit 2 anwenden müssen, wenn sich g und E schneiden und Sie den Schnittpunkt bestimmen wollen.

Möglichkeit 2:
Durch Einsetzen des allgemeinen Geradenpunktes in die Ebenengleichung

1. Setzen Sie den allgemeinen Geradenpunkt $X(p_1+t\cdot u_1\,|\,p_2+t\cdot u_2\,|\,p_3+t\cdot u_3)$ in die Koordinatenform von E ein:
$$n_1\cdot(p_1+t\cdot u_1)+n_2\cdot(p_2+t\cdot u_2)+n_3\cdot(p_3+t\cdot u_3)=d$$
2. Lösen Sie diese Gleichung nach t auf.
Gibt es genau eine Lösung für t, dann schneiden sich g und E.
Den Schnittpunkt erhalten Sie, indem Sie den Wert für t in die Geradengleichung einsetzen.
Gibt es keine Lösung, dann sind g und E echt parallel.
Gibt es unendlich viele Lösungen, dann liegt g in E.

Beispiel 1: Lagebeziehungen untersuchen mit Möglichkeit 1

Untersuchen Sie, wie die Gerade g mit g: $\vec{x} = \begin{pmatrix} 1 \\ -3 \\ 2 \end{pmatrix} + t\cdot\begin{pmatrix} 2 \\ 5 \\ -1 \end{pmatrix}$ und die Ebene E mit E: $-x_1+2x_2+8x_3=2$ zueinander liegen.

1. Schreiben Sie den Richtungsvektor $\vec{u}$ und den Normalenvektor $\vec{n}$ auf.

$\vec{u} = \begin{pmatrix} 2 \\ 5 \\ -1 \end{pmatrix}$; $\vec{n} = \begin{pmatrix} -1 \\ 2 \\ 8 \end{pmatrix}$

2. Berechnen Sie das Skalarprodukt $\vec{u}\cdot\vec{n}$. Ist $\vec{u}\cdot\vec{n} \neq 0$, dann schneiden sich g und E.

$\vec{u}\cdot\vec{n} = -2+10-8 = 0$

3. Ist $\vec{u}\cdot\vec{n} = 0$, dann müssen Sie den Stützpunkt von g in E einsetzen.
   a) Die Aussage ist wahr, dann liegt g in E.
   b) Es entsteht eine falsche Aussage, dann ist $g \parallel E$.

Punktprobe:
$-1+2\cdot(-3)+8\cdot 2 = 9 \neq 2$,
also sind g und E echt parallel.

Beispiel 2: Lagebeziehungen untersuchen mit Möglichkeit 2

Untersuchen Sie, wie die Gerade g mit $g: \vec{x} = \begin{pmatrix} 1 \\ -3 \\ 2 \end{pmatrix} + t \cdot \begin{pmatrix} 2 \\ 3 \\ -1 \end{pmatrix}$ und die Ebene E mit $E: -2x_1 + 2x_2 - x_3 = -1$ zueinander liegen.

1. Setzen Sie einen allgemeinen Geradenpunkt X in die Koordinatenform der Ebene ein.

$X(1+2t\,|\,-3+3t\,|\,2-t)$ in E:

$$\begin{aligned} -2(1+2t) + 2(-3+3t) - (2-t) &= -1 \\ -2-4t-6+6t-2+t &= -1 \\ -10+3t &= -1 \end{aligned}$$

2. Lösen Sie die Gleichung nach t auf.

$t = 3$

3. a) Gibt es genau eine Lösung, dann schneiden sich g und E. Den Schnittpunkt erhalten Sie, indem Sie den Wert für t in die Geradengleichung einsetzen.

Also schneiden sich g und E. Der Schnittpunkt ergibt sich durch Einsetzen von $t = 3$ in die Geradengleichung:

$$\begin{pmatrix} 1 \\ -3 \\ 2 \end{pmatrix} + 3 \cdot \begin{pmatrix} 2 \\ 3 \\ -1 \end{pmatrix} = \begin{pmatrix} 7 \\ 6 \\ -1 \end{pmatrix}.$$

   b) Gibt es keine Lösung, dann sind g und E echt parallel.

Die Gerade g und die Ebene E schneiden sich im Punkt $S(7\,|\,6\,|\,-1)$.

   c) Gibt es unendlich viele Lösungen, dann liegt g in E.

Beispiel 3: Eine Gerade g und eine Ebene E schneiden sich orthogonal

Gegeben sind eine Ebene E mit $E: -x_1 + 3x_2 - 2x_3 = 23$ und eine Gerade g mit $g: \vec{x} = \begin{pmatrix} 2 \\ -3 \\ 4 \end{pmatrix} + t \cdot \begin{pmatrix} 3 \\ -9 \\ 6 \end{pmatrix}$. Zeigen Sie, dass sich g und E orthogonal schneiden und bestimmen Sie den Schnittpunkt.

1. Schreiben Sie den Richtungsvektor $\vec{u}$ und den Normalenvektor $\vec{n}$ auf.

$\vec{u} = \begin{pmatrix} 3 \\ -9 \\ 6 \end{pmatrix}$; $\vec{n} = \begin{pmatrix} -1 \\ 3 \\ -2 \end{pmatrix}$

2. Ist der Richtungsvektor ein Vielfaches des Normalenvektors, gilt also $\vec{u} = k \cdot \vec{n}$, dann schneiden sich g und E orthogonal.

$$\begin{pmatrix} 3 \\ -9 \\ 6 \end{pmatrix} = k \cdot \begin{pmatrix} -1 \\ 3 \\ -2 \end{pmatrix}$$

$3 = -k$, also $k = -3$
$-9 = 3k$, also $k = -3$
$6 = -2k$, also $k = -3$

g und E schneiden sich orthogonal.

3. Setzen Sie den allgemeinen Geradenpunkt X in E ein und bestimmen Sie t.

$X(2+3t\,|\,-3-9t\,|\,4+6t)$ in E:

$$\begin{aligned} -(2+3t) + 3(-3-9t) - 2(4+6t) &= 23 \\ -2-3t-9-27t-8-12t &= 23 \\ -42t-19 &= 23 \\ -42t &= 42 \\ t &= -1 \end{aligned}$$

4. Setzen Sie t in den allgemeinen Geradenpunkt ein und berechnen Sie die Koordinaten des Schnittpunkts.

Schnittpunkt: $S(2+3\cdot(-1)\,|\,-3-9\cdot(-1)\,|\,4+6\cdot(-1))$, also $S(-1\,|\,6\,|\,-2)$

g und E schneiden sich in $S(-1\,|\,6\,|\,-2)$ orthogonal.

5.11 Gegenseitige Lage von zwei Ebenen

- Die gegenseitige Lage von zwei Ebenen im Raum beschreiben
- Die gegenseitige Lage von zwei Ebenen rechnerisch bestimmen

KURZINFO

Wie können zwei Ebenen im Raum zueinander liegen?

Für die gegenseitige Lage von zwei Ebenen E und F gibt es drei verschiedene Möglichkeiten:

1. Die zwei Ebenen **schneiden sich.**
   Dann haben E und F eine gemeinsame Schnittgerade.
   Ein Sonderfall des Schnittes ist, wenn sich die beiden Ebenen orthogonal schneiden. Dann sind die zugehörigen Normalenvektoren $\vec{n_E}$ und $\vec{n_F}$ orthogonal, kurz $\vec{n_E} \cdot \vec{n_F} = 0$.

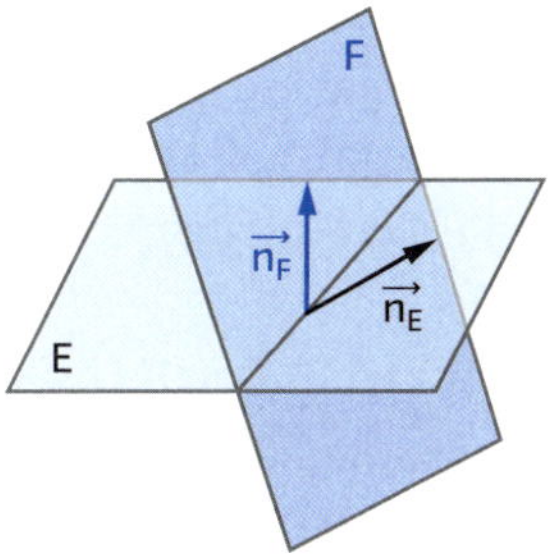

2. Die beiden Ebenen sind (echt) **parallel**.
   Dann sind die Normalenvektoren Vielfache voneinander, kurz $\vec{n_E} = k \cdot \vec{n_F}$ für ein $k \in \mathbb{R}$, und E und F haben keine gemeinsamen Punkte.

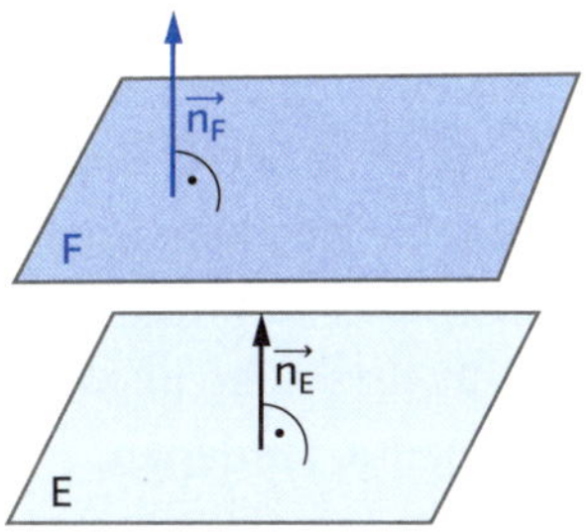

3. Die beiden Ebenen sind **identisch**.
   Dann sind die Normalenvektoren Vielfache voreinander, kurz $\vec{n_E} = k \cdot \vec{n_F}$ für ein $k \in \mathbb{R}$, und E und F haben unendlich viele gemeinsamen Punkte.

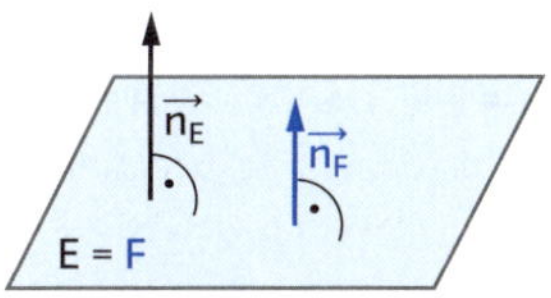

Wie kann man die gegenseitige Lage von zwei Ebenen rechnerisch bestimmen?

Gegeben sind zwei Ebenen E und F in Koordinatenform mit
E: $n_{E_1} \cdot x_1 + n_{E_2} \cdot x_2 + n_{E_3} \cdot x_3 = d_E$ und F: $n_{F_1} \cdot x_1 + n_{F_2} \cdot x_2 + n_{F_3} \cdot x_3 = d_F$.
Dann gibt es zwei Möglichkeiten, wie man die gegenseitige Lage der beiden Ebenen E und F rechnerisch bestimmen kann:

Tipp:
Ist die Ebene in einer anderen Form gegeben, empfiehlt es sich, die Ebene zuerst in die Koordinatenform umzuwandeln, dann ist der Rechenaufwand deutlich geringer und die Rechnung somit weniger fehleranfällig.

Achtung:
Nachteil von Möglichkeit 1 ist, dass Sie trotzdem Möglichkeit 2 anwenden müssen, wenn sich E und F schneiden und Sie die Schnittgerade ermitteln müssen.

Möglichkeit 1: Mithilfe der Normalenvektoren $\overrightarrow{n_E}$ und $\overrightarrow{n_F}$

1. Prüfen Sie, ob E und F parallel sind bzw. ob E und F identisch sind. Dann müssen $\overrightarrow{n_E}$ und $\overrightarrow{n_F}$ Vielfache voneinander sein, d.h. es gilt:

$$\overrightarrow{n_E} = k \cdot \overrightarrow{n_F}$$

ja → 2. Prüfen Sie, ob auch $d_E = k \cdot d_F$ ist, d.h. die Ebenengleichungen Vielfache voneinander sind.

- ja → E und F sind identisch
- nein → $E \parallel F$

nein → Wenn E und F nicht parallel oder identisch sind, dann schneiden sich E und F.
Die Schnittgerade können Sie ermitteln, indem Sie das zugehörige LGS aus den beiden Ebenengleichungen lösen.

Möglichkeit 2: Durch Lösen des LGS aus den beiden Ebenengleichungen

Hinweis:
Man kann für eine Variable auch einen Parameter t wählen und dann die anderen Variablen in Abhängigkeit von t bestimmen. Dann muss man beim Rechnen aufpassen und darf die Klammern nicht vergessen.

1. Die beiden Ebenengleichungen bilden zusammen ein LGS.
2. Eliminieren Sie eine Variable. Entsteht dabei eine allgemeingültige Aussage wie z.B. $0 = 0$, dann sind E und F identisch. Entsteht eine falsche Aussage, z.B. $0 = 1$, dann sind E und F echt parallel.
3. Bleibt eine Gleichung mit zwei Variablen übrig, dann kann man für eine Variable nacheinander zwei verschiedene Werte wählen und die anderen Variablen damit berechnen. So erhält man zwei Schnittpunkte, die auf der Schnittgeraden liegen. Dies genügt, da immer zwei Punkte eine Gerade eindeutig festlegen.
4. Stellen Sie die Parameterform der Schnittgeraden auf.

Beispiel 1: Lagebeziehungen untersuchen mit Möglichkeit 1

Untersuchen Sie, wie die Ebene E mit $E\colon 2x_1 - 3x_2 + x_3 = 1$ und die Ebene F mit $F\colon -4x_1 + 6x_2 - 2x_3 = 4$ zueinander liegen.

1. Schreiben Sie $\overrightarrow{n_E}$ und $\overrightarrow{n_F}$ auf.
   $\overrightarrow{n_E} = \begin{pmatrix} 2 \\ -3 \\ 1 \end{pmatrix}$; $\overrightarrow{n_F} = \begin{pmatrix} -4 \\ 6 \\ -2 \end{pmatrix}$

2. Prüfen Sie, ob E und F parallel oder identisch sind, d.h. ob gilt: $\overrightarrow{n_E} = k \cdot \overrightarrow{n_F}$ für ein $k \in \mathbb{R}$.
   $\overrightarrow{n_E} = k \cdot \overrightarrow{n_F}$
   $2 = k \cdot (-4)$, also $k = -\frac{1}{2}$
   $-3 = k \cdot 6$, also $k = -\frac{1}{2}$
   $1 = k \cdot (-2)$, also $k = -\frac{1}{2}$

3. a) Wenn nein, dann schneiden sich E und F.
   b) Wenn ja, dann vergleichen Sie auch d_E und d_F. Sind d_E und d_F auch Vielfache voneinander, d.h. ist $d_E = k \cdot d_F$ (dasselbe k wie unter 2.), dann sind E und F identisch.
   $d_E \neq -\frac{1}{2} \cdot d_F$,
   $-1 \neq -\frac{1}{2} \cdot 4 = -2$
   also sind E und F echt parallel.

Beispiel 2: Lagebeziehungen untersuchen mit Möglichkeit 2

Untersuchen Sie, wie die Ebene E mit $E\colon\ 2x_1 - 4x_3 = 2$ und die Ebene F mit $F\colon\ -x_1 + 2x_2 - x_3 = -1$ zueinander liegen.

1. Schreiben Sie das LGS auf.

$$\begin{array}{ll} \text{I} & 2x_1 \qquad\quad - 4x_3 = \ \ 2 \quad |\ \text{wähle } x_3 = 0 \\ \text{II} & -x_1 + 2x_2 - \ \ x_3 = -1 \\ \hline & 2x_1 \qquad\qquad\quad = \ \ 2, \text{ also } x_1 = 1 \end{array}$$

2. Eliminieren Sie eine Variable.

3. Wählen Sie für eine Variable einen Wert, z. B. $x_3 = 0$ und berechnen Sie den Wert für die zweite Variable. Setzen Sie die Werte für die beiden Variablen in die nicht benutzte Zeile und berechnen Sie den Wert für die dritte Variable. Schreiben Sie den zugehörigen Punkt P auf.

$x_1 = 1$ und $x_3 = 0$ in II:

$-1 + 2x_2 = -1$

$2x_2 = 0$

also $x_2 = 0$

$P(1\,|\,0\,|\,0)$

4. Wiederholen Sie den dritten Schritt mit einem anderen Wert, hier z. B. $x_3 = 1$ und schreiben Sie den zugehörigen Punkt Q auf.

$$\begin{array}{ll} \text{I} & 2x_1 \qquad\quad - 4x_3 = \ \ 2 \quad |\ \text{wähle } x_3 = 1 \\ \text{II} & -x_1 + 2x_2 - \ \ x_3 = -1 \\ \hline & 2x_1 \qquad\quad - 4 \ \ = \ \ 2 \end{array}$$

also $x_1 = 3$

$x_1 = 3$ und $x_3 = 1$ in II:

$-3 + 2x_2 - 1 = -1$

$2x_2 = 3$, also $x_2 = \frac{3}{2} = 1{,}5$

$Q(3\,|\,1{,}5\,|\,1)$

5. Stellen Sie eine Geradengleichung auf für die Gerade, die durch P und Q geht.

Die beiden Ebenen schneiden sich in der Geraden g durch P und Q:

$$g\colon\ \vec{x} = \begin{pmatrix} 1 \\ 0 \\ 0 \end{pmatrix} + t \cdot \begin{pmatrix} 2 \\ 1{,}5 \\ 1 \end{pmatrix}$$

Tipp: Fehlt in einer Zeile eine Variable, dann können Sie eine Variable wählen und die zweite direkt berechnen.

Beispiel 3: Orthogonalität beim Schnitt zweier Ebenen nachweisen

Zeigen Sie, dass sich die Ebene E mit $E\colon\ 2x_1 + 3x_2 - x_3 = 2$ und die Ebene F mit $F\colon\ -2x_1 + 2x_2 - x_3 = -1$ orthogonal schneiden.

1. Schreiben Sie die beiden Normalenvektoren $\vec{n_E}$ und $\vec{n_F}$ auf.

$$\vec{n_E} = \begin{pmatrix} 2 \\ 3 \\ -1 \end{pmatrix};\ \vec{n_F} = \begin{pmatrix} -2 \\ 2 \\ -1 \end{pmatrix}$$

2. Berechnen Sie das Skalarprodukt $n_E \cdot \vec{n_F}$. Ist es null, dann schneiden sich E und F orthogonal.

$\vec{n_E} \cdot \vec{n_F} = 2 \cdot (-2) + 3 \cdot 2 + (-1) \cdot 2$

$= -4 + 6 - 2 = 0,$

also schneiden sich E und F orthogonal.

Tipp: Machen Sie immer eine Skizze der Ebenen mit ihren Normalenvektoren. So sehen Sie schnell, welche Bedingung Sie nachweisen müssen.

KURZINFO

5.12 Schnittwinkel von Geraden und Ebenen

- Den Schnittwinkel zwischen zwei Geraden berechnen
- Den Schnittwinkel zwischen einer Geraden und einer Ebene berechnen
- Den Schnittwinkel zwischen zwei Ebenen berechnen

Wie kann man den Schnittwinkel zwischen zwei Vektoren berechnen?

Geometrisch berechnet man das Skalarprodukt der Vektoren $\vec{a}$ und $\vec{b}$ mit der Formel $\vec{a} \cdot \vec{b} = |\vec{a}| \cdot |\vec{b}| \cdot \cos(\alpha)$.

Dabei sind $|\vec{a}|$ und $|\vec{b}|$ die Beträge (Längen) der Vektoren und α ist der Winkel zwischen den Vektoren $\vec{a}$ und $\vec{b}$.

Formt man das Skalarprodukt um, erhält man die Formel, mit der man den **Winkel zwischen den Vektoren $\vec{a}$ und $\vec{b}$** berechnen kann:

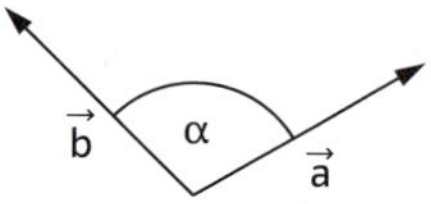

Achtung:
Einen Wert für α können Sie in der Regel nur mit dem Taschenrechner bestimmen.

$$\cos(\alpha) = \frac{\vec{a} \cdot \vec{b}}{|\vec{a}| \cdot |\vec{b}|} = \frac{a_1b_1 + a_2b_2 + a_3b_3}{\sqrt{a_1^2 + a_2^2 + a_3^2} \cdot \sqrt{b_1^2 + b_2^2 + b_3^2}}.$$

Dabei gilt: $0 \leq \alpha \leq 180°$.

Was muss man beim Berechnen der Schnittwinkel beachten?

Die Berechnung der Schnittwinkel zwischen zwei geometrischen Objekten kann auf die Winkelberechnung zwischen zwei Vektoren mithilfe des Skalarprodukts zurückgeführt werden.

Dabei ist festgelegt, dass der **Schnittwinkel α** zwischen zwei geometrischen Objekten höchstens 90° groß sein darf. Schneiden sich die Objekte nicht rechtwinklig, so ist immer der **spitze Winkel** gesucht, den diese beiden Objekte einschließen.

Für den Schnittwinkel α gilt also $\mathbf{0 \leq \alpha \leq 90°}$.

Wie kann man die Schnittwinkel zwischen geometrischen Objekten berechnen?

Schnittwinkel zwischen zwei Geraden:
Da jede Gerade einen Richtungsvektor hat, kann man den Schnittwinkel mithilfe der Richtungsvektoren berechnen. Der Schnittwinkel zwischen zwei Geraden entspricht also dem **spitzen Winkel zwischen den Richtungsvektoren**.
Es gilt:

$$\cos(\alpha) = \frac{|\vec{u} \cdot \vec{v}|}{|\vec{u}| \cdot |\vec{v}|}.$$

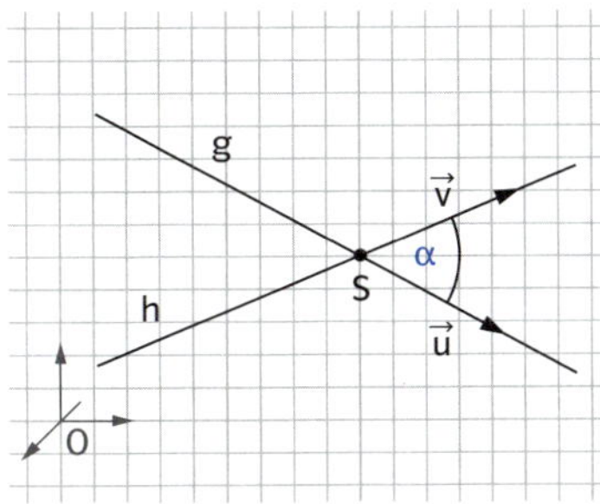

Achtung:
Da das Skalarprodukt auch negativ sein kann, kann auch cos(α) negativ werden und somit α größer als 90°. Deshalb findet man in den Formeln zur Schnittwinkelberechnung den Betrag im Zähler der Formel.

Schnittwinkel zwischen zwei Ebenen:
Da jede Ebene einen Normalenvektor hat, kann man den Schnittwinkel mithilfe der beiden Normalenvektoren berechnen. Der Schnittwinkel zwischen zwei Ebenen entspricht also dem **spitzen Winkel zwischen den Normalenvektoren**.
Es gilt:

$$\cos(\alpha) = \frac{|\vec{n_E} \cdot \vec{n_F}|}{|\vec{n_E}| \cdot |\vec{n_F}|}.$$

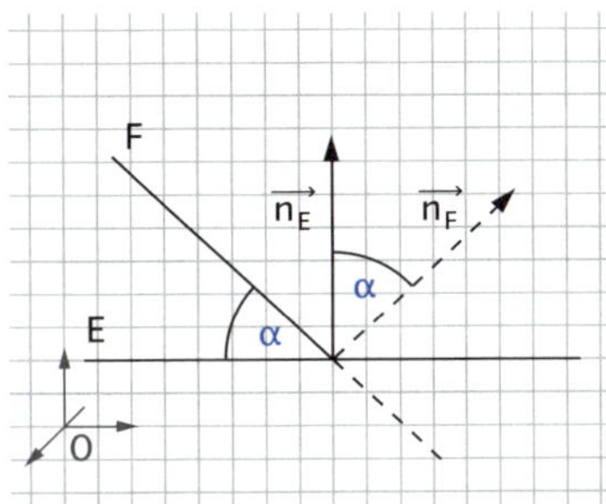

Merkhilfe:
zwei **gleiche** Objekte **cos** (α),
zwei **verschiedene** Objekte **sin** (α)

Schnittwinkel zwischen einer Gerade und einer Ebene:
Bestimmt man den Schnittwinkel zwischen dem Richtungsvektor der Geraden und dem Normalenvektor der Ebene, erhält man den Komplementärwinkel des Schnittwinkels α. Das bedeutet, dass sich die beiden Winkel zu 90° ergänzen.
Für den Schnittwinkel α zwischen einer Geraden und einer Ebene gilt also:

$$\cos(90° - \alpha) = \sin(\alpha) = \frac{|\vec{u} \cdot \vec{n}|}{|\vec{u}| \cdot |\vec{n}|}.$$

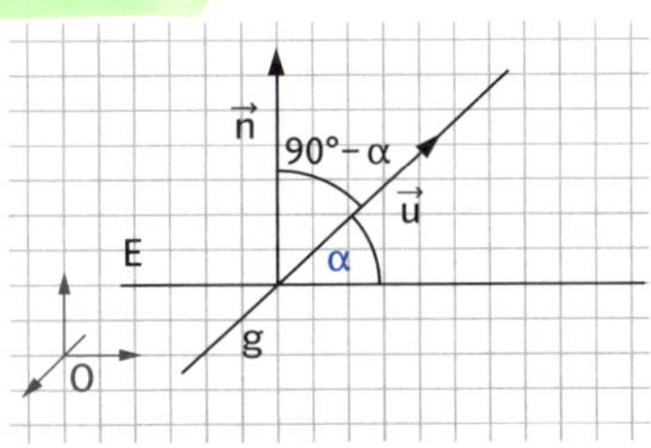

$\vec{v}$ = Richtungsvektor der Geraden
$\vec{n}$ = Normalenvektor der Ebene

Hinweis:
Wenn Sie die Innenwinkel eines Dreiecks berechnen, müssen Sie die Beträge weglassen, da ein Innenwinkel auch größer als 90° sein kann.

Beispiel 1: Den Schnittwinkel zwischen zwei Geraden berechnen

Bestimmen Sie den Schnittwinkel der beiden Geraden g und h

mit $g\colon \vec{x} = \begin{pmatrix} -1 \\ -6 \\ 4 \end{pmatrix} + t \cdot \begin{pmatrix} 2 \\ 1 \\ 1 \end{pmatrix}$ und $h\colon \vec{x} = \begin{pmatrix} 2 \\ -2 \\ 7 \end{pmatrix} + s \cdot \begin{pmatrix} 1 \\ 3 \\ 2 \end{pmatrix}$.

1. Schreiben Sie die beiden Richtungsvektoren $\vec{u}$ und $\vec{v}$ auf.

$\vec{u} = \begin{pmatrix} 2 \\ 1 \\ 1 \end{pmatrix}$; $\vec{v} = \begin{pmatrix} 1 \\ 3 \\ 2 \end{pmatrix}$

2. Berechnen Sie den Schnittwinkel α mit der Formel

$$\cos(\alpha) = \frac{|\vec{u} \cdot \vec{v}|}{|\vec{u}| \cdot |\vec{v}|} = \frac{|u_1 v_1 + u_2 v_2 + u_3 v_3|}{\sqrt{u_1^2 + u_2^2 + u_3^2} \cdot \sqrt{v_1^2 + v_2^2 + v_3^2}}.$$

$$\cos(\alpha) = \frac{\left|\begin{pmatrix} 2 \\ 1 \\ 1 \end{pmatrix} \cdot \begin{pmatrix} 1 \\ 3 \\ 2 \end{pmatrix}\right|}{\left|\begin{pmatrix} 2 \\ 1 \\ 1 \end{pmatrix}\right| \cdot \left|\begin{pmatrix} 1 \\ 3 \\ 2 \end{pmatrix}\right|} = \frac{|2 \cdot 1 + 1 \cdot 3 + 1 \cdot 2|}{\sqrt{2^2 + 1^2 + 1^2} \cdot \sqrt{1^2 + 3^2 + 2^2}}$$

$$= \frac{|7|}{\sqrt{6} \cdot \sqrt{14}} = \frac{7}{\sqrt{84}} \approx 0{,}7638$$

also $\alpha \approx 40{,}2°$

Beispiel 2: Den Schnittwinkel zwischen zwei Ebenen berechnen

Bestimmen Sie den Schnittwinkel der beiden Ebenen E und F
mit $E\colon 2x_1 - 4x_3 = 2$ und $F\colon -x_1 + 2x_2 - x_3 = -1$.

1. Schreiben Sie die beiden Normalenvektoren $\vec{n_E}$ und $\vec{n_F}$ auf.

$\vec{n_E} = \begin{pmatrix} 2 \\ 0 \\ -4 \end{pmatrix}$; $\vec{n_F} = \begin{pmatrix} -1 \\ 2 \\ -1 \end{pmatrix}$

2. Berechnen Sie den Schnittwinkel α mit der Formel

$$\cos(\alpha) = \frac{|\vec{n_E} \cdot \vec{n_F}|}{|\vec{n_E}| \cdot |\vec{n_F}|}.$$

$$\cos(\alpha) = \frac{\left|\begin{pmatrix} 2 \\ 0 \\ -4 \end{pmatrix} \cdot \begin{pmatrix} -1 \\ 2 \\ -1 \end{pmatrix}\right|}{\left|\begin{pmatrix} 2 \\ 0 \\ -4 \end{pmatrix}\right| \cdot \left|\begin{pmatrix} -1 \\ 2 \\ -1 \end{pmatrix}\right|}$$

$$= \frac{|2 \cdot (-1) + 0 \cdot 2 + (-4) \cdot (-1)|}{\sqrt{2^2 + 0^2 + (-4)^2} \cdot \sqrt{(-1)^2 + 2^2 + (-1)^2}}$$

$$= \frac{|2|}{\sqrt{20} \cdot \sqrt{6}} = \frac{2}{\sqrt{120}} \approx 0{,}1826$$

also $\alpha \approx 79{,}5°$

Beispiel 3: Den Schnittwinkel zwischen einer Geraden und einer Ebene berechnen

Bestimmen Sie den Schnittwinkel der Ebene E mit $E\colon -x_1 + 3x_2 - 2x_3 = 2$

und der Geraden g mit $g\colon \vec{x} = \begin{pmatrix} 2 \\ -3 \\ 4 \end{pmatrix} + t \cdot \begin{pmatrix} 1 \\ 2 \\ -1 \end{pmatrix}$.

1. Schreiben Sie den Richtungsvektor $\vec{u}$ und den Normalenvektor $\vec{n}$ auf.

$\vec{u} = \begin{pmatrix} 1 \\ 2 \\ -1 \end{pmatrix}$; $\vec{n} = \begin{pmatrix} -1 \\ 3 \\ -2 \end{pmatrix}$

2. Berechnen Sie den Schnittwinkel α mit der Formel

$$\sin(\alpha) = \frac{|\vec{u} \cdot \vec{n}|}{|\vec{u}| \cdot |\vec{n}|}.$$

$$\sin(\alpha) = \frac{\left|\begin{pmatrix} 1 \\ 2 \\ -1 \end{pmatrix} \cdot \begin{pmatrix} -1 \\ 3 \\ -2 \end{pmatrix}\right|}{\left|\begin{pmatrix} 1 \\ 2 \\ -1 \end{pmatrix}\right| \cdot \left|\begin{pmatrix} -1 \\ 3 \\ -2 \end{pmatrix}\right|} = \frac{|1 \cdot (-1) + 2 \cdot 3 + (-1) \cdot (-2)|}{\sqrt{1^2 + 2^2 + (-1)^2} \cdot \sqrt{(-1)^2 + 3^2 + (-2)^2}}$$

$$= \frac{|7|}{\sqrt{6} \cdot \sqrt{14}} = \frac{7}{\sqrt{84}} \approx 0{,}7638;$$ also $\alpha \approx 49{,}8°$

5.13 Abstände von geometrischen Objekten

- Den Abstand eines Punktes von einer Ebene bestimmen
- Den Abstand eines Punktes von einer Geraden bestimmen
- Den Abstand zweier windschiefer Geraden bestimmen
- Abstandsprobleme auf bekannte Probleme zurückführen

KURZINFO

Was ist die Hesse'sche Normalenform (HNF)?

Da eine Ebene unendlich viele Normalenvektoren hat, ist die Normalenform einer Ebene nicht eindeutig.
Nimmt man als Normalenvektor den Einheitsvektor $\vec{n_0} = \frac{\vec{n}}{|\vec{n}|}$, dann erhält man die so genannte **Hesse'sche Normalenform** der Ebene, kurz **HNF** mit

$$\mathbf{E:\ (\vec{x} - \vec{p}) \cdot \vec{n_0} = 0.}$$

In Koordinatendarstellung lautet die HNF

$$\mathbf{E:\ \frac{n_1 \cdot x_1 + n_2 \cdot x_2 + n_3 \cdot x_3 - b}{|\vec{n}|} = 0.}$$

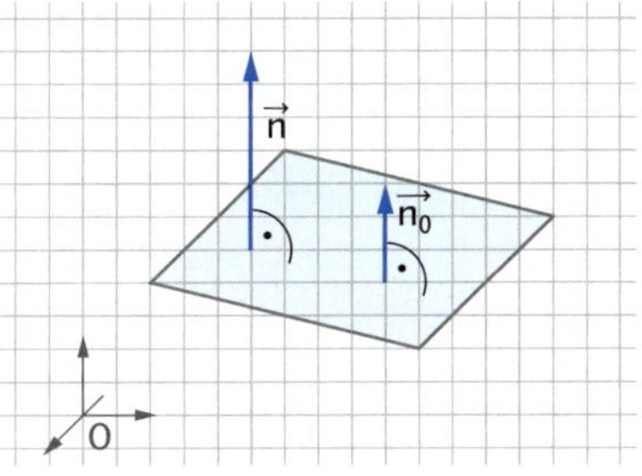

Ist $\vec{n}$ ein Normalenvektor einer Ebene, dann ist auch jedes Vielfache von $\vec{n}$, also $k \cdot \vec{n}$, $k \in \mathbb{R}$, ein Normalenvektor der Ebene.

$b = n_1p_1 + n_2p_2 + n_3p_3$
Hier wird der Buchstabe b verwendet, da das d später als Bezeichnung für den Abstand gewählt wird.

Die Hesse'sche Normalenform eignet sich besonders gut, wenn man Abstände bestimmen muss.

Beispiel 1: Die HNF einer Ebene aufstellen

Gegeben ist die Ebene E mit $E: -x_1 + 2x_2 - x_3 = -1$. Geben Sie die HNF von E in der Koordinatenform an.

1. Schreiben Sie den Normalenvektor auf und bestimmen Sie dessen Länge $|\vec{n}|$.

   $\vec{n} = \begin{pmatrix} -1 \\ 2 \\ -1 \end{pmatrix}$

   $|\vec{n}| = \sqrt{(-1)^2 + 2^2 + (-1)^2} = \sqrt{6}$

2. Schreiben Sie die HNF in Koordinatenform auf: $E: \frac{n_1 \cdot x_1 + n_2 \cdot x_2 + n_3 \cdot x_3 - b}{|\vec{n}|} = 0.$

   HNF:
   $E: \frac{-x_1 + 2x_2 - x_3 + 1}{\sqrt{6}} = 0$

Wie kann man den Abstand eines Punktes von einer Ebene bestimmen?

Lotfußpunktverfahren

Als Abstand bezeichnet man immer die kürzeste Verbindung zwischen zwei geometrischen Objekten. Ist ein Objekt eine Gerade oder eine Ebene, dann ist diese kürzeste Verbindungsstrecke immer **orthogonal** zu der Geraden bzw. der Ebene.

Möglichkeit 1: Mit einer Hilfsgeraden

Der Abstand des Punktes P von der Ebene E entspricht der orthogonalen Strecke zwischen P und E. Um den Abstand bestimmen zu können, stellt man eine Hilfsgerade g durch P mit dem Normalenvektor der Ebene E auf.
Der Abstand von P und E entspricht dann der Länge des Vektors von P zum Schnittpunkt S von g und E, kurz

$$\mathbf{d(P;E) = |\overrightarrow{PS}|}.$$

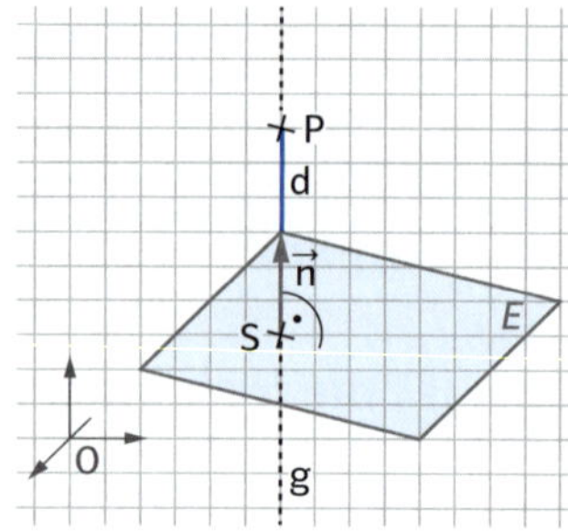

Der Abstand wird meist mit d (von *engl. distance* = Abstand) bezeichnet.
In Klammern dahinter schreibt man die Namen der geometrischen Objekte, deren Abstand bestimmt wird.

Möglichkeit 2: Mit der HNF

Von der Ebene E aus kann man einen Einheitsnormalenvektor so oft vervielfachen, bis er im Punkt P endet. Der Betrag dieses Vektors entspricht dann dem Abstand von P zu E.
Der Abstand des Punktes $P(p_1 \mid p_2 \mid p_3)$ von einer Ebene E mit $E\colon\ n_1 \cdot x_1 + n_2 \cdot x_2 + n_3 \cdot x_3 = b$ kann also mithilfe der HNF von E bestimmt werden.
Dann gilt:

$$\mathbf{d(P;E)} = \frac{|n_1 \cdot p_1 + n_2 \cdot p_2 + n_3 \cdot p_3 - b|}{|\vec{n}|}$$

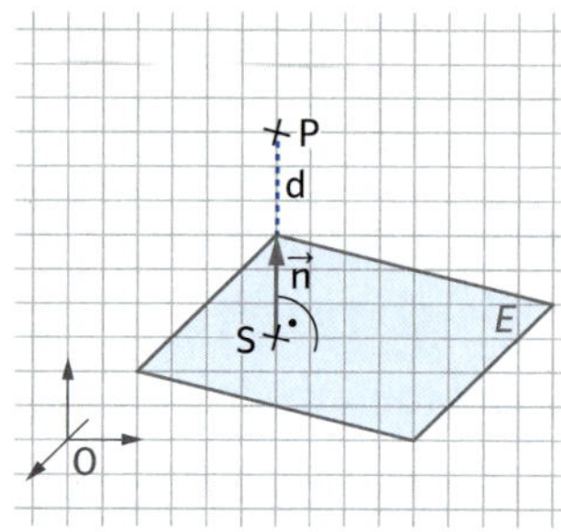

Da ein Abstand immer positiv ist, darf man den Betrag nicht vergessen.
Steht zwischen den Betragszeichen eine negative Zahl, dann zeigt der Normalenvektor von der Ebene aus in die andere Richtung als der Punkt liegt.

Mit der Berechnung des Abstands von einem Punkt zu einer Ebene können Sie auch die folgenden Abstandsprobleme bearbeiten:

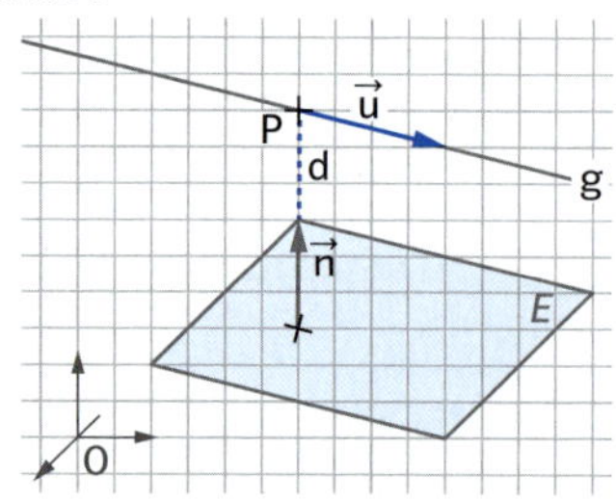

- den **Abstand einer Geraden zu einer Ebene,** wenn g ∥ E ist. Dann nimmt man als Punkt den Stützpunkt der Geraden g.

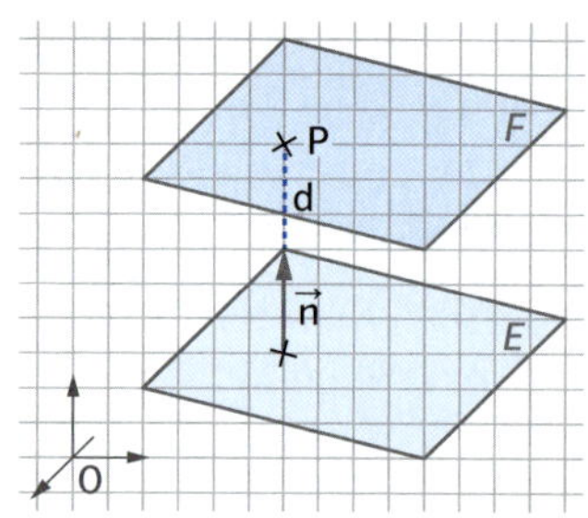

- den **Abstand von zwei parallelen Ebenen.** Dann nimmt man als Punkt einen Punkt auf einer Ebene und bestimmt damit den Abstand zur anderen Ebene.

Beispiel 2: Den Abstand eines Punktes von einer Ebene mit einer Hilfsgeraden bestimmen

Gegeben ist die Ebene E mit $E: -2x_1+2x_2-x_3=-1$. Bestimmen Sie den Abstand des Punktes $P(1|5|3)$ von der Ebene E.

1. Stellen Sie eine Geradengleichung auf mit dem Punkt P als Stützpunkt und dem Normalenvektor der Ebene als Richtungsvektor, also $g: \vec{x}=\vec{p}+t\cdot\vec{n}$.

$$\vec{n}=\begin{pmatrix}-2\\2\\-1\end{pmatrix};\quad g: \vec{x}=\begin{pmatrix}1\\5\\3\end{pmatrix}+t\cdot\begin{pmatrix}-2\\2\\-1\end{pmatrix}$$

2. Bestimmen Sie den Schnittpunkt S der Geraden g mit der Ebene E, indem Sie den allgemeinen Geradenpunkt X in die Ebenengleichung einsetzen.

$X(1-2t|5+2t|3-t)$ in E:

$$-2(1-2t)+2(5+2t)-(3-t)=-1$$
$$-2+4t+10+4t-3+t=-1$$
$$9t+5=-1,$$
also $t=-\frac{2}{3}$

$S\left(1+\frac{4}{3}\middle|5-\frac{4}{3}\middle|3+\frac{2}{3}\right)$, also $S\left(\frac{7}{3}\middle|\frac{11}{3}\middle|\frac{11}{3}\right)$

3. Bestimmen Sie die Länge des Vektors $\overrightarrow{PS}$. Diese Länge entspricht dem Abstand von P zu E, kurz $d(P;E)=|\overrightarrow{PS}|$.

$$\overrightarrow{PS}=\frac{1}{3}\begin{pmatrix}4\\-4\\2\end{pmatrix};\quad |\overrightarrow{PS}|=\sqrt{\frac{16}{9}+\frac{16}{9}+\frac{4}{9}}=\sqrt{\frac{36}{9}}=\frac{6}{3}=2$$

Der Punkt P hat also einen Abstand von 2 LE von der Ebene E.

Beispiel 3: Den Abstand eines Punktes mit der Abstandsformel bestimmen

Gegeben ist die Ebene E mit $E: -2x_1+2x_2-x_3=-1$. Bestimmen Sie den Abstand des Punktes $P(1|5|3)$ von der Ebene E.

1. Schreiben Sie den Normalenvektor auf und bestimmen Sie dessen Länge $|\vec{n}|$.

$$\vec{n}=\begin{pmatrix}-2\\2\\-1\end{pmatrix};\quad |\vec{n}|=\sqrt{(-2)^2+2^2+(-1)^2}=\sqrt{9}=3$$

2. Bestimmen Sie den Abstand mithilfe der HNF:

$$d(P;E)=\frac{|n_1\cdot p_1+n_2\cdot p_2+n_3\cdot p_3-b|}{|\vec{n}|}$$

Abstandsbestimmung mit der HNF:

$$d=\frac{|-2\cdot1+2\cdot5-3+1|}{3}=\frac{|-2+10-3+1|}{3}=\frac{6}{3}=2$$

Der Punkt P hat also einen Abstand von 2 LE von der Ebene E.

Beispiel 4: Den Abstand von zwei parallelen Ebenen bestimmen

Gegeben sind die Ebene E mit $E: -2x_1+2x_2-x_3=-1$ und die Ebene F mit $F: -2x_1+2x_2-x_3=-4$. Bestimmen Sie den Abstand der beiden Ebenen.

1. Bestimmen Sie durch Einsetzen von Werten für zwei Koordinaten einen Punkt auf der Ebene F.

$$P(0|0|4);\quad \vec{n}=\begin{pmatrix}-2\\2\\-1\end{pmatrix}$$

$$|\vec{n}|=\sqrt{(-2)^2+2^2+(-1)^2}=\sqrt{9}=3$$

2. Bestimmen Sie den Abstand von P zu E mithilfe der HNF:

$$d(P;E)=\frac{|n_1\cdot p_1+n_2\cdot p_2+n_3\cdot p_3-b|}{|\vec{n}|}$$

Abstandsbestimmung mit der HNF:

$$d=\frac{|-2\cdot0+2\cdot0-4+1|}{3}=\frac{|-4+1|}{3}=\frac{|-3|}{3}=1$$

Die beiden Ebenen E und F haben also einen Abstand von 1 LE voneinander.

Wie kann man den Abstand eines Punktes von einer Geraden bestimmen?

Das Lot ist die kürzeste Verbindung von P zu g, d.h. das Lot steht senkrecht auf g und geht durch P.

Der Abstand eines Punktes P von einer Geraden g entspricht der Länge des Lotes von P auf g. Ist F der Lotfußpunkt, dann entspricht der Abstand dem Betrag des Vektors $\overrightarrow{PF}$, kurz

$$\mathbf{d(P;g) = |\overrightarrow{PF}|.}$$

Möglichkeit 1: Mit einer Hilfsebene

Den Lotfußpunkt F kann man bestimmen, wenn man eine Hilfsebene H durch P mit dem Richtungsvektor von g als Normalenvektor aufstellt, kurz: H: $(\vec{x} - \vec{p}) \cdot \vec{u} = 0$.

Dann schneidet man die Gerade g mit H. Die Länge des Lotes entspricht dann dem Abstand von P zu g.

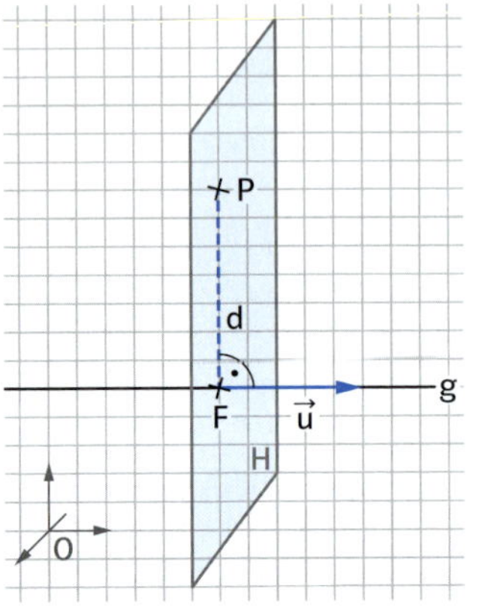

Möglichkeit 2: Analytisch mit der Methode des „laufenden Punktes"

Ist F ein beliebiger Punkt auf g, dann wird aus F erst der Lotfußpunkt, wenn der Vektor $\overrightarrow{PF}$ orthogonal zum Richtungsvektor $\vec{u}$ von g ist, wenn also gilt: $\overrightarrow{PF} \cdot \vec{u} = 0$. Um also F zu erhalten, muss man die Gleichung des Skalarproduktes nach dem Parameter t des allgemeinen Punktes auflösen. Dann kann man F genau bestimmen und somit auch den Abstand

$$\mathbf{d(P;g) = |\overrightarrow{PF}|.}$$

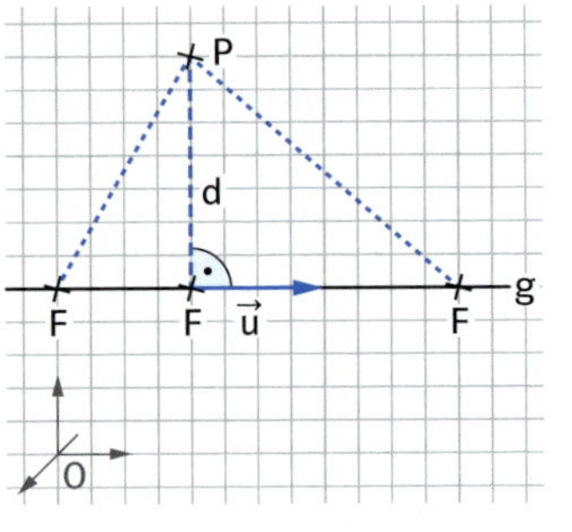

Mit der Berechnung des Abstands von einem Punkt zu einer Geraden können Sie auch das folgende Abstandsproblem bearbeiten: den **Abstand von zwei parallelen Geraden g und h.**

Dazu nimmt man als Punkt z.B. den Stützpunkt der Geraden g.

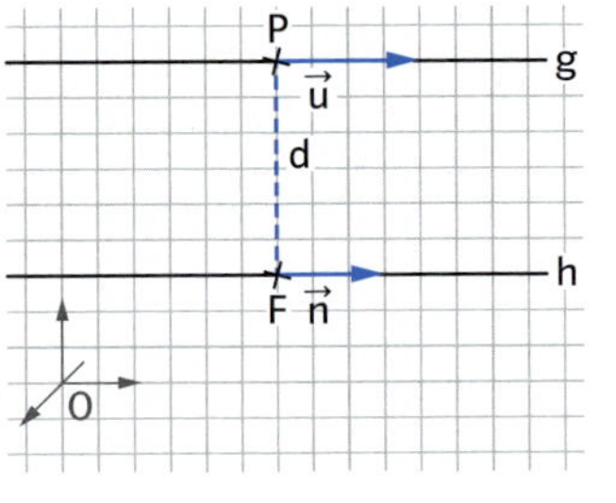

Beispiel 5: Den Abstand eines Punktes von einer Geraden mit einer Hilfsebene bestimmen

Gegeben ist die Gerade g mit $g\colon \vec{x} = \begin{pmatrix} 2 \\ 1 \\ -3 \end{pmatrix} + t \cdot \begin{pmatrix} -1 \\ 0 \\ 2 \end{pmatrix}$.

Bestimmen Sie den Abstand des Punktes $P(-2|1|0)$ von der Geraden g.

1. Stellen Sie die Normalenform einer Hilfsebene H mit dem Punkt P und dem Richtungsvektor der Geraden als Normalenvektor auf. Bilden Sie die zugehörige Koordinatenform.

$\vec{n} = \begin{pmatrix} -1 \\ 0 \\ 2 \end{pmatrix}$

$H\colon \left[\vec{x} - \begin{pmatrix} -2 \\ 1 \\ 0 \end{pmatrix}\right] \cdot \begin{pmatrix} -1 \\ 0 \\ 2 \end{pmatrix} = 0$

Koordinatenform:
$H\colon -x_1 + 2x_3 = 2$

2. Bestimmen Sie den Schnittpunkt F der Geraden g mit der Hilfsebene H, indem Sie den allgemeinen Geradenpunkt in die Koordinatenform von H einsetzen.

$X(2-t|1|-3+2t)$, X in H:
$-(2-t) + 2(-3+2t) = 2$
$-2+t-6+4t = 2,$
$t = 2$
$F(2-2|1|-3+4)$, also $F(0|1|1)$

3. Bestimmen Sie die Länge des Vektors $\overrightarrow{PF}$. Diese Länge entspricht dem Abstand von P zu g, kurz $d(P;g) = |\overrightarrow{PF}|$.

$\overrightarrow{PF} = \begin{pmatrix} 2 \\ 0 \\ 1 \end{pmatrix}$; $|\overrightarrow{PF}| = \sqrt{5}$

Der Punkt P hat also einen Abstand von $\sqrt{5}$ LE von der Geraden g.

Beispiel 6: Den Abstand eines Punktes von einer Geraden mit der Methode des „laufenden Punktes“ bestimmen

Gegeben ist die Gerade g mit $g\colon \vec{x} = \begin{pmatrix} 2 \\ 1 \\ -3 \end{pmatrix} + t \cdot \begin{pmatrix} -1 \\ 0 \\ 2 \end{pmatrix}$.

Bestimmen Sie den Abstand des Punktes $P(-2|1|0)$ von der Geraden g.

1. Schreiben Sie F als allgemeinen Punkt auf g auf.

$F(2-t|1|-3+2t)$

2. Bestimmen Sie die Koordinaten des Vebindungsvektors $\overrightarrow{PF}$ in Abhängigkeit von t.

$\overrightarrow{PF} = \begin{pmatrix} 2-t-(-2) \\ 1-1 \\ -3+2t-0 \end{pmatrix} = \begin{pmatrix} 4-t \\ 0 \\ -3+2t \end{pmatrix}$

3. Bilden Sie das Skalarprodukt $\overrightarrow{PF} \cdot \vec{u} = 0$ und lösen Sie die Gleichung nach t auf.

$\overrightarrow{PF} \cdot \vec{u} = 0$:
$(4-t) \cdot (-1) + 0 \cdot 0 + (-3+2t) \cdot 2 = 0$
$-4+t-6+4t = 0,$
also $t = 2$
$F(2-2|1|-3+4)$, also $F(0|1|1)$

4. Berechnen Sie damit die Koordinaten von $\overrightarrow{PF}$, indem Sie t einsetzen.

$\overrightarrow{PF} = \begin{pmatrix} 2 \\ 0 \\ 1 \end{pmatrix}$

5. Bestimmen Sie die Länge des Vektors $\overrightarrow{PS}$. Diese Länge entspricht dem Abstand von P zu g, kurz $d(P;g) = |\overrightarrow{PF}|$.

$|\overrightarrow{PF}| = \sqrt{5}$
Der Punkt P hat also einen Abstand von $\sqrt{5}$ LE von der Geraden g.

Hinweis:
Ab Schritt 4 entspricht die weitere Rechnung dem Vorgehen bei Beispiel 5.

Wie kann man den Abstand von zwei windschiefen Geraden bestimmen?

Tipp:
Den Normalenvektor $\vec{n}$ kann man mithilfe des Skalarproduktes $\vec{n} \cdot \vec{u} = 0$ und $\vec{n} \cdot \vec{v} = 0$ oder mithilfe des Vektorproduktes $\vec{u} \times \vec{v}$ bestimmen.

Gegeben sind zwei windschiefe Geraden g und h mit
g: $\vec{x} = \vec{p} + t \cdot \vec{u}$ und h: $\vec{x} = \vec{q} + s \cdot \vec{v}$.
Stellt man eine Hilfsebene H auf, in der die Gerade h liegt und die parallel zu g ist, kann man die **Berechnung des Abstandes von zwei windschiefen Geraden auf die Berechnung des Abstandes von dem Punkt P zur Ebene H** zurückführen. Dabei ist der Normalenvektor $\vec{n}$ von H orthogonal zu den Richtungsvektoren $\vec{u}$ und $\vec{v}$ der beiden Geraden.

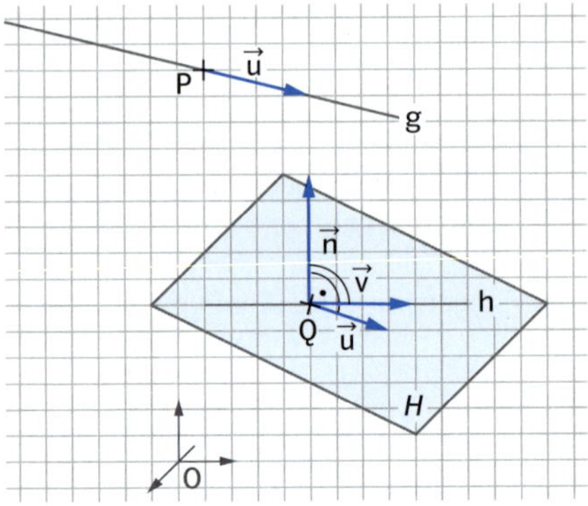

Für die Hilfsebene H gilt dann:

$$\mathbf{H:\ (\vec{x} - \vec{q}) \cdot \vec{n} = 0.}$$

Den Abstand der beiden windschiefen Geraden g und h erhält man mit

$$\mathbf{d(g;h) = d(P;H).}$$

Beispiel 7: Den Abstand von zwei windschiefen Geraden bestimmen

Gegeben sind die Geraden g und h mit g: $\vec{x} = \begin{pmatrix} 1 \\ 3 \\ -2 \end{pmatrix} + t \cdot \begin{pmatrix} 1 \\ 0 \\ 1 \end{pmatrix}$ und h: $\vec{x} = \begin{pmatrix} 0 \\ 2 \\ 1 \end{pmatrix} + s \cdot \begin{pmatrix} 2 \\ -2 \\ 1 \end{pmatrix}$.
Bestimmen Sie den Abstand der beiden Geraden.

1. Bestimmen Sie den Normalenvektor $\vec{n}$ der Hilfsebene H mit $\vec{n} = \vec{u} \times \vec{v}$.

$$\vec{n} = \vec{u} \times \vec{v} = \begin{matrix} \not{1} & \not{2} \\ 0 & -2 \\ 1 & 1 \\ 1 & 2 \\ 0 & -2 \\ \not{1} & \not{1} \end{matrix} = \begin{pmatrix} 0-(-2) \\ 2-\ 1 \\ -2-\ 0 \end{pmatrix} = \begin{pmatrix} 2 \\ 1 \\ -2 \end{pmatrix}$$

2. Stellen Sie die Gleichung der Hilfsebene H mit H: $(\vec{x} - \vec{q}) \cdot \vec{n} = 0$ auf und formen Sie sie in Koordinatenform um.

Hilfsebene H, in der h liegt, die parallel zu g ist:

$$H: \left[\vec{x} - \begin{pmatrix} 0 \\ 2 \\ 1 \end{pmatrix}\right] \cdot \begin{pmatrix} 2 \\ 1 \\ -2 \end{pmatrix} = 0, \text{ also}$$

$$H: 2x_1 + x_2 - 2x_3 = 0$$

3. Bestimmen Sie den Abstand von P zu H mithilfe der HNF:
$$d(P;H) = \frac{|n_1 \cdot p_1 + n_2 \cdot p_2 + n_3 \cdot p_3 - b|}{|\vec{n}|}.$$

Abstandsbestimmung mit der HNF:

$$|\vec{n}| = \sqrt{2^2 + 1^2 + (-2)^2} = \sqrt{9} = 3$$

$$d(P;H) = \frac{|2 \cdot 1 + 3 - 2 \cdot (-2)|}{3} = \frac{9}{3} = 3$$

Die beiden windschiefen Geraden haben also einen Abstand von 3 LE.

Analytische Geometrie

Punkte im dreidimensionalen Koordinatensystem

Das einfachste Objekt im Raum ist ein **Punkt**. Ein x-beliebiger Punkt im Raum wird durch drei **Koordinaten** angegeben.	$X(x_1 \mid x_2 \mid x_3)$ ↑ ↑ ↑ Koordinaten ↓ ↓ ↓ $P(p_1 \mid p_2 \mid p_3)$	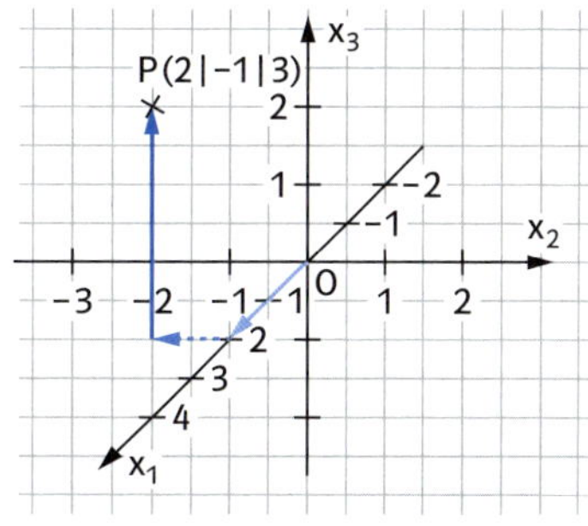

Abstand von zwei Punkten im Raum

Anschaulich entspricht der Abstand von zwei Punkten A und B im Raum der Raumdiagonalen in einem Quader.	Die Formel ergibt sich mithilfe des Satzes von Pythagoras. $\lvert\overrightarrow{AB}\rvert = \sqrt{(b_1 - a_1)^2 + (b_2 - a_2)^2 + (b_3 - a_3)^2}$	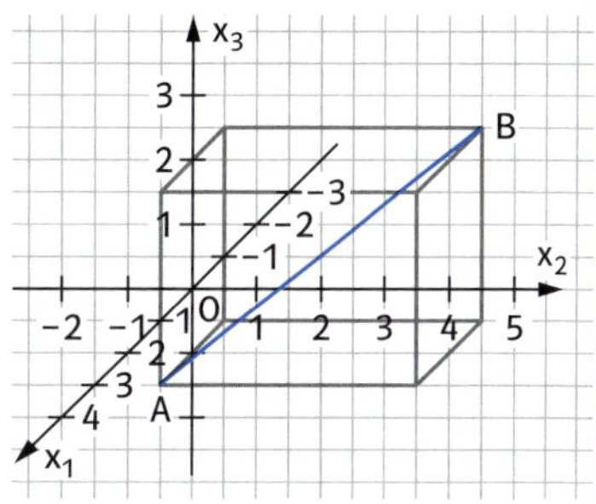

Vektoren

Ein Vektor $\vec{v}$ beschreibt eine Verschiebung im Raum. Deshalb wird ein Vektor $\vec{v}$ im Koordinatensystem durch einen Pfeil dargestellt und ist durch seine Länge und Richtung (eindeutig) festgelegt. Alle Pfeile, die die gleiche Richtung und die gleiche Länge haben, repräsentieren (kennzeichnen) den gleichen Vektor.	Ein Vektor im Raum besteht aus drei Koordinaten, einem sogenannten Zahlentripel. Diese werden untereinander als Spalte geschrieben. $\vec{x} = \begin{pmatrix} x_1 \\ x_2 \\ x_3 \end{pmatrix}$	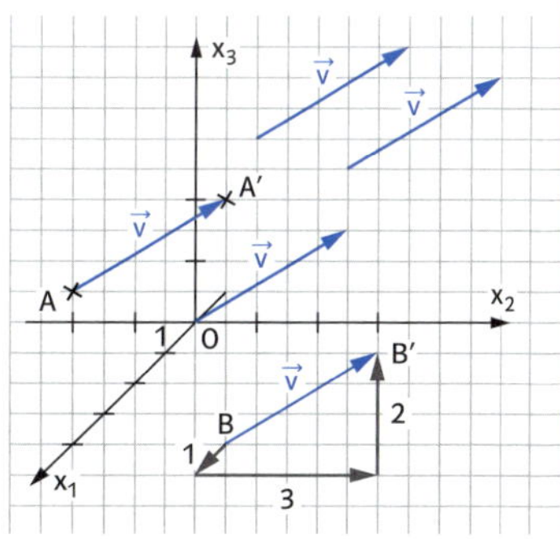 $\vec{v} = \begin{pmatrix} 1 \\ 3 \\ 2 \end{pmatrix}$

Ortsvektor, Gegenvektor, Verbindungsvektor

Der Vektor vom Ursprung zu einem Punkt P heißt **Ortsvektor** von P.

Der **Gegenvektor** zu einem Vektor $\vec{a}$ hat die gleiche Länge, zeigt aber in die entgegengesetzte Richtung.
Sind in einem Koordinatensystem zwei Punkte A und B gegeben, so legen sie einen **Verbindungsvektor $\overrightarrow{AB}$** fest. Dieser Vektor $\overrightarrow{AB}$ beginnt in A und endet in B.

Ortsvektor zum Punkt P:

$$\overrightarrow{OP} = \vec{p} = \begin{pmatrix} p_1 \\ p_2 \\ p_3 \end{pmatrix}$$

Gegenvektor zu $\vec{a} = \overrightarrow{OA}$:

$$-\vec{a} = \overrightarrow{AO}$$

Verbindungsvektor von A zu B:

$$\begin{aligned} \overrightarrow{AB} &= -\overrightarrow{OA} + \overrightarrow{OB} \\ &= \overrightarrow{OB} - \overrightarrow{OA} \\ &= \vec{b} - \vec{a} \\ &= \begin{pmatrix} b_1 \\ b_2 \\ b_3 \end{pmatrix} - \begin{pmatrix} a_1 \\ a_2 \\ a_3 \end{pmatrix} \end{aligned}$$

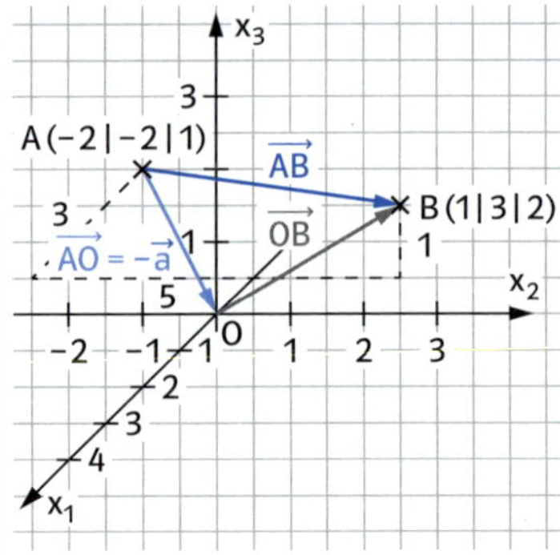

$$-\vec{a} = -\begin{pmatrix} -2 \\ -2 \\ 1 \end{pmatrix} = \begin{pmatrix} 2 \\ 2 \\ -1 \end{pmatrix}$$

$$\overrightarrow{AB} = -\begin{pmatrix} -2 \\ -2 \\ 1 \end{pmatrix} + \begin{pmatrix} 1 \\ 3 \\ 2 \end{pmatrix} = \begin{pmatrix} 1 \\ 3 \\ 2 \end{pmatrix} - \begin{pmatrix} -2 \\ -2 \\ 1 \end{pmatrix}$$

$$= \begin{pmatrix} 1-(-2) \\ 3-(-2) \\ 2-\ \ 1 \end{pmatrix} = \begin{pmatrix} 1+2 \\ 3+2 \\ 2-1 \end{pmatrix} = \begin{pmatrix} 3 \\ 5 \\ 1 \end{pmatrix}$$

Betrag eines Vektors, Einheitsvektor, parallele Vektoren

Die Länge des zugehörigen Pfeils nennt man **Betrag** des Vektors.
Er entspricht dem Abstand des Anfangs- und Endpunktes.
Einen Vektor mit dem Betrag 1 nennt man **Einheitsvektor**, kurz $\vec{v}_0$. Man erhält den Einheitsvektor, indem man den Vektor $\vec{v}$ durch seinen Betrag dividiert. Man sagt dazu auch Normieren.
Zwei Vektoren $\vec{a}$ und $\vec{b}$ sind **parallel** (**kollinear**), wenn sie die gleiche oder entgegengesetzte Richtung haben. Das ist dann der Fall, wenn der eine Vektor ein Vielfaches des anderen Vektors ist.

Betrag des Vektors $\vec{v}$:

$$|\vec{v}| = \sqrt{v_1^2 + v_2^2 + v_3^2}$$

$$\vec{v}_0 = \frac{\vec{v}}{|\vec{v}|} = \frac{1}{|\vec{v}|} \cdot \vec{v}$$

$a \parallel b$:

$\vec{a} = r \cdot \vec{b}$ für ein $r \in \mathbb{R}$

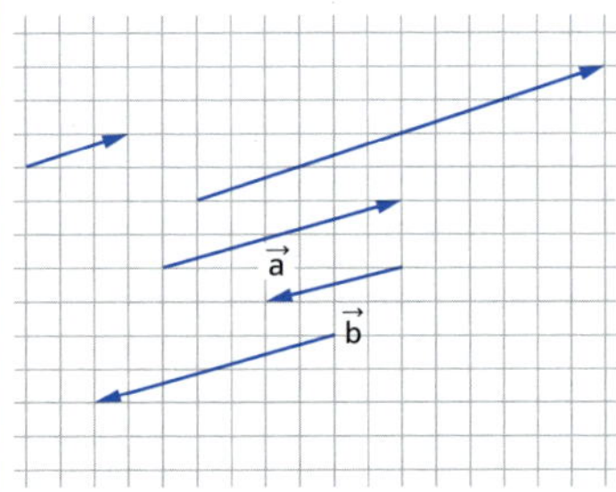

Addieren von Vektoren

Zwei Vektoren werden addiert, indem man ihre Pfeile aneinanderhängt.

Die einzelnen Koordinaten werden addiert. Es gilt:

$$\vec{a} + \vec{b} = \begin{pmatrix} a_1 \\ a_2 \\ a_3 \end{pmatrix} + \begin{pmatrix} b_1 \\ b_2 \\ b_3 \end{pmatrix} = \begin{pmatrix} a_1 + b_1 \\ a_2 + b_2 \\ a_3 + b_3 \end{pmatrix}$$

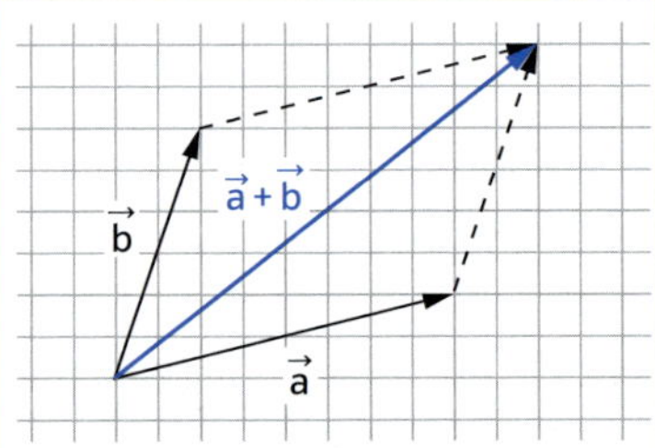

Subtrahieren von Vektoren

Zwei Vektoren werden subtrahiert, indem man an den Pfeil des ersten Vektors den Gegenvektor des zweiten Pfeils hängt.

Die einzelnen Koordinaten werden subtrahiert. Es gilt:

$$\vec{a} - \vec{b} = \begin{pmatrix} a_1 \\ a_2 \\ a_3 \end{pmatrix} - \begin{pmatrix} b_1 \\ b_2 \\ b_3 \end{pmatrix} = \begin{pmatrix} a_1 - b_1 \\ a_2 - b_2 \\ a_3 - b_3 \end{pmatrix}$$

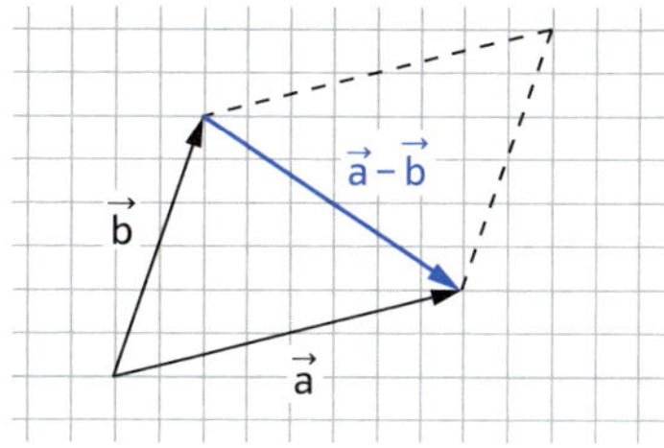

Mittelpunkt einer Strecke

Man kommt zum Mittelpunkt einer Strecke $\overrightarrow{AB}$, indem man vom Ursprung aus erst zum Punkt A läuft und dann entlang der Hälfte des Vektors $\overrightarrow{AB}$.

Ortsvektor des Mittelpunkts:

$$\overrightarrow{OM} = \vec{m} = \overrightarrow{OA} + \frac{1}{2}\overrightarrow{AB}$$
$$= \vec{a} + \frac{1}{2}\left(\vec{b} - \vec{a}\right) = \frac{1}{2}\left(\vec{a} + \vec{b}\right)$$

Koordinaten des Mittelpunkts:

$$M\left(\frac{1}{2}(a_1 + b_1) \,\middle|\, \frac{1}{2}(a_2 + b_2) \,\middle|\, \frac{1}{2}(a_3 + b_3)\right)$$

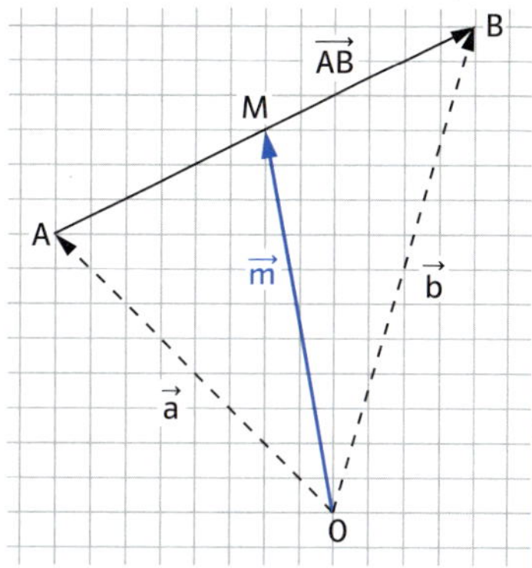

Skalarprodukt, orthogonale Vektoren

Das **Skalarprodukt** ist definiert als ein Produkt von zwei Vektoren, das als Ergebnis eine Zahl hat. Es entspricht dem (orientierten) Flächeninhalt der Rechteckfläche mit den Seitenlängen $|\vec{b}|$ und der Projektion $|\vec{a}'|$ von $\vec{a}$ auf $\vec{b}$. Zwei Vektoren sind **orthogonal**, wenn das Skalarprodukt null ist.

$$\vec{a} \cdot \vec{b} = |\vec{a}| \cdot |\vec{b}| \cdot \cos(\alpha)$$

Koordinatenform des Skalarproduktes:

$$\vec{a} \cdot \vec{b} = \begin{pmatrix} a_1 \\ a_2 \\ a_3 \end{pmatrix} \cdot \begin{pmatrix} b_1 \\ b_2 \\ b_3 \end{pmatrix} = a_1b_1 + a_2b_2 + a_3b_3$$

$\vec{a} \perp \vec{b}$: $\vec{a} \cdot \vec{b} = 0$

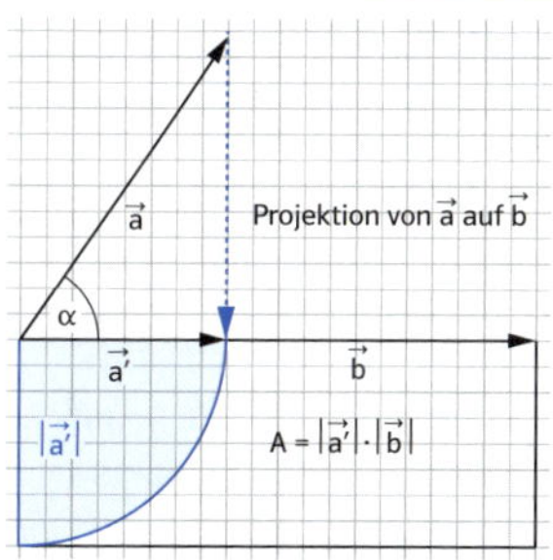

Vektorprodukt und Normalenvektor

Das **Vektorprodukt** (Kreuzprodukt) ist ein Produkt von zwei Vektoren, das als Ergebnis einen Normalenvektor hat, der senkrecht auf den beiden Vektoren $\vec{a}$ und $\vec{b}$ steht. Anschaulich entspricht der Betrag des Vektorprodukts von $\vec{a}$ und $\vec{b}$, also $|\vec{n}|$, dem Flächeninhalt des von $\vec{a}$ und $\vec{b}$ aufgespannten Parallelogramms.

$$\vec{a} \times \vec{b} = \begin{pmatrix} a_1 \\ a_2 \\ a_3 \end{pmatrix} \times \begin{pmatrix} b_1 \\ b_2 \\ b_3 \end{pmatrix}$$
$$= \begin{pmatrix} a_2b_3 - a_3b_2 \\ a_3b_1 - a_1b_3 \\ a_1b_2 - a_2b_1 \end{pmatrix} = |\vec{n}|$$

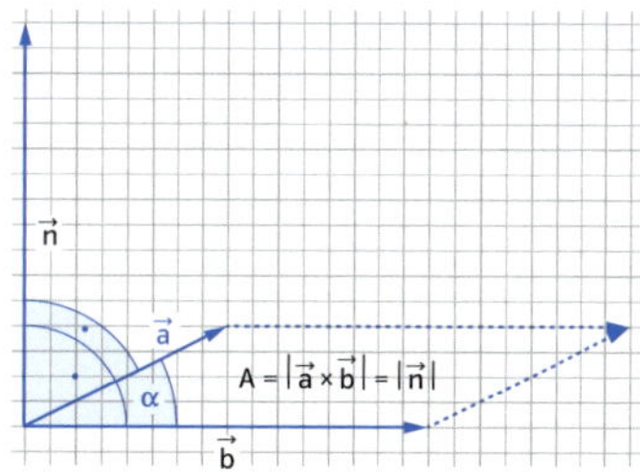

$A = |\vec{a} \times \vec{b}| = |\vec{n}|$

Geraden in Parameterform

$$g: \vec{x} = \overrightarrow{OP} + t \cdot \overrightarrow{PQ}$$

Auf der Geraden g | kommt man zu einem x-bel. Punkt, | indem man | vom Ursprung zu einem Punkt P geht und dann | ein Vielfaches in Richtung des Vektors $\overrightarrow{PQ}$.

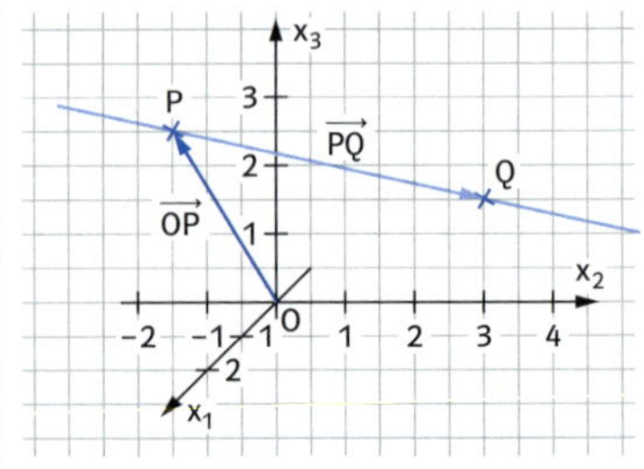

Gegenseitige Lage von zwei Geraden $g: \vec{x} = \vec{p} + t \cdot \vec{u}$ und $h: \vec{x} = q + s \cdot \vec{v}$

Die beiden Geraden sind **echt parallel** zueinander. Dann haben die Geraden keine gemeinsamen Punkte und die Richtungsvektoren sind Vielfache voneinander.	Es gilt: $\vec{u} = k \cdot \vec{v}$ für ein $k \in \mathbb{R}$ und P liegt nicht auf h, kurz $\vec{p} \neq \vec{q} + s \cdot \vec{v}$ für alle $s \in \mathbb{R}$.	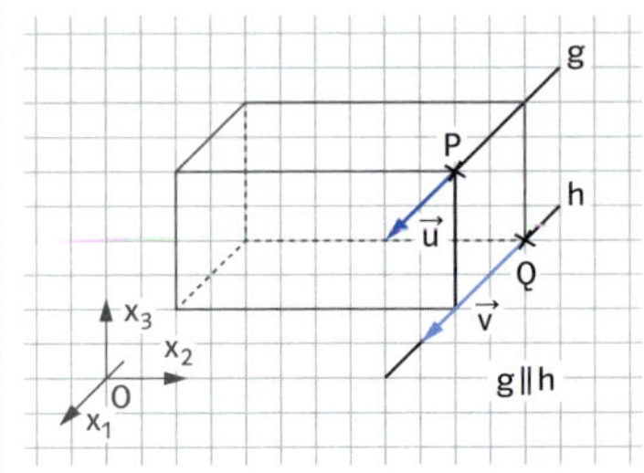
Die beiden Geraden sind **identisch**, d.h. sie liegen aufeinander. Dann haben die Geraden unendlich viele gemeinsame Punkte und die Richtungsvektoren sind Vielfache voneinander.	Es gilt: $\vec{u} = k \cdot \vec{v}$ für ein $k \in \mathbb{R}$ und P liegt auch auf h, kurz $\vec{p} = \vec{q} + s \cdot \vec{v}$ für ein $s \in \mathbb{R}$.	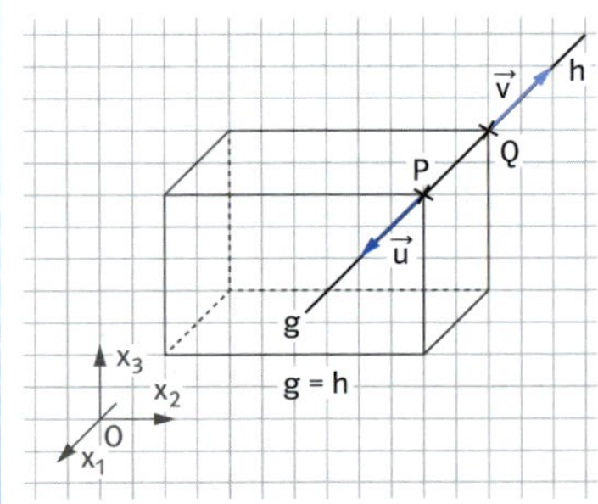
Die beiden Geraden **schneiden sich** in einem Punkt S, d.h. sie haben genau einen gemeinsamen Punkt. Die Richtungsvektoren sind keine Vielfachen voneinander.	Es gilt: Das zugehörige LGS $\vec{p} + t \cdot \vec{u} = \vec{q} + s \cdot \vec{v}$ hat genau eine Lösung für t und s; $t, s \in \mathbb{R}$.	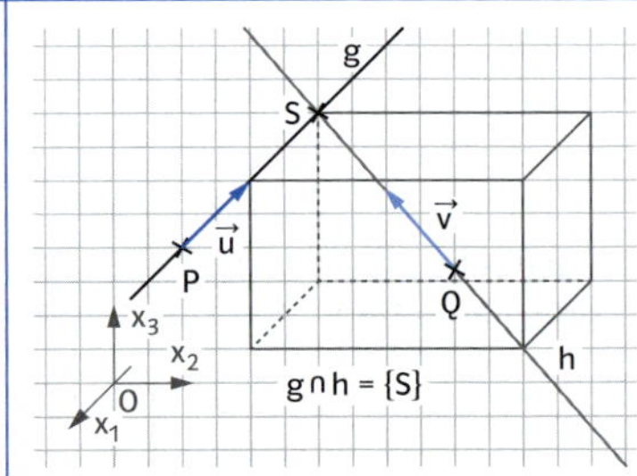
Die beiden Geraden sind **windschief**, d.h. sie haben keinen gemeinsamen Punkt und die Richtungsvektoren sind keine Vielfachen voneinander.	Es gilt: Das zugehörige LGS $\vec{p} + t \cdot \vec{u} = \vec{q} + s \cdot \vec{v}$ hat keine Lösung für alle $t, s \in \mathbb{R}$ und $\vec{u} \neq k \cdot \vec{v}$ für alle $k \in \mathbb{R}$.	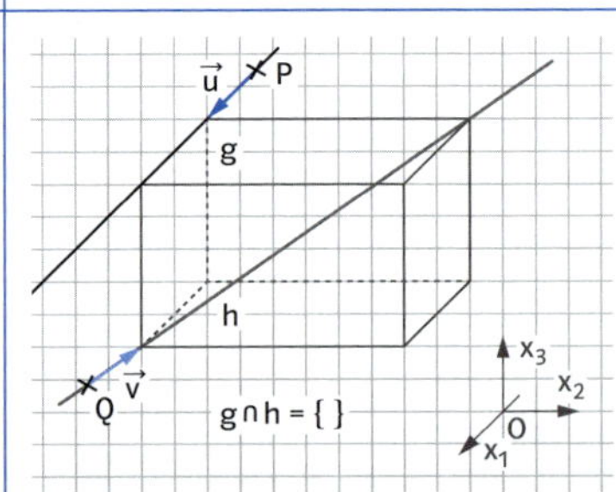

Ebenen in Parameterform, Normalenform, Koordinatenform, HNF

Parameterform:

$$E: \vec{x} = \vec{p} + r \cdot \vec{u} + s \cdot \vec{v}$$

Auf der Ebene E | kommt man zu einem x-beliebigen Punkt, | indem man | vom Ursprung zu einem Punkt P auf E geht und dann | ein Vielfaches in Richtung des Vektors $\vec{u}$ | und ein Vielfaches des Vektors $\vec{v}$ läuft.

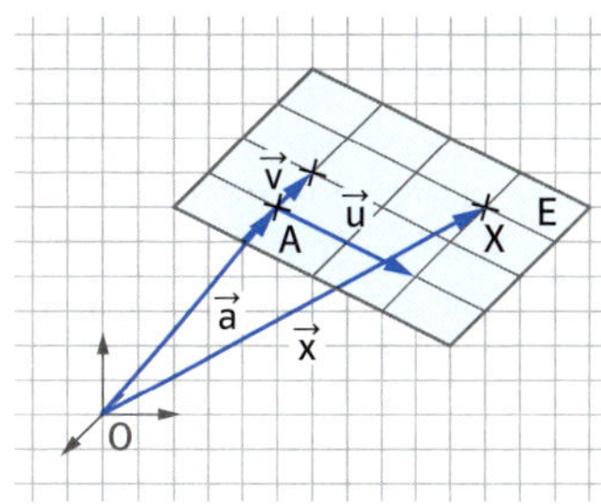

Normalenform:

$$E: (\vec{x} - \vec{p}) \cdot \vec{n} = 0$$

Auf der Ebene E gilt: | Der Vektor $\vec{x} - \vec{p}$ | (skalar-)multipliziert mit dem Normalenvektor $\vec{n}$ | ist null.

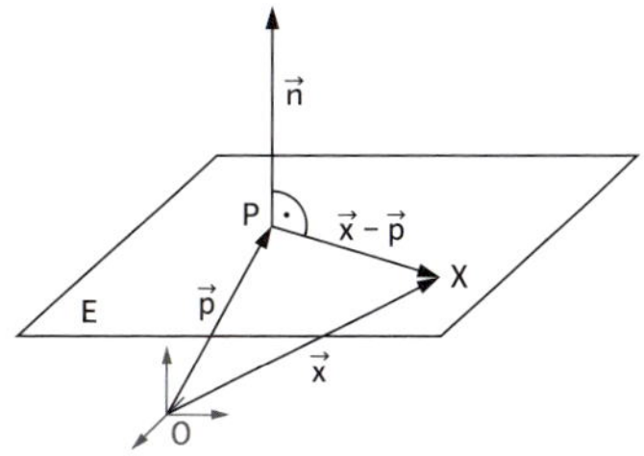

Koordinatenform:
Multipliziert man die Normalenform einer Ebene E aus und formt sie um, erhält man die Koordinatenform.
Dabei ist $p_1 \cdot n_1 + p_2 \cdot n_2 + p_3 \cdot n_3$ eine (reelle) Zahl und x_1, x_2 und x_3 sind die Koordinaten eines x-beliebigen Punktes auf E.
Die Schnittpunkte mit den Koordinatenachsen nennt man **Spurpunkte**.

$E: n_1 \cdot x_1 + n_2 \cdot x_2 + n_3 \cdot x_3 = p_1 \cdot n_1 + p_2 \cdot n_2 + p_3 \cdot n_3$
oder kurz
$E: n_1 \cdot x_1 + n_2 \cdot x_2 + n_3 \cdot x_3 = d$

Spurpunkte:
$S_1\left(\frac{d}{n_1} \middle| 0 \middle| 0\right)$
$S_2\left(0 \middle| \frac{d}{n_2} \middle| 0\right)$
$S_3\left(0 \middle| 0 \middle| \frac{d}{n_3}\right)$

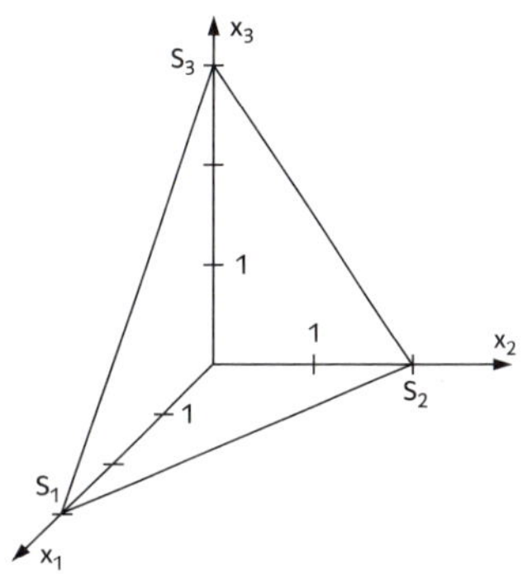

Nimmt man als Normalenvektor den Einheitsvektor $\vec{n_0} = \frac{\vec{n}}{|\vec{n}|}$, dann erhält man die sogenannte **Hesse'sche Normalenform** der Ebene, kurz HNF.

HNF:
$(\vec{x} - \vec{p}) \cdot \vec{n_0} = 0$
bzw.
Koordinatendarstellung:
$$E: \frac{n_1 \cdot x_1 + n_2 \cdot x_2 + n_3 \cdot x_3 - d}{|\vec{n}|} = 0$$

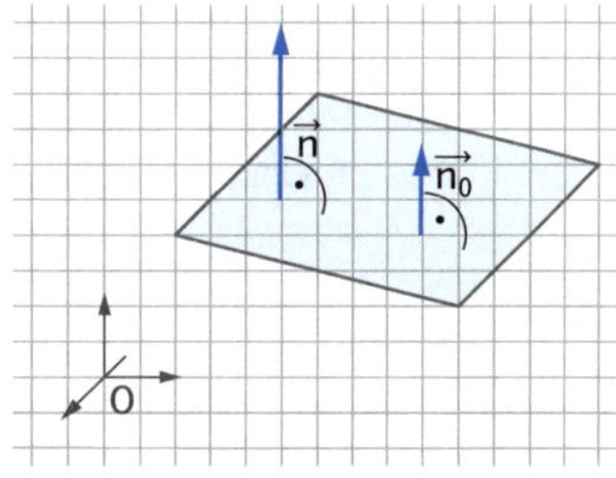

<table>
<tr><th colspan="3">Gegenseitige Lage von einer Geraden und einer Ebene</th></tr>
<tr>
<td>Die Gerade g und die Ebene E schneiden sich. Dann haben g und E einen gemeinsamen Punkt S. Ein Sonderfall des Schnittes ist, wenn sich die Gerade g und E orthogonal schneiden.</td>
<td>Einsetzen des allgemeinen Geradenpunktes
$X(p_1+t\cdot u_1 \mid p_2+t\cdot u_2 \mid p_3+t\cdot u_3)$
in die Koordinatenform der Ebene E und Bestimmung von t.</td>
<td>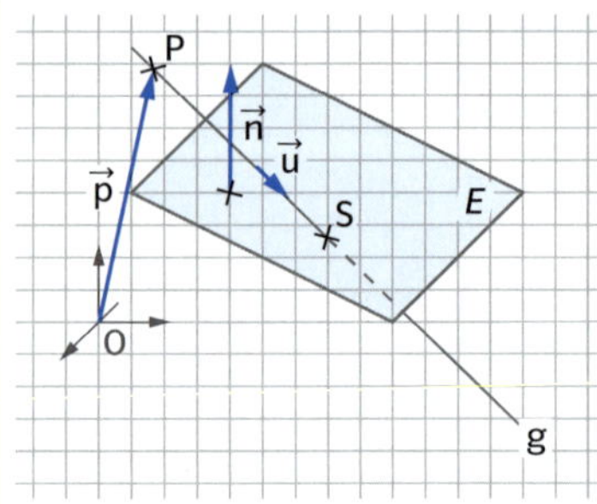
</td>
</tr>
<tr>
<td>Die Gerade g und die Ebene E sind (echt) parallel. Dann haben g und E keine gemeinsamen Punkte und es gilt: Der Normalenvektor $\vec{n}$ ist orthogonal zum Richtungsvektor $\vec{u}$, kurz $\vec{n} \perp \vec{u}$.</td>
<td>$\vec{n}\cdot\vec{u} = 0$ und P liegt nicht in E
oder
Einsetzen des allgemeinen Geradenpunktes
$X(p_1+t\cdot u_1 \mid p_2+t\cdot u_2 \mid p_3+t\cdot u_3)$
in die Koordinatenform der Ebene E.
Die Gleichung hat keine Lösung.</td>
<td>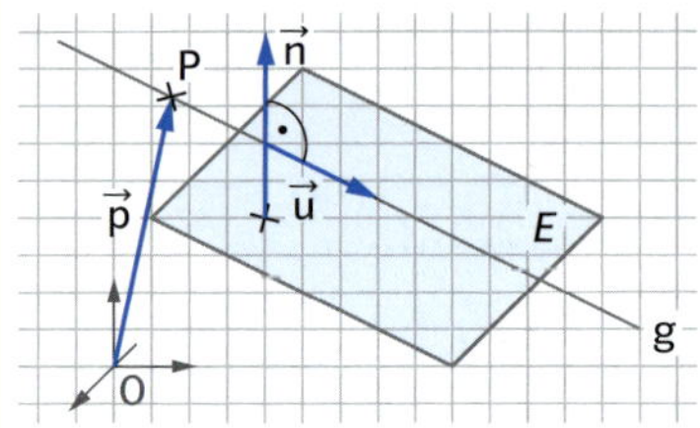
</td>
</tr>
<tr>
<td>Die Gerade g liegt in der Ebene E. Dann sind alle Punkte von g auch Punkte von E und es gilt: Der Normalenvektor $\vec{n}$ ist orthogonal zum Richtungsvektor $\vec{u}$, kurz $\vec{n} \perp \vec{u}$.</td>
<td>$\vec{n}\cdot\vec{u} = 0$ und P liegt in E
oder
Einsetzen des allgemeinen Geradenpunktes
$X(p_1+t\cdot u_1 \mid p_2+t\cdot u_2 \mid p_3+t\cdot u_3)$
in die Koordinatenform der Ebene E.
Die Gleichung hat unendlich viele Lösungen.</td>
<td>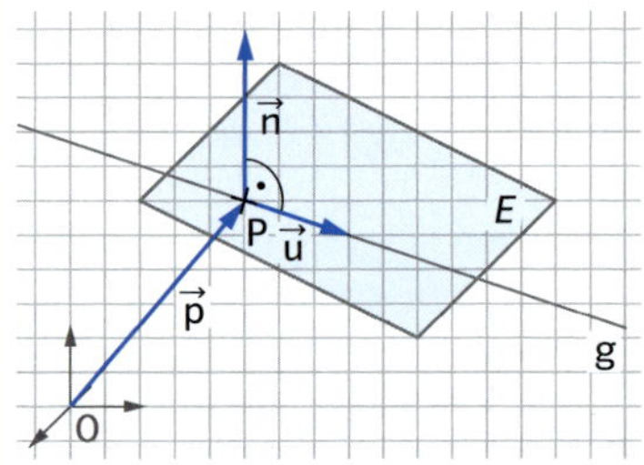
</td>
</tr>
<tr><th colspan="3">Gegenseitige Lage von zwei Ebenen</th></tr>
<tr>
<td>1. Die zwei Ebenen schneiden sich. Dann haben E und F eine gemeinsame Schnittgerade. Ein Sonderfall des Schnittes ist, wenn sich die beiden Ebenen orthogonal schneiden. Dann sind die zugehörigen Normalenvektoren $\vec{n_E}$ und $\vec{n_F}$ orthogonal zueinander, also $\vec{n_E}\cdot\vec{n_F} = 0$.</td>
<td>Lösen des LGS aus den beiden Ebenengleichungen:
• Eliminieren einer Variable.
• Bleibt eine Gleichung mit zwei Variablen übrig, dann kann man für eine Variable nacheinander zwei verschiedene Werte wählen und die anderen Variablen damit berechnen.
So erhält man zwei Schnittpunkte, die auf der Schnittgeraden liegen.</td>
<td>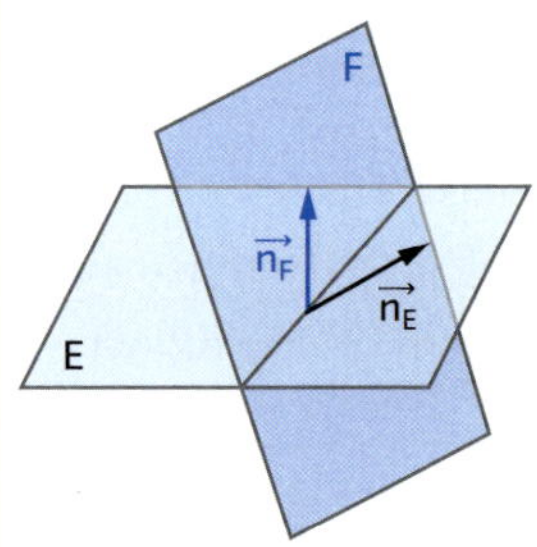
</td>
</tr>
</table>

Gegenseitige Lage von zwei Ebenen

2. Die beiden Ebenen sind (echt) **parallel**. Dann sind die Normalenvektoren Vielfache voreinander, kurz $\vec{n_E} = k \cdot \vec{n_F}$ für ein $k \in \mathbb{R}$, und E und F haben keine gemeinsamen Punkte.

Lösen des LGS aus den beiden Ebenengleichungen:
- Eliminieren einer Variable.
- Entsteht eine falsche Aussage, z.B. $0 = 1$, dann sind E und F echt parallel.

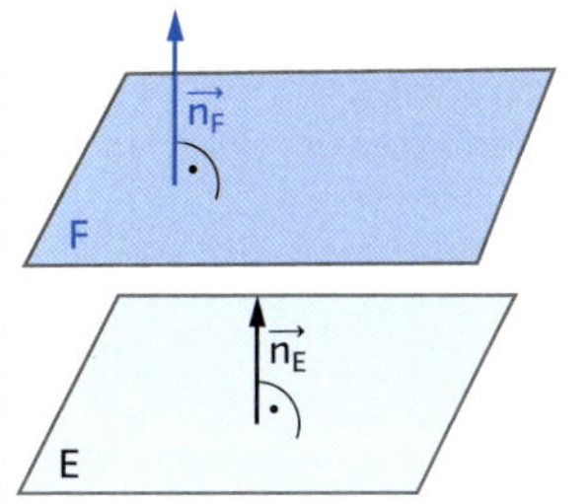

3. Die beiden Ebenen sind **identisch**. Dann sind die Normalenvektoren Vielfache voreinander, kurz $\vec{n_E} = k \cdot \vec{n_F}$ für ein $k \in \mathbb{R}$, und E und F haben unendlich viele gemeinsamen Punkte.

Lösen des LGS aus den beiden Ebenengleichungen:
- Eliminieren einer Variable.
- Entsteht eine allgemeingültige Aussage wie z.B. $0 = 0$, dann sind E und F identisch.

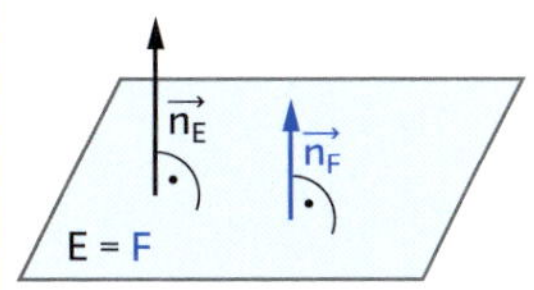

Schnittwinkel

Gerade – Gerade:
Der Schnittwinkel zwischen zwei Geraden entspricht also dem spitzen Winkel zwischen den Richtungsvektoren.

Es gilt:

$$\cos(\alpha) = \frac{|\vec{u} \cdot \vec{v}|}{|\vec{u}| \cdot |\vec{v}|}$$

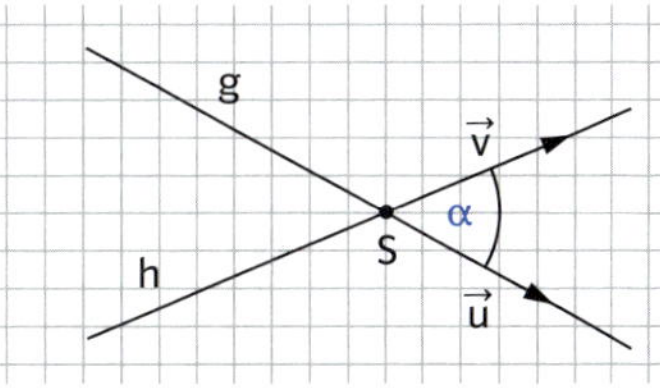

Ebene – Ebene:
Der Schnittwinkel zwischen zwei Ebenen entspricht dem spitzen Winkel zwischen den Normalenvektoren.

Es gilt:

$$\cos(\alpha) = \frac{|\vec{n_E} \cdot \vec{n_F}|}{|\vec{n_E}| \cdot |\vec{n_F}|}$$

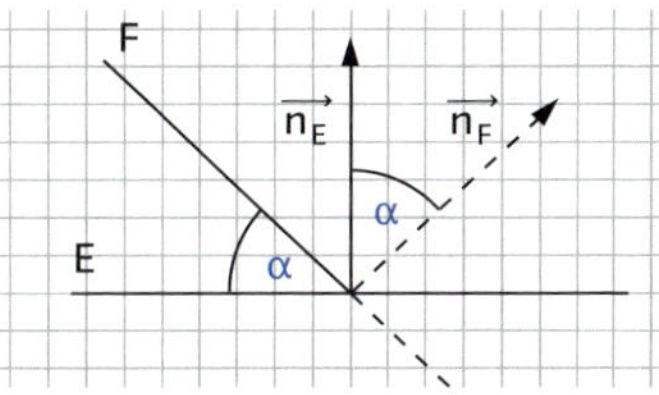

Gerade – Ebene:
90° minus Schnittwinkel zwischen dem Richtungsvektor der Geraden und dem Normalenvektor der Ebene.

Es gilt:

$$\cos(90° - \alpha) = \sin(\alpha) = \frac{|\vec{u} \cdot \vec{n}|}{|\vec{u}| \cdot |\vec{n}|}$$

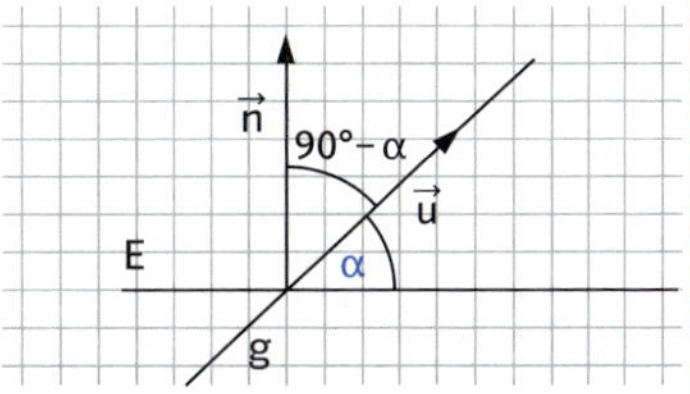

Abstände

Der **Abstand des Punktes P von der Ebene E** entspricht der Länge der orthogonalen Strecke zwischen P und E.

1. Hilfsgerade g durch P mit Normalenvektor von E.
   $d(P;E) = |\vec{PS}|$, wobei S der Schnittpunkt von g und E ist.
2. mit HNF:

$$d(P;E) = \frac{n_1 \cdot p_1 + n_2 \cdot p_2 + n_3 \cdot p_3 - b}{|\vec{n}|}$$

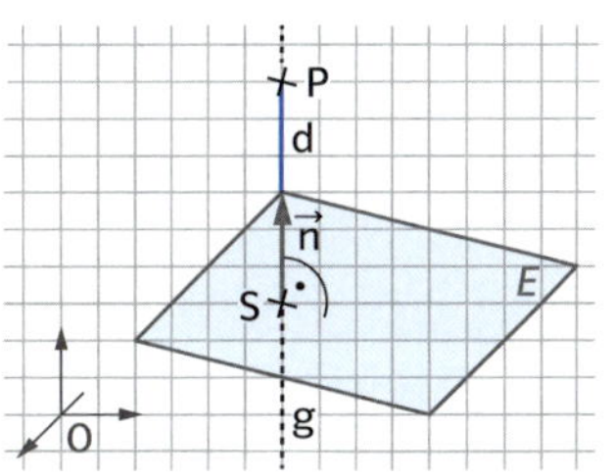

Abstände

Der **Abstand eines Punktes P von einer Geraden g** entspricht der Länge des Lotes von P auf g. Ist F der Lotfußpunkt, dann entspricht der Abstand dem Betrag des Vektors $\overrightarrow{PF}$.	1. mit Hilfsebene H • H: $(\vec{x}-\vec{p})\cdot\vec{u}=0$ • Schnitt von g mit H liefert Lotfußpunkt F • $d(P;g)=\lvert\overrightarrow{PF}\rvert$ oder 2. mit der Methode des „laufenden Punktes" • F ist allgemeiner Geradenpunkt • Auflösen von $\overrightarrow{PF}\cdot\vec{u}=0$ nach dem Parameter t des allgemeinen Punktes • $d(P;g)=\lvert\overrightarrow{PF}\rvert$	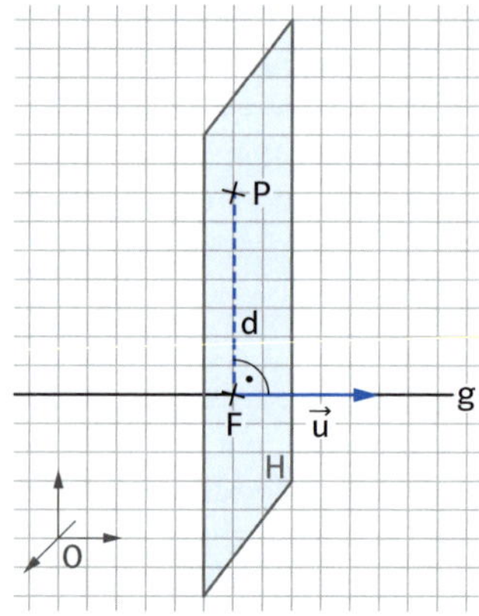 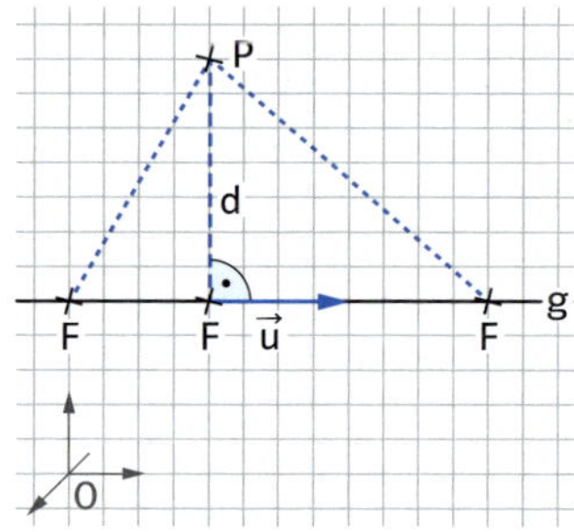
Gegeben sind **zwei windschiefe Geraden g und h** mit g: $\vec{x}=\vec{p}+t\cdot\vec{u}$ und h: $\vec{x}=\vec{q}+s\cdot\vec{v}$. Stellt man eine Hilfsebene H auf, in der die Gerade h liegt und die parallel zu g ist, kann man die Berechnung des Abstandes von zwei windschiefen Geraden auf die Berechnung des Abstandes von dem Punkt P zur Ebene H zurückführen. Dabei ist der Normalenvektor $\vec{n}$ von H orthogonal zu den Richtungsvektoren $\vec{u}$ und $\vec{v}$ der beiden Geraden.	• $\vec{n}$ bestimmen mit $\vec{u}\times\vec{v}=\vec{n}$ oder $\vec{u}\cdot\vec{n}=0$ und $\vec{v}\cdot\vec{n}=0$ • Hilfsebene H: H: $(\vec{x}-\vec{q})\cdot\vec{n}=0$ • $d(g;h)=d(P;H)$	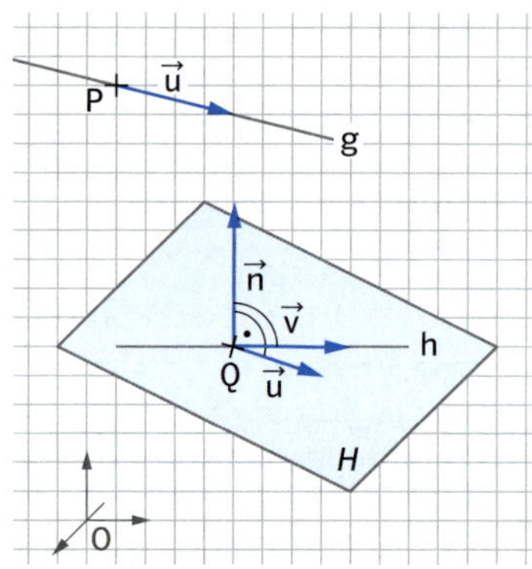

6 Stochastik

6.1 Grundlagen – Berechnung von Wahrscheinlichkeiten mehrstufiger Zufallsexperimente mithilfe von Baumdiagrammen

- Grundbegriffe der Wahrscheinlichkeitsrechnung kennen
- Die Wahrscheinlichkeit von mehrstufigen Zufallsexperimenten mithilfe der Pfadregeln bestimmen

KURZINFO

Wichtige Begriffe

Ein **Zufallsexperiment** (Zufallsversuch) ist ein Vorgang mit zufälligem Ausgang. Jeder mögliche Ausgang heißt **Ergebnis**. Bei einem Zufallsexperiment gilt:

- Der Vorgang ist (zumindest theoretisch) beliebig oft nach den gleichen Regeln durchführbar.
- Es gibt mindestens zwei (verschiedene) Ergebnisse. Alle möglichen Ergebnisse können schon bei der Durchführung angegeben werden. Sie bilden die **Ergebnismenge S**.
- Jedes Ergebnis ist zufällig, d.h. es kann nicht vorhergesagt werden.

Jedem Ergebnis kann ein Wert zwischen 0 und 1 zugeordnet werden, die **Wahrscheinlichkeit**. Dieser Wert ist eine Einstufung nach dem Grad der Gewissheit und gibt an, mit welchem Wert ein Ergebnis erwartet wird. Wahrscheinlichkeiten sind **Anteile**, deshalb können Sie als **Bruch** und **Prozent** dargestellt werden. Da alle möglichen Ergebnisse das ganze Zufallsexperiment beschreiben, ist die **Summe der Wahrscheinlichkeiten** aller Ergebnisse

$$1 = 100\,\%.$$

In der Mathematik wird die Wahrscheinlichkeit mit P von probability (*engl.* = Wahrscheinlichkeit) bezeichnet.

Ein **Ereignis** ist eine (beliebige) Zusammenfassung von Ergebnissen eines Zufallsexperiments. Ereignisse werden mit Großbuchstaben bezeichnet. Das **Gegenereignis** ist das Gegenteil eines Ereignisses und wird mit einem Querstrich über dem zugehörigen Großbuchstaben bezeichnet. Für die Wahrscheinlichkeit eines Gegenereignisses $\overline{E}$ gilt:

$$P(\overline{E}) = 1 - P(E).$$

Ein Zufallsexperiment, bei dem alle möglichen Ergebnisse gleichwahrscheinlich sind, heißt **Laplace-Experiment**. Jedes Ergebnis E hat die gleiche Wahrscheinlichkeit und es gilt: $P(E) = \frac{1}{\text{Anzahl aller Ergebnisse}}$.

Für die Wahrscheinlichkeit eines Ereignisses A gilt:

$$P(A) = \frac{\text{Anzahl aller günstigen Ergebnisse}}{\text{Anzahl aller Ergebnisse}}.$$

Ein Baumdiagramm kann von links nach rechts oder von oben nach unten gezeichnet werden.

Mit einem **Baumdiagramm** lassen sich Zufallsexperimente übersichtlich darstellen. Jedes Baumdiagramm besteht aus einem Anfangspunkt, von dem so viele Äste (Zweige) abgehen, wie das Zufallsexperiment Ergebnisse hat. Am Ende eines Astes steht das zugehörige Ergebnis, an dem Ast die zugehörige Wahrscheinlichkeit.

In der deutschen Sprache ist der Gebrauch der Wörter „und" und „oder" nicht immer eindeutig, in der Mathematik dagegen schon.

Wenn zwei (oder mehr) Ereignisse eines Zufallsexperiments mit „und" oder „oder" zu einem Ereignis zusammengefasst werden, spricht man von der **Verknüpfung von Ereignissen**. A **und** B umfasst alle Ereignisse, die sowohl in A als auch in B enthalten sind. Man schreibt dafür auch $A \cap B$. A **oder** B umfasst alle Ereignisse, die in A oder B enthalten sind. Man schreibt dafür auch $A \cup B$.

Beispiel 1: Werfen eines Würfels

Beim einmaligen Würfeln können die Augenzahlen von 1 bis 6 geworfen werden. Die zugehörige Ergebnismenge ist $S = \{1;2;3;4;5;6\}$.
Bei einem idealen Würfel sind alle Ergebnisse gleichwahrscheinlich und es ist $P(1) = P(2) = P(3) = P(4) = P(5) = P(6) = \frac{1}{6}$.
Ein mögliches Ereignis ist z.B. A: eine gerade Zahl. Es ist $A = \{2;4;6\}$ und somit $P(A) = \frac{3}{6} = \frac{1}{2}$. Gegenereignis ist $\overline{A}$: eine ungerade Zahl. Es ist $P(\overline{A}) = 1 - P(A) = \frac{3}{6} = \frac{1}{2}$.
Wir betrachten das Ereignis B: Augenzahl größer als 4

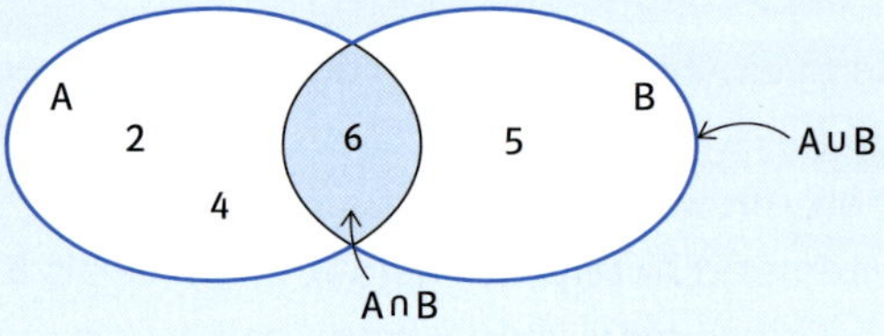

$A \cap B$: gerade Zahl und größer als 4, also $A \cap B = \{6\}$; $P(A \cap B) = \frac{1}{6}$
$A \cup B$: gerade Zahl oder größer als 4, also $A \cup B = \{2;4;5;6\}$; $P(A \cup B) = \frac{4}{6} = \frac{2}{3}$

Beispiel 2: Drehen eines Glücksrades

Bei einem Glücksrad werden die Zahlen 0, 1, 2 und 3 bei einmaligem Drehen mit folgenden Wahrscheinlichkeiten angezeigt:

Zahl	0	1	2	3
Wahrscheinlichkeit	0,2	0,4	0,1	0,3

Das Glücksrad wird einmal gedreht. Geben Sie zwei verschiedene Ereignisse an, deren Wahrscheinlichkeit jeweils 0,6 beträgt.

Die Summe der zugehörigen Wahrscheinlichkeiten muss 0,6 betragen.
A: Es wird eine 0 oder 1 gedreht
B: Es wird keine 1 gedreht

Was ist ein mehrstufiges Zufallsexperiment?

Ein Zufallsexperiment, das aus mehreren Vorgängen besteht, nennt man **mehrstufiges Zufallsexperiment**. Dabei können die Durchführungen **gleichzeitig** ablaufen, wie z. B. das gleichzeitige Werfen mehrerer Würfel oder **nacheinander**, wie z. B. das mehrmalige Werfen eines Würfels.
Das zugehörige **Baumdiagramm** besteht dann aus einem Knoten, an dem sich so viele Äste befinden wie die erste Durchführung Ergebnisse hat bzw. wie bei dem ersten Zufallsgerät möglich sind. Am Ende eines Astes steht das zugehörige Ergebnis, neben dem Ast die zugehörige Wahrscheinlichkeit. An jeden Ast können weitere Äste für weitere Durchführungen bzw. weitere Zufallsgeräte gezeichnet werden. Am Ende des Baumes stehen an den Endpunkten der Äste die möglichen Ergebnisse des mehrstufigen Zufallsexperiments. Jeder Endpunkt ist durch einen eindeutigen Weg (= **Pfad**) erreichbar.

Achtung:
Unterschiedliche Ergebnisse können unterschiedliche Wahrscheinlichkeiten haben. Die einzelnen Stufen eines Baumes können unterschiedlich viele Äste haben, z. B. wenn das Zufallsexperiment mit unterschiedlichen Zufallsgeräten wie z. B. einer Münze und einem Würfel durchgeführt wird.

Beispiel 3: Ziehen von zwei Kugeln aus einer Urne

In einer Lostrommel befinden sich zehn Kugeln, die mit den Zahlen 0; 1 und 2 beschriftet sind.
Es werden nacheinander 2 Kugeln gezogen.

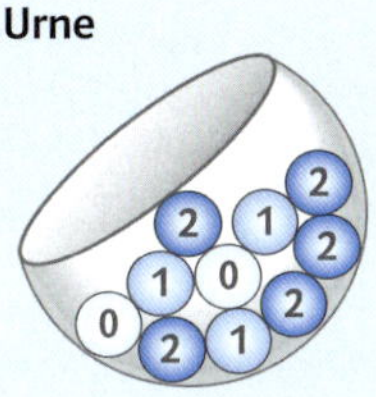

a) Die Kugeln werden nach jedem Zug wieder zurückgelegt. Zeichnen Sie das zugehörige Baumdiagramm.

Baumdiagramm

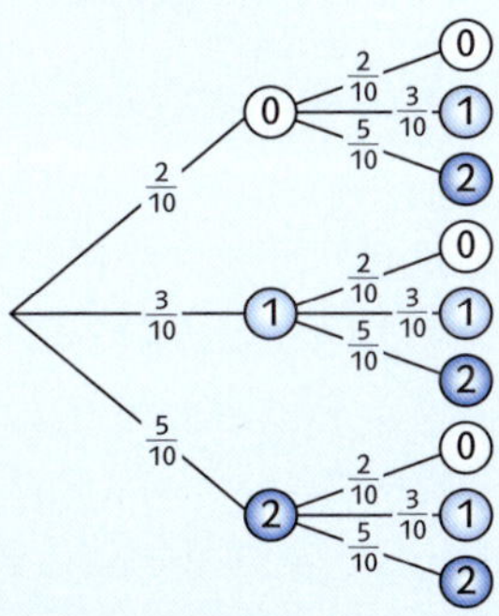

Ergebnisse

(0 ; 0)
(0 ; 1)
(0 ; 2)
(1 ; 0)
(1 ; 1)
(1 ; 2)
(2 ; 0)
(2 ; 1)
(2 ; 2)

Achtung:
Beim Ziehen **mit** Zurücklegen ändern sich die Wahrscheinlichkeiten von einer Stufe zur nächsten Stufe nicht.

b) Die Kugeln werden nicht wieder zurückgelegt. Zeichnen Sie das zugehörige Baumdiagramm.

Baumdiagramm

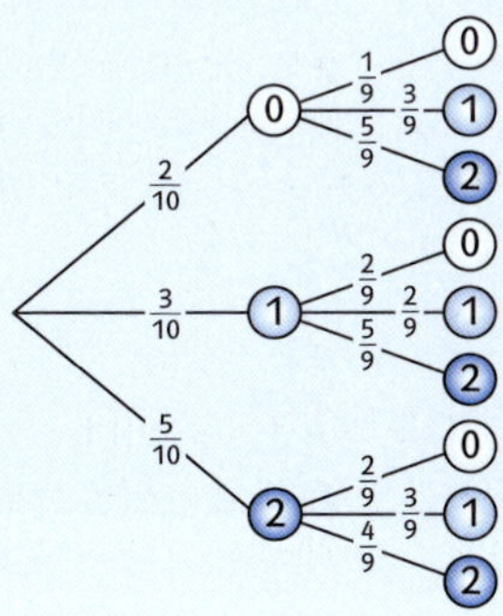

Ergebnisse

(0 ; 0)
(0 ; 1)
(0 ; 2)
(1 ; 0)
(1 ; 1)
(1 ; 2)
(2 ; 0)
(2 ; 1)
(2 ; 2)

Achtung:
Beim Ziehen **ohne** Zurücklegen ändern sich die Wahrscheinlichkeiten von einer Stufe zur nächsten Stufe.

Wie kann man die Wahrscheinlichkeiten von mehrstufigen Zufallsexperimenten berechnen? – die Pfadregeln

Mithilfe der zwei so genannten Pfadregeln kann man die Wahrscheinlichkeiten von Ereignissen von mehrstufigen Zufallsexperimenten berechnen.

1. Pfadregel (Produktregel):
Bei einem mehrstufigen Zufallsexperiment erhält man die Wahrscheinlichkeit eines Pfades, indem man die zugehörigen Wahrscheinlichkeiten längs dieses Pfades **multipliziert**.

2. Pfadregel (Summenregel):
Gehören mehrere Ergebnisse zu einem (bestimmten) Ereignis, dann müssen alle günstigen Pfade berücksichtigt werden. Die zu den Pfaden gehörenden Wahrscheinlichkeiten werden dann **addiert**.

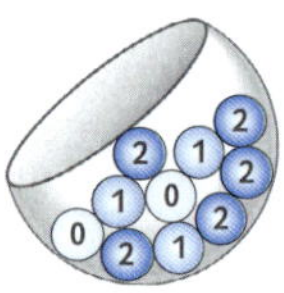

Beispiel 4: Ziehen von zwei Kugeln aus einer Urne

In einer Lostrommel befinden sich zehn Kugeln, die mit den Zahlen 0; 1 und 2 beschriftet sind. Es werden nacheinander 2 Kugeln mit Zurücklegen gezogen. Das Baumdiagramm beschreibt das Zufallsexperiment.

Bestimmen Sie die Wahrscheinlichkeiten für die folgenden Ereignisse:
A: Es wird eine 0 und eine 1 gezogen.
B: Es wird keine 1 gezogen.
C: Es wird mindestens eine 1 gezogen.

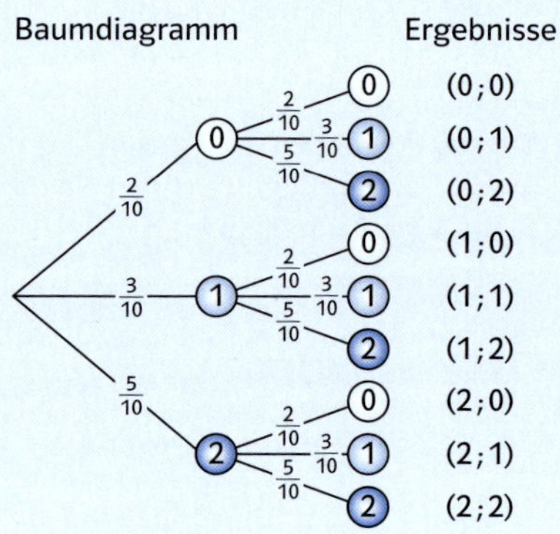

$A = \{(0;1), (1;0)\}$

$$P(A) = \frac{2}{10}\cdot\frac{3}{10} + \frac{3}{10}\cdot\frac{2}{10} = \frac{6}{100} + \frac{6}{100} = \frac{12}{100} = 12\,\%$$

$B = \{(0;0), (0;2), (2;0), (2;2)\}$

$$P(B) = \frac{2}{10}\cdot\frac{2}{10} + \frac{2}{10}\cdot\frac{5}{10} + \frac{5}{10}\cdot\frac{2}{10} + \frac{5}{10}\cdot\frac{5}{10} = \frac{49}{100} = 49\,\%$$

C ist das Gegenereignis von B:

$$P(C) = 1 - P(B) = 1 - \frac{49}{100} = \frac{51}{100} = 51\,\%$$

Beispiel 5: Ziehen aus einem Kartenstapel

Auf einem Tisch liegen verdeckt acht Spielkarten (vier Asse, drei Könige und eine Zehn). Es werden zwei zufällig gewählte Karten aufgedeckt.

Berechnen Sie die Wahrscheinlichkeit der folgenden Ereignisse:

A: Eine Zehn und ein Ass liegen aufgedeckt auf dem Tisch.

B: Es wird kein König aufgedeckt.

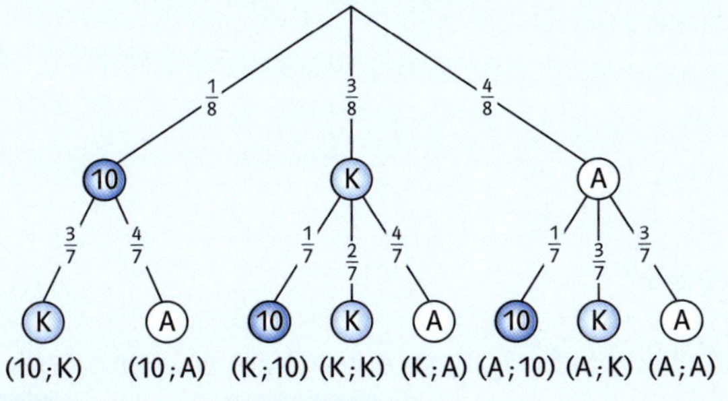

$A = \{(10;\text{Ass}), (\text{Ass};10)\}$

$P(A) = \frac{1}{8} \cdot \frac{4}{7} + \frac{4}{8} \cdot \frac{1}{7} = \frac{1}{7}$

$B = \{(10;\text{Ass}), (\text{Ass};10), (\text{Ass};\text{Ass})\}$

$P(B) = \frac{1}{8} \cdot \frac{4}{7} + \frac{4}{8} \cdot \frac{1}{7} + \frac{4}{8} \cdot \frac{3}{7} = \frac{20}{56} = \frac{5}{14}$

Es geht auch kürzer, wenn man direkt das Zufallsexperiment „Es wird zweimal kein König aufgedeckt" betrachtet:

$P(B) = \frac{5}{8} \cdot \frac{4}{7} = \frac{20}{56} = \frac{5}{14}$

KURZINFO

6.2 Zufallsvariable, Wahrscheinlichkeitsverteilung und Erwartungswert

- Werte der Zufallsvariablen angeben
- Eine Wahrscheinlichkeitsverteilung bestimmen
- Ein Histogramm zeichnen
- Den Erwartungswert berechnen
- Beurteilen, ob ein Spiel fair ist

Was ist eine Zufallsvariable?

Mathematisch exakt beschrieben ist die Zufallsvariable X eine Funktion, die jedem Ergebnis eines Zufallsexperiments genau eine Zahl bzw. Größe k zuordnet. Sie darf nicht mit der Variablen bei „normalen“ Funktionen verwechselt werden.

Mit der **Zufallsvariablen X** können die **Ereignisse eines Zufallsexperiments** beschrieben werden. Die Zufallsvariable X (auch **Zufallsgröße** genannt) ordnet jedem Ergebnis eine Zahl bzw. einen Wert zu. Die zugeordneten Zahlen bzw. Werte werden oft mit k oder x_i bezeichnet und heißen auch Werte oder Realisation der Zufallsvariablen. Damit kann man ein Zufallsexperiment mathematisch mit Zahlen modellieren statt nur verbal beschreiben.

Beispiel 1: Eine Zufallsvariable beim Werfen mit zwei Würfeln angeben

Zwei Würfel werden geworfen.

a) Die Zufallsvariable X zählt die Augensumme. Dann kann X die Werte 2; 3; 4; 5; 6; 7; 8; 9; 10; 11; 12 annehmen.
b) Bei einem Einsatz von 1 € werden 5 € ausbezahlt, wenn eine zuvor bestimmte Zahl zweimal geworfen wird. 1 € erhält man, wenn die Zahl einmal gewürfelt wird. Ansonsten ist der Einsatz verloren. Die Zufallsvariable X beschreibt den Gewinn. X kann dann die Werte 4 €; 0 € oder −1 € annehmen.

Was ist eine Wahrscheinlichkeitsverteilung?

Man nennt die Wahrscheinlichkeitsverteilung auch Verteilung der Zufallsvariablen oder Wahrscheinlichkeitsmaß.

Die **Wahrscheinlichkeitsverteilung** ordnet jedem Wert k der Zufallsvariablen X die zugehörige Wahrscheinlichkeit $P(X = k)$ zu. Da die Wahrscheinlichkeitsverteilung eine Funktion ist, kann man sie in einer **Tabelle** oder auch grafisch in einem **Histogramm** (Säulendiagramm) darstellen. Die Wahrscheinlichkeitsverteilung ist also eine **Übersicht über die Wahrscheinlichkeiten** aller Ereignisse, die zu der Zufallsvariablen gehören.

Ergebnisse eines Zufallsversuchs —Zufallsvariable X→ Ereignisse $X = k$ —Wahrscheinlichkeitsverteilung→ Wahrscheinlichkeiten $P(X = k)$

Beispiel 2: Die Wahrscheinlichkeitsverteilung der Augensumme beim Werfen von 2 Würfeln veranschaulichen

(1;1); (1;2); … (6;5); (6;6) → Zufallsvariable X: Augensumme → 2; 3; … 11; 12 → Wahrscheinlichkeitsverteilung → $P(X=2) = \frac{1}{36}$; … $P(X=11) = \frac{2}{36}$

Bei einer Wahrscheinlichkeitsverteilung gilt:
- Jede Wahrscheinlichkeit ist größer gleich null.
- Die Summe aller Wahrscheinlichkeiten ist 1.

Beispiel 3: Eine Wahrscheinlichkeitsverteilung angeben

a) Geben Sie die Wahrscheinlichkeitsverteilung für die Augensumme beim Werfen von zwei Würfeln an und stellen Sie sie in einem Histogramm dar.
X: Augensumme

X = k	2	3	4	5	6	7	8	9	10	11	12
P (X = k)	$\frac{1}{36}$	$\frac{2}{36}$	$\frac{3}{36}$	$\frac{4}{36}$	$\frac{5}{36}$	$\frac{6}{36}$	$\frac{5}{36}$	$\frac{4}{36}$	$\frac{3}{36}$	$\frac{2}{36}$	$\frac{1}{36}$

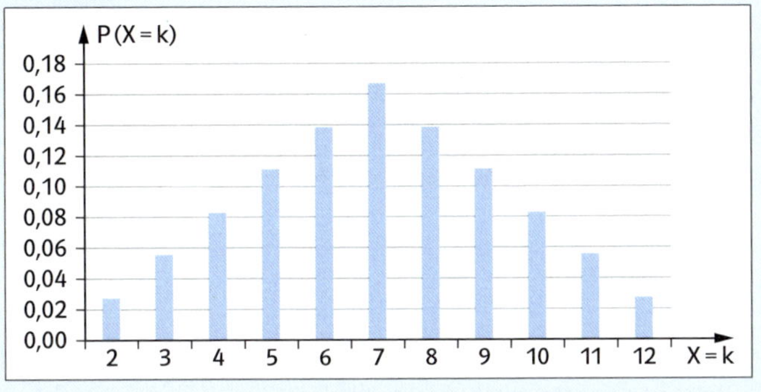

Ein Histogramm ist ein Diagramm, das die Wahrscheinlichkeiten in einem Koordinatensystem darstellt. Dazu werden die Werte der Zufallsvariablen X auf der x-Achse und die möglichen Wahrscheinlichkeiten auf der y-Achse abgetragen.

b) Zwei Würfel werden geworfen. Bei einem Einsatz von 1 € werden 5 € ausbezahlt, wenn die Zahl „6" zweimal geworfen wird. 1 € erhält man, wenn die „6" einmal gewürfelt wird. Ansonsten ist der Einsatz verloren.
Geben Sie die Wahrscheinlichkeitsverteilung für „Gewinn" an und stellen Sie sie in einem Histogramm dar.

X = k	−1 €	0 €	4 €
P (X = k)	$\frac{25}{36}$	$\frac{10}{36}$	$\frac{1}{36}$

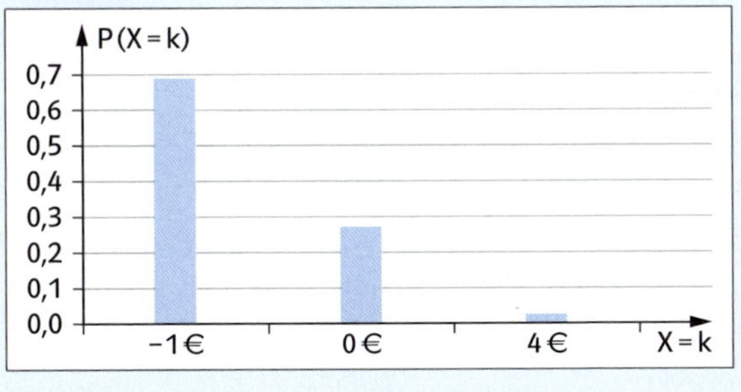

Was ist der Erwartungswert einer Zufallsvariablen?

Der Erwartungswert entspricht dem Mittelwert, mit dem auf lange Sicht zu rechnen ist. Der Mittelwert bezieht sich auf die Vergangenheit, der Erwartungswert richtet sich (mit Prognosen) in die Zukunft.

Der **Erwartungswert $E(X) = \mu$** ist eine Kenngröße zur Beurteilung einer Zufallsvariablen X. Mit dem Erwartungswert kann man berechnen, welcher Wert für die Zufallsvariable nach vielen Durchführungen des Zufallsexperiments **durchschnittlich zu erwarten** ist.
Man berechnet den Erwartungswert, indem man jeden **Wert der Zufallsvariablen mit der zugehörigen Wahrscheinlichkeit multipliziert** und dann die einzelnen Produkte addiert. Kurz:

$$E(X) = x_1 \cdot P(X = x_1) + x_2 \cdot P(X = x_2) + \ldots + x_i \cdot P(X = x_i)$$

x_1: Wert der Zufallsvariablen
$P(X = x_1)$: Wahrscheinlichkeit der Zufallsvariablen

Beachten Sie:
Der Erwartungswert muss kein mögliches Ergebnis repräsentieren, das heißt kein Wert der Zufallsvariablen sein. Entspricht dem Erwartungswert aber ein mögliches Ergebnis, so ist der Erwartungswert im **Histogramm der k-Wert mit der höchsten Säule**, d.h. der k-Wert mit der höchsten Wahrscheinlichkeit.

Wann ist ein Spiel fair?

Beschreibt die Zufallsvariable X den Gewinn bei einem Glücksspiel und ist E(X) der zugehörige Erwartungswert, dann gilt:

- Ist der Erwartungswert größer null, gilt also $E(X) > 0$, so nennt man das Spiel **günstig** für den Spieler.
- Ist der Erwartungswert null, gilt also $E(X) = 0$, dann ist das Spiel **fair**, d.h. auf lange Sicht gewinnt der Spieler nichts, er verliert aber auch nichts.
- Ist der Erwartungswert kleiner als null, gilt also $E(X) < 0$, dann nennt man das Spiel ungünstig bzw. **unfair** für den Spieler.

Beispiel 4: Erwartungswert berechnen

Berechnen Sie den Erwartungswert für die Augensumme beim Werfen von zwei Würfeln.

1. Bestimmen Sie die zugehörige Wahrscheinlichkeitsverteilung.

X = k	2	3	4	5	6	7	8	9	10	11	12
(X = k)	$\frac{1}{36}$	$\frac{2}{36}$	$\frac{3}{36}$	$\frac{4}{36}$	$\frac{5}{36}$	$\frac{6}{36}$	$\frac{5}{36}$	$\frac{4}{36}$	$\frac{3}{36}$	$\frac{2}{36}$	$\frac{1}{36}$

2. Berechnen Sie den Erwartungswert mit der Formel. Multiplizieren Sie jeden Wert der Zufallsvariablen mit der zugehörigen Wahrscheinlichkeit und addieren Sie die Produkte.

$$E(X) = 2 \cdot \frac{1}{36} + 3 \cdot \frac{2}{36} + 4 \cdot \frac{3}{36} + 5 \cdot \frac{4}{36} + 6 \cdot \frac{5}{36} + 7 \cdot \frac{6}{36} + 8 \cdot \frac{5}{36} + 9 \cdot \frac{4}{36} + 10 \cdot \frac{3}{36} + 11 \cdot \frac{2}{36} + 12 \cdot \frac{1}{36}$$
$$= 7$$

Beim Werfen mit zwei Würfeln kann man im Schnitt die Augensumme 7 erwarten.

Beispiel 5: Erwartungswert berechnen, beurteilen, ob ein Spiel fair ist

Zwei Würfel werden geworfen. Bei einem Einsatz von 1 € werden 5 € ausbezahlt, wenn die Zahl „6“ zweimal geworfen wird. 1 € erhält man, wenn die „6“ einmal gewürfelt wird. Ansonsten ist der Einsatz verloren.
Die Zufallsvariable X beschreibt den Gewinn.

X = k	−1 €	0 €	4 €
P (X = k)	$\frac{25}{36}$	$\frac{10}{36}$	$\frac{1}{36}$

Berechnen Sie den Erwartungswert und begründen Sie, ob das Spiel fair ist.

Berechnen Sie den Erwartungswert mit der Formel. Multiplizieren Sie jeden Wert der Zufallsvariable mit der zugehörigen Wahrscheinlichkeit und addieren Sie die Produkte.

$$E(X) = -1\,€ \cdot \frac{25}{36} + 0\,€ \cdot \frac{10}{36} + 4\,€ \cdot \frac{1}{36}$$
$$= -\frac{21}{36}\,€$$
$$\approx -0{,}58\,€$$

Beim Werfen mit zwei Würfeln kann man in diesem Spiel mit einem durchschnittlichen Verlust von etwa 0,58 € pro Spiel rechnen. Das Spiel ist also nicht fair.

KURZINFO

6.3 Kumulierte Wahrscheinlichkeiten

- Die Begriffe „mehr als“, „weniger als“, „mindestens“ und „höchstens“ mathematisch übersetzen
- Kumulierte Wahrscheinlichkeiten berechnen

Was sind kumulierte Wahrscheinlichkeiten?

Mit $P(X=k)$ wird die Wahrscheinlichkeit für genau ein Ereignis bestimmt. Im Alltag und bei der Modellierung von Wahrscheinlichkeitsaufgaben müssen jedoch oft mehrere Wahrscheinlichkeiten berechnet werden. Dann werden die einzelnen Wahrscheinlichkeiten addiert. Solche **kumulierten Wahrscheinlichkeiten** erkennt man an den **Signalwörtern „höchstens“, „mindestens“**, **„weniger als“** oder **„mehr als“**.
Muss bei einer Wahrscheinlichkeitsverteilung die Wahrscheinlichkeit für höchstens k berechnet werden, müssen die Wahrscheinlichkeiten der zugehörigen Ereignisse addiert werden und es gilt:

Die Summe von mehreren Einzelwahrscheinlichkeiten nennt man auch kumulierte Wahrscheinlichkeit (von *lat. cumulare* = anhäufen).

$$P(X \leq k) = P(X=0) + P(X=1) + P(X=2) + \ldots + P(X=k)$$

So kann man kumulierte Wahrscheinlichkeiten bestimmen

In der Regel wird die Bestimmung von kumulierten Wahrscheinlichkeiten auf Anzahlen der Form $X \leq k$ zurückgeführt.

Tipp: Anzahlen/Ereignisse werden in der Stochastik immer **von links** betrachtet bzw. beschrieben.

Ereignis	Beschreibung mit Zufallsgröße und Veranschaulichung	Beschreibung der Wahrscheinlichkeit mithilfe der kumulierten Wahrscheinlichkeit
höchstens 5 Treffer	$X \leq 5$ --<u>0</u>--<u>1</u>--<u>2</u>--<u>3</u>--<u>4</u>--<u>5</u>--6--7--8--9...	$P(X \leq 5)$
weniger als 5 Treffer	$X < 5$ --<u>0</u>--<u>1</u>--<u>2</u>--<u>3</u>--<u>4</u>--5--6--7--8--9...	$P(X \leq 4)$
mindestens 5 Treffer	$X \geq 5$ --0--1--2--3--4--<u>5</u>--<u>6</u>--<u>7</u>--<u>8</u>--<u>9</u>...	„alles, was nicht kleiner als 5 ist“ $P(X \geq 5) = 1 - P(X \leq 4)$
mehr als 5 Treffer	$X > 5$ --0--1--2--3--4--5--<u>6</u>--<u>7</u>--<u>8</u>--<u>9</u>...	„alles, was nicht kleiner oder gleich 5 ist“ $P(X > 5) = 1 - P(X \leq 5)$

Beispiel 1: Kumulierte Wahrscheinlichkeiten bestimmen

Beschreiben Sie die gesuchten Wahrscheinlichkeiten nur mit den Formen $P(X=k)$ oder $P(X \leq k)$.

a) Wahrscheinlichkeit für genau 4 Treffer — $P(X=4)$

b) Wahrscheinlichkeit für höchstens 20 Treffer — $P(X \leq 20)$

c) Wahrscheinlichkeit für weniger als 15 Treffer — $P(X < 15) = P(X \leq 14)$

d) Wahrscheinlichkeit für mehr als 9 Treffer — $P(X > 9) = 1 - P(X \leq 9)$

e) Wahrscheinlichkeit für mindestens 8 Treffer — $P(X \geq 8) = 1 - P(X \leq 7)$

Beispiel 2: Kumulierte Wahrscheinlichkeiten in Worte übersetzen

Übersetze die zugehörigen Ereignisse in Worte.

a) $P(X > 7)$ — mehr als 7

b) $P(X < 12)$ — weniger als 12

c) $P(X \leq 6)$ — höchstens 6

d) $P(X \geq 9)$ — mindestens 9

e) $P(6 \leq X \leq 10)$ — mindestens 6 und höchstens 10

f) $P(2 < X < 15)$ — mehr als 2 und weniger als 15

Beispiel 3: Kumulierte Wahrscheinlichkeiten bestimmen

Die Tabelle zeigt eine Wahrscheinlichkeitsverteilung für eine Zufallsvariable X, welche die Anzahl von roten Kugeln beim fünfmaligen Ziehen aus einer Urne zählt.

X = k	0	1	2	3	4	5
P(X = k)	0,0102	0,0768	0,2304	0,3456	0,2592	0,0778

Bestimmen Sie die Wahrscheinlichkeiten für die folgenden Ereignisse.

A: höchstens einmal rot — $P(A) = P(0) + P(1) = 0{,}0870$

B: mindestens zweimal rot — $P(B) = 1 - P(X \leq 1) = 1 - 0{,}0870 = 0{,}9130$

KURZINFO

6.4 Abzählverfahren aus der Kombinatorik

- Abzählverfahren unterscheiden
- Anzahlen mithilfe der Abzählverfahren aus der Kombinatorik bestimmen

Was ist Kombinatorik?

Besteht ein Zufallsexperiment aus vielen Durchführungen bzw. Stufen, dann wird das Baumdiagramm zu groß zum Zeichnen, z. B. beim mehrmaligen Werfen eines Würfels. Um herauszufinden, wie viele Pfade zu einem Ereignis gehören, helfen Abzählverfahren aus der Kombinatorik.
Die **Kombinatorik** ist das Teilgebiet der Mathematik, das sich mit der **Bestimmung von Anzahlen** bzw. Kombinationen beschäftigt.

Was sind Permutationen?

Die **Anzahl der Anordnungen einer Menge** nennt man **Permutationen**.
Besteht eine Menge aus n Elementen, dann gibt es

$$n \cdot (n-1) \cdot (n-2) \cdot \ldots \cdot 2 \cdot 1 = n! \text{ (sprich: „n Fakultät")}$$

Permutationen, d.h. anschaulich, es gibt für den 1. Platz n Elemente, für den 2. Platz $n-1$ Elemente usw., für den vorletzten Platz bleiben noch 2 Elemente übrig und für den letzten Platz noch 1.

Dies kann man sich so vorstellen: Man hat n durchnummerierte Plätze und verteilt die n Elemente auf die Plätze. Das Produkt n! besteht also aus n Faktoren.

Man legt fest: $0! = 1$

Beispiel 1: Permutationen bestimmen

a) Berechnen Sie 5!

$5! = 5 \cdot 4 \cdot 3 \cdot 2 \cdot 1 = 120$

b) Berechnen Sie, wie viele Möglichkeiten es gibt, 4 Blumentöpfe auf einer Fensterbank aufzustellen.

Es gibt
$4! = 4 \cdot 3 \cdot 2 \cdot 1 = 24$
Möglichkeiten.

Abzählverfahren aus der Kombinatorik

Die folgenden Fälle betrachten jeweils eine Stichprobe von k aus n Elementen, d.h. sie beantworten die Frage, wie viele Möglichkeiten es gibt, k Elemente aus n Elementen auszuwählen. Alle diese vier Fälle lassen sich zurückführen auf das **Ziehen von k Kugeln aus einer Urne mit n Kugeln**. Man kann **Ziehen mit Zurücklegen** oder **ohne Zurücklegen** der Kugeln und man kann die gezogenen Kugeln **mit** oder **ohne Beachtung der Reihenfolge** anordnen.

Anzahl der Möglichkeiten, k aus n Elemente auszuwählen:

	mit Berücksichtigung der Reihenfolge	**ohne Berücksichtigung der Reihenfolge**
mit Zurücklegen	n^k	$\binom{n+k-1}{n}$
ohne Zurücklegen	$\underbrace{n \cdot (n-1) \cdot (n-2) \cdot \ldots \cdot (n-k+1)}_{k \text{ Faktoren}}$ $\frac{n!}{(n-k)!}$	Anzahl der Möglichkeiten, aus n Kugeln k Kugeln ohne Zurücklegen zu ziehen $\binom{n}{k} = \frac{\overbrace{n \cdot (n-1) \cdot (n-2) \cdot \ldots \cdot (n-k+1)}^{k \text{ Faktoren}}}{k!}$ Die Möglichkeiten von oben können auf k! Arten umgestellt werden.

Dieser sogenannte Binomialkoeffizient $\binom{n}{k}$ wird in Kap. 6.5 genauer erklärt.

Beispiel 2: Ungeordnete Stichprobe

a) Auf wie viele Arten kann man 4 aus 12 Personen wählen?

$\binom{12}{4} = 495$

b) Svenja kann von ihren 8 Freundinnen nur 5 zu ihrem Geburtstag einladen. Mit welcher Wahrscheinlichkeit ist ihre Freundin Pia dabei, wenn Svenja die Auswahl zufällig (durch Losentscheid) trifft?

Es gibt $\binom{8}{5} = 56$ mögliche und $\binom{1}{1} \cdot \binom{7}{4} = 35$ günstige Ergebnisse.
Also beträgt die Wahrscheinlichkeit, dass sie ihre Freundin Pia auswählt $\frac{35}{56} = 0{,}625$.

KURZINFO

6.5 Bernoulli-Experimente und Binomialverteilung

- Ein Bernoulli-Experiment bzw. eine Bernoulli-Kette erkennen
- Die Formel von Bernoulli erklären
- Wahrscheinlichkeiten mithilfe der Formel von Bernoulli bestimmen

Was ist ein Bernoulli-Experiment?

Da ein Bernoulli-Experiment nur zwei Ausgänge hat, müssen die Wahrscheinlichkeiten von Treffer und Niete addiert 1 ergeben, kurz P(„Treffer") + P(„Niete") = 1.

Ein Zufallsexperiment, das aus genau **zwei Ausgängen** besteht, nennt man Bernoulli-Experiment. Je nach Situation werden die beiden Ergebnisse z. B. mit Treffer und Niete, Erfolg und Misserfolg oder auch mit den Zahlen 1 und 0 bezeichnet. Die Wahrscheinlichkeit für einen **Treffer** nennt man **Trefferwahrscheinlichkeit p**. Damit gilt für die Wahrscheinlichkeit für **Niete**:

P(„Niete") = q = 1 − p.

Tipp:
Hier müssen Sie die Definition anwenden. Überprüfen Sie also, ob das Experiment genau zwei Ergebnisse hat.

Beispiel 1: Bernoulli-Experimente

Untersuchen Sie, ob es sich bei dem Zufallsexperiment um ein Bernoulli-Experiment handelt.

a) Ein Reißnagel wird geworfen. — Ja, denn es gibt die beiden Ergebnisse „fällt auf die Spitze" und „fällt auf den Rücken".

b) Ein Würfel wird geworfen und die Augenzahl notiert. — Nein, denn es gibt sechs Ergebnisse.

c) Aus einer Urne mit 2 weißen und 3 schwarzen Kugeln wird eine Kugel gezogen. — Ja, es gibt die beiden Ergebnisse „weiße Kugel" und „schwarze Kugel". Es sind nur die Wahrscheinlichkeiten nicht gleich.

d) Eine Ladung Bananen wird auf verdorbene Bananen untersucht. — Ja, es gibt die beiden Ergebnisse „verdorben" oder „nicht verdorben".

e) Bei zufällig ausgewählten Personen wird getestet, ob sie die Blutgruppe 0 haben. — Ja, es gibt die beiden Ergebnisse „Blutgruppe 0" oder „nicht Blutgruppe 0".

Tipp:
Wählen Sie ein (mögliches) Ergebnis und formulieren Sie daraus ein passendes Gegenteil.
Hier gibt es viele verschiedene Lösungsmöglichkeiten.

Beispiel 2: Ausgang für ein Bernoulli-Experiment angeben

Legen Sie Ausgänge so fest, dass das beschriebene Experiment ein Bernoulli-Experiment ist.

a) Ein Würfel wird geworfen. — T: gerade Zahl; N: keine gerade Zahl, also ungerade Zahl

b) Eine Maschine wird überprüft. — T: funktioniert; N: funktioniert nicht

c) Ziehen einer Kugel aus einer Urne mit schwarzen, roten und gelben Kugeln. — T: die Kugel ist rot; N: die Kugel ist nicht rot, also die Kugel ist schwarz oder gelb

Was ist eine Bernoulli-Kette?

Ein Bernoulli-Experiment, das n-mal hintereinander durchgeführt wird und bei dem sich die Trefferwahrscheinlichkeit nicht ändert, nennt man **Bernoulli-Kette** der **Länge n**. Dabei ist **p** die **Trefferwahrscheinlichkeit** und die **Zufallsvariable X** zählt die **Anzahl der Treffer k**.

Mathematisch gesehen besteht jede Bernoulli-Kette aus der Definition der Zufallsvariablen X mit der Trefferzahl k, der Länge n, der Trefferwahrscheinlichkeit p und der Wahrscheinlichkeit für k Treffer $P(X = k)$.

Beispiel 3: n; p; k angeben

Ein Multiple-Choice-Test enthält 4 Fragen mit jeweils 5 Antwortmöglichkeiten. Muss ein Schüler raten, dann handelt es sich um eine Bernoulli-Kette.

Geben Sie jeweils die Zufallsvariable X, n und p an.

X: Anzahl der richtig getippten Antworten
Länge $n = 4$
Trefferwahrscheinlichkeit $p = \frac{1}{5} = 0{,}2$

Was ist der Binomialkoeffizient $\binom{n}{k}$? – Bestimmung der Anzahl der Pfade bei k Treffern

Lange Bernoulli-Ketten kann man nicht mehr mit einem Baumdiagramm darstellen. Um die Wahrscheinlichkeit eines Ereignisses berechnen zu können, muss man die Wahrscheinlichkeit eines Pfades berechnen können und wissen, wie viele Pfade zu dem gewünschten Ereignis führen.
Die Anzahl der Pfade mit genau k Treffern kann man mit dem **Binomialkoeffizienten** bestimmen. Dafür schreibt man

$\binom{n}{k}$ und spricht „**n über k**“ oder „**k aus n**“.

(n: gibt die Länge der Kette an; k ist die Anzahl an Treffern)

Berechnen kann man den Binomialkoeffizienten mit

$$\binom{n}{k} = \frac{n!}{k!\cdot(n-k)!} = \frac{\overbrace{n\cdot(n-1)\cdot(n-2)\cdot\ldots\cdot(n-k+1)}^{\text{k Faktoren von „oben nach unten“}}}{\underbrace{1\cdot2\cdot\ldots\cdot k}_{\text{k Faktoren von „unten nach oben“}}}$$

Wissenschaftliche oder grafikfähige Taschenrechner können den Binomialkoeffizienten direkt berechnen, häufig mit dem Befehl nCr.

Beim Binomialkoeffizienten gilt:

$\binom{n}{0} = \binom{n}{n} = 1$

$\binom{n}{k} = \binom{n}{n-k}$

Beispiel 4: Anzahlen mithilfe des Binomialkoeffizienten bestimmen

Berechnen Sie.

a) $\binom{6}{4}$ — $\binom{6}{4} = \frac{6\cdot5\cdot4\cdot3}{4\cdot3\cdot2\cdot1} = 15$

b) 3 aus 8 — $\binom{8}{3} = \frac{8\cdot7\cdot6}{3\cdot2\cdot1} = 56$

c) Von 100 Sportlern werden genau 2 positiv getestet. Wie viele Möglichkeiten gibt es? — $\binom{100}{2} = \frac{100\cdot99}{2\cdot1} = 4950$

Wie berechnet man die Wahrscheinlichkeit für genau k Treffer einer Bernoulli-Kette der Länge n? – die Bernoulli-Formel

Hinweis:
Die Bernoulli-Formel kennen Sie schon von den mehrstufigen Zufallsexperimenten. Sie ist die Zusammenfassung der beiden Pfadregeln.

Liegt eine Bernoulli-Kette vor mit

n Anzahl der Durchführungen bzw. Versuche

k Trefferanzahl

p Trefferwahrscheinlichkeit und

(1 – p) Wahrscheinlichkeit für Nicht-Treffer bzw. Niete,

dann kann man die Wahrscheinlichkeit für genau k Treffer berechnen mit der **Bernoulli-Formel**

$$P(X=k) = \binom{n}{k} \cdot p^k \cdot (1-p)^{n-k}.$$

Die Wahrscheinlichkeit, k Treffer zu erzielen ist	die Anzahl der Pfade mit k Treffern zu multiplizieren	mit der Wahrscheinlichkeit für einen Pfad mit k Treffern und n – k Nieten

Beispiel 5: Wahrscheinlichkeiten mit der Formel von Bernoulli bestimmen

Ein Würfel wird 10-mal geworfen. Berechnen Sie die Wahrscheinlichkeiten für die Ereignisse:

X ist binomialverteilt mit $n = 10$; $p = \frac{1}{6}$.

A: Es werden genau 2 Sechsen geworfen.
$P(A) = P(X=2) = \binom{10}{2} \cdot \left(\frac{1}{6}\right)^2 \cdot \left(\frac{5}{6}\right)^8 \approx 0{,}291 = 29{,}1\,\%$

B: Es wird keine Sechs geworfen.
$P(B) = P(X=0) = \binom{10}{0} \cdot \left(\frac{1}{6}\right)^0 \cdot \left(\frac{5}{6}\right)^{10} \approx 0{,}162 = 16{,}2\,\%$

Beispiel 6: Die Formel von Bernoulli im Sachzusammenhang interpretieren

Ein Reiseveranstalter wirbt in seinem Katalog damit, dass 90 % seiner Kunden zufrieden sind.

Geben Sie das zu $\binom{20}{15} \cdot 0{,}9^{15} \cdot 0{,}1^5$ gehörende Ereignis an.

X ist binomialverteilt mit $n = 20$; $p = 0{,}9$ und $k = 15$.
Von 20 Kunden (die eine Reise mit dem Reiseveranstalter gebucht haben) sind genau 15 Personen zufrieden.

Wie kann man kumulierte Wahrscheinlichkeiten berechnen?

Kumulierte Wahrscheinlichkeiten in der Form $P(X > k)$ müssen für den WTR in die Form $P(X \leq k)$ – manchmal mithilfe des Gegenereignisses – übersetzt werden.

Wenn man die Wahrscheinlichkeit für **höchstens k Treffer** berechnen muss, muss man die Wahrscheinlichkeiten der zugehörigen Ereignisse addieren. Es gilt:

$$P(X \leq k) = P(X=0) + P(X=1) + \ldots + P(X=k)$$

Dies nennt man kumulierte Wahrscheinlichkeit (von *lat. cumulare* = anhäufen).

Beachten Sie:
Die Taschenrechner können nur kumulierte Wahrscheinlichkeiten in der Form $P(X \leq k)$ direkt berechnen.

Beispiel 7: Kumulierte Wahrscheinlichkeiten mit der Formel von Bernoulli bestimmen

Ein Würfel wird 10-mal geworfen. Berechnen Sie die Wahrscheinlichkeiten für die Ereignisse

X ist binomialverteilt mit $n = 10$; $p = \frac{1}{6}$.

A: Es werden höchstens 2 Sechsen geworfen.
$P(A) = P(X \leq 2) = P(X = 0) + P(X = 1) + P(X = 2) \approx 0{,}775 = 77{,}5\,\%$

B: Es werden mehr als 4 Sechsen geworfen.
$P(B) = P(X > 4) = 1 - P(X \leq 4) \approx 1 - 0{,}985 = 0{,}015 = 1{,}5\,\%$

Tipp:
Beim WTR erst $P(X \leq k)$ berechnen und dann „1 – Ergebnis".

Was ist die Binomialverteilung?

Die **Binomialverteilung** ist eine der wichtigsten Wahrscheinlichkeitsverteilungen. Sie ordnet der Anzahl der Treffer einer Bernoulli-Kette die zugehörigen Wahrscheinlichkeiten zu. Man nennt das zugehörige Zufallsexperiment dann binomialverteilt mit $B_{n;p;k}$. Die Wertepaare der Binomialverteilung können in einem Histogramm dargestellt werden.
Die Binomialverteilung gibt also einen **Gesamtüberblick** über die Wahrscheinlichkeiten der Trefferzahl einer Bernoulli-Kette.

Für eine binomialverteilte Zufallsvariable findet man auch die Bezeichnungen $B_{n;p}(k)$ oder $B(k \mid n, p)$.

Eigenschaften der Binomialverteilung:
- Alle Wahrscheinlichkeiten $P(X = k)$ können mit der Bernoulli-Formel berechnet werden.
- Den **Erwartungswert** $E(X)$ kann man mit der Formel $\mathbf{E(X) = n \cdot p}$ berechnen.

Statt $E(X)$ findet man für den Erwartungswert auch die Bezeichnung μ.

Beispiel 8: Histogramm zuordnen

Ordnen Sie dem Histogramm die passende Bernoulli-Kette zu.

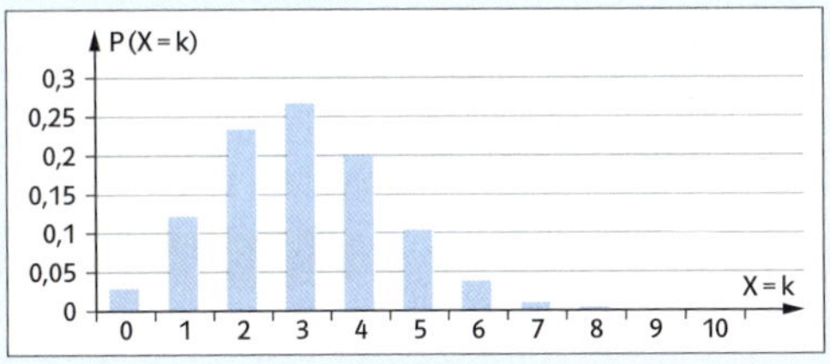

a) $n = 10$; $p = 0{,}1$
b) $n = 10$; $p = 0{,}3$
c) $n = 10$; $p = 0{,}2$
d) $n = 10$; $p = 0{,}7$

Die höchste Säule gehört zu $k = 3$. Berechnet man die Erwartungswerte, erhält man bei $10 \cdot 0{,}3 = 3$. Somit gehört die Binomialverteilung von b) zum abgebildeten Histogramm.

Die zum höchsten Wert des Histogramms gehörende Trefferzahl entspricht dem Erwartungswert, wenn dieser ganzzahlig ist.

KURZINFO

6.6 Bestimmung von n, k und p – Modellieren mit der Binomialverteilung

- Den Stichprobenumfang n für mindestens einen bzw. k Treffer bestimmen
- Die Trefferzahl k für eine Mindestwahrscheinlichkeit bestimmen
- Trefferwahrscheinlichkeit bei einer Mindesttrefferzahl bestimmen

Welche Modellierungsaufgaben gibt es bei Bernoulli-Experimenten?

Die Binomialverteilung beschreibt die Wahrscheinlichkeiten $P(X=k)$ für k Treffer bei Bernoulli-Experimenten. Um die Wahrscheinlichkeit berechnen zu können, nutzt man die **Formel von Bernoulli**:

$$\mathbf{P(X=k) = \binom{n}{k} \cdot p^k \cdot (1-p)^{n-k}}.$$

Da in solchen Aufgaben dreimal das Wort „mindestens" vorkommt, nennt man solche Aufgaben auch „Drei-Mindestens-Aufgaben" oder „Mimimi"-Aufgaben.

Da die rechte Seite der Formel von den drei Parametern n, k und p abhängt, kann man bei gegebener Wahrscheinlichkeit $P(X=k)$ auch nach der Anzahl n, der Trefferanzahl k oder der Trefferwahrscheinlichkeit p fragen. Diese Aufgaben nennt man **Modellierungs- oder Umkehraufgaben mit der Binomialverteilung**. Diese können Sie entweder mit dem grafikfähigen Taschenrechner oder aber durch Einsetzen der bekannten Größen in die Formel von Bernoulli und (systematisches) Probieren mit dem WTR lösen.

mind. mind mind Aufgabe

n gesucht – Welche Anzahl benötigt man bei einer Stichprobe für mindestens einen oder mindestens k Treffer?

Nur diese Aufgabe mit der Frage nach „mindestens einem Treffer" kann man exakt lösen.

Hier muss die Frage beantwortet werden, aus wie vielen Durchführungen ein Bernoulli-Experiment mindestens bestehen muss bzw. wie groß der Umfang einer Stichprobe mindestens sein muss, dass die Wahrscheinlichkeit für mindestens einen Treffer mindestens m beträgt, kurz $P(X \geq 1) \geq m$.

Um den Stichprobenumfang n für mindestens einen Treffer zu bestimmen, betrachtet man statt dem Ereignis $X \geq 1$ das zugehörige Gegenereignis „kein Treffer", d.h. $X = 0$. Die Wahrscheinlichkeit dafür kann man durch Einsetzen in die Bernoulli-Formel berechnen mit $P(X=0) = (1-p)^n$.
Da $P(X=0) = 1 - P(X \geq 1)$, erhält man durch Umformen die Ungleichung

$$\mathbf{(1-p)^n \leq 1-m}.$$

Dann tritt mit einer Wahrscheinlichkeit von mindestens m mindestens ein Treffer auf.

Beispiel 1: n für mindestens einen Treffer bestimmen

Ein Hersteller verspricht, dass in einem Viertel der Überraschungstüten eine Sammelfigur enthalten ist.
Bestimmen Sie, wie viele Überraschungstüten man mindestens kaufen muss, um mit einer Wahrscheinlichkeit von mindestens 90 % mindestens eine Sammelfigur zu erhalten.

1. Notieren Sie die Trefferwahrscheinlichkeit und die geforderte Wahrscheinlichkeit m für das gesuchte Ereignis.

   X ist binomialverteilt mit
   $p = \frac{1}{4} = 0{,}25;\ 1 - p = 0{,}75$
   $m = 90\,\% = 0{,}9;\ 1 - m = 0{,}1$

2. Berechnen Sie 1 − p und 1 − m und setzen Sie die gegeben Größen in die Formel $(1-p)^n \le 1-m$.

   $0{,}75^n \le 0{,}1 \quad |\ \log(\,)$
   $\log(0{,}75^n) \le \log(0{,}1)$

3. Lösen Sie die Exponentialgleichung durch Logarithmieren.
   Lösung: $n \ge \frac{\log(1-m)}{\log(1-p)}$

   $n \cdot \log(0{,}75) \le \log(0{,}1) \quad |\ :\log(0{,}75)$
   $n \ge \frac{\log(0{,}1)}{\log(0{,}75)} \approx 8{,}004$

4. Formulieren Sie einen entsprechenden Antwortsatz.

   Man muss mindestens 9 Überraschungstüten kaufen, wenn man mit einer Wahrscheinlichkeit von mindestens 90 % mindestens eine Sammelfigur erhalten möchte.

Achtung:
Bei Division der Ungleichung dreht sich das Zeichen um, da der Logarithmus in dem Fall negativ ist.

Beispiel 2: n für mehr als einen Treffer bestimmen

Etwa 11 % aller Deutschen haben die Blutgruppe B. Bestimmen Sie, wie viele Menschen man mindestens testen muss, um mit einer Wahrscheinlichkeit von mindestens 90 % mindestens zwei Menschen mit Blutgruppe B zu finden.

1. Notieren Sie die Trefferwahrscheinlichkeit und die geforderte Wahrscheinlichkeit m für das gesuchte Ereignis.

   X ist binomialverteilt mit
   $p = 0{,}11;\ m = 90\,\% = 0{,}9$

2. Notieren Sie die Bedingung in der Form $P(X \le k) \le 1 - m$.

   $P(X \ge 2) = 1 - P(X \le 1) \ge 0{,}9$
   und somit
   $P(X \le 1) \le 0{,}1$

3. Bestimmen Sie n, indem Sie mit dem GTR oder mit systematischem Probieren mit dem WTR und der kumulierten Binomialverteilung n eingrenzen.

   Versuche:
   $n = 40:\ P(X \le 1) \approx 0{,}056$
   $n = 35:\ P(X \le 1) \approx 0{,}090$
   $n = 34:\ P(X \le 1) \approx 0{,}099$
   $n = 33:\ P(X \le 1) \approx 0{,}109$

4. Formulieren Sie einen entsprechenden Antwortsatz.

   Man muss mindestens 34 Personen testen, um mit einer Wahrscheinlichkeit von mindestens 90 % mindestens zwei Menschen mit Blutgruppe B zu finden.

Achtung:
Beim WTR muss man systematisch Werte für n eingeben und so lange die zugehörige Wahrscheinlichkeit berechnen, bis der zugehörige Wert eingegrenzt ist. Das kann unter Umständen etwas dauern.

k gesucht – Welche Trefferanzahl benötigt man bei einer Bernoullikette für eine Mindestwahrscheinlichkeit?

Aufgaben diesen Typs können durch systematisches Probieren mithilfe des WTR beantwortet werden. Das Probieren geht bei diesen Aufgaben schneller, da die Ergebnisse für die Trefferzahl in einer Tabelle ausgegeben werden können.

Hier muss beispielsweise die Frage beantwortet werden, bei wie vielen Treffern k (bei vorgegebenem m) gilt: $P(X \leq k) \leq m$ oder $P(X \leq k) \geq m$.

Beispiel 3: Trefferanzahl k für eine Wahrscheinlichkeit von höchstens m bestimmen

Ein Computerhersteller baut Lüfter. Die Ausschussrate soll dabei höchstens 5 % betragen. Zur Kontrolle der Produktion wird eine Serie mit 50 Lüftern hergestellt. Bestimmen Sie, welche Anzahl k mindestens fehlerhaft sein darf, damit die Wahrscheinlichkeit für einen irrtümlichen Produktionsstopp höchstens 10 % ist.

1. Notieren Sie die Zufallsvariable X mit zugehöriger Trefferwahrscheinlichkeit p, der Anzahl n und die geforderte Wahrscheinlichkeit m für das gesuchte Ereignis.
   X: Anzahl an fehlerhaften Lüftern
   $n = 50$
   $p \leq 5\% = 0{,}05$
   $m \leq 10\% = 0{,}1$
2. Notieren Sie die Bedingung in der Form $P(X \leq k) \geq m$ oder $P(X \leq k) \leq m$.
   $P(X \geq k) \leq m$ bedeutet $P(X \geq k) \leq 0{,}1$;
   $P(X \geq k) = 1 - P(X \leq k-1) \leq 0{,}1$;
   d.h. es ist das kleinste k gesucht mit:
   $P(X \leq k-1) \geq 0{,}9$
3. Bestimmen Sie k, indem Sie mit dem GTR oder mit systematischem Probieren mit dem WTR und der kumulierten Binomialverteilung k tabellarisch ausgeben lassen.
   $P(X \leq 4) \approx 0{,}896$
   $P(X \leq 5) \approx 0{,}962$
   d.h. $k - 1 = 5$ bzw. $k = 6$
4. Formulieren Sie einen entsprechenden Antwortsatz.
   Es müssen mindestens sechs fehlerhafte Lüfter auftreten, damit die Produktion gestoppt wird.

Beispiel 4: Trefferanzahl k für eine Wahrscheinlichkeit von höchsten m bestimmen

Ein Multiple-Choice-Test besteht aus 15 Fragen. Zu jeder Frage gibt es vier Antwortmöglichkeiten, von denen genau eine richtig ist. Die Wahrscheinlichkeit, dass jemand nur durch Raten den Test besteht, soll höchstens 2 % betragen. Bestimmen Sie die Mindestanzahl an richtigen Antworten, die für das Bestehen des Tests verlangt werden muss, um auszuschließen, dass jemand nur geraten hat.

1. Notieren Sie die Zufallsvariable X mit zugehöriger Trefferwahrscheinlichkeit p, der Anzahl n und die geforderte Wahrscheinlichkeit m für das gesuchte Ereignis.
   X: Anzahl an richtigen Antworten
   $n = 15$. Wenn jemand nur rät, ist die Wahrscheinlichkeit für eine richtige Antwort $p = \frac{1}{4} = 0{,}25$; $m \leq 0{,}02$
2. Notieren Sie die Bedingung in der Form $P(X \leq k) \geq m$ oder $P(X \leq k) \leq m$.
   Es ist das kleinste k gesucht mit:
   $P(X \geq k) \leq 0{,}02$ | umschreiben
   $0{,}98 \leq P(X \leq k-1)$
3. Bestimmen Sie k z.B. durch systematisches Probieren mit dem WTR und der kumulierten Binomialverteilung.
   Mit Hilfe des WTR erhält man:
   $P(X \leq 6) \approx 0{,}943$; $P(X \leq 7) \approx 0{,}983$
   $k - 1 = 7$, also $k = 8$
4. Formulieren Sie einen entsprechenden Antwortsatz.
   Es müssen für das Bestehen des Tests mindestens 8 richtige Antworten verlangt werden.

p gesucht – Welche Trefferwahrscheinlichkeit benötigt man bei einer vorgegebenen Mindesttrefferanzahl?

Ein Bernoulli-Experiment wird n-mal durchgeführt bzw. der Stichprobenumfang ist n. Gesucht ist die Trefferwahrscheinlichkeit p, wenn man für k Treffer eine Wahrscheinlichkeit von mindestens m haben möchte.

Aufgaben dieses Typs können durch systematisches Probieren mithilfe des WTR beantwortet werden.

Beispiel 5: Trefferwahrscheinlichkeit p für mindestens k Treffer bestimmen

Bei der Produktion von Computerlüftern ist ein Lüfter mit der Wahrscheinlichkeit p fehlerhaft. Bestimmen Sie, wie groß p höchstens sein darf, damit in einer Serie von 100 Bauteilen mit einer Wahrscheinlichkeit von mindestens 90 % höchstens 10 fehlerhaft sind.

1. Notieren Sie die Zufallsvariable X mit der Anzahl n, der Trefferanzahl k und die geforderte Wahrscheinlichkeit m für das gesuchte Ereignis.
   X: Anzahl der fehlerhaften Lüfter
   $n = 100;\ k \le 10$
   $m \ge 90\,\% = 0{,}9$
2. Notieren Sie die Bedingung in der Form $P(X \le k) \ge m$ oder $P(X \le k) \le m$.
   $P(X \le 10) \ge 0{,}9$
3. Bestimmen Sie p mit dem GTR oder mit systematischem Probieren mit dem WTR und der kumulierten Binomialverteilung.
   $p = 0{,}1$: $P(X \le 10) \approx 0{,}583$
   $p = 0{,}07$: $P(X \le 10) \approx 0{,}909$
   $p = 0{,}08$: $P(X \le 10) \approx 0{,}824$
4. Formulieren Sie einen entsprechenden Antwortsatz.
   Die Wahrscheinlichkeit für einen fehlerhaften Lüfter darf höchstens etwa $0{,}07 = 7\,\%$ betragen.

Beispiel 6: Trefferwahrscheinlichkeit p für mindestens k Treffer bestimmen

Aufgrund der bisherigen Wurfleistungen geht der Trainer davon aus, dass sein Basketballer mit 85 % Wahrscheinlichkeit einen Freiwurf trifft. Der Spieler möchte seine Leistung verbessern und künftig mit über 90% Wahrscheinlichkeit bei acht Freiwürfen mindestens sieben Mal treffen. Bestimmen Sie, welche Trefferwahrscheinlichkeit er dafür mindestens erreichen muss.

1. Notieren Sie die Zufallsvariable X mit der Anzahl n, der Trefferanzahl k und die geforderte Wahrscheinlichkeit m für das gesuchte Ereignis.
   X: Anzahl der getroffenen Freiwürfe
   $n = 8;\ k \ge 7$
   $m > 90\,\% = 0{,}9$
2. Notieren Sie die Bedingung in der Form $P(X \le k) \ge m$ oder $P(X \le k) \le m$.
   $P(X \ge 7) > 0{,}9$ | umschreiben
   $1 - P(X \le 6) > 0{,}9$, also $P(X \le 6) < 0{,}1$
3. Bestimmen Sie p mit dem GTR oder mit systematischem Probieren mit dem WTR und der kumulierten Binomialverteilung.
   $p = 0{,}9$: $P(X \le 6) \approx 0{,}187$
   $p = 0{,}93$: $P(X \le 6) \approx 0{,}103$
   $p = 0{,}94$: $P(X \le 6) \approx 0{,}079$
4. Formulieren Sie einen entsprechenden Antwortsatz.
   Er muss eine Trefferwahrscheinlichkeit von mindestens $0{,}94 = 94\,\%$ erreichen, um mit einer Wahrscheinlichkeit von über 90 % sieben von acht Freiwürfen zu verwandeln.

KURZINFO

6.7 Erwartungswert, Histogramm und Standardabweichung einer Binomialverteilung

- Den Erwartungswert berechnen
- Histogramme einer Binomialverteilung zuordnen
- Die Standardabweichung berechnen und interpretieren

Was ist der Erwartungswert einer Binomialverteilung?

Tipp:
Der Erwartungswert kann beim Begründen im Zusammenhang mit Histogrammen helfen.

Der Erwartungswert einer Binomialverteilung gibt an, mit wie vielen Treffern man bei einer Bernoulli-Kette durchschnittlich rechnen kann. Den Erwartungswert bei einer Binomialverteilung kann man berechnen mit

$$E(X) = n \cdot p.$$

Beispiel 1: Erwartungswert berechnen

Berechnen Sie den Erwartungswert der Binomialverteilungen.

a) $n = 10;\ p = 0{,}7$	$E(X) = n \cdot p = 10 \cdot 0{,}7 = 7$
b) $n = 12;\ p = 0{,}4$	$E(X) = n \cdot p = 12 \cdot 0{,}4 = 4{,}8$

Wie kann eine Binomialverteilung dargestellt werden?

Die Wahrscheinlichkeitsverteilung einer Bernoulli-Kette der Länge n mit Trefferwahrscheinlichkeit p nennt man **Binomialverteilung**. Die Zufallsgröße X beschreibt die Trefferzahl k. Die zugehörigen Wahrscheinlichkeiten $P(X = k)$ können berechnet werden mit der **Formel von Bernoulli**

$$P(X = k) = \binom{n}{k} \cdot p^k \cdot (1 - p)^{n-k}.$$

Im Histogramm wird auf der Rechtsachse die Trefferzahl k abgetragen, auf der Hochachse die zugehörigen Wahrscheinlichkeiten.

Die Wertepaare der Binomialverteilung können in einem **Histogramm** dargestellt werden. Ist die Breite der Säulen im Histogramm 1, dann werden die Wahrscheinlichkeiten sowohl durch die Höhe als auch durch den Flächeninhalt der Säulen (Rechtecke) dargestellt.

Mithilfe des Histogramms erhält man also Aufschlüsse darüber, wie die Werte einer Binomialverteilung verteilt sind:

- Alle Graphen haben eine Glockenform.
- Je größer n wird, desto breiter und flacher werden die Graphen, d.h. die Wahrscheinlichkeiten werden kleiner.

- Für $p = \frac{1}{2}$ sind die Graphen achsensymmetrisch zum Erwartungswert.
- Je mehr sich p an die 1 oder 0 nähert, desto höher und schmaler werden die Graphen.
- Ist der Erwartungswert $E(X) = p \cdot n$ eine ganze Zahl, dann liegt das Maximum genau bei dieser Trefferzahl k.
- Ist der Erwartungswert $E(X) = p \cdot n$ nicht ganzzahlig, dann liegt das Maximum bei einer der beiden benachbarten Trefferzahlen.

Beispiel 2: Histogramm der passenden Binomialverteilung zuordnen

Ordnen Sie dem Histogramm die passende Binomialverteilung zu. Begründen Sie Ihre Entscheidung.

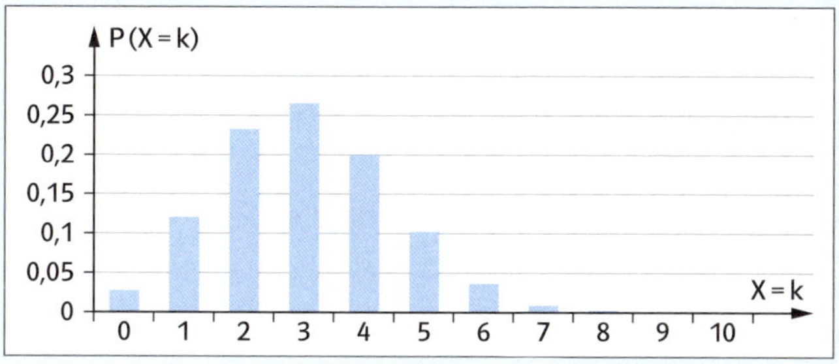

a) $n = 10;\ p = 0{,}1$
b) $n = 10;\ p = 0{,}3$
c) $n = 10;\ p = 0{,}2$
d) $n = 10;\ p = 0{,}7$

Das Maximum ist bei $k = 3$. Das Histogramm gehört zu b), da $E(X) = 10 \cdot 0{,}3 = 3$ ist.

Beispiel 3: Aus einem Histogramm die Parameter einer Binomialverteilung bestimmen

Geben Sie die Länge der Bernoulli-Kette an und bestimmen Sie die Trefferwahrscheinlichkeit p.

a)

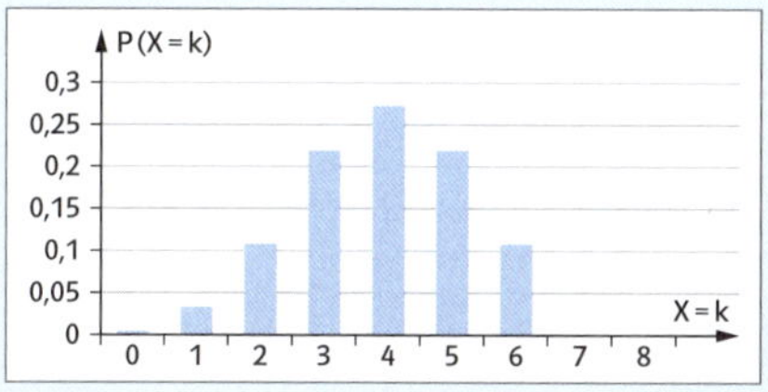

$n = 8$
Das Maximum ist bei $k = 4$, also gilt mithilfe des Erwartungswertes:
$p = \frac{E(X)}{n} = \frac{4}{8} = 0{,}5$

b)

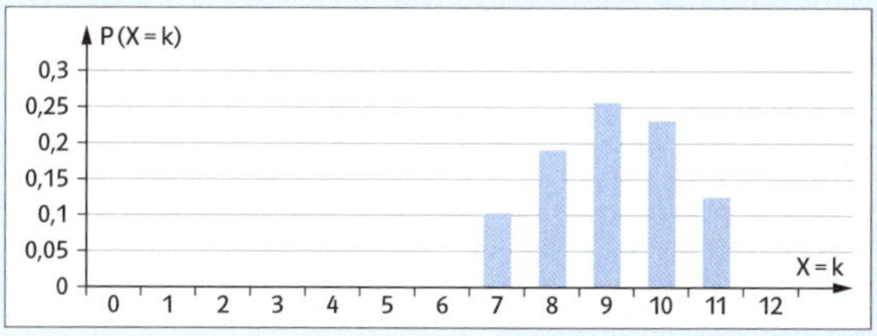

$n = 12$
Das Maximum ist bei $k = 9$, also gilt mithilfe des Erwartungswertes:
$p = \frac{E(X)}{n} = \frac{9}{12} = \frac{3}{4} = 0{,}75$

Was ist die Standardabweichung einer binomialverteilten Zufallsgröße?

Achtung:
Zwei Binomialverteilungen können den gleichen Erwartungswert haben, aber völlig unterschiedlich sein.

Neben dem Erwartungswert ist die **Standardabweichung σ** eine weitere Kenngröße zur Beschreibung einer Binomialverteilung. Die Standardabweichung ist ein Maß für die **Abweichung der Zufallsgröße vom Erwartungswert**. Die Standardabweichung einer binomialverteilten Zufallsgröße mit Länge n und Trefferwahrscheinlichkeit p kann berechnet werden mit

$$\sigma = \sqrt{n \cdot p \cdot (1-p)}\,.$$

Beim Histogramm kann man sich den Erwartungswert und die Standardabweichung so vorstellen:

- Die „Glocke" hat ihr Maximum bei E(X).
- Die „Breite der Glocke" wird mit σ gemessen.
- Das sogenannte Sigma-Intervall $[E(X) - \sigma;\ E(X) + \sigma]$ ist symmetrisch zum Erwartungswert.
- Faustformel: Die Wahrscheinlichkeiten, dass ein Treffer im σ-Intervall um den Erwartungswert liegt, beträgt ca. 68 %.

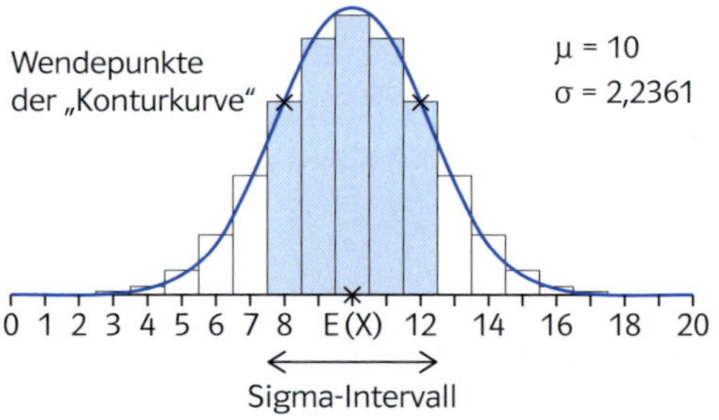

Beispiel 4: Standardabweichung berechnen

Berechnen Sie den Erwartungswert und die Standardabweichung.

$n = 100;\ p = 0{,}4$	$E(X) = n \cdot p = 100 \cdot 0{,}4 = 40$ $\sigma = \sqrt{100 \cdot 0{,}4 \cdot 0{,}6} = \sqrt{24} \approx 4{,}90$

Hinweis:
Da die Trefferanzahl immer ganzzahlig ist, werden auch die Grenzen des σ-Intervalls als ganze Zahlen angegeben. Dabei wird die linke Grenze immer aufgerundet und die rechte Grenze immer abgerundet.

Beispiel 5: Standardabweichung berechnen und Sigma-Intervall bestimmen

Ein Würfel wird 600-mal geworfen. X zählt die Anzahl der Sechsen.

Berechnen Sie den Erwartungswert, die Standardabweichung und bestimmen Sie das σ-Intervall.	$E(X) = n \cdot p = 600 \cdot \frac{1}{6} = 100$ $\sigma = \sqrt{600 \cdot \frac{1}{6} \cdot \frac{5}{6}} = \sqrt{\frac{500}{6}} \approx 9{,}1$ σ-Intervall: $[100 - 9{,}1; 100 + 9{,}1]$, also $[91; 109]$
Interpretieren Sie Ihr Ergebnis.	Mit etwa 68 % Wahrscheinlichkeit weichen die Werte von X um höchstens 9 vom Erwartungswert 100 ab.

6.8 Hypothesentests

- Den Aufbau eines Hypothesentests kennen
- Die Nullhypothese und Alternativhypothese formulieren
- Die Schritte zur Durchführung eines Hypothesentests durchführen
- Entscheidungsregeln formulieren

KURZINFO

Was ist ein Hypothesentest?

Muss man eine Entscheidung aufgrund einer Vorhersage fällen oder eine Prognose abgeben, weiß man oft erst im Nachhinein, ob die Entscheidung bzw. Prognose richtig war oder nicht. Denn, wenn das Ergebnis nicht mit Sicherheit vorhergesagt werden kann, ist immer eine gewisse Fehlerwahrscheinlichkeit vorhanden. Häufig wird auch eine Behauptung oder andere Meinung (sog. **Alternativhypothese H_A**, oft auch mit H_1 bezeichnet) zu einer bestehenden Tatsache formuliert. Der **Hypothesentest** liefert dann ein **standardisiertes** Verfahren, wie man durch Testen einer Hypothese (sog. **Nullhypothese H_0**) **Entscheidungsregeln** formulieren kann, wann man die Hypothese annehmen oder ablehnen sollte. Je nach Behauptung gibt es verschiedene Hypothesentests. Grundsatz dabei ist wie bei allen statistischen Tests, dass man das **Gegenteil der Vermutung widerlegen** muss.

Tipp:
Einen Hypothesentest kann man mit einem Gerichtsverfahren vergleichen, in dem der Grundsatz gilt:
Im Zweifel für den Angeklagten, d. h. der Angeklagte gilt so lange als unschuldig, bis seine Schuld mithilfe von Beweisen nachgewiesen werden kann.

Bei einem **zweiseitigen Hypothesentest** (auch zweiseitiger **Signifikanztest**) ist die Wahrscheinlichkeit der Alternativhypothese **ungleich** der Wahrscheinlichkeit der Nullhypothese und man bestimmt den Annahmebereich [a ; b], also diejenigen Werte, für die ein Ereignis im Rahmen einer gewissen Fehlerwahrscheinlichkeit eintritt.

Bei einem **linksseitigen Hypothesentest** (auch linksseitiger **Signifikanztest**) ist die Wahrscheinlichkeit der Alternativhypothese **kleiner** als die Wahrscheinlichkeit der Nullhypothese, deshalb sprechen geringe Werte von X gegen die Behauptung und der Ablehnungsbereich ist [0 ; a].

Bei einem **rechtsseitigen Hypothesentest** (auch rechtsseitiger **Signifikanztest**) ist die Wahrscheinlichkeit der Alternativhypothese **größer** als die Wahrscheinlichkeit der Nullhypothese, deshalb sprechen große Werte von X gegen die Behauptung, und der Ablehnungsbereich ist [b ; n].

Wahrscheinlichkeitsverteilung eines Hypothesentests

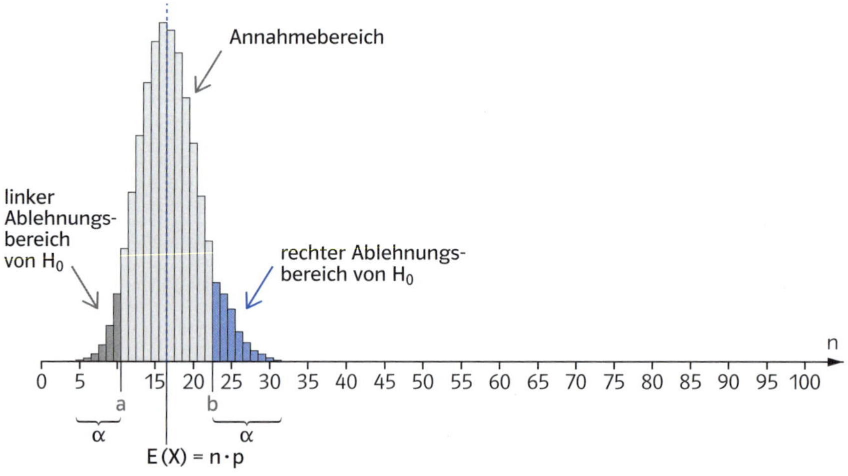

Beim Entscheiden, ob man die Hypothese beibehält oder verwirft, können Fehler passieren. Entscheidet man sich, die Hypothese abzulehnen, obwohl sie wahr ist, begeht man einen **Fehler 1. Art**, akzeptiert man die Nullhypothese, obwohl sie falsch ist, begeht man einen so genannten **Fehler 2. Art**. Es ist jedoch zu beachten, dass man mit einem Test weder die Nullhypothese noch die Alternativhypothese beweisen kann.

Woran erkennt man, was die Nullhypothese und die Alternativhypothese ist und welchen Hypothesentest man anwenden muss?

Bei einem Hypothesentest gilt:

- In der **Nullhypothese H_0** kommt immer ein **Gleichheits- oder Ungleichheitszeichen** in irgendeiner Form vor, z. B. als Symbol =, ≤ oder ≥ oder in Worten wie „gleich“, „höchstens“ oder „mindestens“.
- Umgekehrt erkennt man die **Alternativhypothese H_A**, wenn in der Formel oder in Worten **kein Gleichheitszeichen** vorkommt, wenn also als Symbole ≠, < und > oder die Worte „ungleich“, „weniger als“ oder „mehr als“ vorkommen.
- Lautet die Alternativhypothese H_A: $p < p_0$, dann handelt es sich um einen **linksseitigen Signifikanztest** und der Ablehnungsbereich liegt links.
  Lautet die Alternativhypothese H_A: $p > p_0$, dann handelt es sich um einen **rechtsseitigen Signifikanztest** und der Ablehnungsbereich liegt rechts.
  Lautet die Alternativhypothese H_A: $p \neq p_0$, dann handelt es sich um einen **zweiseitigen Signifikanztest** und der Ablehnungsbereich liegt sowohl links als auch rechts.

Beispiel 1: Null- und Alternativhypothesen formulieren und Art des Tests angeben

a) Ein Dartspieler behauptet, mit einer Wahrscheinlichkeit von 80 % ein Doppelfeld zu treffen. Sein Gegner bezweifelt das und vermutet, dass die Wahrscheinlichkeit kleiner ist.

Formulieren Sie die Null- und Alternativhypothese und geben Sie an, um welche Art von Test es sich handelt.

Behauptung des Dartspielers ist die Nullhypothese H_0 mit $p_0 = 80\,\%$.
Vermutung des Gegners:
Alternativhypothese H_A mit $p_A < 80\,\%$.
Da $p_A < p_0$, handelt es sich um einen linksseitigen Hypothesentest.

b) Der Hersteller eines Medikaments behauptet, dass dieses bei höchstens 5 % der Patienten Nebenwirkungen verursacht. Ein Arzt bezweifelt das und behauptet, dass die Wahrscheinlichkeit, Nebenwirkungen zu bekommen, höher ist.

Formulieren Sie die Null- und Alternativhypothese und geben Sie an, um welche Art von Test es sich handelt.

Behauptung des Herstellers ist die Nullhypothese H_0 mit $p_0 \leq 5\,\%$.
Behauptung des Arztes:
Alternativhypothese H_A mit $p_A > 5\,\%$.
Da $p_A > p_0$, handelt es sich um einen rechtsseitigen Hypothesentest.

c) Hanna behauptet, dass ein Würfel gezinkt ist.

Formulieren Sie die Null- und Alternativhypothese und geben Sie an, um welche Art von Test es sich handelt.

„Normaler" Würfel ist die Nullhypothese H_0 mit $p_0 = \frac{1}{6}$.
Behauptung von Hanna:
Alternativhypothese H_A mit $p_A \neq \frac{1}{6}$.
Da $p_A \neq p_0$, handelt es sich um einen zweiseitigen Hypothesentest.

Strategie zur Durchführung eines einseitigen Hypothesentests

Muss man eine Aufgabe mithilfe eines Hypothesentests lösen, kann man immer schrittweise nach dem gleichen Schema vorgehen.

1. Schritt:
   Formulieren der Nullhypothese H_0 und der Alternativhypothese H_A und damit Feststellung, um welchen Test es sich handelt.
   linksseitig: H_0: $p_A < p_0$
   rechtsseitig: H_0: $p_A > p_0$
   zweiseitig: H_0: $p_A \neq p_0$

Hinweis:
Häufig sind die Null- und Alternativhypothese in der Prüfungsaufgabe schon formuliert.

2. Schritt: notwenige Daten aus der Aufgabe ablesen:
   - Stichprobenumfang (Anzahl der Durchführungen) n
   - maximale Irrtumswahrscheinlichkeit (Signifikanzniveau) α.

3. Bestimmung des Annahme- und Ablehnungsbereichs der Nullhypothese mithilfe der binomialverteilten Zufallsgröße.
   linksseitig: größtes a mit $P(X \leq a) \leq \alpha$
   rechtsseitig: kleinstes b mit $P(X \geq b) \leq \alpha$ bzw. $1 - P(X \leq b-1) \leq \alpha$
   zweiseitig: größtes a mit $P(X \leq a) \leq \frac{\alpha}{2}$ und kleinstes b mit $P(X \geq b) \leq \frac{\alpha}{2}$

4. Formulierung einer Entscheidungsregel.
   Ablehnungsbereich linksseitig: [0;a]
   Ablehnungsbereich rechtsseitig: [b;n]
   Ablehnungsbereich zweiseitig: [0;a] und [b;n]

Beispiel 2: Durchführen eines linksseitigen Hypothesentests

Ein Dartspieler behauptet, mit einer Wahrscheinlichkeit von 80% ein Doppelfeld zu treffen. Sein Gegner bezweifelt das und vermutet, dass die Wahrscheinlichkeit kleiner ist. Er zählt 13 Treffer auf ein Doppelfeld bei 20 Versuchen. Sollte der Gegner bei einer Irrtumswahrscheinlichkeit von höchstens 10% die Behauptung des Spielers annehmen oder bei seiner Vermutung bleiben? Begründen Sie.

1. Schritt: Formulieren der Nullhypothese und der Alternativhypothese und damit Feststellung, um welchen Test es sich handelt.

H_0: Der Spieler hat Recht mit H_0: $p_0 = 80\% = 0{,}8$
H_A: Die Vermutung des Gegners stimmt mit H_A: $p_A < 0{,}8$
Der Test ist linksseitig.

2. Schritt: notwendige Daten aus der Aufgabe ablesen:
   - Stichprobenumfang (Anzahl der Durchführungen) n
   - maximale Irrtumswahrscheinlichkeit (Signifikanzniveau) α

X ist binomialverteilt mit $n = 20$
Irrtumswahrscheinlichkeit $\alpha \leq 10\% = 0{,}1$

3. Bestimmung des Annahme- und Ablehnungsbereichs der Nullhypothese mithilfe der binomialverteilten Zufallsgröße.
   linksseitig: größtes a mit $P(X \leq a) \leq \alpha$

Die Wahrscheinlichkeit für höchstens k Treffer darf nicht größer als 0,1 sein: $P(X \leq a) \leq 0{,}1$.
Mit dem WTR ergibt sich für $n = 20$ und $p = 0{,}8$:

n	k	P(X ≤ k)
20	12	0,0321
	13	0,0867
	14	0,1958

4. Formulierung einer Entscheidungsregel.
   Ablehnungsbereich linksseitig: [0;a]
   Annahmebereich: [a+1;n]

Entscheidungsregel:
Ablehnungsbereich: [0;13]
Annahmebereich: [14;20]
Die Trefferzahl des Dartspielers liegt im Ablehnungsbereich.
Deshalb sollte der Gegner die Behauptung des Spielers bei einer Irrtumswahrscheinlichkeit von höchstens 10% ablehnen.

Beispiel 3: Durchführen eines rechtsseitigen Hypothesentests

Der Hersteller eines Medikaments behauptet, dass dieses bei höchstens 5 % der Patienten Nebenwirkungen verursacht. Ein Arzt bezweifelt das und behauptet, dass die Wahrscheinlichkeit, Nebenwirkungen zu bekommen, höher ist. Bestimmen und formulieren Sie eine Entscheidungsregel mit 5 % Irrtumswahrscheinlichkeit für den Arzt, wenn die Nebenwirkungen bei 40 Patienten überprüft werden.

1. Schritt: Formulieren der Nullhypothese und der Alternativhypothese und damit Feststellung, um welchen Test es sich handelt.

H_0: Der Hersteller hat Recht mit H_0: $p_0 \leq 5\% = 0{,}05$
H_A: Die Vermutung des Arztes stimmt mit H_A: $p_A > 0{,}05$
Der Test ist rechtsseitig.

2. Schritt: notwendige Daten aus der Aufgabe ablesen:
   - Stichprobenumfang (Anzahl der Durchführungen) n
   - maximale Irrtumswahrscheinlichkeit (Signifikanzniveau) α

X ist binomialverteilt mit $n = 40$
Irrtumswahrscheinlichkeit $\alpha \leq 5\% = 0{,}05$

3. Bestimmung des Annahme- und Ablehnungsbereichs der Nullhypothese mithilfe der binomialverteilten Zufallsgröße.
rechtsseitig: $P(X \geq b) \leq \alpha$ bzw.
$P(X \leq b-1) \geq 1-\alpha$

Die Wahrscheinlichkeit für mindestens b Treffer darf nicht größer als 0,05 sein:
$P(X \geq b) = 1 - P(X \leq b-1) \leq 0{,}05$ bzw.
$0{,}95 \leq P(X \leq b-1)$
Lösen mit dem WTR:

n	k	P(X ≤ k)
40	1	0,3991
	2	0,6767
	3	0,8619
	4	0,9520
	5	0,9861

$b-1 = 4$ also $b = 5$

4. Formulierung einer Entscheidungsregel.
Ablehnungsbereich rechtsseitig: [b;n]
Annahmebereich: [0;b−1]

Entscheidungsregel:
Ablehnungsbereich: [5;40]
Annahmebereich: [0;4]
Wenn das Medikament bei mehr als 4 (5 oder mehr) Patienten Nebenwirkungen verursacht, dann sollte die Behauptung des Herstellers abgelehnt werden.
Die Irrtumswahrscheinlichkeit beträgt dann höchstens 5 %.

Beispiel 4: Durchführen eines zweiseitigen Hypothesentests

Ein Spieler hat den Verdacht, dass ein Würfel gezinkt ist. Dies möchte er mit einer Irrtumswahrscheinlichkeit von maximal 10 % testen.
Der Würfel wird 30-mal geworfen, die Zufallsgröße X zählt die Anzahl der Sechsen. Bestimmen und formulieren Sie eine Entscheidungsregel.

1. Schritt: Formulieren der Nullhypothese und der Alternativhypothese und damit Feststellung, um welchen Test es sich handelt.

H_0: Der Würfel ist ok.
H_0: $p_0 = \frac{1}{6}$
H_A: Die Vermutung des Spielers stimmt mit H_A: $p_A \neq \frac{1}{6}$
Der Test ist zweiseitig.

2. Schritt: notwendige Daten aus der Aufgabe ablesen:
   - Stichprobenumfang (Anzahl der Durchführungen) n
   - maximale Irrtumswahrscheinlichkeit (Signifikanzniveau) α

X ist binomialverteilt mit $n = 30$
Irrtumswahrscheinlichkeit $\alpha \leq 10\,\% = 0{,}1$

3. Bestimmung des Annahme- und Ablehnungsbereichs der Nullhypothese mithilfe der binomialverteilten Zufallsgröße.
   linksseitig: $P(X \leq a) \leq \frac{\alpha}{2}$
   rechtsseitig: $P(X \geq b) \leq \frac{\alpha}{2}$

Die Wahrscheinlichkeit für höchstens a Treffer und für mindestens b Treffer darf nicht größer als 0,05 sein:
$P(X \leq a) \leq 0{,}05$
$P(X \geq b) = 1 - P(X \leq b-1) \leq 0{,}05$ bzw.
$0{,}95 \leq P(X \leq b-1)$
Lösen mit dem WTR ergibt $a = 1$ und $b - 1 = 9$ also $b = 10$.

n	k	P(X ≤ k)
30	0	0,0042
	1	0,0295
	2	0,1028
	3	0,2396

n	k	P(X ≤ k)
30	7	0,8863
	8	0,9494
	9	0,9803
	10	0,9933

4. Formulierung einer Entscheidungsregel.
   Ablehnungsbereich: $[0; a] \cup [b; n]$
   Annahmebereich: $[a+1; b-1]$

Entscheidungsregel:
Ablehnungsbereiche: $[0; 1]$ und $[10; 30]$
Annahmebereich: $[2; 9]$
Wenn bei 30 Würfen weniger als 2- und mehr als 9-mal die 6 erscheint, dann kann man mit einer Irrtumswahrscheinlichkeit von höchstens 10 % die Hypothese ablehnen.

Stochastik

Mehrstufige Zufallsexperimente

Ein Zufallsexperiment, das aus mehreren Vorgängen besteht, nennt man **mehrstufiges Zufallsexperiment.** Dabei können die Durchführungen gleichzeitig oder nacheinander ablaufen.
Es kann durch ein Baumdiagramm veranschaulicht werden. An den Ästen stehen die Wahrscheinlichkeiten. An den Endpunkten der Äste stehen die möglichen Ergebnisse. Jeder Endpunkt ist durch einen eindeutigen Weg (= Pfad) erreichbar.

Beispiel: Ziehen von zwei Kugeln (ohne Zurücklegen) aus einer Urne mit 3 blauen, 2 gelben und 5 roten Kugeln.

Baumdiagramm

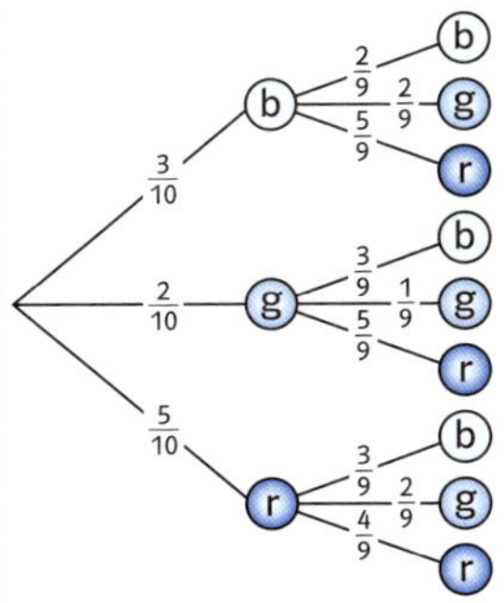

Ergebnisse

(b;b)
(b;g)
(b;r)
(g;b)
(g;g)
(g;r)
(r;b)
(r;g)
(r;r)

Wahrscheinlichkeiten von mehrstufigen Zufallsexperimenten berechnen – die Pfadregeln

1. Pfadregel (Produktregel):
Bei einem mehrstufigen Zufallsexperiment erhält man die Wahrscheinlichkeit entlang eines Pfades, indem man die zugehörigen Wahrscheinlichkeiten längs dieses Pfades **multipliziert**.

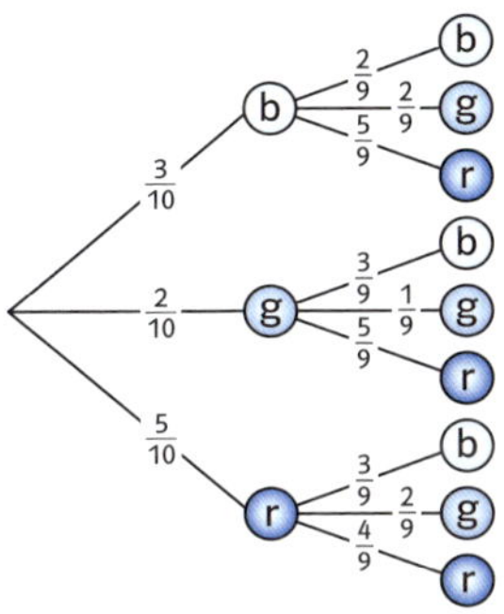

$P(b;b) = \frac{3}{10} \cdot \frac{2}{9} = \frac{6}{90}$

$P(b;g) = \frac{3}{10} \cdot \frac{2}{9} = \frac{6}{90}$

2. Pfadregel (Summenregel):
Gehören mehrere Ergebnisse zu einem (bestimmten) Ereignis, dann müssen alle günstigen Pfade berücksichtigt werden. Die zu den Pfaden gehörenden Wahrscheinlichkeiten werden dann **addiert**.

$$\begin{aligned} P(\text{einmal blau}) &= P\big((b;g), (b;r), (g;b), (r;b)\big) \\ &= \frac{3}{10} \cdot \frac{2}{9} + \frac{3}{10} \cdot \frac{5}{9} + \frac{2}{10} \cdot \frac{3}{9} + \frac{5}{10} \cdot \frac{3}{9} \\ &= \frac{42}{90} \\ &\approx 46{,}7\,\% \end{aligned}$$

ZUSAMMENFASSUNG

Zufallsvariable und Wahrscheinlichkeitsverteilung

Ergebnisse eines Zufallsversuchs → (Zufallsvariable X) → Ereignisse X = k → (Wahrscheinlichkeitsverteilung) → Wahrscheinlichkeiten P(X = k)

Die **Zufallsvariable X** (auch Zufallsgröße genannt) ordnet jedem Ergebnis k eine Zahl bzw. einen Wert zu.
Die **Wahrscheinlichkeitsverteilung** ordnet jedem Wert k der Zufallsvariablen X die zugehörige Wahrscheinlichkeit P(X = k) zu.
Die Wahrscheinlichkeitsverteilung kann man in einer **Tabelle** oder auch grafisch in einem **Histogramm** (Säulendiagramm) darstellen.

Beispiel:
Zweimaliges Werfen eines Würfels und Ansage der gewürfelten Zahlen.
X: Gewinn beim Würfeln

Anzahl der richtig angesagten Zahl(en)	0	1	2
X = k	−1 €	0 €	4 €
P(X = k)	$\frac{5}{6}\cdot\frac{5}{6}=\frac{25}{36}$	$\frac{1}{6}\cdot\frac{5}{6}\cdot 2=\frac{10}{36}$	$\frac{1}{6}\cdot\frac{1}{6}=\frac{1}{36}$

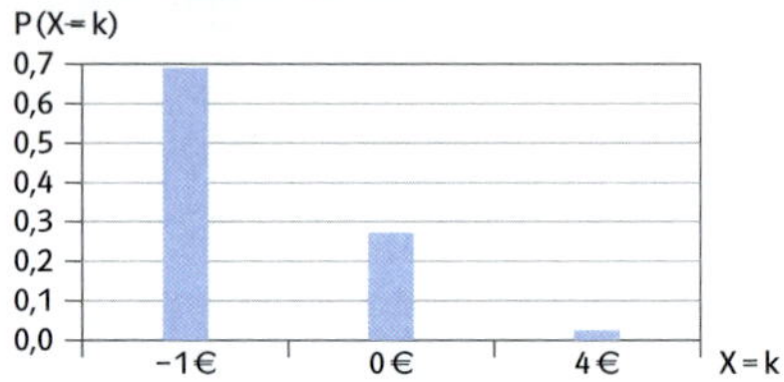

Erwartungswert einer Zufallsvariablen

Der **Erwartungswert** $E(X) = \mu$ ist eine Kenngröße zur Beurteilung einer Zufallsvariablen X. Mit dem Erwartungswert kann man berechnen, welcher Wert für die Zufallsvariable nach vielen Durchführungen des Zufallsexperiments durchschnittlich zu erwarten ist.

Man berechnet den Erwartungswert, indem man jeden Wert der Zufallsvariablen mit der zugehörigen Wahrscheinlichkeit multipliziert und dann die einzelnen Produkte addiert.

$$E(X) = x_1 \cdot P(X = x_1) + x_2 \cdot P(X = x_2) + \ldots + x_i \cdot P(X = x_i$$

x_1: Wert der Zufallsvariablen
$P(X = x_1)$: Wahrscheinlichkeit der Zufallsvariablen

Ist der Erwartungswert ein mögliches Ereignis, so entspricht er im Histogramm dem k-Wert mit der höchsten Säule.

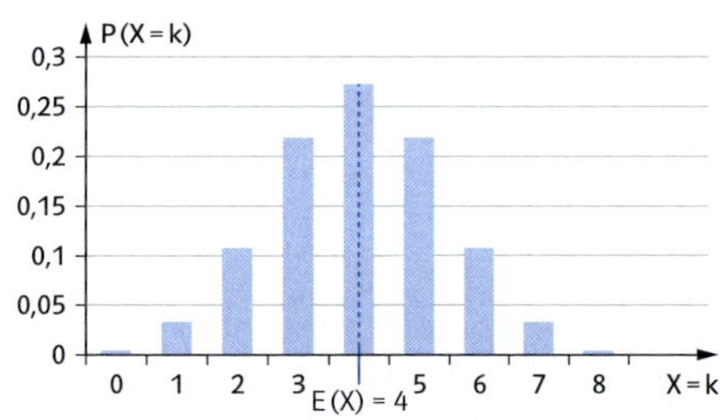

Bernoulli-Ketten und die Formel von Bernoulli

Ein Bernoulli-Experiment, das genau zwei Ausgänge hat, n-mal hintereinander durchgeführt wird und bei dem sich die Trefferwahrscheinlichkeit nicht ändert, nennt man **Bernoulli-Kette** der Länge n. Dabei ist p die Trefferwahrscheinlichkeit und die **Zufallsvariable X** zählt die **Anzahl der Treffer k**.

Die Wahrscheinlichkeit für genau k Treffer kann man mit der Formel von Bernoulli berechnen. Es gilt:

$$\mathbf{P(X = k) = \binom{n}{k} \cdot p^k \cdot (1 - p)^{n-k}}.$$

- $P(X = k)$: Die Wahrscheinlichkeit, k Treffer zu erzielen ist
- $\binom{n}{k}$: die Anzahl der Pfade mit k Treffern zu multiplizieren
- $p^k \cdot (1-p)^{n-k}$: mit der Wahrscheinlichkeit für einen Pfad mit k Treffern und n − k Nieten

Binomialverteilung, Erwartungswert und Standardabweichung

Die **Binomialverteilung** gibt für jeden Wert der Zufallsvariablen X einer Bernoulli-Kette die zugehörige Wahrscheinlichkeitsverteilung mit $P(X = k)$ an. Man nennt die Zufallsvariable auch binomialverteilt mit $B_{n;k;p}$.

Die zugehörigen Wahrscheinlichkeiten können mit der Formel von Bernoulli berechnet werden:
$$\mathbf{P(X = k) = \binom{n}{k} \cdot p^k \cdot (1 - p)^{n-k}}$$

Der zugehörige **Erwartungswert** ist das Produkt aus Trefferwahrscheinlichkeit und Anzahl der Durchführungen.

Für den Erwartungswert gilt:
$$\mathbf{E(X) = n \cdot p}$$

Die **Standardabweichung σ** ist ein Maß für die Abweichung der Zufallsgröße vom Erwartungswert.

Standardabweichung:
$$\mathbf{\sigma = \sqrt{n \cdot p \cdot (1 - p)}}$$

Die Wertepaare der Binomialverteilung können in einem **Histogramm** dargestellt werden.

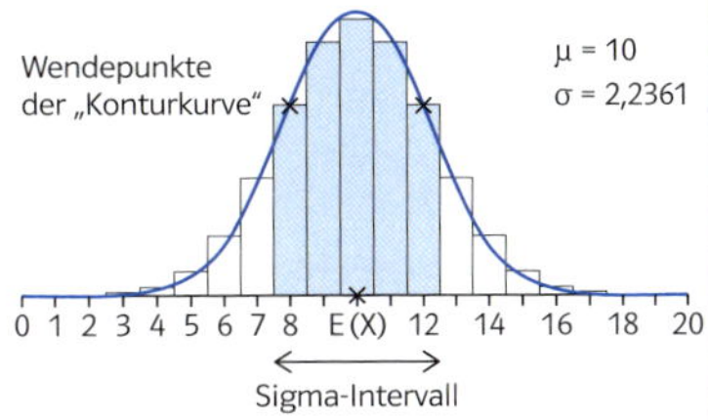

Hypothesentests

Wird eine andere Meinung (sog. **Alternativhypothese H_A**) zu einer bestehenden Behauptung formuliert, liefert der **Hypothesentest** ein standardisiertes Verfahren, wie man durch Testen einer Hypothese (sog. **Nullhypothese H_0**) **Entscheidungsregeln** formulieren kann, wann man die Hypothese annehmen oder ablehnen sollte. Bei einem **zweiseitigen Hypothesentest** bestimmt man den Ablehnungsbereich $[0; a] \cup [b; n]$, bei einem **linksseitigen Hypothesentest** ist der Ablehnungsbereich $[0; a]$ und bei einem **rechtsseitigen Hypothesentest** ist der Ablehnungsbereich $[b; n]$.

Entscheidet man sich, die Hypothese abzulehnen, obwohl sie wahr ist, begeht man einen **Fehler 1. Art**, verwirft man die falsche Hypothese nicht, begeht man einen **Fehler 2. Art**.

Vorgehen beim Testen:

1. Schritt: Formulieren der Nullhypothese und der Alternativhypothese und damit Feststellung, um welchen Test es sich handelt.
   linksseitig: $p_A < p_0$
   rechtsseitig: $p_A > p_0$
   zweiseitig: $p_A \neq p_0$
2. Schritt: notwendige Daten aus der Aufgabe ablesen:
   - Stichprobenumfang n
   - maximale Irrtumswahrscheinlichkeit α
3. Bestimmung des Annahme- und Ablehnungsbereichs der Nullhypothese mithilfe der binomialverteilten Zufallsgröße:
   linksseitig:
   größtes a mit $P(X \leq a) \leq \alpha$
   rechtsseitig:
   kleinstes b mit $P(X \geq b) \leq \alpha$
   zweiseitig:
   größtes a mit $P(X \leq a) \leq \frac{\alpha}{2}$ und
   kleinstes b mit $P(X \geq b) \leq \frac{\alpha}{2}$
4. Formulierung einer Entscheidungsregel.
   Ablehnungsbereich:
   - linksseitig: $[0; a]$
   - rechtsseitig: $[b; n]$
   - zweiseitig: $[0; a] \cup [b; n]$

linksseitig:

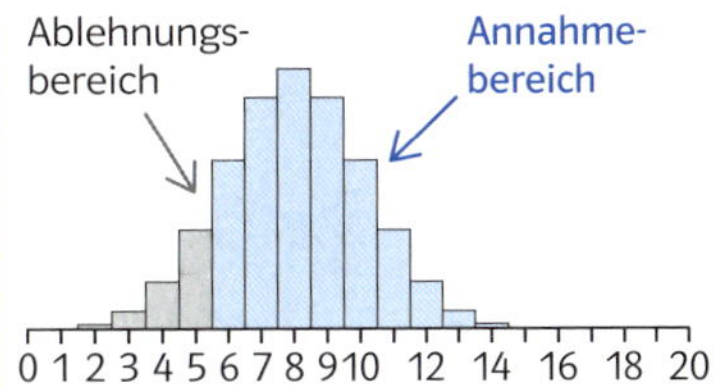

rechtsseitig:

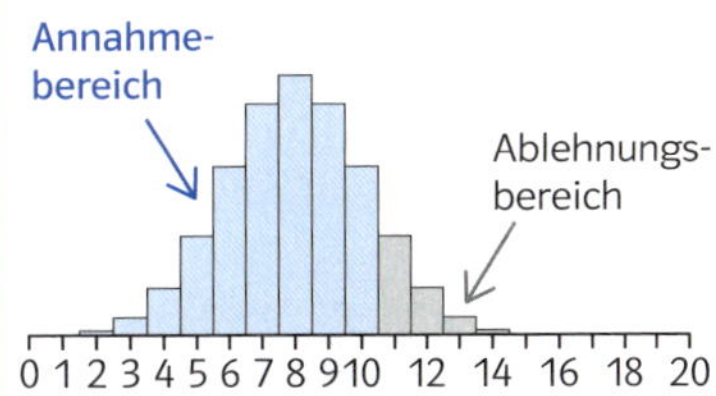

zweiseitig:

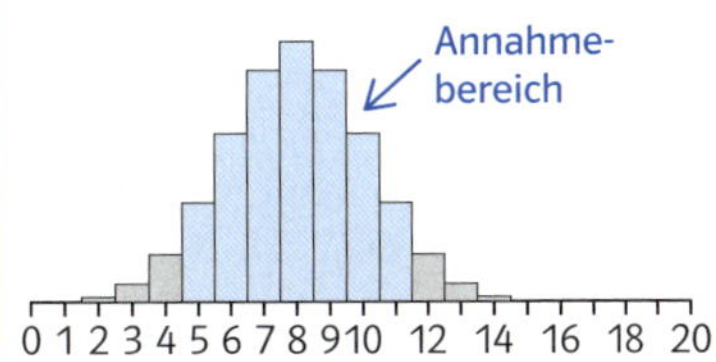

Sicher im Abi

Weitere Bücher der Reihe:

Der komplette Oberstufen-Stoff – umfassend und ausführlich erklärt!

- Sicher werden in jedem Fach dank gründlicher und intensiver Vorbereitung, die Basis für eine gute bis sehr gute Note!
- Auf-einen-Blick-Seiten helfen, Zusammenhänge zu verstehen.
- Zusammenfassungen am Kapitel-Ende bringen das Wichtigste auf den Punkt.
- Lernvideos erklären online wichtige Themen, Schnellzugriff mit QR-Codes.

978-3-12-949475-2

978-3-12-949473-8

978-3-12-949473-9

978-3-12-949472-1

978-3-12-949469-1

978-3-12-949471-4